总主编　刘春田

◎21世纪知识产权系列教材

知识产权法总论

王太平　著

中国人民大学出版社
· 北京 ·

图书在版编目（CIP）数据

知识产权法总论 / 王太平著 . -- 北京 : 中国人民大学出版社，2025. 2. --（21 世纪知识产权系列教材 / 刘春田主编）. -- ISBN 978-7-300-33639-8

Ⅰ. D913. 4

中国国家版本馆 CIP 数据核字第 2025WB2007 号

21 世纪知识产权系列教材

总主编　刘春田

知识产权法总论

王太平　著

Zhishichanquan Fa Zonglun

出版发行	中国人民大学出版社		
社　　址	北京中关村大街 31 号	**邮政编码**	100080
电　　话	010－62511242（总编室）		010－62511770（质管部）
	010－82501766（邮购部）		010－62514148（门市部）
	010－62515195（发行公司）		010－62515275（盗版举报）
网　　址	http：//www. crup. com. cn		
经　　销	新华书店		
印　　刷	北京密兴印刷有限公司		
开　　本	787 mm×1092 mm　1/16	**版　　次**	2025 年 2 月第 1 版
印　　张	15 插页 1	**印　　次**	2025 年 2 月第 1 次印刷
字　　数	347 000	**定　　价**	58. 00 元

作者简介

王太平：中国人民大学民商法学博士，中南财经政法大学知识产权研究中心出站博士后。华东政法大学经天学者、知识产权学院教授、博士研究生导师、学术委员会副主任，兼任中国法学会知识产权法学研究会常务理事、广东省法学会知识产权法学研究会副会长、上海市法学会知识产权法研究会理事等。主要从事知识产权法基础理论、商标法、专利法、著作权法等的研究，擅于运用经济学、符号学、心理学等跨学科方法进行研究。主持国家社会科学基金项目2项、省部级项目2项；在《法学研究》《中外法学》《法学》《知识产权》等专业期刊发表学术论文50余篇，其中CSSCI论文30余篇；在法律出版社、北京大学出版社、知识产权出版社等出版社出版《商标法：原理与案例》等个人著作6部，参与马克思主义理论研究和建设工程重点教材《知识产权法学》的编写。

前　言

从事法学教学20余年来，笔者最初担任本科生“知识产权法”课程的教学工作，后陆续担任本科生课程“知识产权法导论”“知识产权总论”以及研究生课程“知识产权法总论专题研究”的教学工作，此外出版了《知识产权法法律原则：理论基础与具体构造》《知识产权法中的公共领域》《知识产权制度的未来》等著述。本书是笔者多年来知识产权法总论教学和理论研究的阶段性总结。

自1996年读研究生以来的近30年时间里，笔者的理论研究大体可以分为两个阶段：对知识产权法总论的研究和对商标法的研究。对知识产权法总论的研究自读研究生起直至2012年前后，当时的目标是建立一个类似于民法总论一样的知识产权法总论。后因种种主、客观原因，笔者对知识产权法总论的研究可以说半途而废，转入对商标法的专门研究。

尽管如此，笔者对知识产权法总论的研究兴趣一直难以割舍，此后除了担任本科生和研究生知识产权法总论课程的教学工作，笔者将一部分精力重新投入知识产权法总论研究，如在2017年至2018年间参加民法典知识产权编专家建议稿的起草。在刘春田教授的领导下，历经多次会议最终形成了《〈中华人民共和国民法典〉“知识产权编”专家建议稿》。[①]

在最初提交的建议稿[②]中，笔者认为：“在民法典中设置独立的知识产权编以适当总结现行知识产权法律的共通规则并弥补现行知识产权法律的不足将成为民法典表达知识产权的现实主义方式，本建议稿就是在这一基本思想的指导下编制的。”“本建议稿编制的目的并非仅仅象征性地宣示知识产权的存在及价值，而是试图针对现行知识产权法律实践中面临的问题提供解决问题的规则。因此，本建议稿的部分条款是对现行知识产权法律的共通规则的

① 刘春田．《中华人民共和国民法典》“知识产权编”专家建议稿．北京：知识产权出版社，2018.

② 当时的做法是先由各位学者提出自己的建议稿，集思广益，在各位学者的建议稿的基础上形成一个建议稿，然后不断修改、完善，形成最终的建议稿。当时提交建议稿的学者包括西南政法大学民商法学院的李雨峰教授、深圳大学法学院的朱谢群教授、武汉大学法学院的邓社民教授、浙江社会科学院的王坤研究员、西南政法大学民商法学院的孙山副教授、南开大学法学院的向波博士、上海大学法学院的刘晓博士以及笔者。

提炼，大部分条款均对现行知识产权法律进行了补充，必将对知识产权司法保护提供有益的帮助。”笔者的这一目的不仅体现在了最终的《〈中华人民共和国民法典〉“知识产权编”专家建议稿》（相当于“知识产权法总则”）中，而且体现在了本书编写的基本原则中，尽管本书的知识产权法总论不同于“知识产权法总则”。总体上，本书完成了笔者曾半途而废的知识产权法总论研究。

目前，我国知识产权法研究存在两点不足：（1）少数研究集中于知识产权法抽象的基础理论，很少涉及知识产权法的具体制度和具体操作。这导致知识产权法研究失于笼统和空泛。（2）多数研究集中于知识产权法的具体细节和具体规则，而较少探究深层的理论基础。这导致知识产权法研究一叶障目、不见森林。目前虽有若干本知识产权法总论著作，但多难脱此窠臼，笼统而空虚。本书虽属更为理论化的知识产权法总论，但也试图将知识产权法的理论和具体制度、具体操作规则联结起来，实现知识产权法研究的总论与分论，抽象的理论与具体制度、具体操作规则的结合。本书以私法的视角通过将作为知识产权客体的知识定位为财产来构建知识产权法总论，既追求理论深度，也尽量关照具体制度和具体操作规则。当然，本书是否实现了这一目标，尚需读者诸公予以评判，不当之处，尚请不吝批评指正。

目　录

导 论

我们需要一个什么样的知识产权法总论

对于一个学科而言，总论是该学科的综合或概要，是一种概括的论述。在传统民法学中，无论各国在其国家民事基本立法中是否有总则，总论似乎已经成为各国民法学的标配。“总论代表了人类一种从具体到一般的认识需要，它古已有之，如今尤甚。”[①] 而在其他新兴学科中，建立总论也是学界的重要努力方向和学科成熟的标志，“总论与分论的划分，普遍存在于各个法律学科之中”，总论可以“统摄分论”“指导实践”，进行“学科自省”[②]。

经过40余年的发展，我国知识产权法律体系已经比较完备，知识产权法学研究也取得了巨大进步。尽管如此，目前“知识产权法学没有构建知识产权法的基本范畴，没有形成具有严密逻辑性的、科学的理论体系。知识产权法学对知识产权法立法内容和司法实践热点过度依赖的粗放式研究方法，降低了知识产权法理论体系的地位，阻碍了知识产权法学的学科成熟”。“知识产权法学总论不受重视，总论基础理论研究非常薄弱，缺乏超越和创新，总论研究范围极其狭隘，研究视野极其有限，知识产权法学总论研究十分不成熟。”“轻总论重分论，总论与分论彼此脱节、相互分离，形成‘头轻脚重’‘两张皮’的非体系化、非逻辑化的理论现状。”[③] 可以说，知识产权法学总论研究薄弱已经成为知识产权法学科走向进一步成熟的主要障碍。

在知识产权学术领域，尽管已经出现了不少名为总论的著作，然而，不仅“知识产权总论”与“知识产权法总论”的名称没有统一，而且即使名称相同的“知识产权总论”或“知识产权法总论”著作的体系也不统一。这种双重的不统一意味着学界对知识产权法学的学科性质和知识产权法总论[④] 的内容缺乏基本的共识，知识产权法总论的研究和建立仍然任重道远。不仅如此，对现有相关知识产权法总论研究的梳理表明，“鲜有论及学习和研究总论意义”的著述[⑤]，学界缺乏对知识产权法总论本身进行研究的学术自觉。

---

① 徐国栋．民法学总论与民法总则之互动：一种历史的考察．法商研究，2007（4）：29.

② 刘剑文，陈立诚．财税法总论论纲．当代法学，2015（3）：124.

③ 李建华．后民法典时代知识产权法学的私法研究范式．当代法学，2020（5）：49－50.

④ 鉴于学界对“知识产权总论”与“知识产权法总论”的用语不统一以及本书的知识产权法的学科性质的倾向性认识，本书以下径自使用“知识产权法总论”用语，而在原文引用其他学者文献时一如其旧。

⑤ 詹启智．知识产权法总论学科建设的若干基本问题研究．河南科技，2016（10）：47.

那么，究竟应该是“知识产权总论”还是“知识产权法总论”？知识产权法总论有什么样的功能和任务？应该如何确定知识产权法总论的内容？知识产权法总论又应该包括哪些主要内容？知识产权法总论的这些内容的内在逻辑是什么？回答并解决这些问题是知识产权法学学科成熟所必需的。

一、知识产权法总论的学科性质

目前，学者已经出版了不少名为“知识产权总论”或“知识产权法总论”的著作，许多知识产权法教材也包含类似知识产权法总论或导论的内容，知识产权法总论在我国已经得到了相当的研究。然而，现有研究仍然是不成熟的，尤其是连知识产权法总论究竟属于法学还是所谓的交叉学科的问题都没有弄清，这集中反映在相关著述究竟应该称为“知识产权总论”还是“知识产权法总论”上。

目前，涉及知识产权法总论的专著共有两种书名：一是“知识产权总论”[①]，二是“知识产权法总论”[②]。“名不正，则言不顺；言不顺，则事不成。”尽管名称仅仅是形式而不是内容，但不同的名称暗示着不同的意义，甚至直接意味着对学科性质的不同认识。那么，究竟应该称为“知识产权法总论”还是“知识产权总论”呢？从语义来看，“知识产权法总论”的学科性质比较明确，“知识产权法总论”这一用语即意味着知识产权法总论属于法学性质的学科，而“知识产权总论”的性质则不甚清晰。知识产权当然是一种法律权利，但有时知识产权管理、运用等内容也被纳入其中，比如葛洪义主编的《知识产权概论》[③] 一书第四编为“知识产权运用”，共“知识产权出资与质押”“知识产权证券化”“知识产权谈判”“知识产权商业运用中的特殊问题”四章，基本上属于知识产权管理性质的内容。按这种著述的内容安排，“知识产权总论”既可能是法学学科性质的，也可能是所谓的交叉学科性质的。“知识产权总论”的学科性质模糊不清在“知识产权总论”相关著作中得到明显体现，比如：吴汉东的《知识产权总论》[④] 共分“基本范畴研究”“基础理论研究”“国际保护研究”三编，基本上为法学性质的内容，从而其知识产权总论是法学学科性质的，而杨雄文的《知识产权总论》和王肃的《知识产权总论》则不仅包括知识产权法的内容，还包括知识产权管理的内容，比如前者的第十四章“知识产权的资本化”[⑤] 和后者的第十一章“知识产权管理”、第十二章“知识产权服务”[⑥]，从其内容安排来看，这种“知识产权总论”似乎是交叉学科性质的。尤其值得注意的是，杨雄文的著作的第一个版本的书名为《知识产权法总论》[⑦]，也许

---

① 吴汉东．知识产权总论．4 版．北京：中国人民大学出版社，2020；杨雄文．知识产权总论．广州：华南理工大学出版社，2019.

② 齐爱民．知识产权法总论．北京：北京大学出版社，2014；杨雄文．知识产权法总论．广州：华南理工大学出版社，2013（其 2019 年版本书名为《知识产权总论》）；何敏．知识产权法总论．上海：上海人民出版社，2011；陶鑫良，袁真富．知识产权法总论．北京：知识产权出版社，2005.

③ 葛洪义．知识产权概论．广州：华南理工大学出版社，2010.

④ 吴汉东．知识产权总论．4 版．北京：中国人民大学出版社，2020.

⑤ 杨雄文．知识产权总论．广州：华南理工大学出版社，2019.

⑥ 王肃．知识产权总论．北京：知识产权出版社，2020. 本书认为，该书更恰当的书名应该是“知识产权概论或概述”。

⑦ 杨雄文．知识产权法总论．广州：华南理工大学出版社，2013.

是由于意识到“知识产权的资本化”与《知识产权法总论》的书名难以匹配才将书名中的“法”字删除，试图以“知识产权”替代“知识产权法”以增强书名的包容性。

本书认为，“知识产权法总论”的用语不仅更为明晰，而且其所揭示的学科性质也更为科学。学科一词不是可以随意使用的，学科是一个以知识为基点的概念，是一种相对独立的知识体系，这种知识体系必须具有丰富的、系统的事实资料，逻辑化、结构化的问题，严密的、解释力强的理论体系以及发现事实、解决问题、形成理论的有效方法。① 事物的本质属性，决定其知识的学科属性和范围。以知识产权为对象的科学，是法律科学的一个分支。知识产权法学是以揭示知识产权的概念、本质、特征、功能、范围和相关构成，描述它在法的体系中的性质、地位等内涵、外延为己任的法律学科的一个分支。② 尽管有不少以知识产权为交叉学科和设置知识产权一级交叉学科的主张③，但学科交叉不同于交叉学科，学科交叉只是一种跨学科的学术研究或人才培养，一般以一个学科为主，涉及两三个学科之间的协作④，而交叉学科是面向重大社会问题的多学科之间的深度融合，彼此没有主次之分，不是多门学科知识的简单拼凑与堆积，而是基于社会重大问题，多门学科依照内在逻辑关系联结渗透而形成的新学科。⑤ 知识产权并非“交叉学科”或“复合型”专业，知识产权法学“以专门财产权为研究对象，属于纯正的单一学科”⑥。知识产权法总论是知识产权法学的一个重要组成部分，和知识产权法学学科性质相同，属于法学学科。作为一个法学学科，知识产权法总论的研究对象是知识产权法学，研究的是作为法律权利的知识产权的客体、内容、取得以及保护问题，运用的主要是法教义学的法学研究方法。⑦

二、知识产权法总论的功能、任务与要解决的问题

要构造总论，首先必须弄清究竟什么是总论、总论具备什么功能、总论能解决什么问题，即构造总论必须采用功能、任务、问题导向的方法，正如学者在研究财税法总论时指出的那样：“我们要确定总论应当涵盖的内容，不妨先退而思考建构总论所要解决的问题，再以问题为线索来确定、串联起各个范畴。如此得出的总论体系不仅条理分明、易于接受，而且具有相当的实用性，能够紧密切合现实的需求。”⑧ 本书深以为然！

现代汉语中并没有“总论”这个词，而按组词规则来看，“总论”显然是由“总”和“论”组合而成的，其中“总”是修饰“论”的。在现代汉语中，作为形容词的“总”是指“全部的、全面的”，“概括全部的、为首的、领导的”，而作为名词的“论”是指“分析和说明事理的话或文章”“学说”，因此，“总论”可以说就是概括全部的重要的学说。在总论比较发达的传统民法学中，“总论”往往被称为“一般的学说”、“权利的一般”或“一般的

① 李娟，李晓旭．高等学校重点学科建设研究．北京：中国科学技术出版社，2015：34.

② 刘春田．知识产权学科的性质与地位．中国军转民，2022（1）：15.

③ 马一德．完善中国特色知识产权学科体系、学术体系、话语体系．知识产权，2020（12）：25；赵勇，单晓光．我国知识产权一级学科建设现状及发展路径．知识产权，2020（12）：31－39；等等．

④ 余俊．面向知识产权强国建设的知识产权学科治理现代化．知识产权，2021（12）：25.

⑤ 李立国，李登．设置交叉学科：打破科学割据，作彻底联合的努力．光明日报，2021－02－27（11）.

⑥ 刘春田．知识产权学科的性质与地位．中国军转民，2022（1）：16.

⑦ 当然，这并不妨碍运用社科法学的方法从经济学、政治学、社会学等其他学科视角研究知识产权。

⑧ 刘剑文，陈立诚．财税法总论论纲．当代法学，2015（3）：114－115.

理论”，“总论”不同于“总则”，“总则”是立法用语，而“总论”则是学术用语，但“总论”与“总则”有紧密的联系，“总则或总论代表了人类一种从具体到一般的认识需要”，古人和今人均利用总则或总论实现对一般性的追求。[①] 在法学中，总论是部门法学的一个非常重要的部分，是部门法的一般性的理论或学说，知识产权法总论是知识产权法学的一般性的理论或学说。既然是知识产权法学的一般性的理论或学说，知识产权法总论属于知识产权法学的一个组成部分，而且往往是知识产权法学的第一部分。有些著作直接将“总论”作为其知识产权法（学）的第一部分[②]，有些著作则用“绪论”“导论”作为其知识产权法（学）的第一部分。[③] 不管是“总论”还是“绪论”“导论”，其内容大体是类似的，均为知识产权法（学）的一般性内容，只不过一般名为“总论”的内容比名为“绪论”“导论”的内容更为系统而已。

作为一门学科为首的一般性的理论或学说，总论一般有以下特点：第一，重要性。总论是各部门法学或者子部门法学最重要的内容。第二，概括性。总论的许多内容是从分论中提炼出来的，因此是最概括性的。第三，普遍适用性。由于总论是对整个部门法学的概括，是从分论中提炼出来的，因此总论对于分论具有普遍的指导作用和适用性。知识产权法总论是知识产权法学中最重要、最概括的部分，是整个知识产权法学中普遍适用于各具体知识产权法学的基本理论。

那么，知识产权法总论的功能和任务是什么呢？鉴于知识产权法研究不重视总论的传统，我们不得不从更为理论化、体系化的传统民法研究中汲取营养。事实上，即便在传统民法学中，也很少有著述研究总论本身，更遑论研究其理由、功能或任务。日本学者大村敦志的《民法总论》是少有的论述总论本身及其理由的著述，大村敦志认为，“民法总论”的必要性包括学术理由和社会理由，其中，学术理由包括内部的整合和向外部的开放：前者是指多样性和共通性，即“承认民法学所起到的多样化力量的存在，在该基础之上，着眼于仍然存留的共通性来谋求学问的整合”。后者是指独特性与普遍性，即站在民法学的立场上放眼于外部注意到的情况：第一，与法学之外的各种学问的关系。第二，必须重新审视与外国法的关系。社会理由包括“作为共同素养的民法”和“作为社会构成原理的民法”。“因为传统上是在大学里进行民法和民法学的研究教育，所以首先必须将大学的改观列入考虑的范围之内。另一方面，如果认为民法是被市民广泛适用的法、是由市民来推进的法，那么，在思考民法和民法学的应然状态之时，也有必要把社会的变化考虑进去。”[④] 本书认为，这种总结是准确而精到的，民法总论的最主要的功能或任务是在承认民法学多样性和共通性的基础上谋求学问的整合。德国学者强调法律对法学的影响，如梅迪库斯指出：“《德国民法典》第一编的主要内容是从其他各编中提取出来的，作为其公因式的一般规则。不过，总则编的意义却产生于对其他各编特殊的法律问题的适用，即如债法、物权

---

① 徐国栋．民法学总论与民法总则之互动：一种历史的考察．法商研究，2007（4）：29－30．

② 吴汉东．知识产权法．北京：法律出版社，2021；王迁．知识产权法教程．7版．北京：中国人民大学出版社，2021．

③ 《知识产权法学》编写组．知识产权法学．2版．北京：高等教育出版社，2022；刘春田．知识产权法．6版．北京：中国人民大学出版社，2022．

④ ［日］大村敦志．民法总论．江溯，张立艳，译．王轶，校订．北京：北京大学出版社，2004：6－11．

法等诸编规定的问题。也只有从这里所适用的诸项例外中，才能认清一般规则的真正意义。”“任何一本民法总论教科书，都必须顾及这一层关系……我强调分析民法总则的一般规则与其他各编诸问题之间的联系。”① 拉伦茨也指出：“民法的总论部分向来是，不仅要论述《德国民法典》第一编（‘总则’编）里的各种规定，更要阐明我国民法的体系和基本概念。”“要充分理解现行法律，依我的确信，要求我们认识那些较之实在法还要重要的一些基本原则，并且通过这些原则组成的总和意义去认识‘内在体系’。”② 同时，总论毕竟不同于总则，作为教科书，民法总论不得不将民法置于整个法律体系甚至整个社会体系之中加以观察。因此，尽管一般的民法总论教科书的主要内容是民法典的总则部分，但一般也不得不涉及公私法的划分、民法与其他法域③、社会中的民法④ 等内容。

作为民法学一部分的知识产权法学的总论，它当然要遵循民法总论的一般原理与基本要求。在学术上，知识产权法总论同样要进行内部的整合和向外部的开放，需要在承认知识产权法学多样性和共通性的基础上谋求学问的整合。就其内部的整合来说，知识产权法本来就是由各种具体知识产权法律构成的，原本并不存在如同传统民法的总论。尽管如此，着眼于共通性来谋求学问的整合不仅是可能的，而且是必要的。如同“民法总论”有必要存在的第一个理由，这也是“知识产权法总论”有必要存在的第一个理由。就其向外部的开放来说，知识产权法可以被称为“技术之子”，常常受技术发展的影响而发展，知识产权法研究离不开对其背后的技术、社会的发展的关注。同时，知识产权法是最国际化的法律，知识产权法受到国际公约和其他国家或地区法律的影响巨大，需要时时审视其与国际公约以及与外国法的关系。在社会理由上，知识产权今天已经上升为国家战略，知识产权在社会中越来越重要，提高公众的知识产权素养是非常重要的。

除了和传统民法学的相同之处，知识产权法学也具有自身的特别之处：一是知识产权法律的立法形式不同于传统民法的法典形式；二是知识产权法仅仅为民法的一部分，其内容的完整性和传统民法差异巨大。因此，知识产权法总论的功能以及要解决的问题也必然和传统民法有所不同。一方面，知识产权法律的立法形式不同于传统民法。至少到目前为止，知识产权法律中并没有一个像民法典总则那样的知识产权法总则，即使那些名为“知识产权法典”或“民法典知识产权编”的立法，也不存在一个类似于民法典总则那样的知识产权法总则。比如，《法国知识产权法典》无非是由分散的与知识产权有关的立法加以汇编而已，分为立法部分与规则部分，立法部分又分为文学艺术产权、工业产权、海外规定三个部分，根本没有任何总则性的条款。《菲律宾知识产权法典》分为五个部分，分别是“知识产权局”、“专利法”、“商标、服务商标和商业名称法”、“著作权法”和“最后条款”，其中“知识产权局”部分包括本法的标题、国家政策声明、国际公约和互惠、定义、知识产权局的职能、知识产权局的组织结构、总干事和副总干事、专利局、商标局、法律事务

---

① ［德］迪特尔·梅迪库斯．德国民法总论．邵建东，译．北京：法律出版社，2000：德文第一版序，1.

② ［德］卡尔·拉伦茨．德国民法通论：上册．王晓晔，邵建东，程建英，等译．北京：法律出版社，2003：第一版序（摘录），1.

③ 朱庆育．民法总论．北京：北京大学出版社，2016：第一章第一节第三、四小节．

④ ［德］卡尔·拉伦茨．德国民法通论：上册．王晓晔，邵建东，程建英，等译．北京：法律出版社，2003：第三章．

局，文件、信息和技术转让局，管理信息服务和电子数据处理局，行政、财务和人力资源开发局、知识产权局对知识产权费用的使用、特别技术和科学援助、知识产权局印章、法律和条例的出版等内容，基本上为行政管理性规定，没有任何由通常总则规定的法律原则或共同适用于各种知识产权法的实体性规定，因此很难说是和民法典总则类似的总则性规定。略有例外的是《俄罗斯联邦民法典》的知识产权编，《俄罗斯联邦民法典》第七编为“智力活动成果和个别化手段的权利”，即知识产权编，该编第一章即《俄罗斯联邦民法典》第六十九章是“一般规定”，总共包括 30 个条文。不过，在这 30 个条文的所谓知识产权一般规定中，有 7 个条文不涉及识别性标记权，有 5 个条文不过是关于知识产权合同的规定，很难担当总则的任务。也就是说，尽管《俄罗斯联邦民法典》的知识产权编规定了“一般规定”即知识产权法总则，但它是难以望民法总则之项背的。鉴于总则与总论之间的互动关系①，缺乏总则的知识产权法不仅是知识产权法总论不发达的重要体现，还制约着知识产权法总论的发展。另一方面，知识产权法仅为民法的一部分，它不像民法那样具有逻辑自洽、功能完备的全面的主体、客体、法律行为等基本概念和基本制度，而是需要借助传统民法的主体、客体、法律行为等基本概念和基本制度才能完成自身的完整构造并维持正常运行，离开传统民法的主体、客体制度和法律行为制度，知识产权将无从归属，知识产权法律关系将无法产生和变动。因此，知识产权法总论不仅不像民法总论那样理论丰富且对整个私法领域都具有极强的渗透力，甚至也不像民法总论相对于民法学那样具有紧迫的必要性。

正是由于上述知识产权法不同于传统民法的立法形态和整体内容，虽然知识产权法总论大体上仍然需要具有类似于民法总论的功能，需要实现类似于民法总论的功能，但其功能和任务必定具有特殊之处，具体可以概括为以下几点：

首先，在体系上定位知识产权和知识产权法。和传统民法总论需要在体系上定位民法一样，知识产权法总论也需要对知识产权法进行体系定位。当然，知识产权法总论在这方面也有特殊之处，其特殊性在于需要在民法的体系下更为细致地从知识产权法的内部与外部进行体系定位，比如，确立知识产权、知识产权法在民法中的地位与功能，探究知识产权和知识产权法的内部体系构造等。

其次，阐述决定知识产权法独立存在的基本范畴、原理和制度，比如，构建知识产权客体概念、知识产权概念，论证知识产权的正当性，总结知识产权法的立法目的，确立知识产权特有的归属规则、特有的权利限制制度、特有的侵权判断标准等，因为这些基本范畴、原理和制度是知识产权法所特有的，旨在解决知识产权法面临的特殊问题。至于法律主体、法律行为、合同、法律责任等则主要依托传统民法的总则、合同法、侵权责任法等的一般原理，无须另起炉灶，大体上仅仅结合知识产权客体的特殊性来运用传统民法的相关规定和制度即可。

最后，“提炼”知识产权法的一般性的共同规则与制度。尽管知识产权法在立法形态和整体内容方面不同于传统民法，但作为民法一部分的知识产权法仍然有专利法、著作权法、商标法等具体分支，仍然需要总结提炼知识产权法的一般原理和共同规则，比如总结提炼

---

① 徐国栋．民法学总论与民法总则之互动：一种历史的考察．法商研究，2007（4）：24.

知识产权法法律原则、知识产权归属的一般原理与规则、知识产权限制的一般原理与规则、知识产权保护的一般原理与规则等，以满足知识产权法学对一般性的追求，实现知识产权法学科的相对独立与科学完善。

总体上，通过实现以上总论的一般任务与特殊任务，发挥以上总论的一般功能与特殊功能，知识产权法总论就能够促进从整体上理解和解释知识产权法，弥补各具体知识产权法的不足，促使知识产权法学学科走向成熟、完善。

三、知识产权法总论的主要内容及其内在逻辑

目前，我国已经有多本以“知识产权法总论”或“知识产权总论”为名的著作，尽管其内容极不统一，甚至有些著作还包括一些经济管理的内容，但这些著作仍然能够为我们总结提炼知识产权法总论的主要内容提供一些借鉴。同时，知识产权法总论的内容归根结底取决于知识产权法及其总论自身的任务与逻辑，因此还需要结合知识产权法本身的特点以及知识产权法总论的上述功能或任务，从逻辑上确定知识产权法总论的主要内容与内在逻辑。

知识产权法是民法的组成部分，鉴于知识产权与物权在性质上的相似性①，知识产权法的地位类似于物权法在民法典中的地位。作为一种财产性的绝对权法律制度，知识产权法需要解决三个主要问题：第一，保护什么？这主要涉及权利客体问题。权利客体是知识产权的“支点”，归根结底，作为一种财产权制度，知识产权的性质、特征及法律保护制度均是建立在知识产权客体的自然属性和法律特征的基础上的。第二，为什么保护？这包括保护的正当性理由和保护的目的。保护的正当性理由要解决为什么要保护知识产权、其根本的正当性理由是什么的问题。保护的目的是指为了什么而保护知识产权，保护知识产权要实现什么目的，即知识产权法的立法目的。第三，如何保护？这包括权利的取得、运用、保护等具体规则和制度。如何保护当然是知识产权法总论最主要的内容，具体包括指导整个知识产权法的构造的知识产权法的基本原则、知识产权内容制度、知识产权归属制度、作为财产的知识产权利用制度、源于知识产权客体的无体性的知识产权权利冲突制度、最具特殊性的知识产权限制制度、知识产权侵权构成制度、知识产权侵权法律救济制度。

上述知识产权法总论的内容基本上完成了前述知识产权法总论的后两项任务。除此之外，知识产权法总论还需要在体系上定位知识产权和知识产权法，这就需要从内部体系、外部体系两个方面定位知识产权和知识产权法。在知识产权法的内部体系方面，知识产权法总论要明确知识产权法的体系构造及其内在逻辑结构，而在知识产权法的外部体系方面，知识产权法总论则需要将知识产权法置于整个法律体系中进行观察，界定知识产权法在整个法律体系中的地位，确定知识产权法和相近法律之间的联系与区别。

除了包括知识产权的概念、性质、地位、体系、历史演变等知识产权法的概述性的内

① 王太平．中国民法典的“知识化”：理由和具体方案．知识产权，2017（11）：13. 徐国栋和易继明采用类似的观点，徐国栋教授主编的《绿色民法典草案》将知识产权编置于第五分编“物权法”之后第七分编“债法总则”之前（徐国栋．绿色民法典草案．北京：社会科学文献出版社，2004），易继明教授主张民法典为九编制，知识产权编置于“物权法”之后，“合同法”之前［易继明．历史视域中的私法统一与民法典的未来．中国社会科学，2014（5）：138］。

容，知识产权法总论自身内容的内在逻辑可以概括如下：在作为知识产权客体的知识的客观基础上，在知识产权法的立法目的的指引下，知识产权法的基本原则和知识产权法的基本制度体系化地确立，并反过来促进知识产权法的立法目的的实现。

一方面，知识产权客体是知识产权法总论构建的客观基础。制度经济学家 A. 爱伦·斯密德提出了一种分析制度选择的 SSP 范式，SSP 范式所要解决的问题可以概括为：在既定状态（State）下，通过特定产权结构（Structure）的选择，能获得什么样的绩效（Performance）？在应用 SSP 范式分析时，首先要搞清楚哪种物品值得重视，也就是说，物品的哪些内在状态特征导致人类之间的某种特定的相互依赖关系，进而一个人的行为会影响到他人；其次要揭示与公共选择有关的权利结构的特征；最后要通过观察不同时空下同一物品不同权利结构的绩效来验证假设。SSP 范式的意思是，不同的物品特性会带来不同的人类相互依赖关系，由此，相同的制度或权利应用于具有不同特性的物品时，会产生不同的绩效。[①] 其法律意义就是，权利客体的自然属性决定了权利结构或制度安排，进而决定了制度效果。这和我国法学学者所说的物在所有权构建中的地位与作用类似，即“物的概念之所以重要，因为它在权利的建构中起着‘支点’的作用。这个‘支点’作用可以简单地表述为：一种法律所建构的权利，其内容取决于它所指向的行为，而它所指向的行为其内容是什么，则取决于与此行为相关联的物。反过来表述就是：物决定行为的内容，行为的内容则决定权利的内容”[②]。

另一方面，知识产权法的立法目的是知识产权法总论构建的主观基础。迈克尔·D. 贝勒斯在其《法律的原则——一个规范的分析》一书中用规范方法分析了包括财产法在内的五个法律领域的法律原则，其分析框架可以概括为：“什么是理性人根据他们的价值标准可能接受的、法院用来判决工业化的西方国家（这些理性人期望生活在这些国家）中的程序、财产、契约、侵权和刑事问题的核心原则？”[③] 尽管这是在讨论法律原则，但显然也是适用于整个法律的。而这里的理性人的标准显然也可以说就是立法者的目标，即立法目的，立法目的在知识产权法总论构建中的作用是不言而喻的。耶林说：“目的是全部法律的创造者。”[④] 立法目的是法律的重要组成部分，可以为立法者指引方向，是评判立法质量的标准，也为解读法律文字提供指南。[⑤] 鉴于法律与法学的紧密联系和法学的经世致用特征，知识产权法总论的构建既必须总结知识产权法的立法目的，也必须依循知识产权法的立法目的进行。

综上，知识产权法总论必须设定知识产权法的立法目的，构建知识产权客体的理论范畴，而知识产权法的基本原则、知识产权内容制度、知识产权归属制度、作为财产的知识产权的利用制度、源于知识产权客体的无体性的知识产权权利冲突制度、最具特殊性的知

---

① ［美］A. 爱伦·斯密德．财产、权力和公共选择：对法和经济学的进一步思考．黄祖辉，蒋文华，郭红东，等译．上海：上海三联书店，上海人民出版社，1999：55－57.

② 王涌．所有权概念分析．中外法学，2000（5）：522.

③ ［美］迈克尔·D. 贝勒斯．法律的原则：一个规范的分析．张文显，宋金娜，朱卫国，等译．北京：中国大百科全书出版社，1996：16.

④ Rudolph von Jhering. Law as A Means to An End，Trans. Isaac Husik. Boston：The Boston Book Company，1913：liv.

⑤ 黎建飞．论立法目的．中国社会科学院研究生院学报，1992（1）：55.

识产权限制制度、知识产权侵权构成制度、知识产权侵权法律救济制度，均是在知识产权法的立法目的的指导下，在知识产权客体特殊性的基础上构造的，而构造的目的正是实现知识产权法的立法目的。由于“经济学家并没有感到有形产权与知识产权的不一致性”①，知识产权法总论的法律原则与基本制度在很大程度上是借鉴比较成熟的物权法的理论与规则而构建的，知识产权法总论建立在作为知识产权客体的知识与作为物权客体的有体物之间的共同点和不同点的基础上，知识产权法总论的具体内容类似于物权法的框架，并结合了知识产权客体的特殊性，遵循一种制度目的、权利客体、权利内容、权利归属、权利保护的基本逻辑架构。

四、结 论

总论是一个学科的精髓，是一个学科的理论的集中体现，也是一个学科学理化和成熟的重要标志。知识产权法总论虽不像民法总论那样具有完整的总则，但它的理论化对知识产权法律制度是非常重要的，因为“没有理论指导的制度是没有灵魂的制度”，“没有基础理论奠基的学科是没有灵魂和方向的学科”②。

① ［美］理查德·波斯纳．法律的经济分析．2版．蒋兆康，译．北京：法律出版社，2012：51.

② 刘剑文，陈立诚．财税法总论论纲．当代法学，2015（3）：114.

第一章 知识产权法概述

本章导言

在知识经济时代，知识财产在经济中的重要性早已超过物质财产，于是，保护知识财产的知识产权的重要性日益提高，知识产权已经成为第一财产权。知识产权法总论是知识产权法学的一般性理论，是知识产权法学的理论总结与概括，是知识产权法学学习的基础与出发点。本章是知识产权法的基础知识和理论章，是学习包括知识产权法总论在内的整个知识产权法的起点和基础。本章主要介绍知识产权法的概念与特征、知识产权法的性质与地位、知识产权法的立法目的及其实现的过程与机制、知识产权法学习与研究的法教义学方法与社科法学方法。

第一节　知识产权法的概念与特征、性质和地位

一、知识产权法为促进知识生产的方法之一

经济学家林毅夫提出了一种制度选择集的概念，在林毅夫看来，法律要处理的任何事情总会有多种功能相同或近似的制度设计，这些功能相同或近似的制度设计构成制度选择集合，每一种制度设计的生产效率和交易效率均不同，一种制度安排是从一个可供挑选的制度选择集合中选出来的，其条件是：从生产和交易费用两方面考虑，它比这个制度选择集合中的其他制度安排更有效。当然，由于制度安排“嵌在”制度结构中，所以某种制度安排的效率还取决于其他制度安排实现它们功能的完善程度。当由于某种原因，现行制度安排不再是这个制度选择集合中最有效的一个的时候就会发生制度变迁，现行制度安排就可能会被更有效的制度安排替代。林毅夫认为，从某个起始均衡点开始，有四种原因能引起制度不均衡：制度选择集合改变、技术改变、制度服务的需求改变以及其他制度安排改变。[①] 知识产

① 林毅夫．关于制度变迁的经济学理论：诱致性变迁与强制性变迁//[美] R. 科斯，A. 阿尔钦，D. 诺斯，等．财产权利与制度变迁：产权学派与新制度学派译文集．上海：上海三联书店，上海人民出版社，1994：382－384.

权法就是一种解决知识生产问题的制度安排，制度选择集合的概念和人类历史经验告诉我们，解决知识生成的制度安排不止知识产权法一种，而是有许多种。

在专利领域，领先时间（lead time）、商业秘密制度、发明奖励制度、国家资助研发制度、专利制度均可解决技术知识生产问题。也就是说，作为保护发明的手段，除建立专利制度外，还有：(1) 表彰；(2) 授予荣誉；(3) 减免税金；(4) 发奖金等。[①] 本书这里仅介绍除专利制度之外的解决技术知识生产问题的制度。

(1) 领先时间。英文 lead time 一词通常被翻译为订货交付时间、研制时间、开发周期、从投产至完成生产相隔的时间。笔者在知识产权法课程中把它翻译为领先时间，它是指创新者在新产品投入市场后到被他人模仿生产出同样产品的时间。新产品从开发到上市要经历研究选择适应市场需要的产品、产品设计、工艺制造设计、正常生产、产品上市等一系列过程，这一过程的每一阶段均需要一定时间。模仿者在模仿新产品时，同样需要经过一个和新产品开发者类似的从产品开发到上市的过程，即便因具有后发优势可以节省一些时间，通常也需要花费大致相同的时间才能够生产出模仿产品并上市。显然，在模仿者的产品上市之前的市场上实际只有新产品开发者一个卖家，新产品开发者事实上处于市场独占地位——一种类似于专利权人的地位，而模仿者从开始模仿到产品实际上市的这段时间就是新产品开发者的领先时间，新产品开发者可以最大限度地利用领先时间这种优势来回收自己的新产品开发成本。也就是说，领先时间可以用来解决知识生产问题。事实上，在有些产品更新节奏特别快的领域，比如时装等流行品领域，申请外观设计专利在时间上通常是无效的，新时装设计者通常只能通过领先时间来回收研发设计成本。

(2) 商业秘密制度。商业秘密制度是技术领域中另一种解决知识生产问题的重要方法。由于商业秘密保护依赖于商业秘密所有人的保密措施，在现代商业秘密制度创立之前，商业秘密就一直是新技术开发者保护自己的新技术的主要手段。早在周代就有一种畴官，其是一种以某一技艺谋生的士，他们子就父学，世业家传，分散到民间后成为依靠技艺谋生的士。这种士的家教主要是传授技艺，以师带徒，注重基本功训练，一般传男不传女，保密性强。其中，农民的家教主要是农业生产技术和生产经验的传授，工民之家的家教则各依其所从事的职业而定，商民之家则主要教之以市井商贾之事，以营利为目的，使子弟掌握经商本领。[②] 当然，在现代商业秘密制度建立之后，商业秘密制度成为最重要的技术保护手段，法律开始正式禁止不正当获取和利用他人的商业秘密。商业秘密制度的优点是，只要能够保密，商业秘密基本上永远可以受到保护，除非出现新的替代技术或者商业秘密不再是秘密。商业秘密制度的缺陷是不能阻止他人通过自主研发和反向工程等手段获取商业秘密，排他性较弱。

(3) 发明奖励制度。发明奖励制度是我国曾经实施过的一项法律制度。1950 年中央人民政府颁布了《保障发明权与专利权暂行条例》，确立了对发明采取发明证书和专利证书两种方式加以保护，也即除特殊发明外，发明人可择一而行的双轨制。1963 年国务院颁布《发明奖励条例》，同时废止《保障发明权与专利权暂行条例》，从而用《发明奖励条例》代

① ［日］吉藤幸朔．专利法概论．宋永林，魏启学，译．北京：专利文献出版社，1990：3-4.

② 赵忠心，周雪敏．中国家庭教育发展史．南昌：江西高校出版社，2020：28-29.

替了《保障发明权与专利权暂行条例》，取消了专利制度，实行单一的发明奖励制度。改革开放以后，国务院1978年新颁布的《发明奖励条例》和全国人民代表大会常务委员会1984年通过的《专利法》维持了建国初期确立的双轨制技术创新促进制度。在这种双轨制下，发明人可以选择获得发明权，也可以选择获得专利权。1993年6月28日国务院第二次修订《发明奖励条例》时，原第9条的规定即“发明属于国家所有。全国各单位（包括集体所有制单位）都可利用它所必需的发明”被删除，获得发明奖励的发明将不再归国家所有。由于《专利法》和《发明奖励条例》均未明确规定发明人不能同时取得发明奖励和专利权，这意味着发明人获得发明奖励的同时仍可以享有专利权，只要能同时符合《专利法》和《发明奖励条例》规定的条件即可，发明奖励制度蜕变为纯粹的精神奖励制度。至此，发明奖励制度彻底退出历史舞台。

（4）国家资助研发制度。国家资助研发制度是指国家直接拨付资金给研究人员，由研究人员按照计划研发新技术的制度。我国曾经的国家重点基础研究发展计划（973计划）、国家高技术研究发展计划（863计划）、国家科技支撑计划、国际科技合作与交流专项、产业技术研究与开发基金和公益性行业科研专项以及现今的国家重点研发计划均是国家资助研发制度的代表。以被国家重点研发计划取代的863计划为例，863计划始终瞄准世界高技术发展前沿，在事关国家长远发展的重要高技术领域，按照有所为、有所不为的原则，把具有战略性、前沿性、前瞻性的高技术方向作为突破口，集中优势力量，持续攻关，实现了一系列重大技术突破，特别是在高性能计算机、第三代移动通信、高速信息网络、深海机器人与工业机器人、天地观测系统、海洋观测与探测、新一代核反应堆、超级杂交水稻等方面，大大提升了我国高技术的创新能力，一批“大国重器”由此诞生：“神威·太湖之光”超级计算机、高铁列车、大型盾构机“先行号”、高温气冷核反应堆、4 500米级深海无人遥控潜水器作业系统“海马”号、7 000米级载人潜水器“蛟龙”号……863计划带动我国高技术研究领域实现由点到面、由跟踪到创新发展的跨越。①

在著作权领域，同样存在许多促进知识生产的方法，如领先时间、名声、国家资助创作、奖励制度、著作权制度等。其中，领先时间、国家资助创作、奖励制度和专利领域的相关制度类似，著作权领域更为突出的激励方式是名声。名声虽不能为作者带来直接经济收益，但对于评职称、晋级、获评各类人才工程等具有非常重要的作用，而职称晋升、晋级、获评人才工程不仅可以直接带来工资报酬的增加，还能提高声望，从而名声事实上成为对从事学术研究的科研工作者最重要的激励方式。

在包括专利和著作权的智力成果领域，尽管存在着众多激励知识生产的手段，但以专利领域为例，“在这些手段中，不论哪一个，都不能和采取给予垄断权这一卓越保护手段的专利制度相媲美，它们只不过是对专利制度起一种辅助作用”②。归根结底，专利和著作权制度通过授予私人产权的方式充分利用市场机制的优势，这有利于优胜劣汰，可以减少政府的干预和寻租行为，减轻政府的经济负担。因此，专利和著作权制度成为促进知识生产的最重要的制度。

---

① 刘菲，张保淑．“八六三”计划：绘制高科技发展的宏伟蓝图（辉煌历程）．人民日报，2021-03-19（5）．

② ［日］吉藤幸朔．专利法概论．宋永林，魏启学，译．北京：专利文献出版社，1990：4．

和专利、著作权领域不同，识别性商业标记权领域的商标等识别性商业标记的主要功能是提供信息，而不是提供更多的知识。尽管如此，识别性商业标记权领域同样需要激励，同样存在着一些替代现行商标法的制度。也就是说，尽管识别性商业标记权领域不一定需要激励产生更多的商业标记，但需要激励识别性商业标记更长久地存在（比如鼓励缔造百年老店），这也是注册商标可以无限续展的主要原因。同样，既然是一种提供信息的机制，除了商标制度，还有其他一些替代机制，比如强制性质量监管制度、商品标识制度等均可以提供商品或服务信息，减少商品或服务信息的不对称。不过，和商标制度相比，强制性质量监管制度、商品标识制度等均难以积累和传递商品或服务的不可观察信息，不能充分利用市场机制，可能存在政府失灵的问题。事实上，在追求个性消费的今天，许多商标除了具有在厂商与消费者之间传递商品或服务信息的功能，还成为具有文化意义的标志，可以彰显消费者的社会身份与品位，这些商标同时在消费者与消费者之间传递信息，可以表彰消费者的个性和阶层，商标的这种独特的社会功能更是商标之外的其他商品或服务信息提供制度所不可取代的。

延伸阅读材料

没有著作权法的著作权保护和无法保护的著作权

在20世纪初，美国和英国没有缔结著作权条约，美国出版商可以任意剽窃英国作家写的书。尽管如此，英国作家还是能够不断收取在美国卖书的版税。这是怎么办到的？

英国作家的做法是，在英国出版之前先把原书手稿交给美国的出版商，好让英国版和美国版大约在同一时间上市。因此在书上市之前，盗版商没有办法盗印。以当时的印刷技术来说，排版速度相当缓慢且昂贵，因此合法出版商能获得初期销售量的全部收入。对大部分书籍而言，初期销售量就占全部销售量的一大部分。

等到盗版上市，合法出版商可以发行“反击版”来削价竞争，使盗版商无法回收原始的投资金额，因此市面上虽仍有盗版，情况却不是很严重，英国作家仍能从美国赚到钱。当时的出版技术让合法出版商拥有足够的空间可以先下手为强，缺乏著作权保护也无所谓。

经过一个世纪后的今天，我们面对计算机程序的处境几乎恰好相反。比如，我买了一张微软 Office 98 的光盘，却发现授权书根本不允许我在家里和办公室的计算机上同时使用那套程序。根据法律和我的道德良知，我需要买第二套 Word，才能在不同的地方用这套软件来写书。但是，如果我决定违反法律规定，利用同一张光盘片把程序安装到两台计算机上，微软公司也没有办法。计算机程序受著作权法保护，销售商、大学或个人都不可以进行复制。但在实务上，著作权法适用的范围只有前两者。如果我自己在两台计算机上安装同一张 Office 光盘，或者我六岁的小孩把他的计算机游戏提供给所有朋友拷贝，我们两人被捕和起诉的概率几近于零。①

① ［美］大卫·D. 弗里德曼. 经济学与法律的对话. 徐源丰，译. 桂林：广西师范大学出版社，2019：171-172.

问题：什么时候需要著作权法？著作权法运行需要满足什么条件？

延伸阅读材料

国家资助研发

可以确定，法律制度对商业的保护增大了研发科研动力。但是，对于一个特定的制度安排是否使创意市场更有效率，目前为止尚未有理论上的支持论断。最重要的是由阿罗和德布鲁提出的现代经济理论，即在限制性的前提条件下私人所有权和契约自由可以实现商品市场的最有效率的组织。类似有关法律制度对商业的保护理论在创意市场并不存在，因为两个市场的本质不同。两个市场中投资过热或是过冷倒是都有可能的，专利法最根本的缺陷在于可能导致投资冷淡。

一些经济学家，尤其是阿罗和萨缪尔逊二位特别推崇通过国家资助政策解决这一难题。在有关利用新知识的监管问题以及无法解决相应财产权保护的问题上，比如特别是基础性研究之类问题，这个观点一般来说是可行的。应用领域日益宽泛使所有权人几乎无法实施监控。私有所有权的比例达到了边界，因此国家在鼓励创新上无可争议地扮演了一个重要角色。

这个建议的争议点在于，它把国家对创新的支持同新产品以及生产产品的技术全部都转移到国家身上。对于知识产权鼓励创意以及市场经济机制存在缺陷的分析并不能证明国家就可以更好地解决这一问题。

关于国家应当代替创意市场机制的想法可能来源于许多由国家资助成功的案例，这些案例都是根据国家的目标政策实现的，比如，在美国政府大力资助下仅仅花了 3 年时间（1942—1945）就研制出了改变历史的原子弹，历史上称为“曼哈顿”计划，其直接由国家资助和领导，并和军方共同协调实施。同样的在航天技术方面，特别是载人宇宙飞船，其产生的利益毋庸置疑。由国家支持以及部分由官方组织鼓励研发的另一个重要成功例子就是借助卫星技术的通信。一个较少争议的成功案例就是新发明的高产粮食种子，特别是大麦种子的使用，在印度实现了“绿色革命”。历史上由国家资助并取得特别成功的一个创新例子就是哥伦布发现美洲新大陆，实际上寻找新航线的航海是在 15 世纪和 16 世纪由西班牙和葡萄牙王国资助的。但是，实际上也有许多国家创新政策失败的例子：从原子能快速增殖反应堆到备受争议的欧洲超级芯片计划以及高清晰度电视等。反对国家资助的人认为，这类国际资助的研发是浪费的，因为它会影响到研发激励问题以及成功监控问题。

实际上，批评者忽略了国家可以采取不同手段资助研发。国家有能力自行组织研发并提供资金。此外，国家可以部分或者全部支持私人研发项目，国家也可以把研发项目委托给私人机构研发。如果是资助第三方研发，国家还可以用通常的手段进行监控并把支付与成功的研发投入水平相联系，对于成功的研发项目进行资助的一个特殊形式就是降低产品价格。在 18 世纪，英国对航海仪器的发明进行重奖；在法国拿破仑时代，对部队给养的新方法也给予奖励；在德国威廉大帝时期，对证明 Fermat 定理予以奖励。①

---

① ［德］汉斯-贝恩德·舍费尔，克劳斯·奥特．民法的经济分析：第四版．江清云，杜涛，译．北京：法律出版社，2009：605－607.

问题：国家资助研发比知识产权制度有优势吗？能够完全替代知识产权制度吗？

二、知识产权法的概念与特征

按照我国传统的调整对象和调整方法的法律定义方法，知识产权法可以定义为调整知识产权的产生、归属、变更、行使和保护等活动中产生的社会关系的法律规范的总称。知识产权法是民法的一部分，但和传统民法相比具有一些自己的特征。

其一，综合性。和传统民法规范大部分是实体性规范不同，知识产权法中具有很多程序法规范，比如在专利法和商标法中存在相当数量的专利权取得和商标注册的程序性规范，甚至有些国家或地区的专利法、商标法基本上就是按照专利权取得和商标注册的程序来构造的。同时，和传统民法规范主要是私法性质的规范不同，知识产权法中具有部分公法性质的规范，比如我国《商标法》中的"商标使用的管理"一章和专利法中的强制许可制度。不过，总体来说，知识产权法本质上仍然是实体法和私法，程序性规范虽然数量不少，但归根结底，专利权取得和商标注册的程序性规范的最终目的仍然是专利权和商标权的取得，其性质类似于物权法中的不动产登记，并不改变专利法和商标法的实体法性质，部分公法性质规范也并不影响专利权和商标权的私权性质，只是为了公共利益而对作为私权的专利权、商标权稍加限制而已，并不改变专利法、商标法的私法性质。

其二，技术性。知识产权法，尤其是专利法和著作权法往往受到技术发展的巨大影响，其法律操作也往往具有较强的技术性。著作权法常常被称为传播技术之子，从活字印刷术、录音录像技术、广播电视技术至数字网络技术、数字孪生技术、区块链技术、人工智能技术，每一次技术变革总会对著作权制度产生非常大的影响，不是产生新的著作权类型，就是产生新的作品类型，甚至逐渐改变作品创作的生态。专利法保护的就是技术方案，专利侵权判断实质上就是技术方案之间的对比，其法律操作的技术性更是不言而喻。商标等识别性商业标记主要与消费者的认知有关，本无技术性，但今天随着非传统商标日渐受到保护，商标的非功能性、商标的显著性问题判断也变得日益技术化。

其三，时代性。知识产权一直处于快速的发展之中，这种发展既是技术发展的结果，也是社会发展的结果。著作权、专利权因为受到技术的影响更大而随着技术的发展而发展，商标也会随着社会结构的变化和商标社会功能的丰富而发展。这就使知识产权的权利类型甚至权利客体一直处于追随技术和社会发展的状态，这不像同为财产法的物权法，其不动产类型基本上一直限于土地和房屋，权利类型也不过限于所有权、担保物权、用益物权，权利类型虽有变化，但基本上保持稳定。因此，《法国民法典》《德国民法典》历经数百年而保持基本框架不变，而这些国家的知识产权法却一直在激烈变化着，体现出知识产权法的时代性。

其四，国际性。知识产权客体是无体的知识，知识无体而有形[①]，故而知识产权客体不具有天然的排他性与竞争性，属于经济学上的"公共物品"。这不仅意味着知识产权保护需要异于同为财产法的传统物权法的特殊制度，也意味着知识产权客体更容易跨地域、跨国

① 刘春田．知识财产权解析．中国社会科学，2003（4）：110－113．

界传播。于是，19世纪末期产生了关于知识产权国际保护的国际公约——《保护工业产权巴黎公约》（以下简称“巴黎公约”）与《保护文学和艺术作品伯尔尼公约》（以下简称“《伯尔尼公约》”），而至20世纪末期更是产生了作为世界贸易组织协定的重要组成部分的《与贸易有关的知识产权协定》（以下简称“TRIPS协定”），知识产权国际保护进入一体化时代。知识产权保护的国际化与一体化对世界各国或地区知识产权法均产生了非常大的影响，世界各国或地区的知识产权法不得不随着知识产权国际公约的变化而不断修改。

需要注意的是，尽管本书已经定义了知识产权法的概念，知识产权法也不仅成为一门学科，还成为一个法律部门，但知识产权法的概念、学科和法律部门的成熟度与传统法学相比是不可同日而语的，正如有学者所述，“知识产权法所涉及的主题范围广泛，它不是一个单一的同质法律体系；相反，这个术语通常用来描述一些法律领域，典型的包括版权法、专利法和商标法，每一个都有自己的特点”。尽管“形容词‘智力的（intellectual）’被认为是对这一法律领域所规范的某些材料的特征的描述，即人类思想或‘智力’的产物”，而“‘产权’一词描述了监管的形式——也就是说，主要是授予个人专有权，其运作方式类似于对有体财产的私有财产权”，但“这两个部分都不是毫无争议的”①。也就是说，目前各种具体知识产权法律可以“归属于”知识产权法尚缺乏非常可靠的依据和严密的论证，仍有待知识产权法学界的进一步努力。

三、知识产权法的性质与地位

TRIPS协定明确规定，“承认知识产权为私权”。知识产权的私权属性和知识产权法的私法属性已经成为学界共识。知识产权法之所以为私法，一是因为其调整的社会关系是平等主体之间的私的财产关系和人身关系，二是因为其调整方法是私法的方法。

在知识产权法调整的社会关系上，知识产权法调整的是因知识产权的归属、行使和保护而产生的社会关系。不论是作品、发明创造还是商标，它们或者是人创造的产物，或者是商业经营的结果，无论是作品、发明创造、商标的权利的归属还是利用与保护关系，均与公权力的行使无关，而是平等主体之间的社会关系。

在知识产权法的调整方法上，知识产权法只规定权利取得的条件以及侵犯权利的标准和后果。知识产权法从不关心行为人的行为动机，也不直接干涉行为人的行为，符合法律规定的条件就能取得权利，符合法律规定的侵犯权利的标准就应承担相应的法律后果。知识产权法完全遵循“以私法自治和所有人自由为两大支柱”的“私法上的决策自由”，和普通私法一样，在知识产权法中，“主体的动机是一种禁忌。对于其行为的后果，主体充其量是对自己承担责任”②。

尽管知识产权法中也有人身权的存在，但知识产权法归根结底是一种财产性的法律，“知识产权法，可称为模仿行为禁止法或搭车行为禁止法。但是如果彻底分析，其实应称为信息的保护法”。“知识产权法在本质上，是保护财产性信息的法律。”“知识产权法采用的，

---

① L. Bently，B. Sherman，D. Gangjee and P. Johnson. Intellectual Property Law. New York：Oxford University Press，2023：1.

② ［德］迪特尔·梅迪库斯．德国民法总论．邵建东，译．北京：法律出版社，2000：8-9.

是将符合经济规律的体系嵌入市场的做法，即法律做的事情，仅是对特定种类信息赋予独占地位，而将对信息价值高低的判断，交给市场来完成，如果是最优秀的发明和精彩的小说，那么依靠它们自身的力量，就可以获得高额利润。知识产权法可以说是利用市场机能的巧妙体系，这就是为什么可以说‘专利制度本身就是最大的发明’的原因。”① 美国学者莫杰思认为，“财产法存在一个基本的逻辑，它既适用于有体物，也适用于无体物”。因为无论是有体财产法还是无体财产法，“私有财产制度最重要的核心原则就是：它将各项财物的控制权让与个人。它在所有权人与财物之间形成一对一的映射关系……这种一对一的映射关系是处理无体物的最佳方式，正如它在其他财物上所呈现的那样”。“正是这个关于个人控制的强大逻辑，才使得财产是适当的并且可欲的；而它跟财物的本质特征，则没有什么关系。”② 也许正因如此，相当一部分英美财产法著作将知识产权法作为财产法的一部分。③

尽管学界就知识产权法的私法和财产法性质基本上存在共识，但就知识产权法的地位却存在着不同的观点。知识产权法的地位主要涉及知识产权法与民法的关系，就此问题学界主要有三种观点：第一种观点认为，知识产权法是民法的特别法。民法是私法的基础，知识产权法是民法的特别法，这是大陆法系国家目前的主流观点。这种观点认为，知识产权法属于财产法，因此，财产法的一般制度适用于知识产权法，但知识产权的特性使之不能简单划归于物权或债权范畴，知识产权客体非物质、易复制、传播快、不能被主体实际占有和控制等特点，决定了知识产权法在法律适用上并不能简单套用一般财产法制度，而应给予特别保护。④ 这种观点的一种更新的更精确的表达是把知识产权法看成类似商法的民法的特别法，即“知识产权法与商法同作为商人阶层创制的法律，既在各自领域经历了从特权到私权的变迁，也始终以独立的形态和自治的方式发展。与民法相比，知识产权法的产生与变革更接近于商法，立法目的旨在回应新技术带来的新商业模式，因此生成了一套独立运行于民法的法源体系”⑤。第二种观点认为：知识产权法是民法的一部分。这种观点认为：知识产权作为民事财产权利的一个类型，与传统民事财产权利没有本质的区别。知识产权是与物权属于同一逻辑层次、同等重要的民事财产权。知识产权法是民事普通法，不是民事特别法。因为知识产权法不是从传统财产法中派生出来的特别财产法规则，它所调整的，不是个别的、特殊的、局部的民事关系，而是社会生活中普遍适用的基本规则，是基础性的民事财产法。⑥ 第三种观点认为，知识产权法和民法并列为私法的组成部分。这是最近几年产生的一种新的观点。“《民法典》决定了民事权利体系、商事权利体系和知识产权体系构建的立法框架”，其理由是知识产权是和民事权利、商事权利、劳动权、环境权、新型私权或者其他私权权益并列的私权体系中的一种私权。⑦

---

① ［日］中山信弘．多媒体与著作权．张玉瑞，译．北京：专利文献出版社，1997：3-4.

② ［美］罗伯特·P. 莫杰思．知识产权正当性解释．金海军，史兆欢，寇海侠，译．北京：商务印书馆，2019：17，19.

③ ［英］F. H. 劳森，B. 拉登．财产法．施天涛，梅慎实，孔祥俊，译．北京：中国大百科全书出版社，1998：31-33；James E. Krier. Property. Eighteenth Edition. Saint Paul：West Academic Publishing，2013：14-15.

④ 杨巧．知识产权法．北京：法律出版社，2007：41.

⑤ 熊琦．知识产权法与民法的体系定位．武汉大学学报（哲学社会科学版），2019（2）：136.

⑥ 刘春田．知识产权作为第一财产权利是民法学上的一个发现．知识产权，2015（10）：5-6.

⑦ 李建华，麻锐．论私权体系的理论构成与民法典的立法构建．当代法学，2022（5）：45-54.

本书认为，知识产权法是民法的一部分，其地位类似于物权法在民法中的地位，知识产权是和物权并列的绝对财产权。和物权法需要借助民法典总则编、合同编、侵权责任编的相关制度才能构成自己运行的完整体系一样，知识产权法运行的完整体系同样需要借助民法典总则编、合同编、侵权责任编的相关制度，知识产权合同和知识产权侵权固然有其特殊之处，物权合同和物权侵权同样也有其特殊之处，物权可以作为夫妻共同财产和遗产，知识产权同样可以作为夫妻共同财产[①] 和遗产。归根结底，在知识经济时代，知识产权不仅已经成为一种重要的财产权利，而且已经超越物权而成为第一财产权。[②]

第二节 知识产权法的立法目的

德国法儒鲁道夫·冯·耶林（Rudolph von Jhering）说："目的是全部法律的创造者，每条法律规则的产生都源于一种目的，即一种事实上的动机。"[③] 因为"基于法律之手段的地位，自应受目的之节制"，也即"法律作为人类的行为规范，其制定或接受既然是有所为而来，则在法律之制定、接受或甚至在探讨时，人们对之自当有所期待，希望藉助于法律，能够达到所为的之正当目的：促成公平之和平的实现"[④]。立法目的是法律的重要组成部分，可以为立法者指引方向，是评判立法质量的标准，也为解读法律文字提供指南。[⑤] 知识产权法自不例外。

一、知识产权实定法规定的立法目的

立法目的有不同的层次，"第一层次属于一般性目的，它体现着人们在法律上的总体追求，亦即普遍的法律需要，反映了立法者带有根本性的法律意向，并且又制约着社会中全部的立法"。"当人们以法律调整社会关系的总需要与特定的法律形式相结合后，就形成了更为具体的第二层次的立法目的。"[⑥] 知识产权法的立法目的大体上属于第二层次的立法目的。

少有国家或地区的立法直接规定知识产权法的立法目的，美国宪法的知识产权条款大概是少有的关于知识产权立法目的的法律规定，该条规定，"为了促进科学与实用技术的发展，国会有权保障作者和发明者在有限时间内对其作品和发现享有独占权"。根据该规定，著作权立法的目的是促进科学的发展，采用的手段是给予作者对其作品有期限的独占权；专利立法的目的是促进实用技艺的发展，采用的手段是给予发明人对其发明有期限的独占

---

① 当然，我国《民法典》第1062条仅仅将"知识产权的收益"作为夫妻共同财产，知识产权本身并未被规定为夫妻共同财产，然而，这一做法不仅对夫妻双方其中一方不公平，也和世界立法的发展趋势相悖。陈苇．婚内所得知识产权的财产期待权之归属探讨：兼谈对《婚姻家庭法》(1999年法学专家建议稿）的修改建议．现代法学，2000（4）；张学军．论夫妻一方婚后所得财产性知识产权的归属．浙江工商大学学报，2013（3）.

② 刘春田．知识产权作为第一财产权利是民法学上的一个发现．知识产权，2015（10）：8-9.

③ Rudolph von Jhering. Law as A Means to An End. Isaac Husik，Trans. Boston：The Boston Book Company，1913：liv.

④ 黄茂荣．法学方法与现代民法．增订7版．台北：自版，2020：165-166.

⑤ 黎建飞．论立法目的．中国社会科学院研究生院学报，1992（1）：55.

⑥ 黎建飞．论立法目的．中国社会科学院研究生院学报，1992（1）：59.

权。美国法院认为社会和作者、发明人之间有一种精心构造的交涉（交易或契约）（bargain），“专利权人和著作权持有人的权利是‘精心精巧构造的交涉’的一部分”，“在这种交涉下，一旦专利或著作权垄断已经期限届满，公众就可以任意使用该发明或作品，无须署名”[①]。在这种“交涉”中，社会的对价是给予作者或发明人对其作品或发明有期限的排他权，作者或发明人的对价则是他的作品或发明，即作者或发明人在其著作权或专利权期限内可以享有对其作品或发明的著作权或专利权，但是在著作权或专利权保护期限届满之后，作者或发明人有义务将其作品或发明投入公共领域供社会公众所用。双方互相给予对方的对价必须保持适当的平衡：社会所给予作者或发明人的对价必须足以激励作者或发明人将作品或发明创造出来，而作者或发明人给予社会的作品或发明也必须当得起这种激励。这种对价机制给作者和发明人提供了独占权的激励，可以激励作者和发明人创作作品、进行发明创造，而在著作权或专利权到期之后，这些作品或发明进入公共领域，促进了公共领域产品的丰富。

商标法的目标和专利法、著作权法不同，不过，商标法同样具有激励作用，“商标法发挥着两种效率促进功能：第一，商标通过使产品和生产者在市场中更容易被识别而减少了消费者的搜寻成本。第二，商标通过确保生产者而不是其竞争对手收获其投资的声誉相关的回报而鼓励其投资于质量”[②]。经济学家理查德·克拉斯韦尔（Richard Craswell）认为：“如果消费者能够了解每个品牌的质量水平，这将激励每个制造商尽可能多地提高产品质量。相比之下，如果没有商标……制造商将从提高产品质量中获益甚微。消费者将无法识别高质量或低质量的品牌，因此销售将倾向于流向那些通过在质量上偷工减料来降低价格的制造商。其结果将是竞相生产劣质产品，而不是竞相生产更好的产品。”[③]

日本知识产权法是少数规定立法目的的法律。《日本著作权法》第1条规定，本法目的在于确定与著作物、表演、唱片、广播和有线广播有关的著作人的权利及其邻接权利，在注意公正使用上述文化成果的同时，保护著作人等的权利，以促进文化的繁荣和发展，手段是“在注意公正使用上述文化成果的同时，保护著作人等的权利”，最终目的是“促进文化的繁荣和发展”。《日本专利法》第1条规定，本法的目的是通过保护与利用发明，鼓励发明，以推动产业的发展。对此，日本学者解释道，“专利法的目的是通过‘给予发明人以保护发明的利益和给予公众以利用发明的利益’，以此对发明进行奖励，最终目的是促进产业的发展”[④]。《日本商标法》第1条规定，本法的宗旨是通过保护商标，以维护商标使用者在业务上的信誉、促进产业的发展并保护消费者的利益。对此，日本学者认为，“商标法的目标是直接保护个人商标权，并通过保护消费者利益间接为公共利益作出贡献。也就是说，商标法的明确目的是保护在竞争性商业中使用该商标的人的‘注册’商标，通过这种保护，竞争性企业得到保护，造福社会”[⑤]。

---

① Dastar Corp. v. Twentieth Century Fox Film Corp.，539 U. S. 23. 33（2003）.

② Barton Beebe，The Semiotic Analysis of Trademark Law，51 UCLA L. Rev. 621，623（2004）.

③ J. Thomas McCarthy. McCarthy on Trademarks and Unfair Competition. Fifth Edition. June 2023 Update.

④ ［日］吉藤幸朔．专利法概论．宋永林，魏启学，译．北京：专利文献出版社，1990：3.

⑤ Shoen Ono. Overview of Japanese Trademark Law. 2nd ed. 1999：chapter 4，p. 5.［2023－09－21］. https://www.iip.or.jp/e/translation/syouhyou.html.

和日本一样，我国各知识产权法律也规定了立法目的。《专利法》第1条规定，为了保护专利权人的合法权益，鼓励发明创造，推动发明创造的应用，提高创新能力，促进科学技术进步和经济社会发展，制定本法。《著作权法》第1条规定，为保护文学、艺术和科学作品作者的著作权，以及与著作权有关的权益，鼓励有益于社会主义精神文明、物质文明建设的作品的创作和传播，促进社会主义文化和科学事业的发展与繁荣，根据宪法制定本法。《商标法》第1条规定，为了加强商标管理，保护商标专用权，促使生产、经营者保证商品和服务质量，维护商标信誉，以保障消费者和生产、经营者的利益，促进社会主义市场经济的发展，特制定本法。在《专利法》制定时，时任专利局局长的黄坤益在向全国人大常委会汇报时提出：专利“制度的基本内容是依据专利法，对申请专利的发明，经过审查和批准授予专利权，同时把申请专利的发明内容公诸于世，以便进行发明创造信息交流和有偿技术转让。为了保护和鼓励发明创造，促进技术发明成果的推广，便利从国外引进新技术，加速我国的现代化建设，需要及早公布专利法，尽快把专利制度建立起来”①。时任国家版权局局长的宋木文在向全国人大常委会汇报解释著作权法的立法目的时说，“保护作者因创作作品而产生的正当权益，鼓励优秀作品的创作与传播，促进科学和文化的繁荣与发展，促进社会主义精神文明与物质文明建设，是我国著作权立法的基本原则”。“作者是直接创作作品的人。要调动作者的创作积极性，首先就要明确作者的法律地位和正当权益。”而“保护作者正当权益、鼓励创作的目的在于广泛传播优秀作品，促进知识的积累和交流，丰富人们的精神文化生活，提高全民族的科学文化素质以推动经济的发展和人类社会的进步”②。在《商标法》制定时，时任工商行政管理总局局长的任中林在向全国人大常委会说明商标法草案时提出：“商标专用权得到有效的保护，有利于促使生产者更好地维护商标信誉，保证和提高产品质量，从而保障消费者的利益，促进社会主义商品经济的发展。”③

从我国知识产权法律的这些规定和当时法律起草者的说明可以看出，我国三部知识产权法律和美国、日本等国家知识产权法律的规定是类似的，在立法目的方面均采用“手段—目的”的句式，各知识产权法的直接目的即手段是保护各种知识产权，而最终目的则是促进科学、技术的发展和社会主义商品经济的发展或者保障消费者的利益。

二、知识产权法的立法目的的学理阐释

知识产权法的上述立法目的得到了诸多学者的支持，日本学者田村善之认为，“知识产权法的最终目的并不是创造知识财产，而是促进对知识财产的充分利用，以达到促进产业、文化发展之目的。为此，我们不能一味地强调对知识产权的保护，而有必要更多地考虑如何才能促进更便利地利用知识财产并平衡地保护各方利益”④。美国学者莫杰思认为：“知识

---

① 黄坤益．关于《中华人民共和国专利法（草案）》的说明（1983年12月2日在第六届全国人民代表大会常务委员会第三次会议上）．

② 宋木文．关于《中华人民共和国著作权法（草案）》的说明（1989年12月20日在第七届全国人民代表大会常务委员会第十一次会议上）．

③ 任中林．关于《中华人民共和国商标法（草案）》的说明（1982年8月19日在第五届全国人民代表大会常务委员会第二十四次会议上）．

④ ［日］田村善之．日本知识产权法．周超，李雨峰，李希同，译．北京：知识产权出版社，2011：4.

产权法的目的在于使其所调整的行为的净社会收益最大化……社会要为某些成果的创作者提供高于市场的回报，因为如果没有此等回报，这些成果就不会被创作出来或者不会如此又快又好地被创作出来。将这一方案中的收益与社会损失进行权衡，其中，收益的形式就是新创作出来的成果，而社会损失通常就是当这些成果的财产权以高于其生产的边际成本的价格出售时所造成的消费者福利损失……知识产权政策就是对上述这些方面进行比较与衡量，以达到适当的平衡。”① 齐爱民教授认为：“知识产权法的目的具有二元价值性，即保护知识财产和促进知识财产的利用。这两种立法目的之间存在表面上的矛盾。知识产权法就是以解决知识产权法的目的之间的矛盾为着眼点，即解决保护私人财产和促进知识财产利用之间的矛盾。保护财产体现的是私益，而促进知识财产利用则体现的是公益……知识产权法的宗旨就是维持保护知识财产和促进知识财产应用之间的平衡。”②

上述各知识产权法律的立法目的可以概括为两点：保护知识产权（专利权、著作权、商标权）是手段，以激励发明者、作者和经营者进行发明创造、创作作品和提供高质量商品或服务，而最终目的是促进科学、实用技艺的发展，保护消费者利益，维护社会经济秩序。知识产权法律中的手段也可以说是直接目的，正如学者所述，“从这三部法律的第一条规定中都可以看到，立法的直接目的都是保护权利人的权益，同时强调鼓励创作、传播、发明等权利，兼顾其他人的利益，最终目的是促进整个社会的知识产品和文化的繁荣发展”③。

知识产权法的最终目的是对直接目的或者手段的限制，是直接目的的最终边界。建立知识产权制度而给予作者、发明人、商业经营者以一定期限的独占权不过是激励知识创造的手段，这种激励并不是最终目的。这就意味着社会所给予的权利只应达到恰好能激励知识创造的程度，以有助于实现知识产权制度的最终目的。因此，当知识产权保护有违最终目的实现时，知识产权保护就是不恰当的。以在宪法中规定了知识产权制度的美国法为例，有学者认为，美国“宪法的专有权利条款仅仅使用了公共福利理由而没有提及保护的自然权利理由”④。在格雷厄姆诉约翰·迪尔公司案中，美国联邦最高法院指出：“该条款不仅是权力的授予，也是对权力的限制。”“专利垄断权不是用来授予发明者的发现中的自然权利，而是一种为产生新知识的报酬和刺激物。对发明的排他权的授予是社会的创造——与披露的思想的天生自由的性质不一致——而不是自由地给予的。只有促进了人类知识的新颖和实用的发明和发现才当得起有限的私人垄断权的专门刺激。”⑤ 在怀顿诉彼德斯案中，美国联邦最高法院认为：“根据 1790 年《著作权法》，国会不是认可一种现存的权利，而是……创造了著作权。”其功能“首先是强化公共利益，然后才是奖励作者”⑥。在索尼公司诉环球都市摄影公司案中，美国联邦最高法院指出：“国会可以批准的垄断特权既不是没有限制的，基本上也不是用来规定特定的私人利益的。相反，这种有限的授予是一种实现重要的

---

① ［美］罗伯特·P. 莫杰思．知识产权正当性解释．金海军，史兆欢，寇海侠，译．北京：商务印书馆，2019：14.

② 齐爱民．知识产权法总论．北京：北京大学出版社，2014：25.

③ 何鹏．知识产权立法的法理解释：从功利主义到实用主义．法制与社会发展，2019（4）.

④ Mark S. Nadel. How Current Copyright Law Discourages Creative Output：The Overlooked Impact of Marketing，19 BERKELEY TECH. L. J. 785，795（2004）.

⑤ Graham v. JohnDeereCo. 383 U. S. 1（1966）.

⑥ Wheatonv. Peters33 U. S. 591（1834）.

公共目的的手段。”① 在梅泽诉斯坦案中传达法院观点的里德法官更直接地说：“和专利法一样，著作权法对酬劳所有人做第二考虑。”因为授予专利权和著作权是“增进公共福利的最好方法”②。

延伸阅读材料

产权与自然保护：非洲象

尽管在非洲的大多数地区，大象的数目都在下降，但有些南部非洲国家的保护政策曾经……获得成功……1900 年，人们估计津巴布韦大象的数目约为 5 000 头。而现在，人们估计大约有 43 000 头。

野生动物不断地威胁着农村居民……在农作物生长季节的某几个月里，村民们必须花费宝贵的时间，保护他们的作物免遭觅食的野生动物的糟蹋。如果一个村民的玉米地被一头大象踩坏，他不会得到补偿。如果一个家庭不幸遭受这样的灾难，它就可能面临饥饿。在这样的情况下，盗猎盛行是毫不奇怪的。

……1989 年，当地的津巴布韦人建立了一种举报……盗猎者的责任制。〔由此导入了一种制度变革，它给予〕当地人……管理其地区内野生动物的〔权利〕……〔这项计划〕要求土地所有者对保护和使用其土地上的野生动物负责。有人预言，这将导致大范围地虐杀野生动物。但实际结果正好相反。

〔这项制度创新〕……在公共土地上的见效要慢得多……〔但在 1989 年〕，政府向各地区领导当局授权，允许他们管理自己的资源。其主要目标……是对利用野生动物创收的活动施加严格控制……〔现在〕当地人一再从他们的野生动物中获益……他们正领取源于野生动物管理活动的现金红利。并且，在他们的农作物遭到破坏后，他们可以得到补偿……肉会按成本价进行分配……现在，收入的主要来源是远征狩猎……在禁止〔象牙交易〕的命令颁布之前，得自狩猎的象牙也是由共同体出售的。

……〔当地〕对这项计划的支持是……强有力的……当地人获得的新技能和新技术使他们能够执行一些更具基础性的管理任务……看来，该项目现在有可能为这些共同体的生态和经济前景提供真正的长期希望。③

问题：津巴布韦对待大象的政策措施与知识产权法的创立有什么联系？

三、知识产权法的立法目的的实现过程与机制

知识产权法可以说是“模仿行为禁止法”、“搭车行为禁止法”或“信息的保护法”，本质上是“保护财产性信息的法律”。其中，“专利法虽然是禁止他人对技术搭车的法律，但

---

① Sony Corp. v. Universal City Studios, Inc. 464 U. S. 417, 429 (1984).

② Mazer v. Stein 347 U. S. 201 (1954).

③ ［德］柯武刚，史漫飞．制度经济学：社会秩序与公共政策．韩朝华，译．北京：商务印书馆，2000：254-255.

正是因此限制了他人对技术的使用，成了保护技术信息的法律”。“禁止模仿他人的思想或情感等表现的著作权法，构成了对表现信息的保护法。”而“禁止对他人商品或服务所享有信誉（goodwill，即好的评价）搭车的商标法，构成了以保护信誉信息为目的的法律”。对信息进行保护时，“知识产权法采用的，是将符合经济规律的体系嵌入市场的做法，即法律做的事情，仅是对特定种类信息赋予独占地位，而将对信息价值高低的判断，交给市场来完成，如果是最优秀的发明和精彩的小说，那么依靠它们自身的力量，就可以获得高额利润。知识产权法可以说是利用市场机能的巧妙体系，这就是为什么可以说‘专利制度本身就是最大的发明’的原因”。知识产权法“对技术和信誉等信息给予法律保护，意味着将其确立为一种财富，使之资产化。知识产权法一旦确立，不但他人未经许可的使用要被禁止，信息依法获得了作为财富的地位，而且根据制度设计的本意，这种保护除了使信息不受侵害，还使信息成为交易、转让、许可使用或担保、抵押的对象。其结果，不单是令权利人独占使用技术、信誉从而获得利润，而且使该权利的运用本身，成为利益产生的源泉”①。

知识产权法通过授予独占权的手段给知识产权人提供激励，充分利用了产权的激励功能，产权的内容包括权能和利益两个不可分割的方面，任何一个主体，有了属于他的产权之后，不仅意味着他有权做什么，而且界定了他得到的相应利益，或者有了获取相应利益的稳定依据或条件。如果经济活动主体有了界限确定的产权，他的选择集合就被界定了，他的行为就有了稳定的预期。这样，其行为就有利益刺激或激励。有效的激励能够充分调动主体的积极性，使其行为的收益或收益预期与其活动的数量和质量，或者说与其努力程度相符，产权的激励功能就是保证这种基本相符。因此，界定了产权就能使产权主体为了自己的相应利益而努力行使产权权能，对产权主体提供利益的激励。② 知识产权客体本属于有形无体的公共物品，不具有消费上的竞争性和排他性，具有外部性③，知识产权保护可以将知识产权客体的外部性内部化，不仅可以对知识产权人进行充分激励，还可以充分利用市场机制，政府不需要为知识的创造支付费用，也减轻了政府的负担。

知识产权法对知识产权的保护是将知识产权客体拟制为“物”来进行的，具体来说是根据知识产权客体的利用行为及其代表的利益来设置权利，比如我国著作权法规定了发表权、署名权、修改权、保护作品完整权等四种著作人身权和复制权、发行权、出租权、展览权、表演权、放映权、广播权、信息网络传播权、摄制权、改编权、翻译权、汇编权等十二种具体财产权，每一种权利都是作品的一种利用方式或行为，代表一定的利益。同时，著作权法也没有把全部作品利用行为均规定为著作权的内容，比如图书的阅读行为、图书借阅行为、私人复制行为等基本上就未被规定为著作权的内容。当然，由于在保护期内把知识产权客体置于知识产权保护之下，限制了社会公众利用知识产权客体的自由，短期内社会公众的利益是有损失的。不过，由于知识产权的激励功能使得更多的知识产权客体产生，有助于丰富公共领域（作品、发明创造）和为社会提供信息机制（商标），综合折算，提供知识产权保护的社会的总利益会大于社会的总代价。总体上，知识产权法的立法目的

---

① ［日］中山信弘．多媒体与著作权．张玉瑞，译．北京：专利文献出版社，1997：3－4.

② 袁庆明．新制度经济学教程．2版．北京：中国发展出版社，2014：136.

③ 参见本书第四章。

实现的过程和机理可以描述如下：在短期内知识创新者获得特定新知识的独占权，从而知识创新者获得了强有力的创造的激励，可以创造出更多更好的新知识。尽管短期内社会公众被剥夺了特定新知识的部分利用权，但在知识产权到期之后社会公众可以获得更多更好的新知识，社会公众以短期的利益损失换取了长期的利益收益。

第三节 知识产权法的学习研究方法

一、法教义学方法

知识产权法毕竟是法学的一个分支，因此，法教义学方法当然是知识产权法研究的最重要的方法。近十余年来，法教义学方法不仅已经受到法理学及其他部门法学的重视，在知识产权法学研究中也逐渐受到重视。①

（一）法教义学的概念

法教义学源于德国，在德国，"一直以来，以法教义学的功能来对其进行定义是德国学界的一种普遍做法。通常认为，法教义学通过概念、原则、制度等范畴对法素材进行体系性整理，发挥法律规范体系化、减少法律适用负担、存储法律解释可能、使法律理性化的功能，并使法律更容易被学习"②。学者经梳理发现，历史上无论对法教义的具体内涵及其定位的理解如何，对法教义具有一致的认识：一方面，法教义是一种一般性的权威命题或原理，它经由法学提炼、加工和体系化，进而对法律适用甚至立法产生影响。另一方面，法教义形成的基础在于实在法，主要是现行有效的制定法。因此，法教义是围绕实在法展开的一般性权威命题或原理。与法教义的这种一致认识有着密不可分的联系且构成理解法教义学的两个视角，即作为知识的法教义学与作为方法的法教义学。一方面，法教义学是关于一国现行实在法的知识体系，这种知识体系必然呈现出"概念—命题"体系的面向。另一方面，法教义学必然也是受一般权威拘束的思维形式。法教义学是知识与方法的统一：作为知识的法教义学是围绕一国现行实在法构造的"概念—命题"体系，而作为方法的法教义学则是一种受一般权威拘束的思维形式。③

法教义学不同于法学方法论。首先，法教义学具有"作为知识的法教义学"与"作为方法的法教义学"双重含义，而法学方法论则仅仅是一种方法。其次，即便是作为方法的法教义学也不同于法学方法论。作为方法的法教义学包括两个部分：一是一般性的部分，是关于法律解释、概念建构和体系化的最一般化的理论，它超越地域和领域；二是特殊性的部分，带有地域和领域的印记。而法学方法论是法理论的组成部分，具有超越地域和领

---

① 商标法的法教义学研究的梳理参见王太平．四十年来中国商标法研究的知识增长与知识转型．知识产权，2022（8）：99－100。知识产权法领域的其他典型的法教义学研究著述有：朱冬．《民法典》第1185条（知识产权侵权惩罚性赔偿）评注．知识产权，2022（9）；冯晓青，杨丽华．著作权法评注与案例．北京：中国法制出版社，2023.

② 卜元石．法教义学的显性化与作为方法的法教义学．南大法学，2020（1）：51.

③ 雷磊．什么是法教义学?：基于19世纪以后德国学说史的简要考察．法制与社会发展，2018（4）：119－122.

域的普遍性。最后，法教义学方法的一般性部分与普遍性的法学方法论同样有区别。一方面，法学方法论关注的重心是法律解释和法的续造方法，而法教义学虽然也以解释等活动为出发点，但它更核心的工作在于概念和体系建构。另一方面，作为方法的法教义学关注的是“方式”，而法学方法论关注的是实现方式的“方法”①。

（二）法教义学与社科法学的不同与相互关系

法教义学与社科法学恰相对应，二者的不同在于：

第一，基本预设的差异。在法教义学看来，法律与政治、道德、习俗等相分离，构成一个相对独立自足的世界。在这个世界里，法律规则、原则按照等级次序发生效力，通过确定的法律机构对法律进行解释，对法律规则、原则进行增补，以及将法律适用于现实，就能形成一个逻辑严密的“法律帝国”，人们只遵守确定的法律规则，法律是外在于社会的。而在社科法学看来，法律内在于社会，根源于社会的物质生产结构和阶级力量的对比，表现着社会中人与人之间的利益关系，法律是在社会中产生和运行的，受各种社会因素的影响。②

第二，对现行法规范及法秩序的态度的不同。法教义学确定或信奉现行法规范及法秩序的合理性，接受之、解释之和适用之，而暂且不怀疑或批判。社科法学者普遍表现出一种对于法条的怀疑或轻视态度。③

第三，研究视角的不同。法教义学研究是一种内部视角，以现行有效的实在法为研究对象，它以实实在在的具有效力的法律规范作为思维起点。而社科法学研究所坚持的是一种外在观察者的视角，通过对诸种经验事实、经验现象的描述来揭示法律的本质面目。④

尽管法教义学与社科法学的确互不相同，但二者有紧密的联系，可以互相配合。正如学者所言，在特定的问题上，某种研究进路可能更有比较优势。这两种法学研究的进路，并不是非此即彼、水火不容的，二者并不冲突，而是互补。社科法学不可能离开法教义学的基本训练，甚至在法学的某些方面，比如法学基础教育、法条引入，法教义学具有更大的影响力；但社科法学在提供新的视角和理解方面，显然更具优势。⑤

不过，法律终归是法律，法学终归是法学，法教义学是“同法律打交道的密码”⑥，不仅社科法学工作的展开需要借助法教义学所提供的基本概念和法律知识，其所进行的法律论证也只有借助法教义学才能将自己武装成一种合乎法治的法律思维方式，法教义学才是法学的核心⑦，甚至可以说，“法学实际上是法教义学”⑧。

---

① 雷磊．法教义学的方法．中国法律评论，2022（5）：78－80.

② 谢海定．法学研究进路的分化与合作：基于社科法学与法教义学的考察．法商研究，2014（5）：89.

③ 孙海波．论法教义学作为法学的核心：以法教义学与社科法学之争为主线．北大法律评论（第17卷），2016（1）：208，227.

④ 孙海波．论法教义学作为法学的核心：以法教义学与社科法学之争为主线．北大法律评论（第17卷），2016（1）：226.

⑤ 贺欣．社科法学与法教义学的初步比较：从“儿童最佳利益”谈起．中国法律评论，2021（5）：163.

⑥ Lepsius，Themen einer Rechtswissenschaftstheorie，in：Jestaedt/Lepsius（Hrsg.），Rechtswissenschaftstheorie，2008：1，18，转引自卜元石．法教义学的显性化与作为方法的法教义学．南大法学，2020（1）：76.

⑦ 孙海波．论法教义学作为法学的核心：以法教义学与社科法学之争为主线．北大法律评论（第17卷），2016（1）：231－232.

⑧ 焦宝乾．法教义学在中国：一个学术史的概览．法治研究，2016（3）：53. 拉伦茨认为，“法学＝法教义学”。[德] 卡尔·拉伦茨．法学方法论．陈爱娥，译．北京：商务印书馆，2003：72.

(三) 知识产权法教义学

正如前述，法教义学既是知识体系，也是方法。知识产权法教义学亦是如此。作为知识体系，必然既具有适用于全世界的普适性的知识产权法的基本概念、基本原理与基本制度，也具有与特定国家特定发展阶段特定国情相适应的特有的方法和制度。经过几十年的发展，我国正在致力于建立中国自主的知识产权知识体系，“中国自主的知识产权知识体系的建构，要在吸收全球共同的法律文明成果和借鉴外国先进的法治理念、经验的同时，注重本土理论创新和思想自主，形成具有原创性、自主性的知识主张，增强知识产权界生产知识、创造知识的能力，以科学、先进、有用的知识体系服务于建设知识产权强国的战略目标”[①]。在知识产权法研究方面，西方学术界既不太重视知识产权法整体体系的建设，尤其不太重视知识产权法总论的研究，也不太关注知识产权法的基本范畴和具体的制度体系建设，而仅仅重视著作权法、专利法、商标法等各知识产权法的部分基础理论问题。中国自主知识产权知识体系建设不仅可以提出适用于中国特殊国情的理论主张、制度构造和操作方法，也可以为普适性的知识产权知识体系作出贡献。

作为方法，知识产权法教义学同样既具有超越地域与领域的一般性部分，也有带有地域和领域印记的特殊性部分。对于具有超越地域与领域的一般性部分而言，目前“知识产权法学者更多地关注知识产权法的具体问题、细节问题，分别对著作权法、专利法、商标法、其他知识产权法、知识产权的反不正当竞争法保护、知识产权的国际保护等内容进行比较详尽的展开和解释，知识产权法学分论对具体、细节问题研究得更为活跃、更为细化、更为专业化”。“轻总论重分论，总论与分论彼此脱节、相互分离，形成‘头轻脚重’‘两张皮’的非体系化、非逻辑化的理论现状。”[②] 体系化是作为方法的法教义学的最重要的功能，鉴于知识产权法的这种非体系化状态，知识产权法领域更需要加强法教义学研究，法教义学在知识产权法领域比在其他法学领域更具有用武之地。对于带有地域和领域印记的特殊性部分，知识产权法无论在地域方面还是在领域方面均同样有自己的特殊性，尤其在知识产权法领域方面，社会科学知识与方法的运用更为突出与急迫。因为法教义学虽属比较纯粹的法学，但并不排斥社会科学，事实上，社会科学融入法教义学既有框架性立法逐渐增多、法律的目的导向性日益明显、社会生活领域调整的复杂化的特定时代背景，也有独特的基本路径，即先运用社会科学方法形成社科知识，然后将社科知识运用于教义学作业过程，经教义学方法的筛选和过滤，最后成为教义学知识的组成部分。[③] 鉴于知识产权客体为有形无体的知识，知识产权法调整的因知识而产生的社会关系要远远复杂于物权法调整的因有体物而产生的社会关系，知识产权法更需要运用经济学、符号学、艺术学、哲学（包括技术哲学和艺术哲学）、营销学、心理学等领域的知识与方法了解知识本身及在其基础上产生的社会关系，更需要将知识产权法教义学建立在社会科学的基础之上。

(四) 知识产权法教义学与知识产权法的学习

王泽鉴先生认为，作为一个法律人，应该具备三种能力：其一，法律知识。法律人必

---

① 吴汉东．试论中国自主的知识产权知识体系．知识产权，2023 (3)：4.

② 李建华．后民法典时代知识产权法学的私法研究范式．当代法学，2020 (5)：49－50.

③ 雷磊．法教义学之内的社会科学：意义与限度．法律科学（西北政法大学学报），2023 (4)：15－18.

须明了现行法制的体系、基本法律的内容、各种权利义务关系及救济程序。其二，法律思维，即具备依循法律逻辑，以价值取向的思考、合理的论证来解释适用法律。其三，解决争议，即依法律规定，作合乎事理规划，既预防争议发生，也处理已发生的争议，协助建立、维护一个公平和谐的社会秩序。这三种能力，使一个法律人能够依法律实现正义，担负起作为立法者、行政者、司法者、公私企业法律事务工作者等的任务。① 作为法律人，尤其是作为民法法律人，知识产权法法律人显然亦应具备这三种能力。而要学习法律，“最佳方法是，先读一本简明的教科书，期能通盘初步了解该法律（如《民法总则》）的体系结构及基本概念。其后再以实例作为出发点，研读各家教科书、专题研究、论文及判例评释等，作成解题的报告”②。鉴于大学课堂教学基本上能够承担知识产权法体系结构及基本概念的初步了解甚至深入了解的功能，所缺的主要是思维方法和实例研习，本书主要简介请求权基础方法和鉴定式案例分析方法。

1. 请求权基础方法

请求权基础是支持一方当事人可以向另一方当事人有所主张的法律规范基础，寻找请求权基础是裁判者找法作业的根本，由此体现的法律思维可称为请求权基础方法。③ 请求权基础思维素有“民法教学法的脊梁”之誉④，被称为“案例研习的法教义学‘引擎’”，其真正基础是实体法本身。依请求权基础审查案例，是对民法内在体系的映照。依请求权基础方法解答案例，事实上就是依据特定逻辑思维和解释路径解答案件，实质是民法的内在体系。避免评价矛盾、规范识别与理论甄别，是请求权基础思维的体系价值之所在。⑤

请求权基础方法，借鉴诉讼的攻防结构，将法律规范区分为请求权基础规范（主要规范）、辅助规范与防御规范。在内在结构上，对每项请求权基础的检视均可分为三层（请求权成立→未消灭→可行使）四步（请求权成立要件→权利未发生的抗辩→权利已消灭的抗辩→权利阻止的抗辩）；在外在结构上，存在多个备选的请求权基础时，须遵循特定顺序依次检视。⑥

2. 鉴定式案例分析方法

所谓鉴定式案例分析方法，是指德国法学院在教学中所采用的一种案例分析方法或者模式。“鉴定式”是“判决式”的对称，用于强调此种方法先假设所有可能的情况、再逐一进行论证、最后得出结论的特点。在解答案例时，对于涉及的每一个法律问题，鉴定式案例分析方法均要求学生严格遵循设问——定义——涵摄——结论的步骤。设问在于提出意欲论证的问题；定义则意在界定设问中的概念；涵摄则是将案件事实与定义做比较，以确定案件事实是否符合定义从而满足构成要件；结论则呼应设问，得出肯定或否定的回答。⑦

德国法科学生在大学阶段的案例分析训练，就是根据案件任务书给定的案件事实，撰

---

① 王泽鉴．民法思维：请求权基础理论体系．北京：北京大学出版社，2009：1.
② 王泽鉴．民法思维：请求权基础理论体系．北京：北京大学出版社，2009：14.
③ 吴香香．民法典请求权基础手册：简明．北京：中国法制出版社，2023：1.
④ 吴香香．请求权基础：方法、体系与实例．北京：北京大学出版社，2021：序，1.
⑤ 金晶．请求权基础思维：案例研习的法教义学“引擎”．政治与法律，2021（3）：88－97.
⑥ 吴香香．民法典请求权基础手册：简明．北京：中国法制出版社，2023：1.
⑦ 夏昊晗．鉴定式案例研习：德国法学教育皇冠上的明珠．人民法治，2018（18）：33.

写一份鉴定式的案件分析报告。任务书的问题通常是：在案件事实提到的人员之间，存在哪些请求权？对此，鉴定式报告应该分析：有哪些请求权需要纳入考虑，这些请求权应该符合哪些条件，在具体案件中这些条件是否已经具备，以及哪些事由可以反驳上述请求权，在具体案件中此类阻却事由是否存在。如果在与案件裁判相关的问题上存在不同的观点，报告人便需要分析各种观点，并从不同的观点中选择站得住脚的观点，或者经过精良的论证后，摒弃迄今为止的所有观点，代之以自己发展出的观点。与本案裁判相关的所有问题，都需要按照上述步骤进行分析。最后，鉴定式报告作出结论：A 对于 B 享有某种特定的请求权，或者是，C 向 D 主张的请求权不存在。①

延伸阅读材料

什么是民法教义学

德国的法教义学概念一方面是指一种对现行法进行体系-科学化的工作，另一方面也指这一活动的成果和对象。尽管迄今这一概念尚未有普遍认可的定义，但是在这个意义上可以将“教义学”相对没有疑义地定义为“一个语句的体系”，“通过这些语句，现行法在概念-体系上被贯穿起来，进而归结为一些抽象的制度，以便引导法律的适用”。

法教义学家对教义学工作及其成果的这种自我描述，体现出法教义学是一种特殊的理性实践论证。这种自我描述倾向于消除那些在法律上被认为是不合理的、也即不能理性地证立的东西，这一点毫不奇怪。因此，只有从外部视角才能看清在教义学概念里隐而不显的法教义学的主要功能：即对法律复杂性必要的专断式简化，并以概念及体系知识的方式稳定法律。于此存在着法教义学所谓的“理性化和结构化功能”的核心。如果法律问题只是例外地找到了确定的答案，并且似乎往往也有其他言之成理的解决办法，那么法教义学必须有比说出有充分理由的解决方案更进一步的意义；法教义学可以稳定法律论证特定的概念、体系或其他被普遍认可的前提；它建立起一些有约束力的基本概念、表达模式和秩序观念，这些也是关于法律论证的标准。因为在功能上法教义学相当于其此范围内同源的方法性和制度性机制，所以它本身与这些机制也很难以清楚地区分；属于此类机制的例如：具有约束力的解释或论证方法的准则、司法先例的拘束力，或者特定的非立法文本的权威，诸如法律评注书之类。

教义学原理通常并不描述单个规范，而是揭示概念或体系种类之间重要的思想联系，或者表达对不特定的以及未来的法律规范也适用的结构性或概念性规定。因此重要的是，一方面是一般法律原则重构性的表述，另一方面是对规范之间联系的分析性与综合性阐释——这些联系超越了个别规范的规定，但同时至少间接地与法律规范有关，并将其以典型而一般化的形式在法学上予以说明。

这些结构要素描绘出一种长期被职业法律家掌控的、发达的法律制度的特征。在这样的法律制度中，法律要远远超出单个规范的总和；法律的概念和思想上的秩序也属于法律

① ［德］德特勒夫·雷讷．鉴定式案例分析法的基础与技术．黄卉，编译．法律适用，2021（6）：136.

的一部分。所以，复杂的基本概念以及关于规范之间联系的观点也是法律的本质要素。这些联系可能会以规则形式表达出来，但这种规则并不是行为指导型的，而是在意义建构功能上更接近于语法规则的地位。

一直以来，描述性的真实性主张与（非立法的）规范的有效性主张的并存，将法教义学塑造成一门以应用为导向的实践性科学。科学的法教义学的首要目标并不在于原始地创制法律规范，而是典型地复述法律规范。教义学语句具有“描述性意义”；而且法教义学活动完全可以与对某种外语的命令的翻译启发式地比较。但并不能简单地将法教义学简化为外语翻译；因为它是对制定法和法官法规范之整体的思想秩序进行整合性与重构性的描述。法教义学的内容不仅仅是复述法律体系中个别规定的规范设置；法教义学语句通常都有自己独立的规范性内容。因此，法教义学原理一方面对法律进行重构式的表达，另一方面它也在法学讨论中置入概念和思维的框架。此外，法教义学长久以来也使新的法律推论成为可能。

除此之外，如果不借助教义学上形成的技术概念——例如“主观权利”和“法律行为”，或者不借助普遍认可的学说——例如“抽象原则”和“交往义务”，就根本无法恰当地描述现代法律秩序中的私法。因此，法学家常常类比地看待法教义学原理和语法规则的地位，这一点不足为奇：正如语法是单个词语的含义相互联系起来并由此连接成复杂的整句意思的前提一样，单个的、孤立的法律规范只有在教义学的背景下才能作为有意义的整体而被理解。此即为教义学的整合和意义构成功能。正如语法规则在说话时只是间接地表现在句子成分的顺序及其变格和动词变位上一样，在表述和运用单个规范时，教义学前提在很大程度上常常也是隐而不显的；它们的存在并不取决于其是否被科学地表达出来。如果没有法律规则之间在思想上的教义学秩序，那么免责事由与侵权法或者刑法的构成要件就无法联系起来，或者在判断买卖中意思表示错误对于所有权有效转移的重要性时就不存在可靠的支点了。法律适用者甚至都无法将所有权取得过程的这两个方面准确地区分开来。

私法不能简化为法律规范的总和，而是应当恰当地理解为包括法教义学在内的、一个有关法律思想秩序的传承的文化知识的集合。与其他实践性论点（如公共道德）相比，由于教义学理论与实在法的技术性联系，从而获得一种特殊的地位，其赋予教义学以特有的论证力量。尽管教义学理论具有权威性特征，但其仍须对更好的认识、理解作出保留，并且可以在普遍的法学讨论中被修正，这是不言而喻的。因为教义学语句不是作为“命令的理性”，而只能作为“理性的命令”有效。然而，如果总是期待更好的论点的随意强制，则又是错误的。教义学化在法律面临模糊不清时尤为必要，因为不同的解决方案似乎都有道理。在这种情况下，制度化的承认与权威化过程（例如民法教义学中的“通说”或判例）将教义学理论转化为一种权威的法律性的法教义学。

各种法学理论确立关于教义学理论的合理假设，并由此表达了科学的法教义学。与此相应的，法教义学大多具有“多维的”、综合性的特征。一方面，它描述现行有效的法律，分析法律概念并表述法律规则和法律原则；另一方面，它在概念上和体系上总结这些规则和原则，并将其有目的地编排到更广泛的联系之中，从而使法学理论以规范性陈述连接起描述性陈述与分析性陈述。

法秩序的教义学化程度越高，则法学讨论越要遵循规范的、构建的和概念的教义学内在逻辑，相对于一般的实践性话语和政治控制，（法学）越是因此变得更加独立（自治）。

因此，续造法律的论点受限于概念—教义学的特别约束，因为单个法律概念的含义原则上不能随意确定。不同的概念和规则在教义学上有相互牵连之处，那么单个的基本概念的含义总是与法律体系中的其他概念和规则有关，并且只有追溯到这些概念和规则上始得确定。

在这种背景下，不受政治控制的行政管理与职业法律精英对法教义学的续造，便出现了严重的合法性问题。然而，“教义学已死”的意识形态论断并不妥当。此外，一个恰当的法律概念必须将教义学中所表达的规范联系的思想秩序也包括在法律的概念中；唯其如此，才有可能讨论相关的合法性问题。通过自我克制地放弃创新的、构建性的法教义学并不能解决这种合法性问题。这对于法典化的法律尤其如此，因其一般难以进行立法改革，从而使法律体系的规范现状变得僵化。因此，法典化的法律秩序恰依赖于一个动态的、灵活的法教义学——它描述和勾勒了法律的历史性发展。在20世纪通常由判例承担了这一任务，但学术性的法律科学更能胜任该任务。①

问题：精读本段，提炼一下你认为的法教义学。

二、社科法学方法

“法是由事物的性质产生出来的必然关系”②，“法发展的中心不在立法，不在法学，也不在司法判决，而在社会本身”③。“社会学法学家如今都主张建立一种统一的社会科学，并且认为法律科学不可能是‘与世隔绝’、孤芳自赏、自给自足的。他们主张，法律秩序是社会控制的一个方面，并且只有将法律秩序放在社会现象的大环境下考察，我们才能理解它。”④ 因此，经济学、政治学、符号学、营销学、心理学、艺术学、艺术哲学、发明学、技术哲学等跨学科方法应该被引入知识产权法学研究，这可以使知识产权法研究深入知识产权客体实际发挥作用的社会实际生活之中，摆脱纯粹法律分析的片面性和局限性，加深对知识产权法的理解，促进知识产权法研究的繁荣发展。

（一）知识产权法的经济学分析

经济学是知识产权法领域运用最多、最成熟、最有效果的社会科学学科，不仅研究成果众多，而且已经对知识产权法的运行产生了实际影响。⑤ 经济学是一门以理性和自利假设为分析的逻辑起点研究人类行为的学科⑥，本质上是一门关于如何在稀缺等给定的约束条件下作出最佳选择的学问。⑦ 凯恩斯说过，经济学理论并不是一些现成的可以用于政策分析的

① ［德］尼尔斯·扬森．民法教义学．朱晓喆，沈小军，译．苏州大学学报（法学版），2016（1）：98-105.

② ［法］孟德斯鸠．论法的精神：上册．张雁深，译．北京：商务印书馆，1961：1.

③ Engen Ehrlich. Fundamental Principles of the Sociology of Law. Cambridge：Harvard University Press，1936：Foreword and p. 493.

④ ［美］罗斯科·庞德．法理学：第一卷．余履雪，译．北京：法律出版社，2007：267.

⑤ 比如，美国联邦最高法院判决的专利案——Illinois Tool Works，Inc. v. Independent Ink，Inc. ［547 U. S. 28（2006）］案和 Laboratory Corp. of America Holdings v. Metabolite Laboratories，Inc. ［548 U. S. 124（2006）］案的反对意见均引用了兰德斯和波斯纳的《知识产权法的经济结构》一书，而在商标法领域，美国联邦最高法院判决的商标案——Qualitex Co. v. Jacobson Prods. Co. ［514 U. S. 159，164（1995）］案则引用了兰德斯和波斯纳的《商标法的经济分析》与《商标法：一种经济学视角》两文。

⑥ 俞炜华，赵媛．经济学的思维方式．西安：西安交通大学出版社，2021：4.

⑦ 缪代文．经济学基础．上海：上海交通大学出版社，2008：2.

结论。它不是教条，而是一种方法、一种智力工具、一种思维技巧，有助于拥有它的人得出正确的结论。经济学是为了解释人与人之间产生秩序和协作的原因而由社会理论家创造出来的，是关于选择及其无意后果的理论。经济学思维方式的基本预设是：所有社会现象均源于基于个体预期的额外收益和成本进行选择的个体的行为以及群体的合作。个体可能会自己做决定，也可能因为在集体（家庭、企业、政府机构等）中与他人合作而做决定。以集体名义作出的选择实际上是由个体作出的，而这些个体都在实现各自计划和目标的过程中权衡利弊、节约资源。人们因为资源稀缺进行节约，这为他人创造了多种选择机会，人们的行为产生不断变动的净利益，群体间对净利益的持续互相调节又使合作更加默契。经济学的思维方式还强调游戏规则的重要性以及游戏规则影响我们选择的方式，通过法律来指定稀缺物品的产权归属是游戏规则的一个关键要素，私有产权制度把所有权分配给特定的个体，产权可以自由交易。正因为如此，私有产权能使我们对机会和选择有清晰的认识，同时也构成了市场经济的基础。①

知识产权的经济学分析属于法和经济学的一部分，法和经济学包括两个方面：一是法律经济学，二是经济分析法学。二者看似差不多，即使用的基本方法本质上均为经济学方法，均涉及法律和经济的关系，学者常常将二者混为一谈②，但二者在学科性质、研究对象、侧重点上存在一些差异。首先，在学科性质上，法律经济学本质上是经济学，有学者称之为“经济学范畴的法律经济学”，而经济分析法学本质上则是法学，有学者称之为“法学范畴的法律经济学”③。其次，法律经济学的研究对象主要是经济，主要关注法律规则和制度对经济行为的影响，以及法律如何通过影响资源和财富的分配来影响经济发展，而经济分析法学的研究对象主要是法律，更注重从经济的视角研究法律问题，主要关注法律规则和制度对经济效率的影响，从而改进法律。最后，法律经济学更强调法律的规范性和实践性，注重法律规则和制度的合理性和有效性，而经济分析法学则更强调从经济学的角度对法律问题进行解释和分析，注重经济效率和资源配置。显然，本书所述知识产权法的经济学分析更偏向于后者，属于社科法学，注重运用经济学分析方法解释和分析知识产权法，以促进对知识产权法的理解和完善。

在知识产权法的经济学分析方面，影响最大的无疑是兰德斯和波斯纳的《知识产权法的经济结构》④一书，该书对美国著作权法、商标法、专利法、商业秘密法、与知识产权法有关的反托拉斯法等方面进行了经济分析。国内也出版了不少知识产权法经济分析的

---

① ［美］保罗·海恩，彼得·勃特克，大卫·普雷契特科．经济学的思维方式．马昕，陈宇，译．北京：世界图书出版公司北京公司，2008：13.

② 有学者认为，“经济分析法学，亦称为法律经济学，是经济学和法学相互交叉所形成的学科”。吕世伦，文正邦．法哲学论．哈尔滨：黑龙江美术出版社，2018：470. 另有学者认为，“法律经济学，又称为法律的经济分析或经济分析法学，它是一种分析法律的工具，也是一门法理学”。徐爱国．肯尼迪：批判法学的教皇．哈尔滨：黑龙江大学出版社，2009：161.

③ 钱弘道．经济分析法学．北京：法律出版社，2003：45. 另有学者从四个角度界定法律经济学：“作为研究方法的法律经济学：法律的经济分析”“作为学科理论的法律经济学：法和经济学”“作为经济学范畴的法律经济学：法经济学”“作为法学范畴的法律经济学：经济分析法学”。周林彬，李胜兰．法学与经济学的“联姻”：在中国法治经济建设视野下．广州：中山大学出版社，2021：62－66.

④ ［美］威廉·M. 兰德斯，理查德·A. 波斯纳．知识产权法的经济结构．金海军，译．北京：北京大学出版社，2005.

著作[①]，经济学分析已经成为解释和分析知识产权法的重要的社科法学方法之一。作为经济学分析的一部分，知识产权法的经济学分析同样是一种方法、工具和思维技巧，即运用上述经济学的基本预设和经济学思维来解释和分析知识产权法和相关知识产权问题。

（二）知识产权法的政治学分析

政治是一定的政治主体围绕国家权力进行争取或平衡利益的活动和过程，而政治学是研究以国家权力为中心的政治现象、政治规律的一门科学。[②] 知识产权法毕竟是一种法律，而法律与政治的关系远比与经济的关系更为紧密，因此，政治学分析对于知识产权法分析当然是非常有用的。也许正因如此，国内外均有从政治学角度分析知识产权法的著述。[③]

所谓的知识产权的政治学不是我国传统意义上的关于知识产权的阶级斗争的学问，知识产权的政治学关注的问题重点不是知识产权规则本身是怎么样的，而是知识产权的规则形成的具体过程和细节，不仅包括知识产权规则形成的推动力量、执行机构，还包括这些力量、执行机构推动知识产权规则形成的具体机制。简言之，知识产权的政治学是关于知识产权规则形成过程的学问，它研究的是知识产权立法（包括国内和国际两个层面）的内在动力。

在国际上，知识产权的政治学分析使我们可以清楚地看到发达国家的高科技跨国公司在 TRIPS 协定等知识产权国际公约制定过程中的影响，这些高科技跨国公司之所以积极寻求对知识产权国际规则的影响，显然是因为要追求自身利益的最大化。这就使得最终形成的 TRIPS 协定等知识产权国际公约绝不是价值中立的，而是有着严重的倾向性的，是有利于作为知识输出国的发达国家和作为知识创新力量的高科技公司的。因此，有学者说 TRIPS 协定是一种“明显向发达国家倾斜的国际知识产权体制”，在 TRIPS 协定下，“发展中世界所掌握的智力产品搁在了全球公共领域，而发达世界的智力产品紧紧地掌握在公司手中”[④]。包括 TRIPS 协定在内的知识产权国际公约的倾向性告诉我们需要正确对待这些知识产权国际公约。同时，尽管在 TRIPS 协定的知识产权国际体制下成员国的知识产权政策和制度受到了很大限制，但是弹性仍然还是有的，“成员国有余地在 TRIPS 协定的总的轮廓之内型塑权利和权力的结构”，能够在该协定的一般条款之内用许多方法来定义知识产权。TRIPS 协定不是强制统一的限制文件，它提供了一个游戏场，在其内法律能够被塑造以满足成员国的政治、社会、经济和其他政策目标。因此，TRIPS 协定给予成员国的自由

---

① 刘茂林．知识产权法的经济分析．北京：法律出版社，1996；陈昌柏．知识产权经济学．北京：北京大学出版社，2003；南振兴，温芽清．知识产权法经济学论．北京：中国社会科学出版社，2010.

② 史云贵．政治学新编．武汉：华中科学技术大学出版社，2021：3－4.

③ 周贺微．知识产权法政治学研究．北京：中国政法大学出版社，2021；Susan K. Sell，Private Power，Public Law，The Globalization of Intellectual Property Rights. Cambridge：Cambridge University Press，2003；Helfer，L. Regime Shifting：The TRIPs Agreement and New Dynamics of International Intellectual Property Lawmaking，29 Yale J. Int'l L. 1（2004）；熊琦，王太平．知识产权国际保护立法中私人集团的作用．法学，2008（3）；王太平，熊琦．TRIPS 协议的立法动力学分析．知识产权，2008（1）；陈凡，王太平．知识产权的政治学．电子知识产权，2007（6）；梁志文．政治学理论中的隐喻在知识产权制度调适中的运用．政治与法律，2010（7）；徐元．国际知识产权规则制定的影响因素与启示：基于 ACTA 谈判的双层博弈分析．国际经贸探索，2020（12）；等等．

④ Anupam Chander and Madhavi Sunder，The Romance of the Public domain，92 Calif. L. Rev. 1353.

的程度是不应被忽视的。这种自由在许多方面能够形成贸易和知识产权的新世界秩序，统一的同质文化景象和经济规范仅仅是一种可能性，而方向将依赖于成员国在 TRIPS 协定设置的参数下如何利用他们的自由。[①] 我国可以充分利用 TRIPS 协定的弹性条款来使本国的知识产权制度与本国的经济社会发展水平相一致，当我国知识产权政策只是依法保护时，我国知识产权保护水平满足 TRIPS 协定等知识产权国际公约的最低标准即可，而当我国为建立知识产权强国而实施严格知识产权保护制度时，我国知识产权保护水平就可以根据本国的需要逐渐提升，2008 年《专利法》修改以来我国各知识产权法的保护水平逐步提高正是我国严格知识产权保护制度的要求。

在国内，知识产权的政治学也告诉我们，知识产权国内立法并非处于真空中，往往会受到有关利益集团的影响。这就意味着知识产权国内立法也必须注意避免过分地受到某些利益集团的影响，而不至于制定出危害社会公共利益的知识产权法律。在国内知识产权规则的形成过程中，知识产权利益集团的力量是非常强大的，美国《1998 年著作权期限延长法案》之所以被戏称为"米老鼠法"（Mickey Mouse Act）[②]，显然是因为米老鼠的所有人迪士尼公司对该法案通过的影响力。资料表明，就《1998 年著作权期限延长法案》的提出而言，"众议院中 13 个提案人中的 10 个，参议院中 12 个提案人中的 8 个从迪斯尼公司获得捐献"[③]。俗话说，"吃人的嘴短，拿人的手短"，议员们从迪斯尼公司获得了政治捐献，他们显然不会置迪斯尼公司的利益于不顾。公共选择理论可以用来解释《1998 年著作权期限延长法案》，其认为，著作权人更容易团结起来，而作品利用人和社会公众不容易团结起来，这就使得推动著作权强化的力量强于反对著作权强化的力量。波斯纳认为，著作权使其所有者能够排除来自复制者的竞争，因此，如果他的作品没有好的替代品，他将通过收取超过其边际成本（制作额外副本的成本）的价格，获得某种形式的垄断利润。但是，公共领域作品的卖方只能期望获得竞争性回报，因为任何人都可以自由地出售与他竞争的相同作品。因此，像《1998 年著作权期限延长法案》违宪案中的原告 Eldred（埃尔德雷德）这样的公共领域作品的出版商，其在公共领域的规模中所占的股份比著作权作品的出版商在财产权领域中所占的股份要小；后一种出版商从延长著作权期限的立法中获得的利益比 Eldred 及其同行从延长期限的立法中损失的利益要多，因此，他们支持延长期限的游说比反对者反对延长期限的游说要积极得多。消费者可能会因公共领域的缩小而受到伤害，但消费者是分散的、无组织的，在政治过程中分量相对较小（而外国消费者则没有）。[④] 这表明，我们不仅应该有完善的规则以防止利益集团过分影响知识产权立法，同时相关学者和立法机关的工作人员也应该有清醒的头脑，不要陷入某些图谋不轨的利益集团的阴谋而制定出危害社会公共利益的知识产权法律规则。

---

① Shubha Ghosh. Reflections on the Traditional Knowledge Debate. 11 Cardozo J. Int'l & Comp. L. 501 - 502.

② Edward Samuels. Eldred v. Ashcroft：Intellectual Property，Congressional Power，and the Constitution：the Public Domain Revisited. 36 Loy. L. A. L. Rev. 424.

③ Christina N. Gifford，Note，The Sonny Bono Copyright Term Extension Act. 30 U. Mem. L. Rev. 385 - 86 (2000).

④ Richard A. Posner. Constitutionality of the Copyright Term Extension Act：Economics，Politics，Law and Judicial Technique in Eldred v. Ashcroft. 2003 SUP. CT. REV. 143，146 (2003).

对于知识产权法的学习来说，知识产权政治学能够使我们更清醒地认识国内及国际知识产权法律规则，从而能够更深刻地理解和更好地加以利用。

(三) 各知识产权法中其他学科知识的运用

除了以上经济学分析和政治学分析能够适用于几乎所有知识产权领域，鉴于知识产权客体的特殊性以及各种知识产权客体的差异，不同知识产权领域尚需要独属于自己领域的社科法学知识，以加深对各种具体知识产权客体及在其上形成的社会关系的认识。

1. 艺术学、文艺学、艺术哲学在著作权领域的运用

著作权是文学、艺术和科学领域中的权利，文学、艺术和科学领域中的生活事实对于著作权法的立法、司法、学习、研究等均具有非常重要的作用。德国学者雷炳德认为："为了深入理解著作权法、通过司法判例更好地适用著作权法以及立法者为了通过立法发展著作权法，人们有必要弄清楚著作权法调整的生活事实。""法学家们只有在清楚地了解了智力创作成果这个事物本身之后，才能解决上面所提出的问题。"① 著作权法中的作品、思想和表达、独创性、作者等概念并不仅仅是法律中的概念，还是社会实际生活中的概念，尤其是艺术学、文艺学、艺术哲学中的概念。不了解本体意义上的作品、思想和表达、独创性、作者，就无从在其基础上根据著作权法的规范意旨"构建"作品、思想和表达、独创性、作者等的法律概念，而要了解本体意义上的作品、思想和表达、独创性、作者，只有借助于艺术学、文艺学和艺术哲学的基本理论与知识。

2. 技术学和技术哲学在专利法领域的运用

专利权是专利权人对发明创造依法享有的权利，发明创造中的发明和实用新型本质上是技术方案，在确定可专利标的时，技术性是可专利标的的核心，然而，何为"技术"？这一问题显然不能仅仅根据专利法来确定，而需要求助于技术学和技术哲学。

3. 符号学、心理学、品牌学、社会学在商标法领域的运用

在商标法领域，商标的概念、商标的显著性、商标的形成演变、商标混淆、商标淡化等商标法的基本范畴和主要制度需要运用符号学、心理学、品牌学等知识加以解释。②

(四) 知识产权社科法学与知识产权法的学习

在知识产权法的学习中，掌握更多的社科知识对于认识、理解知识产权法教义会有帮助，比如具有理工科背景对于理解专利法的许多术语和案例就会有帮助，这就是很多人常说的，学习知识产权法需要有理工科背景。但这和其他法律并没有什么差别，法律是调整社会生活的，要更好地了解法律规定，多了解法律调整的社会生活当然有益处。正如学者所述，"为了深入理解著作权法、通过司法判例更好地适用著作权法以及立法者为了通过立法发展著作权法，人们有必要弄清楚著作权法调整的生活事实"③。但事实上，知识产权法毕竟是法，不学习社科知识并非不能理解和掌握知识产权法教义。

---

① ［德］M. 雷炳德．著作权法．张恩民，译．北京：法律出版社，2005：38.

② 王太平．商标法研究的跨学科方法．湘江青年法学，2015 (1)；姚鹤徽，申雅栋．商标本质的心理学分析．河南师范大学学报（哲学社会科学版），2012 (4)；卢洁华，王太平．商标跨类保护的跨学科解释．知识产权，2016 (4)；卢结华．品牌学视角下驰名商标跨类保护的理论解释与规范设计．研究生法学，2018 (4)；姚鹤徽．消费者心理认知视角下商标反淡化保护的反思与完善．政法论坛，2020 (4)；等等．

③ ［德］M. 雷炳德．著作权法．张恩民，译．北京：法律出版社，2005：38.

另外，需要注意的是，即便了解社科知识，知识产权相关社科知识也必须纳入知识产权法教义学，不能用知识产权相关社科知识去改变甚至扭曲知识产权法教义，因为法律概念、法律制度均自有其特定的规范意旨，并不是从社会生活中照搬过来，甚至常常有所抵牾，比如著作权法上的思想表达两分理论事实上并无文学艺术理论的支撑，文学艺术理论上更多使用内容与形式两分的分析方法。因此，对知识产权法律概念、法律制度的认识理解必须来自知识产权法教义，在知识产权法学习和适用中，只能运用社科知识来促进对知识产权法教义的理解，原则上不能运用社科知识改变知识产权法教义，知识产权社科知识应该通过立法经由知识产权法规范意旨"检验"才能纳入知识产权法教义。

延伸阅读材料

社科法学与法教义学的协作

以儿童最佳利益为棱镜，可以透视出社科法学对于法教义学的侵蚀。法教义学原来与神学、自然法结盟，统治了人类社会的绝大部分时间。但20世纪以来，社科法学几乎让它们土崩瓦解，而我国的司法实践也让人惊叹外在的力量对法律的重塑。正如霍姆斯所言：法学的未来属于统计学家和经济学家。显然，对某个法律原则的讨论，很难说服笃信法教义学的信徒。的确，在特定的问题上，某种研究进路可能更有比较优势。但只要直面法律不是自我封闭的系统这一基本事实，社科法学就可以对理解法律原则提供某种视角和洞见。更多对这些原则的讨论，自然会改变法学的生态。"世上本没有路，走的人多了也就成了路。"

其实，这两种研究法学的进路，并不是非此即彼、水火不容的。两者并不冲突，而是互补。社科法学不可能离开法教义学的基本训练。不懂得最基本的教义分析，那只能说是法学的门外汉，还做什么法学研究？甚至在法学的某些方面——比如法学基础教育，法条引入——法教义学具有更大的影响力；但社科法学在提供新的视角和理解方面，显然更具优势。

至少，从参与《中国法律评论》这次对话的几篇文章看，法教义学和社科法学之间是共识多过争议。即使是长期身体力行法教义学的四位作者，也没有反对将社科法学纳入法教义学的研究中去。他们有的分析社科法学在法教义学中的作用（车浩、张翔），有的强调社科法学在什么领域更有影响（陈兴良、许德风）。而主张社科法学的学者，则着眼于如何做——不管是过去还是将来（陈柏峰、侯猛、苏永钦）。这场对话中更多的是共识：

（1）法教义学更有效地针对司法面临的常规问题；但对于新的问题和疑难的问题，社科法学往往提供新的视角和洞见。

（2）社科法学常常对法教义学视为当然的法律原则、规则和体系提出反思和挑战。

（3）法教义学应当保持开放的心态。两者结合，是法学研究的出路。①

问题：如何正确看待社科法学与法教义学的关系？

---

① 贺欣．社科法学与法教义学的初步比较：从"儿童最佳利益"谈起．中国法律评论，2021（5）：163.

本章思考题

1. 知识产权法这种解决知识生产的方法相对于其他解决知识生产的方法有什么优缺点？
2. 知识产权法为什么是私法？
3. 知识产权法在法律体系中的地位是怎样的？
4. 知识产权法的立法目的是什么？它是如何实现的？
5. 知识产权法学学习与研究主要应该运用什么方法？学习与研究所运用的方法是否有所不同？
6. 知识产权法律实践是否必须利用社科法学知识？

经典参考文献

1. 吴汉东．科技、经济、法律协调机制中的知识产权法．法学研究，2001（6）.
2. 吴汉东．知识产权法的制度创新本质与知识创新目标．法学研究，2014（3）.
3. 刘春田．我国《民法典》设立知识产权编的合理性．知识产权，2018（9）.
4. 李建华．知识产权法学私法研究范式的展开．当代法学，2023（6）.
5. 王国柱．知识产权法基本范畴中的特殊法理．法制与社会发展，2020（2）.
6. 李琛．论知识产权法的体系化．北京：北京大学出版社，2005.
7. Mark A. Lemley. Property，Intellectual Property，and Free Riding. Texas Law Review，Vol. 83，Issue 4（March 2005），pp. 1031－1076.
8. Wendy J. Gordon. On Owning Information：Intellectual Property and the Restitutionary Impulse. Virginia Law Review，Vol. 78，Issue 1（February 1992），pp. 149－282.
9. 雷磊．法教义学的基本立场．中外法学，2015（1）.
10. 许德风．法教义学的应用．中外法学，2013（5）.
11. 王剑一．德国法律评注的历史演变与现实功能．中国应用法学，2017（1）.
12. 陈柏峰．社科法学及其功用．法商研究，2014（5）.

第二章 知识产权法的体系与产生演变

本章导言

知识产权法是由包括专利法、著作权法、商标法、反不正当竞争法等一系列法律组成的一个法律体系，既可以分为著作权法与工业产权法，也可以分为创造性智力成果权法与识别性商业标记权法，还可以分为传统知识产权法与反不正当竞争法，不同分类有不同的法律意义，需要仔细体会。知识产权法在社会发展过程中逐渐孕育、产生、发展、演变，社会的发展往往改变知识的利用方式，知识利用方式的变化是知识产权产生发展的根本动力与依据，要深刻领会知识产权法发展演变的这种根本规律。

第一节　知识产权法的体系

一、中国现有知识产权法律体系

我国现有的知识产权法律体系是由以《民法典》为统领的包括著作权法、专利法、商标法、反不正当竞争法以及植物新品种制度、集成电路布图设计制度、地理标志制度等相关规定构成的法律体系。

《民法典》。《民法典》于 2020 年 5 月 28 日由第十三届全国人民代表大会第三次会议通过，自 2021 年 1 月 1 日起施行，“民法典是社会生活的百科全书、市场经济的基本法、保护公民权利的宣言书，是治国理政、经世济民的重器”①。《民法典》第 123 条规定了知识产权的概念，该条明确列举了作品、发明、实用新型、外观设计、商标、地理标志、商业秘密、集成电路布图设计、植物新品种以及法律规定的其他客体等知识产权客体。该条规定不足之处主要有两点：其一，缺乏对邻接权客体的规定。我国《著作权法》规定的权利不

① 王利明．民法典的中国特色、实践特色和时代特色．中国司法，2020（9）：59.

仅有著作权，还有“与著作权有关的权利”，“与著作权有关的权利”的权利客体并不是作品，而是图书、期刊的版式设计，表演，录音录像制品，广播电视节目。《民法典》没有明确列举邻接权客体容易让人怀疑邻接权是否属于知识产权，而事实上，邻接权一般被认为属于知识产权的一种。其二，《民法典》第123条所规定的商标中的未注册商标和商业秘密是《反不正当竞争法》规定的权益客体，而反不正当竞争法保护的很难说是权利，而是一种权益，即“反不正当竞争法的保护客体为法益似更为恰当。即便存在所谓的‘公平竞争权’这种权利也是一种‘不完全的独占权’或‘框架权’”①。“未注册商标、商业秘密等对象所能获得的保护有别于注册商标专用权、专利权等”，“‘未注册商标权’‘商业秘密权’等表述与法学原理不符，传统理论中作为上位概念的知识产权无法涵盖对于未注册商标等对象的保护”②。也就是说，尽管在广义的知识产权概念之下，将未注册商标、商业秘密规定为知识产权在理论上并无问题，但《民法典》第123条是把未注册商标、商业秘密“穿插”于其他知识产权客体之中进行规定的，显见其未能认识到传统知识产权法律与反不正当竞争法在保护知识产权上的不同。

尽管有以上不足，作为综合性基本法律的《民法典》对知识产权概念的规定仍然具有非常重要的意义：“通过总体安排，知识产权诸法已经完成‘认祖归宗’程序，实质上成为《民法典》的有机组成部分。总则部分开宗明义把知识产权纳入其中，归为私权利，并通过分则各个相关的编、章、节等具体制度、规范，对知识产权做出全面、系统的安排，并牢牢地绑在《民法典》的宏大战车中，因而，徒知识产权法律无以自行”③。

著作权法是知识产权法的三大支柱之一，它是调整著作权的产生、归属、变更、行使和保护等活动中产生的社会关系的法律规范的总称。著作权又被称为“文学艺术产权”，著作权法主要调整文学艺术领域的社会关系。当然，根据《伯尔尼公约》的规定，“文学和艺术作品”不限于文学和艺术领域的作品，还包括实用艺术作品，与地理、地形、建筑或科学有关的插图、地图、设计图、草图和立体作品等实用性作品。我国著作权法包括《著作权法》、《著作权法实施条例》和著作权司法解释、著作权行政规章等法律规范。我国《著作权法》制定于1990年，后经过2001年、2010年、2020年3次修改。

专利法也是知识产权法的三大支柱之一，它是调整专利权的产生、归属、变更、行使和保护等活动中产生的社会关系的法律规范的总称。我国专利权包括发明专利权、实用新型专利权和外观设计专利权三种，其中发明和实用新型完全是技术性的，而外观设计则是一种技术基础上的艺术。我国专利法包括《专利法》《专利法实施细则》和专利法司法解释、专利法行政规章等法律规范。我国《专利法》制定于1984年，后经过1992年、2000年、2008年和2020年等4次修改。

商标法也是知识产权法的三大支柱之一，它是调整注册商标权的产生、归属、变更、行使和保护等活动中产生的社会关系的法律规范的总称。商标包括注册商标和未注册商标。我国完整的商标法律保护体系包括商标法和反不正当竞争法，其中商标法原则上仅仅保护

---

① 郑友德，胡承浩，万志前．论反不正当竞争法的保护对象：兼评“公平竞争权”．知识产权，2008（5）：35.

② 孙山．法益保护说视角下知识产权法的概念还原与体系整合．浙江学刊，2021（4）：94.

③ 刘春田．《民法典》与著作权法的修改．知识产权，2020（8）：6.

注册商标，对于未注册商标仅提供阻止他人注册、使无效他人注册、附条件继续使用等有限救济，不提供侵权救济，对未注册商标提供侵权救济的法律是反不正当竞争法。我国商标法包括《商标法》、《商标法实施条例》和商标法司法解释、商标法行政规章等法律规范。我国《商标法》制定于 1982 年，后经过 1993 年、2001 年、2013 年和 2019 年等 4 次修改。

反不正当竞争法是一种不同于以上各知识产权法律的保护知识产权的法律，它是调整在制止不正当竞争行为、维护公平竞争过程中发生的社会关系的法律规范的总称。由于不正当竞争行为不一定与知识产权有关，反不正当竞争法中只有部分内容与知识产权有关，最主要的是与未注册商标有关的制止混淆行为的保护和与商业秘密有关的制止侵犯商业秘密行为的保护，其他规定或者完全与知识产权保护无关，或者仅仅间接与知识产权保护有关。另外，由于《反不正当竞争法》的一般条款起着补充《反不正当竞争法》具体条款和前述各知识产权法保护知识产权的功能，其是我国《反不正当竞争法》中与知识产权保护直接相关的规定。我国反不正当竞争法包括《反不正当竞争法》、反不正当竞争法司法解释、反不正当竞争法行政规章等法律规范。我国《反不正当竞争法》制定于 1993 年，后经过 2017 年修订和 2019 年修正。

除以上知识产权法律之外，我国还有保护植物新品种的植物新品种保护制度、保护集成电路布图设计的集成电路布图设计保护制度、保护地理标志的地理标志保护制度，并分别制定有《植物新品种保护条例》《集成电路布图设计保护条例》《农产品地理标志管理办法》《地理标志产品保护规定》等法规规章及相关司法解释、行政规定。总体上，我国已经建立了比较完整的知识产权法律体系。目前，国家知识产权局等相关部门正在组织研究制定知识产权基础性法律，以填补《民法典》和具体知识产权法律法规之间的空白，进一步完善我国知识产权法律体系。

二、著作权法与工业产权法

将知识产权法律划分为著作权法与工业产权法的做法大概源于 19 世纪末期的《巴黎公约》与《伯尔尼公约》，《巴黎公约》包括专利权、工业品外观设计权、商标权、商号权和制止不正当竞争等工业产权保护内容，而《伯尔尼公约》则包括文学艺术产权。《巴黎公约》与《伯尔尼公约》分别建立了巴黎联盟和伯尔尼联盟，这两个组织建立了单独的秘书处来执行各自的条约，1893 年两个联盟合并为总部设在瑞士伯尔尼的保护知识产权联合国际局，保护知识产权联合国际局最终成为世界知识产权组织和联合国专门机构。早期之所以将知识产权保护划分为两个领域和两个条约，可能与知识产权作用的领域有关。《巴黎公约》的签订源于解决 1873 年在维也纳举办的国际发明展所遇到的问题，即外国参展人员因担心其创意被窃取、在他国遭到商业利用而拒绝参展，主要是帮助创造者确保其智力成果在其他国家受到保护，而《伯尔尼公约》的签订则是法国作家维克多·雨果及国际文学和艺术协会努力的结果，其宗旨是授予创作者在国际层面对其创造性作品进行控制并收取报酬的权利。今天，鉴于著作权的产业化发展，著作权法与工业产权法的区分已经不如当初重要，因为毕竟著作权与工业产权中的专利权同为创造性智力成果权利，二者具有更多的共性，而不同于工业产权中的商标权。不过，这种分类的影响还在，比如，不少国家参照《巴黎公约》制定了自己的工业产权法，如意大利《工业产权法典》(2019)、巴西《工业产权法》(2021)、土耳其《工业产权法典》(2017)、墨西哥《联邦工业产权保护法》(2020) 等。

典型案例

"武松打虎"著作权纠纷案

原告裴某、刘某与被告山东景阳岗酒厂侵犯著作权纠纷一案，本院受理后，依法组成合议庭，公开开庭进行了审理。

原告诉称：《武松打虎》画系刘某卣于1954年创作完成的，今年我们偶然发现被告在其生产的景阳陈酿白酒的瓶贴和外包装装潢中使用了《武松打虎》组画中的第十一幅，我们认为被告从1980年开始，未经著作权人许可，擅自使用著作权人的绘画作品并对该绘画作品进行了修改，破坏了作品的完整性，同时也侵害了著作权人的署名权和著作权人及其继承人依法享有的使用权和获得报酬权，因此，请求法院判令被告停止侵害，赔礼道歉，消除影响，赔偿经济损失50万元，并承担诉讼费和有关合理费用。

被告辩称：我厂1978年开始就同刘某卣先生有来往，关系密切，1980年我厂在生产的白酒中使用刘某卣的绘画作品《武松打虎》，是取得了刘先生的许可，属合法使用。退一步讲，即使未经刘先生或其继承人许可，我厂一直对景阳岗陈酿系列白酒进行广泛的宣传，还取得了商标注册。因此，原告在两年前就知道或者应当知道被告在使用刘先生的绘画作品，根据法律规定，已过诉讼时效，应驳回原告的诉讼请求。

经查，绘画作品《武松打虎》组画系刘某卣于1954年独立创作完成的。1980年被告未取得刘某卣许可，把刘某卣创作的《武松打虎》组画中的第十一幅图修改后，作为瓶贴和外包装装潢在其生产的景阳岗陈酿系列白酒上使用，1995年6月9日被告在北京人民大会堂举行"景阳岗陈酿"品评会，1990年9月在北京参加了首届中国酒文化博览会，有关单位进行了报道，两次活动被告均未邀请原告参加，也未同原告进行联系，1989年被告使用其已修改的刘某卣的《武松打虎》组画第十一幅申请商标注册，并已取得注册，被告向法庭提交的证明材料载明被告在1982年后生产景阳岗陈酿白酒4 007.96吨，其中向北京销售单位销售景阳岗陈酿精装11.76元/瓶，简装5.96元/瓶。另原告裴某系刘某卣之妻、刘某系刘某卣之女。上述事实，有双方当事人陈述，《武松打虎》组画第十一幅，人民美术出版社证明信、购买景阳岗酒发票、山东景阳岗酒厂商标注册的证明、商标争议答辩书、1982年刘某卣为山东阳谷县创作的《武松打虎》白描图、律师收费单据、山东景阳岗酒厂经济指标完成一览表、会计报表、王某湫日记、人民大会堂"景阳岗陈酿"品评会照片、首届中国酒文化博览会照片、北京饭店及惠中饭店商品收据在案佐证。

本院认为，绘画作品《武松打虎》系刘某卣于1954年独立创作完成的，其著作权为刘某卣享有。1980年被告未经刘某卣许可，擅自将《武松打虎》绘画进行修改后，在其生产的景阳岗系列白酒的瓶贴和外包装装潢中使用，被告擅自修改使用他人的作品，改变了作者的创作意图，属于歪曲、篡改他人作品，破坏了作品的完整性；同时，也侵害了刘某卣对其作品依法享有的使用权和获得报酬权。另被告在使用刘某卣的作品时，未为刘某卣署名，侵害了刘某卣的署名权。刘某卣去世后，其著作权中的使用权和获得报酬权应由其继承人继承。因此，原告作为刘某卣的第一顺序法定继承人，为保护被继承人刘某卣对其作品享有的署名权、修改权、保护作品完整权和维护其依法继承被继承人的著作权中的使用权和获得报酬权，要求被告停止侵害，消除影响，赔偿损失理由正当，应予支持。原告要求被告赔偿经济损失 50 万元，缺乏依据，不予采信，对赔偿数额，合议庭视被告使用刘某卣作品的范围、时间、数量、产品获利等因素予以综合判定。被告辩称其在景阳岗陈酿系列白酒中使用刘某卣的作品已取得刘某卣许可，没有证据证明。同时，被告以即使未经刘某卣许可而使用其作品，但因被告长期使用，且进行了广泛的宣传，原告在两年前就知道或应当知道被告使用刘某卣的作品，因此，原告起诉已过时效，应驳回原告起诉的辩称，因其不能提供原告知道或应该知道被告侵权行为已超过两年的充足证据，不予采信。关于本案法律适用的问题，在著作权法实施前，被告的侵权行为应参照当时实施的有关法律、法规的规定处理。据此，判决如下：(1) 判决生效后 30 日内，被告山东景阳岗酒厂停止在其生产的景阳岗陈酿系列白酒的瓶贴和外包装装潢中使用刘某卣的绘画作品《武松打虎》。(2) 判决生效后 30 日内，被告山东景阳岗酒厂向原告裴某、刘某书面赔礼道歉，消除影响（致歉内容须经本合议庭审核）。(3) 判决生效后 30 日内，被告山东景阳岗酒厂赔偿原告裴某、刘某经济损失 20 万元，支付原告裴某、刘某因诉讼而支出的合理费用 1 万元。[①]

问题：著作权法意义上的一幅画的“复制”与商标法意义上的将该画作为商标标志的商标使用（复制）在法律意义上是否相同？一幅画以商标法意义上的商标使用量作为侵犯著作权的损害计算标准是否恰当？

三、创造性智力成果权法与识别性商业标记权法

有学者认为，将知识产权划分为创造性智力成果权与识别性商业标记权是在“国际保护知识产权协会”(AIPPI) 1992 年东京会议的专家论述中提出的[②]，不过，查阅“国际保护知识产权协会”1992 年报告，创造性权利 (creative rights) 与显著性标志 (distinctive signs) 的提法是在问题 106“私人当事人之间知识产权纠纷仲裁的可能性”中出现的，但只是提到各种创造性权利与显著性标志中可能仲裁的事项，至于为何分为创造性权利与显著性标志，并无任何解释。[③] 本书认为，将知识产权分为创造性智力成果权与识别性商业标记权的根本原因是这两种权利的权利客体的不同及其带来的两类制度解决的问题不同、拥有不同的制度逻辑。正如日本学者田村善之所言：“作为知识产权法体系化之尝试，以前人们将知识产权法划分为创作法（如《专利法》《外观设计法》《著作权法》等）和标识法（如《商标法》等）两种，是以各类知识产权法所保护的信息性质来划分知识产权的，这种方法一直以来都主导着知识产权的体系化。”[④]

---

① 北京市海淀区人民法院（1996）海知初字第 29 号民事判决书。

② 郑成思．知识产权法教程．北京：法律出版社，1993：2.

③ AIPPI，AIPPI Yearbook 1992 I，p. 96 - 99.（1992 - 12 - 31）[2023 - 11 - 28]. https://aippi.soutron.net/Portal/Default/en-GB/RecordView/Index/3041.

④ [日] 田村善之．日本知识产权法．周超，李雨峰，李希同，译．北京：知识产权出版社，2011：9.

作品和发明均属于创造性智力成果，具有创造性，而商标属于识别性工商业标记，不具有创造性。除少数开拓性发明之外，发明创造多是对已有技术的改进，不仅以已有技术为基础，且常常沿着已有技术原有的方向发展。尽管文学艺术作品一般并不直接依赖于先前作品，但其发展也遵循着一定的规律，体现出一种潮流式的发展，一定历史时期的文学艺术创作总是体现出该历史时期的整体特点与风貌，因此，作品和发明具有历史继承性和路径依赖性的特征。商标不具有创造性，不是创造出来的，而是通过商标使用形成的，因此，商标不仅不具有历史继承性和路径依赖性，恰恰相反，商标必须要和其他标志相区别才能发挥其识别功能。同时，一旦创造完成，作品和发明的创造性投入便告终止，作品和发明的创造性劳动的投入是一次性的，作品和发明完成之时即是创造性劳动结束之时，作品和发明一旦作出就不会消灭，作品和发明只存在生产问题，而不存在维持的问题。商标则不同，它是动态的，有一个形成、演变和消亡的过程。仅仅选定或者注册商标并不意味着商标的形成，选定或者注册商标可能恰恰是商标投入的开始。商标形成之后仍然需要不断地通过经销商品、广告营销等经营活动才能维持存在，即便是世界品牌 100 强前列的“苹果”“麦当劳”“腾讯”“阿里巴巴”等强势品牌也仍然不断地在进行着广告营销活动。也就是说，商标的投入不是一次性的，而是一种“终身”事业，商标存在一天，投入就要进行一天，经营活动停止之时就是商标消亡之时。商标的投入就是商标使用。和作品、发明等智力成果直接包含于单个产品之中而固定不变不同，商标既包含于单个商标商品之中，又“凌驾”于单个商标商品之上，且处于不断变动之中。商标的商誉是全部消费者对全部商标商品的主观认知，这种认知会随着商标商品信息的变化而不断变化，因此，商标不仅存在生产问题，而且在形成之后还存在维持的问题。

尽管商标法、专利法和著作权法均属于知识产权法的组成部分，均为解决市场失灵而创立，但因面对的市场失灵问题不同，它们解决市场失灵的方法和作用机制有着相当大的差异。专利法和著作权法面对的是具有正外部性的智力成果供给不足的市场失灵问题，专利法和著作权法解决市场失灵问题的方法是通过授予智力成果权利人有限期限的市场独占以创造商品的人为稀缺，从而使权利人有能力将商品价格提高到边际成本之上而获得超额利润，以收回创造的投资，从而在一定程度上纠正了无体的发明创造和作品供给不足的市场失灵问题。商标法面对的则主要是信息不对称的市场失灵问题，而不是供给不足的市场失灵问题，因此，商标法并没有直接人为地创造商品的独占性和稀缺性，而是为企业提供了一种消除信息不对称的信息沟通渠道和工具，以便消费者能够识别源自其营业的商品，将其商品与竞争者的商品区分开来，并将想要传达给消费者的商品相关信息传递给消费者，从而使消费者能够以最小的搜寻成本选择满足其需求的商品，避开不想要的商品。商标法提供的消除信息不对称的信息沟通渠道和工具就是商标，商标保护并不导致对某种商品本身的独占，而只是对商品上使用的商标的独占，“商标并不在生产层面上限制竞争，而是被设计为一种使什么成为可能的工具”[①]，“商标法的基本目的不是保护隐含于这种商标中的成果，而仅仅是寻求将源于商品或服务市场成功的需求引导到提供商品或服务的个人或公司，

---

① Annette Kur，Martin Senftleben. European Trade Mark Law：A Commentary. Oxford：Oxford University Press，2017：§ 1.1，para1.01.

这一事实解释了为什么与专利、著作权或设计法不同，商标保护不是面向对象的，而是面向功能的，涉及的是识别和保证商业来源真实性的功能”①。

四、传统知识产权法与反不正当竞争法

著作权法、专利法、商标法等传统知识产权法与反不正当竞争法是知识产权法的另一种重要的分类方法，其分类的标准是知识产权保护的方法不同：“知识财产的具体保护方法，有着各种形态，现行法中可分为两大类”。“保护知识财产的第一类方法，是一般的违法行为法延长线上的保护。”“保护知识产权的第二类方法，是以构成物权为手段，用对特定种类的信息拟制为类似于‘物’的方式，赋予类似于所有权的物权效力，从而达到信息保护的目的。”② 我国学者将这两种模式分别概括为“竞争法模式”与“设权模式”③。

知识产权法的这种分类是非常重要的，概括了两种各具特点的知识产权保护模式，给出了两者的分工。其中，设权模式是事先基于某种知识产权客体设定相应的权利，一般适用于比较成熟、确定、稳定、重要的权利客体。对于这些权利客体，比如作品、发明创造、注册商标等，基于它们产生的利益比较成熟、确定、稳定、重要，法律可以以其为基础设置内容清晰的权利，规定取得权利的条件，比如著作权、专利权、商标权等，只要相关权利客体符合法律规定的条件，法律就赋予相关主体以权利并予以法定的保护，故称之为设权模式。其优点是，不仅权利范围比较明确，通常能够经过公示而使第三人明确了解权利范围，避免侵权，有利于维护第三人的行为自由，而且知识产权效力覆盖下的知识资产和物质财产一样，权利人可以主动开发利用，可以转让、许可、设置质押、作为破产财产等，有助于知识财产的开发利用。其缺点是灵活性不够，适应性不强，滞后于社会发展，难以对新产生的法益进行保护。竞争法模式则是基于行为之后对行为的具体评价而予以类似于侵权法的事后救济，法律事先无法也并不赋予权利，只是在行为之后通过评估行为的主观方面、对相关利益方的影响、对竞争秩序的影响等因素而决定是否予以救济，进行事后调整。其优点是比较灵活，适应性强，能够对具体法益进行恰当保护，且可以保护新出现的法益，适应社会发展，维护竞争秩序。其缺点是权益边界不确定，第三人难以察知，缺乏确定性和可预测性，可能会“误入”权益范围，不利于第三人的行为自由。

此外，传统知识产权法与反不正当竞争法的这种关系还是一种动态发展的过程，即具有从反不正当竞争法一般条款到反不正当竞争法具体条款，再到传统知识产权法的动态发展过程。也就是说，当某种法益新出现而又不成熟时，可以先适用反不正当竞争法一般条款予以保护，当这种权益发展到比较成熟时，就可以建立反不正当竞争法具体条款，而当这种权益进一步成熟时，就有可能在传统知识产权法中建立专门制度。比如，至目前为止，数据权益主要依靠反不正当竞争法一般条款予以保护，而 2022 年 11 月的《反不正当竞争法修订草案》(征求意见稿）在第 18 条建立了数据专门条款，鉴于数据的重要性，可以预见将来一定会有专门的设置数据权利的数据法。当然，有些权益成熟速度较快，有可能不

① Annette Kur, Martin Senftleben. European Trade Mark Law: A Commentary. Oxford: Oxford University Press, 2017: § 1.1, para1.03.

② ［日］中山信弘．多媒体与著作权．张玉瑞，译．北京：专利文献出版社，1997：6，8.

③ 李琛．论知识产权法的体系化．北京：北京大学出版社，2005：168－174.

在反不正当竞争法建立具体条款而直接在传统知识产权法中建立专门制度。比如商标法中的反向假冒最初就是用反不正当竞争法进行保护的，后在《商标法》修改时成为《商标法》的具体条款，即现行《商标法》第57条第5项。总的来说，反不正当竞争法对传统知识产权法起到补充作用，在两者对某一问题均有规定的情况下，传统知识产权法的具体规则应“优先于反不正当竞争法适用”，但“反不正当竞争法在解释具体知识产权规则、弥补具体知识产权规则的漏洞、解决具体知识产权的权利冲突、覆盖具体知识产权规则调整不到的领域等方面具有重要意义”，不仅如此，反不正当竞争法还“孕育和催生了新型知识产权规则，使得知识产权法成为一个开放的体系，是知识产权法的生长点”①。

典型案例

枫叶案：不正当竞争行为？商标侵权？

1979年10月31日，服装一厂申请的“枫叶”商标经国家商标局核准注册，获得商标专用权，核定使用的范围为：大衣、夹克、西服、上衣。该商标续展有效期限至2003年2月25日。1993年12月29日，鳄鱼公司执行主席签署“商标授权书”，授权同益公司在北京贩卖鳄鱼牌（CROCODILE BRAND）皮鞋、皮带、皮夹等皮革制品和卡帝乐牌（CARTELD BRAND）男装、女装、童装服饰系列等；使用期限从1994年1月1日起至1995年12月31日止。1994年4月7日，同益公司与百盛购物中心签订设置专柜合同书，约定：百盛购物中心同意同益公司自1994年1月1日至1994年12月31日止在该中心内设置专卖柜，双方联合销售鳄鱼牌（CROCODILE BRAND）和卡帝乐牌（CARTELD BRAND）商品；……同益公司早于同年2月18日即在百盛购物中心设立“鳄鱼专卖点”进行销售活动，并在销售处摆放有“鳄鱼专卖点”“鳄鱼国际机构私人有限公司”字样和鳄鱼图形的标志铜牌。1994年4月15日，同益公司工作人员通过服装一厂所属的经营部以每条188.03元的价格购买服装一厂生产的“枫叶”牌男西裤26条，随后将其中的25条男西裤的“枫叶”商标更换为“卡帝乐”商标，在百盛购物中心“鳄鱼专卖点”进行销售。1994年4月28日，服装一厂的工作人员李某某、杨某某在百盛购物中心鳄鱼专卖点以每条560元的价格购买已更换成“卡帝乐”商标的男西裤2条，百盛购物中心出具了销售发票。……

法院认为，社会主义市场经济是法制经济，经营者必须遵循诚实信用、公平竞争的原则和遵守公认的商业道德。为使社会主义市场经济能够健康、有序地发展，任何通过不正当手段损害他人商业信誉及进行不正当竞争的行为都应当为法律所禁止。原告服装一厂为建立良好的商业信誉和产品声誉，经过多年不懈的努力和投入，使其“枫叶”牌西裤在版型设计、面料选择、制作工艺等方面都具有自己的特点。其产品满足了不同消费者的需求，占有了一定的市场份额，在市场竞争中取得了一定信誉，“枫叶”商标也在市场上享有一定的知名度。服装一厂对其享有的商业信誉和公平竞争的权利，应受到法律保护。

---

① 宋红松．反不正当竞争与知识产权保护．烟台大学学报（哲学社会科学版），2002（3）：259.

就本案而言，已被吊销营业执照的同益公司虽曾得到过被告鳄鱼公司的授权，在北京贩卖鳄鱼牌（CROLODILE BRAND）皮革制品和卡帝乐牌（CARTELD BRAND）服装、服饰等，但原告并未授权其可以更换原告产品的商标再行销售，且该授权并不意味着同益公司可以自行组织货源而将已进入市场流通中的他人产品的商标撕下，更换成“卡帝乐”商标后高价销售。同益公司表面上通过购买行为使原告对售出的服装的商标权权利用尽，欲使其行为合法化，但同益公司并非商业活动中的最终用户。同益公司是利用原告的优质产品为其牟取暴利，无偿地占有了原告为创立其商业信誉和通过正当竞争占有市场而付出的劳动。其行为违反了诚实信用、公平竞争的基本原则，妨碍原告商业信誉、品牌的建立，使原告的商业信誉受到一定程度的损害，正当竞争的权利受到一定的影响。因此，同益公司的行为构成侵权，应承担相应的法律责任，包括赔礼道歉、消除影响、赔偿损失。

最终，法院依照《中华人民共和国民法通则》第 4 条、第 134 条第 1 款第 7 项、第 9 项、第 10 项，《中华人民共和国反不正当竞争法》第 2 条之规定，判决被告向原告赔礼道歉、消除影响，赔偿原告商业信誉损失及为本案支付的合理费用共计人民币 10 万元整。①

问题： 反向假冒行为究竟是商标侵权还是不正当竞争？反不正当竞争法对知识产权法的发展有什么作用？

第二节 知识产权法的产生与演变

一、专利法的产生与演变

（一）专利制度的产生与扩散

许多现代作家倾向于认为英国的《垄断法》是现有专利法的唯一重要先例。然而，我们偶尔会发现这样的评论：法国的专利法以及英国和美国的专利法，都是“单一法理体系”的分支，它们都可以追溯到威尼斯发展起来的特权体系。在与国家利益相关的有限领域中，早在伊丽莎白一世（1533—1603）之前，欧洲就已经有了授予发明者和其他人垄断权的做法。专利权和著作权垄断的具体制度在 15 世纪的意大利——主要是在威尼斯——得到了完善。1474 年 3 月 19 日，威尼斯共和国颁布了世界上第一部专利法——《专利法规》。随后，在 1500 年至 1550 年的短时间内，德国、法国、荷兰和英国以几乎相同的形式采用了这种做法。在短时间内广泛而统一地接受相同的专利形式表明，除了地方政府的利益，还有一种超国家的力量在起作用。② 1624 年，英国的 *Statute of Monopolies*（一般译为《垄断法》）开始实施。《垄断法》宣告所有垄断、特许和授权一律无效，例外是，“上述任何声明不得扩及任何专利证书（b）和在今后十四年或更短的期限内，在本领域内独家生产或制造任何形式的新产品的特权授予；（c）适用于此等产品的真正的第一发明人（d）和发明人，其他

---

① 北京市第一中级人民法院（1994）中经知初字第 566 号民事判决书。

② Frank D. Prager. The Early Growth and Influence of Intellectual Property. 34 J. PAT. OFF. Soc'y 106，1952：107－108.

人在做出此等专利证书和授予证书时不得使用此种产品；(e) 只要它们也不违反法律，也不因提高国内商品价格而危害国家，或损害贸易，或普遍不方便 (f)”。《垄断法》被公认为现代专利法的鼻祖，它明确规定了专利法的一些基本范畴，尤其值得注意的是，作为垄断法例外的专利制度同样有例外，即“只要它们也不违反法律，也不因提高国内商品价格而危害国家，或损害贸易，或普遍不方便”。

随后其他欧美国家纷纷效仿，1787 年的《美国联邦宪法》规定“为促进科学技术进步，国会将向发明人授予一定期限内的有限的独占权。”1790 年，以这部宪法为依据，又颁布了美国专利法，它是当时最系统、最全面的专利法。法国第一部专利法出现在 1791 年。这期间专利法的特征是专利授权时都没有明确的权利要求，而且都不进行检索和技术审查。1800—1888 年间，大多数工业化国家都颁布了本国专利法，颁布的国家有：荷兰 (1809 年)、奥地利 (1810 年)、俄罗斯 (1812 年)、瑞典 (1819 年)、西班牙 (1826 年)、墨西哥 (1840 年)、巴西及印度 (1859 年)、阿根廷及意大利 (1864 年)、加拿大 (1869 年)、德国 (1877 年)、土耳其 (1879 年)、日本 (1885 年)。专利制度在世界范围内发展迅速，据统计，世界范围内实行专利制度的国家在 1873 年有 22 个，1990 年有 45 个，1925 年有 73 个，1958 年有 99 个，1973 年有 120 个，1984 年有 158 个。

(二) 专利制度演变的波折

在建立 200 年之后，专利制度在 19 世纪中期遇到了极大的挑战。由于专利制度作用并不明显，甚至有缺陷，19 世纪中期在欧洲出现了反专利浪潮，当时尚没有建立专利制度的瑞士在 1863 年拒绝在立法中采用专利制度，已经采用专利制度的荷兰则在 1869 年废除了其专利制度，英国也在 1850 年到 1870 年间建立了一系列皇家委员会调查专利制度。因为专利制度存在费用高昂、程序冗长和不确定性等问题，德国首相俾斯麦于 1868 年在普鲁士建议废除专利制度。当然，各国反专利制度的理由是不同的。在大多数国家，专利制度的作用并不明显。从 16 世纪起直到 19 世纪中期只有英国和荷兰是经常授予专利的国家。即便在这两个国家，专利制度的作用也远不像今天那样大，如在 1851 年至 1865 年间，荷兰平均每年只不过授予 140 项专利。

在英国《垄断法》制定 200 年之后，专利改革主题第一次引起立法的注意，主要是因为获得专利的程序是昂贵、冗长和不确定的。国会特别委员会和皇家委员会分别在 1851—1852 年、1962—1865 年以及 1869—1872 年调查专利制度的运行。这些委员会中的某些证词对专利制度的声誉是如此具有毁灭性以至于国会两院的领导人建议完全废除专利制度。在 1872 年委员会报告基础上起草的一份专利改革法案规定将专利保护缩短到 7 年、对专利申请实施最严格的审查、被没收的专利在 2 年后才有效以及对所有专利实施强制许可。该法案为上议院所通过。荷兰反对专利的情况则不同，在荷兰每年授予的 140 项专利中，90%是授予给外国申请人的。

专利制度的演变之所以面临波折是因为专利制度不仅具有垄断定价的无谓损失 (deadweight loss)，研发投资激励不足，发明的无效率，获得、维持和实施专利权的高昂成本等先天缺陷，在今天也仍然存在着诸如专利申请量激增，专利申请积压严重，授权期延长，专利质量降低，出现劣质或者有问题的专利，策略性专利获得与专利竞赛、专利密集导致了专利灌木丛产生，专利制度的交易成本无限上升，专利诉讼爆炸，高昂的专利药的负面影响等问题。[①] 至今学术界就专利制度究竟是否对社会发展有利的问题也没有定论。兰德斯和波斯纳无法肯定专利制度是否对社会真正有好处，他们说："尽管存在着强有力的经济学理由，支持对发明给予财产权，但也有相当大的社会成本，并且，究竟收益是否超过了成本，依据现有的知识，尚无法自信地回答这个问题。"[②]

延伸阅读材料

狄更斯：穷人的专利权

…………

我对威廉·布彻说，我想自己去申请专利。

我的姻兄弟，西布罗密奇的乔治·贝雷（他的妻子不幸染上了酗酒的恶习，弄得倾家荡产，先后十七次被关进伯明翰监狱，最后病死狱中，万事皆休），临死的时候遗留给我的妻子、他的姊妹一百二十八镑零十个先令的英格兰银行股票。我和我妻子一直还没有动用过这笔钱。各位，咱们都会老的，也都会丧失工作能力，因此，我们俩都同意拿这个发明去申请专利。我们说过，我们甚至都打算用掉上面提到的那笔钱去申请专利。威廉·布彻替我写了一封信给伦敦的汤姆斯·乔哀。这位汤姆斯·乔哀是个木匠，身长六英尺四英寸（约 1.93 米），玩掷绳圈的游戏最内行。他住在伦敦的契尔西，靠近一座教堂边上。我在工场里请了个假，等我回来的时候好恢复工作。我是个好工匠。我并不是禁酒主义者，可是从来也没有喝醉过。过了圣诞假期，我乘"四等车"上了伦敦，在汤姆斯·乔哀那里租了一间为期一个礼拜的房子。乔哀是个结过婚的人，有个当水手的儿子。

汤姆斯·乔哀说（他从一本书里看来的），要申请专利，第一步得向维多利亚女王提交一份申请书。威廉·布彻也是这么说，而且还帮我起了草稿。各位，威廉可是个笔头很快的人。申请书上还要附上一份给大法官推事的陈述书，我们也把它起草好了。费了一番周折以后，我在靠近司法院法官弄的桑扫普顿大楼里找到了一位推事，在他那儿提出了陈述书，付了十八便士。他叫我拿着陈述书和申请书到白厅的内务部去，（找到这个地方之后）把这两份东西留在那里请内务大臣签署，缴付了两镑两先令又六便士。六天后，大臣签好了字，又叫我拿到首席检察官公署去打一份调查报告。我照他说的去办了，缴付了四镑四先令。各位，我从头到尾碰到的这些人可以说没有一个在收钱的时候是表示感谢的，相反，他们是些毫无礼貌的人。

我临时住在汤姆斯·乔哀那里，租期已经展延了一个礼拜，这会儿五天又过去了。首席检察官写了一份所谓例行调查报告（就像威廉·布彻在我出发之前跟我讲的那样，我的发明未遭反对，获得顺利通过了），打发我带着这份东西到内务部去。内务部根据它搞了个复本，他们把它叫作执照。为了这张执照，我付出了七镑十三先令六便士。这张执照又要送到女王面前去签署，女王签署完毕，再发还下来，内务大臣又签了一次。我到部里去拜

---

① 王太平．论专利奖赏制度//吴汉东．知识产权年刊：2009 年号．北京：北京大学出版社，2010：38－40.

② ［美］威廉·M. 兰德斯，理查德·A. 波斯纳．知识产权法的经济结构．金海军，译．北京：北京大学出版社，2005：294.

访的时候，里面的一位绅士先生把执照往我面前一掷，说："现在你拿着它到设在林肯旅社的专利局去。"我现在已经在汤姆斯·乔哀那里住到了第三个礼拜了，费用挺大，我只好处处节俭过日子。我感到自己都有点泄气了。

在林肯旅社的专利局里，他们替我的发明搞了一份"女王法令草案"的东西，还准备了一份"法令提要"。就为这份东西，我付了五镑十先令六便士。专利局又"正式誊写两份法令文本，一份送印章局，另一份送掌玺大臣衙门"。这道手续下来，我付了一镑七先令六便士，外加印花税三镑。这个局里的誊写员誊写了女王法令准备送呈签署，我付了他一镑一先令。再加印花税一镑十先令。接下来，我把女王法令再送到首席检察官那儿签署。我去取的时候，付了五镑多。拿回来后，又送给内务大臣。他再转呈女王。女王又签署了一次。这道手续我又付了七镑十六先令六便士。到现在，我待在汤姆斯·乔哀那儿已经超过了一个月。我都不大有耐心了，钱袋也掏得差不多了。

汤姆斯·乔哀把我的全部情况都告诉了威廉·布彻。威廉·布彻又把这事儿说给伯明翰的三个"会堂"听，从那儿又传到所有的"会堂"，我还听说，后来竟传遍了北英格兰的全部工场。各位，威廉·布彻在他所在的"会堂"做过一次演讲，还把这件申请专利的事说成是把人们变成宪章派的一条途径呢。

不过，我可没那么干。女王法令还得送到设在河滨大道上桑莫塞特公馆的印章局，印花商店也在那里。印章局的书记搞了一份"供掌玺大臣签署的印章局法令"，我付了他四镑七先令。掌玺大臣的书记又准备了一份"供大法官签署的掌玺大臣法令"，我付给他四镑两先令。"掌玺法令"转到了办理专利的书记手里，誊写好后，我付了他五镑七先令八便士。在此同时，我又付了这件专利的印花税，一整笔三十镑。接着又缴了一笔"专利置匣费"，共九镑〇七便士。各位，同样置办专利的匣子，要是到汤姆斯·乔哀那里，他只要收取十八个便士。接着，我缴付了两镑两先令的"大法官财务助理费"。再接下来，我又缴了七镑十三先令的"保管文件夹书记费"。再接着，缴付了十先令的"保管文件夹协理书记费"。再接下来，又重新给大法官付了一镑十一先令六便士。最后，还缴付了十先令六便士的"掌玺大臣助理及封烫火漆助理费"。到这时，我已经在汤姆斯·乔哀那里待了六个礼拜了。这件获得顺利通过的发明已经花掉了我九十六镑七先令十八便士。这还仅仅在国内有效。要是带出联合王国的境界，我就要再花上三百镑。①

问题：请计算一下申请一项专利共需要多少道手续？花费多少钱？花多长时间？这揭示了专利制度的什么问题？

二、著作权法的产生与演变

（一）著作权法的产生

"著作权是印刷技术之子"，因为在印刷技术极度不发达的情况下，创作作品与复制作品成本差异不大，作品传播的速度也比较慢，不存在保护著作权的必要。印刷技术的发展大大地降低了复制作品的成本，不仅加快了作品传播的速度，也拉大了作品复制与作品创

① 上海文艺出版社．外国短篇小说：上册．上海：上海文艺出版社，1978：2-9.

作的成本差异，于是产生了保护著作权的需要。

在活字印刷术引入之前，英国的图书行业已经形成比较成熟的产业组织，书的制作由四种不同的熟练工匠合作来完成，羊皮纸商提供羊皮纸，书记员负责抄写文章，画匠给文章加插图，装订商将书页装订在封面之中。制作好的图书通常根据事先的订单由书商来出售。早在1357年，英国的羊皮纸商、书记员、画匠和装订商这四种群体就都有了各自的同业公会，经伦敦市长和总督的批准，这些分散的同业公会于1403年7月12日合并成一个综合性的同业公会，最后发展成著名的出版业公会。① 在玛丽女王颁发特许状设立出版业公会之前，出版业公会和政府并无直接关系，并不存在强迫印刷商和书商诉诸出版业公会及其登记簿而获得保护的政府命令，图书行业的监管体系完全是私人的自我运行。为快速解决纠纷，出版业公会设立了处理纠纷的内部法庭，出版业的纠纷都是在这种内部法庭解决的，根本没有由正式法院审理的涉及图书财产权的案件。②

1518年印刷商平森和拉斯特尔开始请求英国王室保护，并获得了英国第一项印刷和出售特定作品的独占权。王室之所以会授予印刷垄断特权有其特殊目的，即控制新宗教思想在英国的传播。当时，新宗教思想正在传入英国，著名历史学家特里维廉（Trevelyan）就将1497年作为新宗教思想兴起的重要标志。1497年，年轻的牧师科莱特在从意大利的研究院返回之后开始传播新教教义。③ 因此，当1518年印刷商平森和拉斯特尔请求印刷垄断特权时，政府便顺水推舟地接受，授予其印刷垄断特权。印刷商们希望得到政府保护，政府希望控制出版业，而印刷垄断特权则很好地满足了这两种需求。

1557年5月4日，玛丽女王颁发成立出版业公会的特许状，出版业公会正式成立，出版业公会印刷垄断特权正式形成。玛丽女王颁发的特许状的序言清楚地阐明了印刷垄断特权的目的："为了满足王室有效制止出版反动书籍和异教书籍的需要，国王和王后在正常团体组织的权利之上，授予特定的特权给出版业公会的97个成员。"因此，在1557年之后，除了伦敦出版业公会的成员，英国不再有人有出版图书的权利（除非他有特别的皇家许可），而出版业公会也成为英国政府行政部门的准官方分支机构，有权搜查、罚款和监禁违法者。④

1602年，王室法院在著名的"垄断案"中肯定了大法官柯克的观点，即君主有权授予发明者临时垄断权，但作为一个普通法问题，此种贸易限制的契约是违法的。1623年，《垄断法》废除了除新发明垄断之外的大部分垄断。尽管出版业公会的印刷垄断特权并未被废除。1695年，随着一再被延长有效期的《1662年许可法案》的失效，政府和出版业公会组成的联盟正式瓦解，出版业公会也丧失了官方保护。⑤ 但书商们并不甘心丧失对出版业的控制，他们恢复对出版业控制的首要策略是试图恢复传统的政府控制，在1695年之后连续五年都试图获得一个新的许可法案，但均劳而无功。于是书商们选择了另一种方法，集中力量为他们所主张的复制权申请特定保护。自1703年起他们向议会提交了五份请愿书。不幸

---

① Thomas B. Morris. The Origins of the Statute of Anne，12 Copyright L. Symp. 231 (1963).

② Thomas B. Morris. The Origins of the Statute of Anne，12 Copyright L. Symp. 231，236 (1963).

③ Thomas B. Morris. The Origins of the Statute of Anne，12 Copyright L. Symp. 231，232 (1963).

④ Thomas B. Morris. The Origins of the Statute of Anne，12 Copyright L. Symp. 231，238 (1963).

⑤ Thomas B. Morris. The Origins of the Statute of Anne，12 Copyright L. Symp. 231，245 (1963).

的是，1703年、1704年、1706年和1707年的四份请愿书都没有成功。值得注意的是1707年请愿书，该请愿书第一次打起了作者的旗号，主要针对过分猖獗的盗版对作者及其家庭造成的严重影响。尽管这项请愿书仍然没有取得成功，但其吹响了成功的前奏，同样打着作者旗号的1710年1月11日第五次请愿书终于获得成功，即1710年4月5日正式成为法律的《安娜法》——《为鼓励知识创作而授予作者及购买者在一定时期内就其已印刷图书的复制件的权利的法》，自此现代著作权产生。[①]

（二）著作权法的演变

初生的著作权制度的技术基础是模拟技术。在模拟技术环境下，广播、电视等媒介出现之前，作品必须附载于一定的载体上才能进一步传播给社会公众，而作品载体的制作往往由出版商、印刷厂等中间机构集中进行。广播、电视等媒介出现之后，尽管作品不必再依赖有形的载体而通过播放等无形方式进行传播，但这种无形传播方式仍然需要依赖成本高昂的设备以及广播电台、电视台等中间传播机构。因此，模拟环境下的作品传播主要以中间人为核心。同时，模拟环境下作品传播的最大特点是复制件的质量劣于原件，随着复制与传播次数的增多，复制件的质量会逐渐降低，以至于无法继续复制与传播。在这种完全受原件限制的模拟复制与传播技术之下，作品的传播不仅和有体物流通一样是线性的，而且还会受到原件传播范围的限制。概言之，模拟环境下的作品传播总体上是以中间人为核心的线性传播形态，模拟环境下的著作权保护模式可概括为“控制中间人模式”。

模拟复制与传播技术的进一步发展对著作权制度提出了第一次挑战，主要表现是录音机、录像机和复印机等私人复制设备出现并开始普及，作品的复制与传播普及至分散的个人，这在一定程度上冲击了集中的复制机构的中间人地位。然而，就最为关键的技术层面而言，这些私人复制设备依然是在模拟技术之下进行作品的复制与传播。与作品原件相比，模拟复制的作品复制件总存在一定的差异与瑕疵，复制件的质量难以保证并不断递减。因此，这些私人复制设备并未从根本上动摇模拟技术环境下的控制中间人的著作权保护模式。

如果说模拟环境下录音机、录像机和复印机等私人复制设备的出现和普及对著作权制度产生的冲击尚非致命的话，那么数字网络技术给著作权制度带来的冲击可以说是颠覆性的。数字网络技术的出现改变了一切，根本性地变革了作品的复制和传播模式，给著作权制度带来了颠覆性的影响。对著作权制度冲击最大的是P2P技术。1998年，美国东北波士顿大学的一年级新生肖恩·范宁开发了P2P程序，这种程序使人们能够方便地通过互联网分享音乐。纳普斯特（Napster）之类的公司提供的文件共享服务严重地影响了唱片公司的利益，于是美国唱片业协会代表主要的唱片公司先后提起了针对纳普斯特（Napster）公司和格罗克斯特（Glokster）公司的诉讼[②]，但和20年前索尼案中的索尼美国公司命运不同的是，这两家公司并未因其提供的共享服务具有“非侵权用途”而逃过处罚，最终被迫关门。纳普斯特（Napster）公司和格罗克斯特（Glokster）公司之所以遭受了与索尼公司不同的

---

① Thomas B. Morris. The Origins of the Statute of Anne，12 Copyright L. Symp. 231，252（1963）.

② A&M Records，Inc. v. Napster，Inc.，239 F. 3d 1004（Ninth Circuit，2001）；MGM Studios，Inc. v. Grokster，Ltd. 545 U. S. 913（2005）.

命运是因为其技术对作品传播的影响不同于索尼公司的录像机，纳普斯特（Napster）公司和格罗克斯特（Glokster）公司的技术不仅是数字的，而且是个人的。数字复制件的质量和原件的质量完全没有差别，可以进行无限制复制。数字复制完全不受原件限制，甚至无所谓原件和复制件的区别，因此数字时代作品的传播不仅是网状的，而且几乎不受任何限制。因此，法院才作出了不同的判决。由于数字网络技术的出现，作品的复制与传播形态发生了根本性变革，原本著作权人与社会公众之间的平衡关系被打破，模拟环境下的控制中间人的著作权保护模式已经不能适应数字网络时代的需求，取而代之的是以技术保护措施和数字权利信息管理为主的控制终端的著作权保护模式。

三、商标法的产生与演变

（一）商标法的产生

和商标产生于商品经济得到一定发展之时类似，商标保护必定滥觞于商品经济的相当程度的发展，因此，如果说专利和著作权制度对欧洲资产阶级工业革命具有推动作用的话，那么，商标保护则是工业革命后商品经济得到一定发展的结果。因此，从知识产权成文法来看，在世界上产生了第一部专利法——1624 年英国《垄断法》之后近两百年的 1803 年，法国才将假冒商标的行为列为私自伪造文件罪并在《关于工厂、制造场和作坊的法律》中加以规定，而在又经过了半个多世纪的 1857 年，法国才制定了《关于以使用原则和不审查原则为内容的制造标记和商标的法律》，首次确立了全面注册的商标保护制度，而此时法国工业革命基本上已臻完成。继法国之后，美国、德国、日本等国纷纷制定了自己的商标法，现在世界上大多数国家都制定有商标法。当然，商标法并不等同于成文商标法，比如，众所周知，英国在制定商标法之前一直是用仿冒（passing off）之诉来保护商标的。

（二）商标法的演变

在产生之后，商标法一直在随着商标的发展演变而发展，商标保护对象日益拓宽，非传统商标逐渐被承认，商标权的范围日益扩张，商标保护日益完善，商标权取得制度得以重塑、日渐合理。本书认为，在商标法的这些变化中，最为突出的有以下两点：

一是商标权取得制度的重塑。无论是坚持判例法传统的英国、美国，还是坚持制定法传统的法国、德国等大陆法系国家，在商标法产生之初，其商标权取得体制均为使用取得，即便是首次确立全面注册的商标保护制度的法国商标法也是如此。鉴于使用取得体制的缺陷，世界各国商标法纷纷从使用取得体制转向注册取得体制，典型者如 1905 年英国商标法和 1964 年法国商标法。至今，只有美国、德国等少数国家通过使用就可以取得商标权，在大多数国家或地区，要取得商标权，必须通过注册。

二是驰名商标制度的建立。1911 年法国就在《巴黎公约》华盛顿修订会议上提出未注册驰名商标的保护问题，1925 年《巴黎公约》海牙修订文本将未注册驰名商标纳入其中，直至 1958 年《巴黎公约》里斯本修订版本确立了未注册驰名商标的注册豁免制度，商标地域性原则得到一定程度的突破。20 世纪 20 年代德国法院的驰名商标反淡化实践和美国学者 Frank I. Schechter（弗兰克 I. 谢克特）的经典淡化理论开创了驰名商标跨类反淡化保护的先河，此后美国和欧盟分别在其商标法中规定了驰名商标反淡化保护制度，1994 年 TRIPS 协定第一次将驰名商标反淡化保护制度规定于知识产权国际公约中。如果说，《巴黎公约》

的未注册驰名商标制度在一定意义上突破了商标保护的地域性原则，那么，TRIPS 协定的驰名商标反淡化制度则突破了商标保护的专业性原则，至此，商标法的基本面貌发生了根本性的变化。

在商标国际保护制度方面，随着国际贸易的兴起，商标保护成为国家之间贸易合作的重要问题。至 18 世纪，当工业产品的贸易大规模增长时，许多国家渐渐开始不满意国外提供的不确定、不充分的工业产权保护，于是这些国家纷纷在双边条约中规定专利和商标的保护问题，商标的国际保护开始以双边条约的形式出现，仅仅在 1883 年，至少签订了 69 个包括商业协议、领事协议、宣言和特殊安排在内的双边条约。到 19 世纪后期，工业产权领域以双边条约的形式形成了一个工业产权国际保护的双边条约网络。[①] 由于双边条约对工业产权的保护的不稳定、不全面，1883 年，11 个国家在巴黎签署了《巴黎公约》。这标志着商标国际保护被纳入多边工业产权国际保护的范围，是商标国际保护的肇端。随后，1891 年的《商标国际注册马德里协定》建立了商标国际注册制度。自此商标国际保护逐渐具备了实施机制。1994 年 4 月 15 日，世界贸易组织成立，TRIPS 协定同时通过，给知识产权国际保护制度安上了世界贸易组织争端解决的“牙齿”，标志着商标国际保护的深化。

四、中国知识产权制度的产生与演变

（一）中国知识产权制度的初创与中断

尽管有我国古代也有知识产权法萌芽的说法，但更普遍接受的看法是，知识产权制度为舶来品，“知识产权制度本是欧美国家地缘政治、经济环境中的法制文明”，“中国接受知识产权制度是东西方文明交流的结果”[②]。而中国与西方的交流是自鸦片战争开始的，鸦片战争前，中国处于封建社会晚期，相对封闭，鸦片战争后，中国被迫开放，与西方国家开始发生深层次的文化、经济和政治交流，知识产权思想逐渐被引进到中国，中国知识产权制度也在自身改革发展需要和外部压力下渐次建立。1898 年 7 月，清政府颁布《振兴工艺给奖章程》。1904 年 4 月初，《商标注册试办章程》对外公布。1910 年 12 月，清政府颁布《大清著作权律》，知识产权法的三大支柱均于清朝灭亡之前颁布。由于替代清朝的北洋政府是在帝国主义和国内地主阶级的支持下建立起来的，一方面继承封建的法律制度，另一方面又不得不采取近代以来的一些新法律制度和法律形式，主要通过采用、删改清末新订法律以适应现实之需，采用西方资本主义国家的某些立法原则以适应形势的发展，隆礼与重刑以维护军阀统治。[③] 清末的三大知识产权法律在民国初年的命运也大体如此，《大清著作权律》[④] 和《商标注册试办章程》[⑤] 得以继续援用，而《振兴工艺给奖章程》则为 1912 年 12 月颁布的《暂行工艺品奖励章程》所替代。当然，民国时期逐渐制定了全面的《著作

---

① Peter K. Yu. Currents and Crosscurrents in the International Intellectual Property Regime. 38 Loy. L. A. L. Rev. 343 - 348.

② 吴汉东．试论中国自主的知识产权知识体系．知识产权，2023（3）：5.

③ 李俊．简明中国法制史．北京：对外经济贸易大学出版社，2016：196.

④ 中华民国临时政府内务部发布通告说：“本部查前清《著作权章程》，尚无与民国国体抵触之条。自应暂行援照办理。”刘哲民．近现代出版新闻法规汇编．上海：学林出版社，1992：50.

⑤ 何敏．知识产权法总论．上海：上海人民出版社，2011：40.

权法》《商标法》《专利法》，知识产权法律体系逐步完备。

随着新中国成立之后旧法统的废除，民国时期的知识产权法律全部失效。1950 年，我国先后通过《关于改进和发展出版工作的决议》（中央人民政府出版总署 1950 年 10 月 28 日）、《保障发明权和专利权暂行条例》（政务院 1950 年 8 月 11 日）以及《商标注册暂行条例》（政务院 1950 年 7 月 28 日），这些政策性文件初步建立了新中国的知识产权制度。然而，随着社会主义改造的完成，我国经济体制进入完全的计划经济体制，知识产权制度开始变得名存实亡。

（二）中国知识产权制度的恢复重建与发展完善

知识产权是一种私权，是市场经济的产物，随着改革开放的推进和市场化改革的进行，我国开始恢复重建知识产权制度。1982 年 8 月 23 日《商标法》通过，1983 年 3 月 1 日起施行。1984 年 3 月 12 日《专利法》通过，1985 年 4 月 1 日起施行。1986 年 4 月 12 日《民法通则》通过，1987 年 1 月 1 日起施行。1990 年 9 月 7 日《著作权法》通过，1991 年 6 月 1 日起施行。1993 年 9 月 2 日《反不正当竞争法》通过，1993 年 12 月 1 日起施行。1980 年 6 月 3 日，中国加入世界知识产权组织。1985 年 3 月 19 日，中国加入《巴黎公约》。1992 年 10 月 15 日，中国加入《伯尔尼公约》。至此，我国知识产权制度得以全面恢复并逐渐与知识产权国际保护制度接轨。

改革开放是中国共产党在社会主义初级阶段的基本路线的两个基本点之一，是进行社会主义现代化建设的总方针、总政策，是强国之路，是党和国家发展进步的活力源泉。改革，即对内改革，就是在坚持社会主义制度的前提下，自觉地调整和改革生产关系同生产力、上层建筑同经济基础之间不相适应的方面和环节，促进生产力的发展和各项事业的全面进步，更好地实现广大人民群众的根本利益。开放，即对外开放，是加快我国现代化建设的必然选择，符合当今时代的特征和世界发展的大势，是必须长期坚持的一项基本国策。

由于改革开放是我国主动进行的，国家积极主动地扩大对外经济交往，放宽政策，放开或者取消各种限制，不再采取封锁国内市场和国内投资场所的保护政策，发展开放型经济，因此，相应的知识产权法律制度的建立基本上也是自主进行的。当然，鉴于对外开放必然要与外国进行平等交往，就必须遵循共同的规则，尤其是相关国际规则，考虑其他国家的规则和国际规则是必然的。比如，1984 年制定的《专利法》就被评价为："在广泛借鉴外国经验、博采各国之长、严格履行我国已经加入的国际条约规定的义务的同时，还充分考虑了我国具体国情的需要，具有起点高、有鲜明时代特征和适合中国国情的特点。"①

随着改革开放的深入，尤其是随着对外交往的增加，我国经济与世界经济的联系日益紧密，日益融入世界经济。与此相对，我国与外国的经济摩擦也逐渐出现，1990 年 4 月，美国将中国列为"301 条款"重点观察国名单。经过谈判，1991 年 1 月 17 日中美签署《中华人民共和国政府与美利坚合众国政府关于保护知识产权的谅解备忘录》，中国政府承诺修改《专利法》，提高专利保护水平，保护商业秘密，加入《伯尔尼公约》、《保护录音制品制作者防止未经许可复制其录音制品公约》（《日内瓦公约》），1992 年中国加入《伯尔尼公约》和《世界版权公约》，修改《专利法》，提高专利水平，1993 年中国加入《日内瓦公约》，

---

① 尹新天．中国专利法详解．北京：知识产权出版社，2011：4.

1994年中国加入《专利合作条约》和《商标注册用商品与服务国际分类尼斯协定》，修改《商标法》，制定《反不正当竞争法》，保护商业秘密。

在改革开放政策的推动下，中国经济快速发展，对外交往日益深化。然而，由于长期封闭，中国在国际事务中的地位尚低。为了提高国际地位，中国开始积极参与国际合作，其中，加入被称为“经济联合国”的世界贸易组织是重中之重。世界贸易组织前身为关税与贸易总协定，而中国是关税与贸易总协定的创始成员国之一，因此，1986年，中国驻日内瓦代表团大使钱嘉东向关税与贸易总协定总干事阿瑟·邓克尔提交了关于恢复中国关税与贸易总协定缔约国地位的申请，开启了恢复关税与贸易总协定缔约国地位的谈判（复关谈判）的历史进程。1995年1月1日，世界贸易组织成立并开始运作，中国的复关谈判正式转换为入世谈判，经过多年市场经济体制建设和入世谈判，中国于2001年12月11日正式加入世界贸易组织，成为第143名成员国。作为入世承诺的一部分，调整、修改与知识产权保护有关的法律法规成为2000年前后我国知识产权法修改的重要原因，2000年8月25日《专利法》修改，2001年10月27日《商标法》和《著作权法》修改，至此，我国知识产权法律基本符合相关知识产权国际公约的规定。自此之后，尽管我国与外国仍时有知识产权冲突，但除履行中美知识产权争端的世界贸易组织专家组裁决而于2010年修改《著作权法》之外，我国知识产权法律基本上不再因受到外部压力而被动修改，逐步走上自主发展、主动修改之路。

2008年12月27日，《专利法》进行了第三次修改，这次修改是在党中央、国务院作出建设创新型国家的决策、国务院制定和发布《国家知识产权战略纲要》的背景下进行的，此次修改由于基本上没有外部压力，而是基于国内外情况为建设创新型国家、实施国家知识产权战略而进行的修改，可以说是一次自主修改。2013年8月30日，《商标法》进行了第三次修改，和《专利法》第三次修改一样，本次修改同样没有什么外部压力，是“在与中国参加的国际条约保持一致的前提下，重在立足国内实际需要进行修改，属于‘主动修改’”①。其后，2017年11月4日的《反不正当竞争法》第一次修改，2020年10月17日的《专利法》第四次修改以及2020年11月11日的《著作权法》第三次修改均可以说是基于我国内在需求的“主动修改”。这种主动修改逐渐成为我国知识产权法律修改的常态，既表明我国知识产权法律保护已经达到了非常高的水平，也表明知识产权法律在我国经济社会发展中的地位越来越重要，受到越来越多的依赖，以推动经济发展方式的转变。②

本章思考题

1. 知识产权法分为著作权法与工业产权法、创造性智力成果权法与识别性商业标记权法、传统知识产权法与反不正当竞争法的法律意义是什么？

2. 从知识产权法的产生与演变中能够发现什么规律？

3. 我国现行知识产权制度有什么特点？

---

① 汪泽．中国商标法律现代化：理论、制度与实践．北京：中国工商出版社，2017：8.

② 当然，2019年4月23日《商标法》和《反不正当竞争法》均进行了一次微小而急促的修改，很可能与2018年以来的中美贸易摩擦有关。不过这不影响本书对我国知识产权法律修改态势的整体判断。

经典参考文献

1. 黄海峰．知识产权的话语与现实：版权、专利与商标史论．武汉：华中科技大学出版社，2011.

2. ［澳］布拉德·谢尔曼，［英］莱昂内尔·本特利．现代知识产权法的演进：英国的历程（1760—1911）．金海军，译．北京：北京大学出版社，2012.

3. ［美］保罗·戈斯汀．著作权之道：从谷登堡到数字点播机．金海军，译．北京：北京大学出版社，2008.

4. ［美］佛兰克·I. 谢克特．商标法的历史基础．朱冬，译．北京：知识产权出版社，2019.

第三章
知识产权法的法律原则

本章导言

知识产权法的法律原则是知识产权法法律规则与知识产权法律价值的交汇点，既能直接适用，也集中蕴含和反映了知识产权法的价值，对全部知识产权法具有指导作用，是实现知识产权法立法目的的最重要的法律规范。知识产权法的法律原则包括知识产权主体原则、知识产权类型与内容原则、知识产权客体原则、知识产权变动原则、知识产权的权利边界原则与知识产权内在限制原则等六项原则，这些原则不仅指导着知识产权法律制度的整体构造，在知识产权法律有漏洞的时候也可以适用以弥补法律漏洞。

第一节 知识产权法的法律原则的概念、功能与整体结构

一、知识产权法的法律原则的概念与功能

法律原则是指可以作为法律规则的基础或本源的综合性、稳定性的原理和准则。法律原则的特点是，未预先设定任何确定的、具体的事实状态，未规定具体的权利、义务和确定的法律后果，但是法律原则指导和协调着全部社会关系或某一领域社会关系的法律调整机制，尤其在处理重大、复杂、疑难案件时，执法机关和司法机关可以利用法律原则平衡互相重叠或冲突的利益，为案件寻找合法合理的解决办法，因此，法律原则是十分重要的[①]由于“法律原则正是规则与价值的交汇点”[②]，法律原则既具有规则的成分，可以直接适用，又具有价值的成分，集中蕴含着法律的价值，对相应的法律领域具有重要的指导作用，是立法、执法、学习和研究的重要指导。知识产权法的法律原则是可以作为知识产权法法律

① 《法理学》编写组．法理学．2版．北京：人民出版社，高等教育出版社，2020：48.

② ［英］彼得·斯坦，约翰·香德．西方社会的法律价值．王献平，译．郑成思，校．北京：中国人民公安出版社，1990：315.

规则的基础或本源的综合性、稳定性的原理和准则，蕴含着知识产权法的法律价值，指导和协调着知识产权领域的社会关系的法律调整机制，对于知识产权法的立法、执法、学习和研究均具有重要的指导作用。

典型案例

“歌力思”案

（最高人民法院第 82 号指导案例：王某诉深圳歌力思服饰股份有限公司、杭州银泰世纪百货有限公司侵害商标权纠纷案）

深圳歌力思服装实业有限公司成立于 1999 年 6 月 8 日。2008 年 12 月 18 日，该公司通过受让方式取得第 1348583 号“歌力思”商标，该商标核定使用于第 25 类的服装等商品之上，核准注册于 1999 年 12 月。2009 年 11 月 19 日，该商标经核准续展注册，有效期自 2009 年 12 月 28 日至 2019 年 12 月 27 日。深圳歌力思服装实业有限公司还是第 4225104 号“ELLASSAY”的商标注册人。该商标核定使用商品为第 18 类的“（动物）皮；钱包；旅行包；文件夹（皮革制）；皮制带子；裘皮；伞；手杖；手提包；购物袋”，注册有效期限自 2008 年 4 月 14 日至 2018 年 4 月 13 日。2011 年 11 月 4 日，深圳歌力思服装实业有限公司更名为深圳歌力思服饰股份有限公司（以下简称歌力思公司，即本案一审被告人）。2012 年 3 月 1 日，上述“歌力思”商标的注册人相应变更为歌力思公司。

一审原告人王某永于 2011 年 6 月申请注册了第 7925873 号“歌力思”商标，该商标核定使用商品为第 18 类的钱包、手提包等。王某永还曾于 2004 年 7 月 7 日申请注册第 4157840 号“歌力思及图”商标。后因北京市高级人民法院于 2014 年 4 月 2 日作出的二审判决认定，该商标损害了歌力思公司的关联企业歌力思投资管理有限公司的在先字号权，因此不应予以核准注册。

自 2011 年 9 月起，王某永先后在杭州、南京、上海、福州等地的“ELLASSAY”专柜，通过公证程序购买了带有“品牌中文名：歌力思，品牌英文名：ELLASSAY”字样吊牌的皮包。2012 年 3 月 7 日，王某永以歌力思公司及杭州银泰世纪百货有限公司（以下简称杭州银泰公司）生产、销售上述皮包的行为构成对王某永拥有的“歌力思”商标、“歌力思及图”商标权的侵害为由，提起诉讼。

杭州市中级人民法院于 2013 年 2 月 1 日作出（2012）浙杭知初字第 362 号民事判决，认为歌力思公司及杭州银泰公司生产、销售被诉侵权商品的行为侵害了王某永的注册商标专用权，判决歌力思公司、杭州银泰公司承担停止侵权行为、赔偿王某永经济损失及合理费用共计 10 万元及消除影响。歌力思公司不服，提起上诉。浙江省高级人民法院于 2013 年 6 月 7 日作出（2013）浙知终字第 222 号民事判决，驳回上诉、维持原判。歌力思公司及王某永均不服，向最高人民法院申请再审。最高人民法院裁定提审本案，并于 2014 年 8 月 14 日作出（2014）民提字第 24 号判决，撤销一审、二审判决，驳回王某永的全部诉讼请求。

法院生效裁判认为，诚实信用原则是一切市场活动参与者所应遵循的基本准则。一方面，它鼓励和支持人们通过诚实劳动积累社会财富和创造社会价值，并保护在此基础上形成的财产性权益，以及基于合法、正当的目的支配该财产性权益的自由和权利；另一方面，它又要求人们在市场活动中讲究信用、诚实不欺，在不损害他人合法利益、社会公共利益和市场秩序的前提下追求自己的利益。民事诉讼活动同样应当遵循诚实信用原则。一方面，它保障当事人有权在法律规定的范围内行使和处分自己的民事权利和诉讼权利；另一方面，它又要求当事人在不损害他人和社会公共利益的前提下，善意、审慎地行使自己的权利。任何违背法律目的和精神，以损害他人正当权益为目的，恶意取得并行使权利、扰乱市场正当竞争秩序的行为均属权利滥用，其相关权利主张不应得到法律的保护和支持。

第 4157840 号“歌力思及图”商标迄今为止尚未被核准注册，王某永无权据此对他人提起侵害商标权之诉。对于歌力思公司、杭州银泰公司的行为是否侵害王某永的第 7925873 号“歌力思”商标权的问题，首先，歌力思公司拥有合法的在先权利基础。歌力思公司及其关联企业最早将“歌力思”作为企业字号使用的时间为 1996 年，最早在服装等商品上取得“歌力思”注册商标专用权的时间为 1999 年。经长期使用和广泛宣传，作为企业字号和注册商标的“歌力思”已经具有了较高的市场知名度，歌力思公司对前述商业标识享有合法的在先权利。其次，歌力思公司在本案中的使用行为系基于合法的权利基础，其使用方式和行为性质均具有正当性。从销售场所来看，歌力思公司对被诉侵权商品的展示和销售行为均完成于杭州银泰公司的歌力思专柜，专柜通过标注歌力思公司的“ELLASSAY”商标等方式，明确表明了被诉侵权商品的提供者。在歌力思公司的字号、商标等商业标识已经具有较高的市场知名度，而王某永未能举证证明其“歌力思”商标同样具有知名度的情况下，歌力思公司在其专柜中销售被诉侵权商品的行为，不会使普通消费者误认该商品来自王某永。从歌力思公司的具体使用方式来看，被诉侵权商品的外包装、商品内的显著部位均明确标注了“ELLASSAY”商标，而仅在商品吊牌之上使用了“品牌中文名：歌力思”的字样。由于“歌力思”本身就是歌力思公司的企业字号，且与其“ELLASSAY”商标具有互为指代关系，故歌力思公司在被诉侵权商品的吊牌上使用“歌力思”文字来指代商品生产者的做法并无明显不妥，不具有攀附王某永“歌力思”商标知名度的主观意图，亦不会为普通消费者正确识别被诉侵权商品的来源制造障碍。在此基础上，杭州银泰公司销售被诉侵权商品的行为亦不为法律所禁止。最后，王某永取得和行使“歌力思”商标权的行为难谓正当。“歌力思”商标由中文文字“歌力思”构成，与歌力思公司在先使用的企业字号及在先注册的“歌力思”商标的文字构成完全相同。“歌力思”本身为无固有含义的臆造词，具有较强的固有显著性，依常理判断，在完全没有接触或知悉的情况下，因巧合而出现雷同注册的可能性较低。作为地域接近、经营范围关联程度较高的商品经营者，王某永对“歌力思”字号及商标完全不了解的可能性较低。在上述情形之下，王某永仍在手提包、钱包等商品上申请注册“歌力思”商标，其行为难谓正当。王某永以非善意取得的商标权对歌力思公司的正当使用行为提起的侵权之诉，构成权利滥用。

问题：法律原则能否直接适用？

二、知识产权法的法律原则的具体构造

知识产权法法律原则的具体构造分为两个方面：一是从整体上进行构造，即知识产权

法共有哪些法律原则以及为什么应该具有这些法律原则。整体上的构造又可以分为两个方面：社会对知识产权法的功能需求，这是设计知识产权法法律原则的出发点；知识产权法法律原则的整体结构。二是从个体上进行构造，即构造知识产权法的某个原则的含义与具体内容，探寻其原因或根据。

社会系统对知识产权法的功能需求集中体现在知识产权法的法律目的上，它决定了社会系统对知识产权法律制度的功能需求，社会系统对知识产权法的功能需求就是实现知识产权法的法律目的。本书将知识视为财产，知识产权法为人们追求以知识为基础的财富的活动提供了一种法律制度框架，一种好的法律制度框架能够有效地引导人们的逐利行为，并把它引导到社会利益上去。这就是社会系统对知识产权法的功能需求，为设计知识产权法的法律原则提供了最直接的依据。

知识产权法作为广义的财产法的一部分，其主要功能就是确定社会中一部分财富的形态并统摄这些财富，和其他财产法（物权法）一起确认由其他部门法所确认的权利的基础的一系列权利，知识产权法的法律原则是知识产权法最重要的部分。知识产权法的法律原则体系不是单一的和固定不变的，而是能够根据主体需求及客观可能进行适当的调整。鉴于知识产权法在一定意义上属于广义的财产法的范围，知识产权也经常被人们看作是一种所有权，和物权均起着一种财货归属功能，与物权在客体以及权利或制度功能上均有一定的相似性。所有权的这种结构及其所具有的功能使它能够有效地满足知识产权法的法律目的。经济学研究发现，所有权通过一些重要途径来影响经济行为，所有权的排他性意味着所有者有权选择用财产做什么、如何使用它以及给谁使用它，同时也决定了所有者将获得其决定所获得的收益并承担由此而来的成本。易言之，所有权的排他性把选择如何使用财产和承担这一选择后果紧密地联系在一起，使所有者有很强的动力去寻求带来最高价值的资源的使用方法①，而这种最佳使用方法带来了资源的高效使用，因此，所有权是有效率的。所有权并没有直接干涉人们使用资源的方式方法，它仅仅是把选择后果赋予所有者即，所有权仅仅提供了一个框架，而没有指示所有者应该如何行动。所有权不仅为人们进行正常的经济活动提供了一种框架，同时也提供了一种保障。因为产权概念与交易成本概念密切相关，交易成本是与转让、获取和保护产权有关的成本②，而法律权利显然会使产权比较明确和较强有力，减少了保护的成本，从而节约了交易成本，增强了产权，也即“法律权利会增强经济权利”③。所有权的激励功能主要在两个方面发挥作用：一方面，由于对某项财产的收益与成本均由其所有者享受或承担，因此在个人追求个人利益最大化的过程中，人们会努力创造那些能为其带来收益的东西，也就是说所有权可以激励人们的生产性努力。④ 另一方面，不同的人对同一物品或资源具有不同的效用，因此，当同样的资源或物品

---

① ［南］斯韦托扎尔·平乔维奇．产权经济学：一种关于比较体制的理论．蒋琳琦，译．张军，校．北京：经济科学出版社，1999：30.

② ［美］Y. 巴泽尔．产权的经济分析．费方域，段毅才，译．上海：上海三联书店，上海人民出版社，1997：3.

③ ［美］Y. 巴泽尔．产权的经济分析．费方域，段毅才，译．上海：上海三联书店，上海人民出版社，1997：2.

④ 所谓生产性努力大体是指人们努力劳动、努力工作从而生产出更多的产品，显然这是社会发展的根本动力与财富的基本来源。

从一个效用低的所有者转移至一个效用较高的所有者时，卖者和买者一般均能从交易（转移）中获得剩余，也即所有权同样鼓励人们的分配性努力①，鼓励人们进行适当的交易。由于上述第一方面的实现多数情况下仅仅涉及所有者一方，是比较容易。而第二方面则往往是交易双方甚至多方之间的关系，过程是较为复杂的，需要满足一定的条件，更难以实现。不过，总体说来，社会发展进步最重要的还是生产性努力，因为只有生产性努力是社会财富的直接与最终来源，充分激励生产性努力而不是分配性努力的制度才是更有效率的制度。总体来说，无论是所有权发挥激励功能的上述两个方面中的哪个方面，均必须考虑以下这些条件或因素。

1. 所有者因素

假定所有者是经济人（自利的理性人），这也是经济学分析对人性的基本假设。当然，今天人们逐渐认识到，人的理性是有限的。只有这样的人才能够关心自己的利益并采用各种办法努力使自己的利益最大化。这是所有权这种框架能够发挥作用的前提条件。社会上的主体多种多样，各种主体的结构也各不相同，并非每一种主体都能符合经济人标准。在公有制下，虽然每个人在理论上被假定为公有财产的所有人，但是大多数人事实上没有控制这种公有财产使用的直接手段，这使这种所有制下公有所有权的激励功能降到了最低点。即便是那些直接掌握着公有资产的使用人，他们的动力也是不足的。他们可能更重视分配性努力，而不是生产性努力。他们所关心的不是企业能生产多少，能盈利多少，而是企业能分配给他们个人多少。因此，这种所有制的效率也不高。另外，由于引入了代理机制，把代理人的利益掺进了企业运行中，现代公司的发展尤其是股份有限公司的发展导致公司所追求的已经不是传统自由放任经济下经济人所追求的利润最大化目标，而仅仅是适度利润目标，因此，现代公司的所有权激励效率并不是最高的。当然现代公司自有其优势，如专业人员经营、风险分散等，这些抵消了现代公司所有权激励效率降低的不足。

所有者因素似乎往往被认为是法律制度如物权法、债权法、知识产权法等预定的假设，法律往往不作规定，但法律原则的设计仍应考虑这种因素。

2. 所有权的客体因素

所有权客体是指什么样的东西能够成为所有权的客体。不是任何东西都能自然而然地成为所有权的客体，尤其是私人所有权的客体。有些东西是无法成为私人所有权的客体的，如国防等。有些东西是无法自然而然地成为所有权的客体，如知识产权所保护的这些知识就是无法自然而然地成为所有权的客体。由于知识本身的特性，人们无法或很难直接控制它们，于是就需要法律的控制，现代知识产权法就是拟制的结果。客体的自然属性决定了人们能够对它做什么，从而在一定意义上决定了人们的行为。因此，完整的知识产权法的法律原则的构建必须考虑知识产权的客体因素。

3. 所有权的内容与类型方面的因素

所有权要发挥其作用必须考虑其内容方面的因素，其内容是否完整、是否明确清晰等均能够影响所有权框架功能的发挥，因此知识产权法的法律原则的设计必须考虑知识产权

① 所谓的分配性努力是指人们不是努力劳动、努力工作从而生产出更多的产品，而是努力从已经获得的或已有的社会财富中多分配一些，显然它仅仅是在社会成员之间进行财富的流转，而没有增加社会财富的绝对量。

的内容因素。同时与知识产权内容相关的因素就是知识产权的类型问题，这可以说是一个问题的两个方面，因为创设了新类型的权利，则必然创立了它的新内容，而对一种权利赋予了新的内容在一定意义上也就意味着创设了新类型的权利。

4. 所有权的变动方面的因素

以上所谈的主要是某一时点所有权的有关因素，是静态的。除了这些静态方面，所有权还会从一个人手中转移到另一个人手中，这种转移必须考虑转移的成本以及转移的效果，如安全性等。由于交易在一定程度上是一种社会财富的重新分配，它能增加社会的总财富，因此社会应该选择一种能够促进人们交易并尽量减少交易障碍的制度，以带来更高的效率。

5. 个人利益与社会利益的平衡问题

对什么东西建立私人所有权还涉及私人利益与社会利益的平衡问题，社会利益与个人利益既有统一的一面，也有冲突的可能。所有权框架必须能够在个人利益与社会利益之间保持合理的平衡。

正是由于所有权发挥激励功能必须考虑以上这些条件或因素，在现代物权法中人们规定或归纳出了物权法的法律原则，如物权法定原则、物权变动的公示与公信原则以及一物一权原则。① 物权法的这些原则基本上反映了本书前述的所有权发挥激励功能的基本方面，所缺的基本上只有上述的主体因素，这大概是因为主体是民法总则规定的内容，对主体及其本性的假定基本上也是不言而喻的，因此一般并不特别强调物权的主体原则，但不强调不意味着它不重要。

本书认为，知识产权在本质上就是一种对知识的所有权，知识产权法为这种知识的所有权提供了框架，考虑到知识产权法的法律目的、知识产权法所规范的资源即知识的特殊性等因素，知识产权法法律原则也应该按照上述的一般所有权的框架来为知识产权这种权利提供基本框架，具体应该包括知识产权主体原则、知识产权类型与内容原则、知识产权客体原则、知识产权变动原则、知识产权的权利边界原则与知识产权内在限制原则等六项原则。这六项原则和上述的所有权的一般框架是相适应的，同时也打上了知识产权法本身的烙印。这些原则从权利主体、客体、内容、变动、权利范围与权利行使等方面对知识产权即知识的所有权均给出了一定的答案，因此它们构成了一个完整的结构，共同发挥着促进知识产权所保护的知识的生产效率、实现知识产权法法律目的的功能。在这个法律原则体系中，主体原则把某项知识资源的权利赋予了某一主体，知识产权类型与内容原则则使得知识产权成为一种种类简化、内容清晰完整的权利，为其能够顺利转让提供了前提基础，客体原则决定了这种知识产权所控制的客体范围，而知识产权变动原则则使知识产权能够安全、便捷地在主体之间流转从而达到这种知识资源的有效配置，而知识产权的权利边界与知识产权内在限制原则则在知识产权人个人利益与社会公共利益之间保持了一种恰当的平衡，协调着个人利益与社会公共利益。总体上，知识产权法的法律原则是一个完整的体系，对整个知识产权法律制度发挥着统摄作用，有助于实现知识产权法的法律目的。

---

① 王利明．物权法论．北京：中国政法大学出版社，1998：87－143.

第二节 知识产权法的法律原则的具体内容

一、知识产权主体原则：独立确定的主体

知识产权的独立确定的主体原则是指知识产权作为一种对一定知识资源的权利，其主体必须具有独立的利益，必须是确定的。因为只有其权利主体具有独立利益，他才能既享有其收益，也承受生产这种知识的成本，即承担对这种知识资源的活动的全部后果，也只有这样，作为追求个人效用最大化的自利的理性人或经济人的人性才能够发挥其作用。法律并不关心知识产权主体到底是怎么运用其受知识产权保护的知识，而仅仅提供了取得权利的条件，而在符合取得权利的条件之后把权利赋予知识产权主体，由知识产权主体享有权利的全部好处，承担实施权利的全部成本，从而在知识产权主体内在的自利与理性行为指引与驱动下达到对其所控制的知识资源的最佳生产和最佳利用的配置。迈克尔·贝勒斯认为，在私有财产制度下，"一切资源均须由确定的主体拥有，或者，必须明了确定的主体如何获得对资源的所有权"，因为这一原则孕育着效率和秩序。① 知识产权所保护的知识当然是一定的资源，因此它必须由确定的主体拥有或者明确确定的主体如何获得对它的权利。社会上的资源各有其主本身就构成了一种资源归属的社会秩序，而这种秩序能够充分调动人们发明创造的积极性，从而也带来了效率。因此知识产权法的这一原则既是知识产权法效率和秩序价值的要求，也孕育着知识产权法效率和秩序的价值。

知识产权法的这一原则是有其经济理论依据的。按照财产经济理论的建议，只要被称为财产的一组权力将带来使用那种资源的更大效率并由此增加社会财富，只要建立和履行这些所有权的代价小于收益，所有权就应该被赋予任何一种资源。私人产品的对抗性和排他性使其能建立起产品分配的市场，因此其建立和履行所有权的代价比较低，应该由私人所有，而公共产品的非对抗性和非排他性使其排斥市场形成，因此其建立和履行所有权的代价高，应该由公共所有。② 知识产权客体虽然具有公共产品的属性，但可以通过法律拟制建立其对抗性和排他性，降低建立和履行所有权的代价，从而使它变成私人物品，可以由私人所有。现代经济学的研究结论是，私人物品由私人或具有独立利益的主体来拥有是比较有效率的，因为它可以充分利用市场这种比较有效率的机制。当然以上是在以经济效率为目标的狭窄范围内考虑的，而在一个较宽的范围内，私人和公共所有权之间的选择则要考虑到更多的价值取向，如平等、自由、人的尊严等。③ 但本书仍然认为，即便考虑效率以外的价值取向，私人所有权也是优于公共所有权的。其原因在于：第一，效率与其他价值取向并不一定总是矛盾的；第二，即便效率与其他价值取向是矛盾的，效率也是令人向往

---

① ［美］迈克尔·D. 贝勒斯．法律的原则：一个规范的分析．张文显，宋金娜，朱卫国，等译．北京：中国大百科全书出版社，1996：88－89.

② ［美］罗伯特·考特，托马斯·尤伦．法和经济学．张军，等译．上海：上海三联书店，上海人民出版社，1994：148－151.

③ ［美］罗伯特·考特，托马斯·尤伦．法和经济学．张军，等译．上海：上海三联书店，上海人民出版社，1994：253.

的，在大多数场合效率价值单独即可成为知识产权法这一原则的基础。

同时还需说明的是，以上分析完全是在私有财产制下进行的。那么对于实行社会主义市场经济体制的我国，这一原则是否适用？本书认为，私有财产制之所以有效率，其原因在于主体享有私有财产、分散决策、市场调节三个方面：主体享有私有财产使得主体承担了其对私有财产的全部后果，在当前我国社会主义初级阶段，财产是人的利益的最重要的体现之一，在主体内在的追求最大利益的动力的驱动下便产生了对主体使用财产的更大的激励；分散决策与市场调节则以其灵活迅速的反应带来资源的最优配置，这是以人们在交易中所能获得的信息有限为条件的，由于交易信息的有限性，集中的计划调节无法适应而使资源达到最优配置。在私有制下，主体享有私有财产的实质是主体享有独立的利益，承担私有财产的全部后果。虽然目前我国很多资源由国家所有，但随着现代企业制度的建立，我国国有资源已逐步由无数个具有独立利益的主体享有利益，并承担全部后果，随之其决策也必然是分散的。因此在社会主义市场经济条件下，我国的国有企业理论上已经形成了独立利益、分散决策以及行为的市场调节模式。因此，这一原则在实行社会主义市场经济的我国也是适用的。只不过对确定的主体须更进一步地精确为"独立确定的主体"。即便在西方资本主义国家，那种自由资本主义条件下的完全由个人来经营自己的产业并完全承担其后果的情况也已不是普遍现象，更为普遍的现象是实力雄厚的大型现代公司，最为典型的是上市的股份有限公司，而股份有限公司的实际控制权尤其是具体控制权很大程度上已经与其最终投资者有很大的分离。因此，本书认为所有制并不是是否适用独立确定的主体的最根本的原因，是否适用独立确定的主体最重要的是转变政府职能，即减少政府对经济运行的干预，尊重市场规律和市场的自我运行。

这一原则有着充分的证据，文艺复兴以来的思想革命使追求个人利益逐步合法化，追求个人利益的动力极大地促进了资本主义生产的发展，使得资本主义在其诞生一百年左右的时间里创造了相当于此前人类所创造的全部财富的总和。我国的社会主义经济体制改革同样是调动了人们追求合法利益的积极性，其效果是不言而喻的。正如亚当·斯密所主张的那样，只要有合理的法律把人们追求个人利益的行为限制在一个合理的范围与界限内，个人利益一般会自动地导向社会利益。知识产权法更是这种充分利用市场机制，充分激励人的巧妙机制，所谓"专利制度就是最大的发明"。这一机制发挥作用的条件是，法律仅仅按照一定规则把某些社会资源（这里当然是知识）确定给经济人或自利的理性人，经济人或自利的理性人在其利益的驱动下自然而然地就会非常关心其知识资源的合理的生产和充分利用，从而最终自然导向全社会知识资源的最佳生产和充分利用。

二、知识产权类型与内容原则：法律限定主义或法定主义

上述知识产权主体原则把对某一项知识的权利赋予了知识产权人，但是仅此还是不够的，还需要对所赋予的权利的类型与内容作清楚的规定，知识产权人的权利才能够更加完善。在物权法中，多数国家或地区的法律对物权的类型采取法律限定主义或法定主义。如《日本民法典》第 175 条规定："物权除本法或其他法律有规定外，不得创设。"其他如韩国、奥地利民法典也均有明文规定。有些国家如瑞士、德国的民法典虽然没有明文规定，但是解释上也是承认的。物权法定原则是指非依民法或其他法律，不得创设物权的种类，

同时也不得变更或创设物权的新内容，因为内容的变更或新创设可以间接地或变相地创设物权的新种类。物权的内容与类型可以说是同一事物的两个方面，类型是从外延上来看的，而内容则基本着重于内涵。两方面共同规定着物权的具体状态。物权种类采取法律限定主义的主要理由大同小异，王利明、程啸、尹飞的《中国物权法教程》认为物权法定的理由包括：维护国家的基本经济制度、保护公民的基本权利；确认物权、定分止争；保护交易安全；促进物尽其用。[①] 梁彗星、陈华斌的《物权法》认为，物权法定主义的理由有：物权的绝对性、物权的直接支配性、物的经济效用、保障完全的契约自由、公示的需要、交易安全与便捷的需要以及整理旧物权，适应社会发展的需要。[②] 德国学者则认为物权法定的原因是，"物权是绝对权，其效力及于所有人并且必须得到每个人的遵守。因此，只有当物权的数量被明晰化并彼此独立出来。才能有效地保护这种绝对的权利。唯有如此，才能期待第三人了解并且维护这些权利。也只有当物之取得人对物的特定内容确信无疑的时候，才能提高物的可转让性和可流通性"[③]。这些观点基本上属于大陆法系对物权法定主义的理解。而实际上在英美法系人们也持相似的看法，迈克尔·贝勒斯认为："所有权形态之复杂使得财产流通不畅，普通法所有权形式的复杂，给现代社会需要造成了沉重的负担"。因此他提出了财产法的法定所有权原则，即土地法定所有权形态的名目要少，以便于财产之转让。这是因为，"在任何场合，所有权的形式及其变通的举措对于转让性原则、稳定性原则及自由原则的特定影响力都不容忽视"[④]。转让、稳定和自由几个看似不相关的东西在这里关联起来，所有权或物权的形式即法定的内容的变动首先破坏了稳定，其次使得人们转让财产时由于对权利内容的不了解而增加了成本，阻碍了转让的顺利进行，而财产转让的困难则限制了人们的自由。这也正如前面所引的德国学者对物权法定原则理由的说明，对物权种类的限制的理由与目的主要是提高"物的可转让性和可流通性"，而正是由于这个原因在物权法领域对权利的"形成自由"进行了限制。[⑤] 当然这里的转让性、稳定性和自由互相之间以及它们与其他法律价值之间也不是没有冲突的，同时也是互相关联着的，契约自由原则是以物权法定原则为基础的。不过总体上来看，人们对物权法定主义更多地还是从物权的类型上来谈的。实际上，物权的内容法定同样重要，法和经济学的研究表明，"当产权清晰时谈判双方更愿意合作，当产权模糊时谈判双方不愿意合作"。因此，"财产法应该倾向于能够使得所有权清晰且简单的标准。有效财产法最直接的规定是使产权清晰且简单"[⑥]。这种明晰的产权必须是法律界定的，并且尽量明晰。因为界定产权的方法有两种，即私人界定和政府界定（政府界定即法律界定，因为政府界定一般采取法律手段）。这两种界定产权的方法往往同时起作用。根据产权经济学派的观点，世界上不存在"绝对权利"[⑦]，因为产

---

① 王利明，程啸，尹飞．中国物权法教程．北京：人民法院出版社，2007：46-47.

② 梁慧星，陈华斌．物权法．7版．北京：法律出版社，2020：66-67.

③ ［德］曼弗雷德·沃尔夫．物权法．吴越，李大雪，译．北京：法律出版社，2002：14.

④ ［美］迈克尔·D. 贝勒斯．法律的原则：一个规范的分析．张文显，宋金娜，朱卫国，等译．北京：中国大百科全书出版社，1996：105-107.

⑤ ［德］曼弗雷德·沃尔夫．物权法．吴越，李大雪，译．北京：法律出版社，2002：14-15.

⑥ ［美］罗伯特·考特，托马斯·尤伦．法和经济学：第五版．史晋川，董雪兵，等译．上海：格致出版社，上海三联出版社，上海人民出版社，2010：80.

⑦ ［美］Y. 巴泽尔．产权的经济分析．费方域，段毅才，译．上海：上海三联书店，上海人民出版社，1997：中译本序，3.

权的界定不是一劳永逸的，“在一个已经运转的社会中，权利的产生是一个不断发展的过程”。“产权是不断产生并不断放弃的。”但是政府界定仍是重要的和基本的，通常“权利是在存在政府权威的情况下产生的；它比个人运用暴力具有比较优势，并趋于阻止私人暴力的利用”[①]，且“法律权利会增强经济权利”[②]。法定权利是很重要的，因为“资产将产生的净收入取决于权利的界定，也就是说，取决于权利受到怎样的保障。……只有一个人能影响资产收入的情况下，仅当这个人成为资产的所有者时，权利才会得到完全的界定，也只有到那时，收入才能实现最大化”[③]。

之所以强调物权或财产权的种类要确定、要少，内容要明晰并且需由法律来界定，主要原因在于财产的合理流动与有效配置。法和经济学的研究表明，财产法的设定应该有助于私人谈判并使未达成私人协议所造成的损害降到最小，因此“财产法通过消除谈判的障碍来促进自愿交易。当谈判的障碍较少的时候，资源将会得到有效配置”[④]。而产权是否明晰对谈判有至关重要的影响，“当产权清晰时谈判双方更愿意合作，当产权模糊时谈判双方不愿意合作”。“不清晰的产权是合作过程中一项最大的障碍，并且也是资源浪费的主要原因。”因此，“财产法应该倾向于能够使得所有权清晰且简单的标准。有效财产法最直接的规定是使产权清晰且简单”[⑤]。物权或财产权的种类的确定与内容的明晰同样可以促进人们谈判的成功。因为这两者均有效地减少了交易成本。关于交易成本有很多不同的看法，这里的交易成本是巴泽尔的交易成本概念，即“为转让、获取和保护产权有关的成本”[⑥]。南斯拉夫的斯韦托扎尔·平乔维奇也持类似的交易成本概念，只不过他用的词语是交易费用，他认为，“交易费用是在产权从一个经济主体向另一个主体转移过程中所有需要花费的资源的成本”[⑦]。财富的绝对数量的增加和分配上的更加平均均能增加整个社会的财富。财富分配的平均是其中重要的一个方面，要达到这种平均就必须进行交换。而交换是有交易成本的，而且不同情况下交易成本是不同的，显然交易成本越低，交易越容易成功，而交易成本越高则交易越不容易成功。物权或财产权的种类法定与内容法定均有效地降低了交易成本。物权或财产权的法定种类和法定内容使得交易更加透明，使得财产更加有保障，有效地减少了交易成本，从而能促使不同财富在人们之间流转，使整个社会的财富得到增加。

知识产权属于广义的财产权，从财产意义上来讲，知识产权和物权除了在客体上不同

---

① ［美］Y. 巴泽尔．产权的经济分析．费方域，段毅才，译．上海：上海三联书店，上海人民出版社，1997：87.

② ［美］Y. 巴泽尔．产权的经济分析．费方域，段毅才，译．上海：上海三联书店，上海人民出版社，1997：2.

③ ［美］Y. 巴泽尔．产权的经济分析．费方域，段毅才，译．上海：上海三联书店，上海人民出版社，1997：8.

④ ［美］罗伯特·考特，托马斯·尤伦．法和经济学：第五版．史晋川，董雪兵，等译．上海：格致出版社，上海三联出版社，上海人民出版社，2010：103.

⑤ ［美］罗伯特·考特，托马斯·尤伦．法和经济学：第五版．史晋川，董雪兵，等译．上海：格致出版社，上海三联出版社，上海人民出版社，2010：80.

⑥ ［美］Y. 巴泽尔．产权的经济分析．费方域，段毅才，译．上海：上海三联书店，上海人民出版社，1997：3.

⑦ ［南］斯韦托扎尔·平乔维奇．产权经济学：一种关于比较体制的理论．蒋琳琦，译．北京：经济科学出版社，1999：43.

外，在功能上是类似的，因此，对财产权或物权的类型与内容法定的有关理由的说明无疑也适用于知识产权法。对于知识产权法来说，要促使它所保护的知识能够自由流转也必须符合上述类型与内容法定原则。

知识产权类型与内容法定原则是由知识产权法的立法目的和权利客体共同决定的。从立法目的来看，知识产权法定原则使知识产权的权利界定明确、种类简单，这既能保证交易安全和秩序，也能确保对知识产权所保护的知识的使用的效率和人们的自由。类型和内容的法定使得它们的保护以国家法律为后盾，当然满足了人们对这种知识财产的安全的要求，同时这种安全而确定的物权实际上就是一种社会财富的分配秩序，也满足了人们对秩序的要求。同时，这种法定的权利内容与类型减少了交易成本，从而必然带来交易效率的提高，增加了人们的财富与自由。虽然作为知识产权客体的知识有别于物权法的客体物，但是在法律确定它们均受到保护之后，在经济学家眼里，它们均成了市场调节下的一般商品，几乎再也没有了区分。不过由于知识产权所保护的知识的种类及各类知识的新用途的发展日新月异，全然不同于传统物权法所保护的物，知识产权完全采取法律限定主义会带来比物权法律限定主义“硬化”或“僵化”更严重的后果，更何况，在物权法领域，人们也已对严格的物权法定主义提出异议，出现了所谓的物权法定主义的缓和的倾向。因此本书认为，鉴于知识产权客体的特殊性以及严格法定主义的缺陷，知识产权法律限定主义或法定主义不应像物权法定主义那样严格解释，而应对知识产权法律限定主义中的法律作广义解释，在我国可把习惯法和行政法规包括进去，这样既能保留法律限定主义的优点，又能缓和法律限定主义的“僵化”，适应知识产权所保护的知识的生产（创造）、传播和使用的要求，促使其日益丰富并充分利用。这样虽然对知识产权法的立法目的的实现有所削弱，但总体说来对社会福利是有好处的。

典型案例

中国喷泉著作权纠纷第一案①

中科水景公司诉称，青岛世界园艺博览会天水喷泉项目的设计及喷泉编曲工作为我公司于2013年完成。西湖管理处称杭州西湖音乐喷泉需要进行整体改造，到青岛实地参观考察青岛世界园艺博览会天水喷泉项目，原告详细介绍天水喷泉项目的相关情况，被告实地观看了喷泉喷射演示。演示结束后，西湖管理处表示非常满意该喷泉的整体效果，并表示希望将杭州西湖改装工程交由原告完成。考察期间，西湖管理处负责人索要了青岛世博园天水喷泉的详细设计图纸及气动水膜的设计数据、实验视频等详细资料。随后西湖喷泉项目进行了招标，最终中科恒业公司中标。2016年4月底，杭州西湖音乐喷泉正式改造完成并对外正式表演。原告发现，西湖音乐喷泉选用的音乐曲目《倾国倾城》《风居住的街道》所编排出的音乐喷泉表演效果，与天水喷泉项目所创作的《倾城倾国》《风居住的街道》音乐喷泉喷射效果完全一致。原告认为，西湖管理处与中科恒业公司以考察名义剽窃原告所创作的音乐喷泉编曲

① 北京知识产权法院（2017）京73民终1404号民事判决书。

侵犯了原告所拥有的《倾城倾国》《风居住的街道》音乐喷泉编曲的著作权，遂诉至法院。

被告中科恒业公司辩称：原告不是涉案两个音乐作品的著作权人。我公司与西湖管理处并未使用涉案两首音乐作品。西湖喷泉项目是公众免费观赏的项目，不构成侵权。

被告西湖管理处辩称：原告于 2016 年 4 月 28 日所登记的《水上花园》——音乐喷泉系列作品的著作权应予撤销，登记所依据的事实错误，原告不是《水上花园》音乐喷泉作品的知识产权所有人。不同意原告的全部诉讼请求。

法院经审理后认为：中科水景公司提供了著作权登记证书、推荐函、证人证言等证据，能够初步证明其对涉案作品享有著作权。中科恒业公司、西湖管理处对中科水景公司所享有的权利及其主体资格提出异议，但并未提供充分有效的证据反驳，故法院确认中科水景公司对涉案作品享有著作权。

对于音乐喷泉作品属于何种类型作品的问题，双方存在争议。中科水景公司提供的著作权登记证书显示其登记的音乐喷泉系列作品的类别为：电影和以类似摄制电影方法创作的作品。中科水景公司表示，由于著作权法上并无音乐喷泉作品这一单独类别，因此在进行著作权登记时只能选择与音乐喷泉作品最相近的“电影和以类似摄制电影方法创作的作品”这一作品的类别进行登记，而实际音乐喷泉作品所要保护的是其舞美设计、编曲造型、各种意象和装置配合而形成的喷泉在特定音乐背景下形成的喷射表演效果，只是通过摄像的方式把这种效果固定下来，该种作品要保护的实质是音乐喷泉喷射表演具体音乐曲目时具有美感的视觉效果。中科恒业公司、西湖管理处辩称，中科水景公司登记的作品类别是电影和以类似摄制电影方法创作的作品，其独创性仅体现在摄制而成的录像或电影作品中，而不能涵盖原告本案中所要保护的喷泉与特定音乐结合而形成的喷射表演效果，中科水景公司所要求保护的该种效果并非法律上保护的电影或以类似摄制电影方法创作的作品的对象。法院认为，著作权法规定的具体作品类型中，并无音乐喷泉作品或音乐喷泉编曲作品这种作品类别，但这种作品本身确实具有独创性，将所选定的特定歌曲所要表达的意境与项目的水秀表演装置相结合，根据音乐的时间线进行量身定制设计，设计师根据乐曲的节奏、旋律、内涵、情感等要素，对音乐喷泉的各种类型的喷头、灯光等装置进行编排，实现设计师所构思的各种喷泉的动态造型、灯光颜色变化等效果，利用这些千姿百态喷泉的动态造型与音乐结合在一起进行艺术形象的塑造，用来表达音乐情感、实现喷射效果。可见，整个音乐喷泉音乐作品进行舞美、灯光、水型、水柱跑动等方面编辑、构思并加以展现的过程，是一个艺术创作的过程，这种作品应受到著作权法的保护。法院认为，音乐喷泉作品所要保护的对象是喷泉与特定音乐配合而形成的喷射表演效果、具有美感的独特视觉效果，故原告所主张的喷射表演效果属于该类作品的著作权保护范围。

将优酷网站视频中的西湖音乐喷泉作品《风居住的地方》《倾国倾城》与青岛世博会音乐喷泉的《风居住的地方》《倾国倾城》音乐喷泉作品的效果进行比对，可见二者在喷泉水流、水型、水柱跑动方向的编排，气爆、水膜、灯光的变化等具体细节，及音乐韵律变化与喷泉动态造型的具体配合及以上喷射效果、意象的整体效果等方面存在较大的相似性，故法院认定二者之间构成实质性相似。中科恒业公司辩称相关音乐喷泉作品视频并非其制作上传，但公证书显示，相关视频存在于优酷网的“中科中自 CSCA”频道上，视频上标注的公司、联系电话等，与中科恒业公司之间是吻合的，综合分析中科恒业公司参与西湖音乐喷泉项目、公司开设自媒体频道进行宣传是常见情况等因素，法院认定以上视频是中科恒业公司制作并上传，作为该公司商业形象的宣传手段。两个视频的内容为西湖音乐喷泉表演《倾国倾城》《风居住的地方》的视频录像。中科恒业公司、西湖管理处虽否认西湖音乐喷泉曾表演过以上喷泉曲目，但从视频显示的背景看喷泉表演的背景是西湖，且相关新闻采访视频中西湖管理处相关人员针对记者就两地音乐喷泉对《风居住的街道》《倾国倾城》两首音乐喷泉曲目在呈现方式、喷射效果等方面相似的提问时，其表示仔细看有所不同，这实际上承认了西湖音乐喷泉曾播放过两首喷泉曲目。考虑到中科恒业公司、西湖管理处曾接触过中科水景公司的相关喷泉视频、资料，西湖音乐喷泉相关曲目的喷射效果与中科水景公司享有著作权的喷泉音乐作品构成实质性相似，法院认定中科恒业公司、西湖管理处构成侵犯著作权，应承担停止侵权、赔偿经济损失及合理支出、公开致歉的民事责任，具体数额及致歉范围，由法院根据本案的具体情况予以确定。西湖管理处辩称其属于合理使用，法院认为，本案并不属于合理使用的情形，西湖管理处的相关辩称不能成立。最后，法院作出判决：判决两被告构成侵权，停止涉案侵权行为，停止使用原告北京中科水景公司创作的《倾国倾城》《风居住的街道》音乐喷泉作品、公开致歉、赔偿经济损失及诉讼合理支出共计 90 000 元。

中科恒业公司、西湖管理处不服一审判决，提起上诉。

二审审理过程中，北京知识产权法院认为：第一，涉案请求保护的权利载体并非《倾国倾城》《风居住的街道》两首音乐作品，而是与之相呼应的灯光、色彩、气爆、水膜等多样动态造型的变换，可以称之为涉案音乐喷泉喷射效果的呈现。第二，本案不能适用《伯尔尼公约》和《著作权法》列举的作品兜底条款，因为并无有关法律、行政法规对音乐喷泉作出过规定。第三，由于涉案客体通过对喷泉水型、灯光及色彩的变化与音乐情感结合而进行的取舍、选择、安排，展现出的一种艺术美感表达，亦满足“可复制性”要求，符合作品的一般构成要件。第四，尽管不同于常见的绘画、书法、雕塑等美术作品静态的、持久固定的表达方式，但是，由于其客体是由灯光、色彩、音乐、水型等多种要素共同构成的动态立体造型表达，其美轮美奂的喷射效果呈现具有审美意义，构成美术作品。第五，中科水景公司实际创作了涉案作品，在委托合同未对著作权作出约定的情况下，其依法享有涉案作品的著作权。第六，通过原、被告音乐喷泉的视频对比，二者的音乐喷泉喷射效果的呈现已经构成了实质性相似。在此情形下，鉴于中科恒业公司和西湖管理处有接触涉案作品的合理可能性，可以排除二被告独立创作的可能。二被告未经许可，喷放涉案作品且未署名著作权人，已经构成侵权行为。此外，被告喷放涉案作品的行为系商业行为，目的在于吸引消费者，促进消费，不符合合理使用的法律规定，亦不符合对室外艺术品的复制构成合理使用的情形。

综上，北京知识产权法院判决驳回上诉，维持原判。

问题：知识产权法律限定主义的法律意蕴是什么？本案判决是否违反知识产权法律限定主义原则？为什么？

三、知识产权客体原则：一客体一知识产权

在物权法中，物权客体有一物一权原则，川岛武宜指出，商品所有权的概念不仅要求权

利在内容上是完整的，而且要求其客体具有物质上的统一性，或者更确切地说，应称为一物的统一性。[①] 一物一权原则，又称物权特定原则、物权客体特定原则，是指物权的客体必须是特定的，至少在实现该物权时，其客体是可得特定的。倘无特定之客体，则物权的权利人的管领或处置将无的放矢。只有坚持这个原则才能有效地确定物的归属，确保每一个经济上有价值的物能够被独立地加以支配并投入流通，进而实现对物的有效利用。[②]《民法典》第114条第2款规定，物权是权利人依法对特定的物享有直接支配和排他的权利。这体现了一物一权原则。一物一权原则的存在理由大体有：为了确定物权人支配的标的物的范围及使物权人支配的标的物的外部范围明确；避免物权关系复杂化；于一个独立物的一部分或数个物的集合上成立一物权，并无必要且无实益，以及避免公示方法上的困难与保护交易安全。[③] 尽管不同的学者对一物一权原则的认识仍然存在表述上的区别，但是基本上大同小异。

一物一权原则是有其深刻的经济原因的，虽然前述的主体、内容和类型原则已经在很大程度上确定了物权或财产权制度的基本框架，但是这还是不完善的。因为“法律概念上的财产就是一组所有者自由行使物质资料并且其行使权利不受他人干涉的权利束。因此，财产创造出一片稳定的空间，在这里，所有者可以按照他们的意愿来行使权利而不用向他人解释，……，产权赋予所有者处理事物的自由”[④] 如果在一个物上有两个所有权或者在多个物或物的部分上存在着一个所有权，对于前者来说，对物这种财产的支配就会发生冲突，对于后者来说，或者这多个物必须被一同转让或作其他处置，或者一个物是无法被处置的，这些均是没有效率的或者不是最有效率的。

由于知识产权法和物权法在法律价值与功能上有诸多的相同点，所以本书认为知识产权法应该同样坚持一客体一权利原则，即在同一个知识产权客体上只允许存在一个同样的知识产权，其意义和理由与物权法坚持一物一权原则相同。当然，由于知识产权客体的特殊性，知识产权法的这一原则还有其独特之处，即：一是一客体的确定要比一物的确定复杂得多；二是由于知识产权客体的特殊性，在物理上看来相同的一个知识产权客体上可能存在不同的知识产权，于是就有了知识产权的冲突与协调问题。下面分别来谈。

一客体的确定。对于一知识产权客体的确定，有些权利，如发明、实用新型、外观设计、商标等的产生须由国家机关确认，因此何为一件知识产权客体法律文件均有具体规定。这还比较简单，不需赘言。但是对于知识产权的重要客体作品来说，一作品的确定就没有那么容易了。对作品的权利的产生不需要国家认可，作品的构成也是非常复杂的，如电影等视听作品就既包括整部电影，又包括其中涉及的剧本、音乐的作词作曲等，再如，文学作品中就不仅有作品整体，而且作品的某些重要情节甚至作品标题也可能构成一个独立的作品。如何确定确实比较困难，不过总体来看，一般应以社会一般之观念和某作品领域作品的创作者、评论者的一般看法为标准来确定何为作品的一件。至于技术秘密的一件则可参照专利法的规定确定；其他商业标记的一件可参照商标法的规定确定。

---

① ［日］川岛武宜．所有权法的理论．转引自王利明．物权法论．北京：中国政法大学出版社，1998：109.

② 王利明，杨立新，王轶，等．民法学．北京：法律出版社，2020：341.

③ 梁慧星，陈华彬．物权法．7版．北京：法律出版社，2020：47.

④ ［美］罗伯特·考特，托马斯·尤伦．法和经济学：第五版．史晋川，董雪兵，等译．上海：格致出版社，上海三联出版社，上海人民出版社，2010：66.

正是由于知识产权客体的复杂性，知识产权存在不同权利的冲突与协调问题，使得知识产权法的一客体一权利原则更加复杂。在这种情况下确定知识产权客体就尤为重要，它在一定程度上左右着人们对权利的认识，最典型的莫过于一件图形作品被作为商标的情况。图形作品属于著作权领域的权利客体，其创作人享有的是著作权，但一件图形作品用于商品或服务时无疑也具有一定的显著性，比如张三画了一张苍松图，它的创作人无疑是享有著作权的，因为这个苍松图是张三独创的，具有独创性。但是同时苍松图也具有一定的识别性，人们可以用它来识别某些东西。当有人把这张苍松图用于某种商品时，它就成为商标。这时在这张苍松图上就既有著作权，同时又有商标权。同一个事物上有了两个权利，这与物权法是不同的。于是，当商标权人没有经过著作权人张三的许可就使用苍松图时，这两种权利就产生了冲突。但本书认为，虽然在这里表面上看只有一个事物，即张三画的这张苍松图，但实际上有两个事物：一个是作为著作权客体的作品，另一个是作为商标权客体的商标。前者就是一定的作品，其表现形式是由各种颜色、线条等组成的一种色、线、形的物理构图，其所表现的是思想或情感，当然这种思想或情感可能是张三的，也可能不是，而是人们所理解的这种符号的一般意义。而后者在表面上也是由各种颜色、线条等组成的一种色、线、形的物理构图，但它本质上所表现的不是思想或情感，而是这种商品所蕴含的品质、服务等信息。因此，二者本质上是不同的。同时，二者的使用方式虽然表面上是一样的，即均需要一定的复制，但是在两种情况下人们购买这种复制品的目的是不同的：对于作品意义上的苍松图，人们购买它是为了欣赏它，而对于购买贴有苍松图的商品的人，其目的无疑是获得商品所能给他带来的效用，而不是欣赏其上的苍松图，苍松图不过能够使购买者正确识别该商品而已。于前一情形，人们一般只购买一张苍松图就够了，而于后一情形，人们消费完一件商品，如果对该商品还满意的话还会再次重复购买，而不考虑家里是否已经有了一件贴有苍松图的商品或商品包装。不过，即便是存在这种权利的冲突，本书认为这仍然与知识产权一客体一权利原则并不矛盾，虽然这两种苍松图有联系，但毕竟是性质不同的事物，仍然是一个客体之上只有一个权利。

四、知识产权变动原则：公示与公信主义

前面所谈的知识产权法的三个原则基本上都是“赋予所有者处理事物的自由”。但是这还是不完善的，它还是一个静态的框架，而要能让知识产权顺利地在主体之间自由流转以增加其效用，还需要一定的条件，合同自由与完善的合同法当然是必需的，但是那已经是知识产权法之外的东西。实际上，在知识产权法范围之内仍然还有一些需要满足的条件，这种条件是合同法合同自由的基础。

在大陆法系的物权法中，物权变动采取公示与公信原则。物权公示是指物权的享有与变动要有可取信于社会公众的外部表现方式，物权的享有与变动均须进行公示。公示的目的在于使人“知”，物权公示的主要理由是物权具有比较强的效力，物权为具有绝对排他性效力的权利，如果某物上已经存在物权，则不能存在同一内容的其他物权；物权具有排他性，物权的变动将产生排他性的效果，如果没有由外界辨认其变动的表征，则可能会使第三人遭受不测的损害，而要使物权具有排他性，防止人对物的争夺或对他人财产的侵害，就必须予以公示。[①]

---

① 梁慧星，陈华彬．物权法．7版．北京：法律出版社，2020：80.

德国学者也认为，物权的特殊的强大效力是公示原则的存在理由，它要求物权的具体种类具有可识别性。[①] 物权公示制度的内容主要包括物权公示的方法与物权公示的效力。[②] 对于公示方法而言，现代各国民法就不动产、动产分别以登记及交付（占有）为其公示方法。这一点各国是比较统一的。但就公示即登记与交付的法律效果，各国立法规定各不相同，大体有三种不同的立法主义，即公示成立要件主义、公示对抗要件主义和公示折中要件主义。其中公示成立要件主义是指仅有当事人之间物权变动的意思表示而没有物权公示方法时，物权变动的意思表示不仅不发生社会公信力，还不发生物权变动的法律效果，也就是说，公示成为物权变动的要件；公示对抗要件主义是指法定公示方法虽有社会公信力，但是并非物权变动的要件，当事人一旦形成物权变动的意思表示，即发生物权变动的法律效果，只是在没有依法进行公示前，不具有社会的公信力，不能对抗善意第三人，善意第三人可以以当事人没有进行公示为由否认物权变动的效果；公示折中要件主义是上述两种主义的结合，或以成立要件主义为原则，而以对抗要件主义为例外，抑或相反。所谓物权公示的公信原则是指物权的存在以登记或占有为表征，有人信赖该表征而有所作为时，即使其表征的权利与实质的权利不符，对信赖该表征的人也无任何影响，发生表征的权利与实质权利相符时相同的效力。也就是说，物权的变动因登记或交付的公示方法而产生公信力，对于信赖公示而从事交易的善意第三人，法律保护其信赖。与公示原则的目的在于使人“知”不同，公信原则的目的在于使人“信”[③]。英美法系的财产法中虽没有明确提出公示与公信原则，但存在登记和交付制度，其效力也类似于大陆法系的物权法。我国学者在谈论物权变动公示与公信原则时虽然把它们放在同一部分加以研究，但是一般是分开进行论述的。本书认为，二者有着紧密的联系，或者说二者就是同一个问题的两个方面，可以说物权公示是物权变动公示与公信原则的形式，而公信力则是物权变动公示与公信原则的实质。因此，公信力才是物权变动公示的目的。当然本书并不否认公示有其独立的效力，但是无疑公示在公信方面的效力才是物权变动中该项原则的根本目的与立法意旨之所在。本书同时也承认，不同的国家对该原则在不同应用领域公示的公信力也有不同规定，即公示的公信力并不是完全相同的，有的公示具有较强的公信力，有的公示则有较弱的公信力。物权公示的公信原则下之所以既有公示方法的不同，又有公示效力即公信力强弱的不同，其主要原因在于所涉及的物权的客体各有特点。公示的主要目的在于使物权的权利状况能够通过花费适宜的成本来得到核实或查证，从而满足交易的需要。因此德国学者认为，公示主要能保证物权的具体种类具有可识别性[④]，实际上也就是证明或查证权利状况。根据经济学的研究，公示的效力配置原则是：“财产法不得不发展出这样的规则，在不确定的所有权所导致的对商业阻碍与维持产权证明制度的成本之间达到平衡。”这是因为，“一方面，以正式形式确认所有权，如记录交易行为，会减少交易带来的不确定性。另一方面，以正式形式确认所有权成本极高”[⑤]。我们必须衡量这里的成本与收益问题，衡量的结果就是上述的

① ［德］曼弗雷德·沃尔夫．物权法．吴越，李大雪，译．北京：法律出版社，2002：15.

② 梁慧星，陈华彬．物权法．7版．北京：法律出版社，2020：91.

③ 梁慧星，陈华彬．物权法．7版．北京：法律出版社，2020：102.

④ ［德］曼弗雷德·沃尔夫．物权法．吴越，李大雪，译．北京：法律出版社，2002：15.

⑤ ［美］罗伯特·考特，托马斯·尤伦．法和经济学：第五版．史晋川，董雪兵，等译．上海：格致出版社，上海三联出版社，上海人民出版社，2010：140.

原则。那么这里决定收益与损失的因素是什么呢？本书认为，交易客体是最重要的因素。贵重的物品谈判不成（交易没有做成）的损失大[①]，因此其谈判费用也可能较高，能够花费较高的成本去核证所有权；不贵重的物品谈判不成的损失小，因此其谈判费用也应该较低，只能花费较低的成本去核证所有权。一般而言，不动产价值高于动产，因此不动产的谈判费用也相对高于动产的谈判费用，不动产比动产更值得花费较高的成本去核证其所有权，因此不动产采用登记这种成本较高的核证所有权的方法，而动产则仅采用交付（占有）这种成本较低的核证所有权的方法。在现代法律中，动产中价值较高的汽车、轮船等[②]也转而采用了不动产变动的登记这一成本较高的核证所有权的方法，其道理也大致如斯。除了公示方法对核证所有权的成本有影响，公示的效力和不同强弱的公信力同样对核证所有权的成本有影响。如果公示具有较强的公信力，则人们在交易时可以直接相信公示的权利状态，从而花费较少的核证所有权的成本就可以达到交易安全的目的，相反，如果公示具有较弱的公信力，那么人们根据公示的权利状态进行交易所达到的交易结果还不是十分安全，于是人们或者相信公示的权利状态，就得到一个相对较弱的交易安全状态，或者除了公示的权利状态外再作一些调查从而花费较高的成本而达到一个相对较强的交易安全状态。另外，较强的公信力必然对公示提出较苛刻的要求，如要求公示机关在公示时严格进行权利状态调查，这虽然减少了交易时的核证权利状态的成本，但增加了公示制度的成本；而相反，较弱的公信力则不需要公示机关公示时进行严格的权利状态调查，这样虽然减少了公示制度的成本，但是或者增加交易者的交易成本，或者降低交易的安全状态。总之，公信力的强弱同样是一个需要根据上述核证所有权的衡量原则进行衡量的问题。因此，对于物权法中的公示与公信原则，必须根据上述的衡量原则进行衡量，其衡量的依据则是交易客体的状态，即交易客体的价值、其核证所有权所能采用的方法等。

和知识产权法的前述原则类似，由于知识产权法与物权法在立法目的与法律功能上的相似性以及权利客体方面的相同与不同点，知识产权法在权利的公示与公信方面与物权法在权利的公示与公信方面必然既具有相同点，也具有不同点。具体而言，知识产权法具有类似于物权法或财产法的立法目的，其立法目的要求知识产权法必须有助于实现前述的财产法的一般目标即增加社会财富的目标，而要实现这一目标，知识产权法就必须同样满足前述的财产法或物权法上核证所有权的一般原则，即“在不确定的所有权所导致的对商业阻碍与维持产权证明制度的成本之间达到平衡”。要满足这一原则，知识产权法在知识产权变动上就必须采取与知识产权法的特点相适应的公示公信原则。这里所谓的知识产权法的特点主要是以知识产权客体的特点为主以及因它而产生的知识产权法的其他特点。如前所述，知识产权客体在自然属性上的特点包括共享性、永不磨损性以及演进上的路径依赖性，知识产权客体的这些特点在很大程度上决定了知识产权法律制度的特点，对于知识产权法的法律原则同样具有一定程度的决定意义。知识产权客体的自然属性决定了人们对知识产

---

① 这里的损失严格说来应该是机会损失，所谓机会损失就是指本来做某件事情应该有某种收益，但是由于某种原因而没有做这件事情，于是这种收益也就没有得到，这种应该得到而实际上没有得到的收益，就是这件事情的机会损失。

② 这些特殊动产的这种特殊公示方法还有社会管理等方面的考量。

权的控制无法像对动产那样通过占有这种事实上的控制而实现，而只能是法律上的控制，这一点使得知识产权客体与物权法上的不动产更相像而区别于动产。由于不动产的不可移动性，现代社会人们对不动产的控制虽然也有一定程度上的物理控制，但是无疑更强有力的是法律上的控制，人们对不动产的权利更多取决于不动产登记机关的登记状态而不是人们对不动产的事实上的物理的占有与控制。这与动产不同，动产的权利更多是根据人们对动产的物理上的控制为基础而判定的。正是由于知识产权客体更接近于物权法中的不动产而区别于动产，因此知识产权变动的公示与公信原则中的公示方法以登记为好。不过由于知识产权客体的价值相差很大，有价值很大的，如某些著名商标的价值已达几十亿甚至上百亿美元，有的则价值很小，因此一律采取强制登记的方法对于当事人不一定是经济的。同时，对于不同种类的知识产权客体，由于其关涉社会利益程度的不同，法律对其权利的取得也采取不同的对待原则。对于我国来说，大多数登记采用的是登记要件主义，本书认为登记要件主义过于僵化，有强加知识产权人负担的弊病，而登记对抗主义则给知识产权人以选择的自由，有利于达到谈判费用与核证所有权成本的均衡。但是著作权领域的作品与工业产权领域的商标、专利、地理标志、外观设计等是不同的，前者基本无关社会利益或对社会利益影响不大，而且一般价值相差很大，因此没有必要采取登记要件主义，可以采取登记对抗主义，由当事人自由选择是否登记，而后者对社会公共利益影响甚大，需要国家的干预，而且一般价值较大，因此可以采取登记要件主义。至于知识产权变动登记的效力，本书认为应该赋予其一定的公信力，当然对于不同的知识产权客体的权利的变动登记的公信力也应分别对待，著作权由于其采取登记对抗主义，因此可赋予较弱的公信力，即虽然一般以登记为权利的依据，但是如果第三方能合理地证明登记双方的恶意则可取消登记的公信力，而专利权、商标权、地理标志权等工业产权由于采取登记要件主义，可赋予其较强的公信力，即一般以登记为权利的唯一依据，除非当事人依照合法程序变更了登记。

五、知识产权的权利边界原则：公共领域保留原则

知识产权法中的公共领域是指不受知识产权（包括著作权、专利权、商标权等知识产权）保护的材料或者知识产权的效力所不及的材料的某些方面。公共领域总是和知识产权或者私人财产权相对而言的，即对人类有价值的知识领域可以被分为知识产权保护下的知识领域和公共领域，一项知识或知识的某一方面或者处于知识产权保护之下或者处于公共领域，非此即彼。公共领域保留原则，也称公共领域不可移除原则，是指已经处于公共领域中的材料不可重新置于知识产权的效力之下。公共领域保留是知识产权法的一项基本原则，“在每一种情形中，在知识产权法的每一个领域中，核心的规则推动力都是相同的：禁止将已为本领域人员所占有的东西拨归个人。这些规则为知识产权图景中的其他机构——专利局、商标局、版权局以及法院——适用并予以执行。它们形成了一系列的行为和实践，贯穿着整个法律体系的定义和适用”[①]。世界知识产权组织在“发展议程”的序言中要求

① ［美］罗伯特·P. 莫杰思．知识产权正当性解释．金海军，史兆欢，寇海侠，译．北京：商务印书馆，2019：281.

“考虑世界知识产权组织的规范性过程中的公共领域保留以及深化对丰富和可接触的公共领域的含义和好处的分析”[①]。现行知识产权法中并不存在一种公共领域的明确规定，“公共领域是由许多互不关联的规则所导致的产物，并且其本身也不是按统一的概念运行的，因此，当我们看到它在观念上存在各种巨大的差异时，也不应感到奇怪”。公共领域的“这些各有不同的观念，主要分歧在于确认属于公共领域的来源：（1）按其本质特性，从来就不能作为某种知识产权受到保护的信息；以及（2）本应受到保护但实际未受保护的信息、可受保护但尚未保护的信息，或者曾受保护但已不再受保护的信息”[②]。尽管如此，公共领域保留仍然是知识产权法的一项基本原则，对知识产权法全部领域均具有一种统摄作用，“公共领域是原则，知识产权是例外”，知识处于知识产权效力之下只是临时性的不得已的选择。

作为知识产权客体的知识的公共性是公共领域保留原则的客观基础。相对于物权法上的物，知识产权客体是一种知识，它具有公共性、共享性、永不磨损性和演进上的路径依赖等特征。知识的公共性决定了知识应为人类而存在，知识的共享性意味着知识处于公共领域在经济上是最优选择，知识的永不磨损性和演进上的路径依赖特征，使得知识在存续时间上和更新换代上和物权法上的有体物具有巨大的不同。物权法上的物一般总是有其存续时间的，因为物总是要磨损的，最后总是难以保持其作为物的最初的形态和发挥最初的功能。而且新旧物之间没有必然联系，人们有一台旧彩电不会影响人们再购买一台新的彩电。但是知识则不同，知识是永不磨损的，永远能够发挥其功能。同时由于知识演进的路径依赖的特征，没有对旧知识的掌握就不可能产生出新知识，新知识对旧知识具有一定的依赖性。在任何社会，知识总是社会发展的基础，在知识经济时代，社会发展更是建立在知识的基础之上，知识在社会中的重要性无与伦比。作为知识产权客体的知识的这些特点及其在社会中的重要位置使得对知识的保护不能采用和物权法上的物完全相同的原则，而必须有自己的特点，也就是说，知识产权法必须具有与物权法不同的法律原则，这种不同的法律原则最主要就是公共领域保留原则。从公共领域的概念来看，公共领域大体上就是知识产权法中各种权利限制制度的概括与统一，不仅决定了知识产权的外部边界，更是对知识产权的统一限制，最典型的是知识产权的期限性：各种知识产权均有法定的保护期，知识产权只在法定的期限受到保护，一旦期限届满，就不再受到法律保护。当然，不同的知识产权期限是不同的，外观设计权、集成电路布图设计权的权利期限最短，专利权次之，著作权的期限一般较长，而商标权经过续展之后几乎可以无限期延续下去。即便如此，商标权本质上还是有期限的，与没有保护期限还是不同的。这种续展要求商标权人交纳一定费用，同时督促他能更好地使用商标。除了期限上的限制，各种具体知识产权法中几乎均有对权利的适当的限制，如著作权法中的合理使用制度、专利法中的强制许可使用制度、商标法中的商标的使用义务的规定，等等。这些均为知识产权人行使权利设置了一定的限制。这种限制的目的主要在于不断满足知识产权人利益要求以刺激或激励其努力创造出更

① WIPO Development Agenda，Adopted Recommendation 16.

② ［美］罗伯特·P. 莫杰思．知识产权正当性解释．金海军，史兆欢，寇海侠，译．北京：商务印书馆，2019：285.

多更优秀的知识产权客体以推动人类的知识发展与进步，保证社会的长期利益，满足社会短期上对知识产权客体的使用需求，为新知识的产生打下一个较好的基础。

六、知识产权内在限制原则：比例原则

比例原则起源于德国，被称为行政法的“皇冠原则”或“帝王条款”[①]，比例原则包括适当性、必要性与衡量性三个方面。[②] 鉴于“比例原则表达了一种适度、均衡的理念和思想”，“是一项理性的行为准则，”它“能够作用于包括民法在内的整个法律秩序”[③]。知识产权法自不例外，甚至有学者说，“尽管我相信，公共领域不可移除是知识产权制度的一个重要目标，但它仍不足以坚实地使之成为第一顺位的原则”。知识产权法的比例原则，是指“一项知识产权应当与一件创造性成果的贡献比例相当……它才是知识产权法的中心”。比例“原则的核心之处，还是关乎基本的公平：一项财产权的范围应当与构成该权利基础的贡献大小相当”[④]。

比例原则全面地体现在知识产权法的许多制度中。在著作权法中，著作权比邻接权的权利内容更为丰富、权利期限更长，这主要是因为著作权保护的作品为创作的产物，具有独创性，而邻接权保护的版式设计、表演、录音录像、广播电视仅为传播者的传播行为的产物，不具有独创性，邻接权中的表演比其他邻接权客体更接近于作品，于是表演者权的内容比其他邻接权的内容更丰富，而有些国家或地区著作权法干脆采用著作权保护表演。在专利法中，发明的创造性条件为创造性程度更高的“突出的实质性特点和显著的进步”，而实用新型的创造性条件为创造性程度相对较低的“实质性特点和进步”，从而发明专利权的保护期为 20 年，而实用新型专利权的保护期则仅为 10 年。在商标法中，驰名商标因为具有更高的知名度，不仅可以突破地域性原则或专业性原则的限制，而且在他人恶意复制、模仿、翻译时享有不受期限限制的无效宣告权利。总之，“比例原则就体现在各种各样的知识产权规则上，从侵犯著作权的认定及其法律救济，到可授予专利权的条件，再到各种不同的商标规则，皆属此例”[⑤]。

和公共领域保留原则仅仅限于从外部限制知识产权的保护范围不同，比例原则在很大程度上是在知识产权效力之下对知识产权保护与行使的进一步限制，不仅可以用以限制国家通过立法和行政等手段对民事主体的权利或自由进行过度的干预和限制，还可以用以限制处于优势地位的私人滥用此种优势而使相对人处于不平等地位。[⑥] 比例原则和公共领域保留原则共同发挥知识产权权利限制的作用，可以更好地平衡知识产权权利人、知识产权利用人和社会公共利益之间的关系，促进知识产权法的立法目的的实现。

---

① 黄学贤．行政法中的比例原则研究．法律科学（西北政法大学学报），2001（1）：72.

② 《行政法与行政诉讼法学》编写组．行政法与行政诉讼法学．2 版．北京：高等教育出版社，2018：31.

③ 郑晓剑．比例原则在现代民法体系中的地位．法律科学（西北政法大学学报），2017（6）：101.

④ ［美］罗伯特·P. 莫杰思．知识产权正当性解释．金海军，史兆欢，寇海侠，译．北京：商务印书馆，2019：22，23.

⑤ ［美］罗伯特·P. 莫杰思．知识产权正当性解释．金海军，史兆欢，寇海侠，译．北京：商务印书馆，2019：23－24.

⑥ 郑晓剑．比例原则在现代民法体系中的地位．法律科学（西北政法大学学报），2017（6）：105－106.

理论延伸

比例原则

比例原则稳稳地坐落在以下两者之间，它的下面是更底层的原则或者基础理论，而在它的上面则是知识产权法的具体实践，也就是将该套法律应用于解决现实世界问题的规则和制度。在底部层级，比例性的观念就被紧紧地内嵌于我们在第2章和第3章所考察的知识产权基础理论当中。我们已经看到，洛克为初始财产拨归所提供的正当性解释，正是依据在所付出的劳动与所主张的财产权之间达成的某种基本的对称。同时，附加条件则几乎就是明确根据适当比例而被构想出来的：它们适用的前提条件是，财产权超过了初始财产拨归人所主张的公平范围。对于康德来说，同样如此；将权利普遍原则适用于财产的最好理解方式，就是将财产视为一种限制，以防止某一财产拨归人对于跟其应得奖赏不成比例的部分提出权利主张，并因此为社会带来过度的负担。

与此同时，如果在我的观念性层级体系中“向上”观看，那么，比例原则就把知识产权图景中各种各样互不相连的规则和制度特征——比如权利范围、权利的限制以及侵权救济等——联结在一起了。所有这些在知识产权法主要部门的规则性领域，都体现了比例性的观念。一项成果的创造者，其作出贡献的相对量级与重要性程度，在很大程度上就是促进知识产权法具体适用的驱动力。此外，比例原则也很好地表明，当朱尔斯·科尔曼声称法律的中层原则不仅描述了大片的规则时，这句话所指的意思。正如科尔曼所言，规则在实际上定义和塑造了原则；亦即，关于一项原则的意思，只有通过考察该原则所起源的一系列具体实践，才能被人理解。在此意义上，只有在我们理解了专利法的可实施性要件与侵权行为、著作权法上的合理使用与滥用，以及一系列相关的操作性规则的某些具体内容之后，我们才能从真正的意义上讨论知识产权法的比例原则。①

本章思考题

1. 知识产权法的法律原则有什么功能？
2. 知识产权法应该有哪些原则？为什么？
3. 知识产权法的法律原则之间是什么关系？

经典参考文献

1. 李建华．论知识产权法定原则：兼论我国知识产权制度的创新．吉林大学社会科学学报，2006（4）.

2. 李扬．知识产权法定主义及其适用：兼与梁慧星、易继明教授商榷．法学研究，2006（2）.

---

① ［美］罗伯特·P. 莫杰思．知识产权正当性解释．金海军，史兆欢，寇海侠，译．北京：商务印书馆，2019：308－309.

3. 冯晓青．知识产权法的价值构造：知识产权法利益平衡机制研究．中国法学，2007（1）.

4. 刘华．遵循与超越：对知识产权法与财产法原则的比较分析．法律科学（西北政法大学学报），2004（1）.

5. ［美］罗伯特·P. 莫杰思．知识产权正当性解释．金海军，史兆欢，寇海侠，译．北京：商务印书馆，2019.

6. 王太平．知识产权法法律原则：理论基础与具体构造．北京：法律出版社，2004.

第四章 知识产权客体的理论范畴

本章导言

知识产权客体是知识产权的“支点”，知识产权客体与物权客体均为财产，二者的相同点和不同点决定了知识产权制度与物权制度的相同之处与不同之处。目前，知识产权客体的外延是确定的，包括作品、发明创造、商标、地理标志、植物新品种、集成电路布图设计等。学界对知识产权客体的本质尚有不同认识。知识说是目前最有力的学说。本书认为，作品、发明创造、商标、地理标志、植物新品种、集成电路布图设计等均可以归结为一种知识，可以为知识所涵摄，知识产权客体的法律特征决定了知识产权法律制度的基本构造。

第一节 知识产权客体的地位与功能

一、知识产权客体的地位：知识产权的“支点”

权利客体，也被称为权利标的，是指权利主体法律上的支配权所可能涉及的一切物，其中法律上的支配权客体可以是物、精神财产和权利。① 知识产权是在某物之上设立财产权并在个人之间设定一系列关系，这里的物是一种“可表达物”、一种“抽象实体”、一种“作为一个概念存在于人脑之中”的“现成的人脑中的想象物”，抽象物“在人们的社会关系和生产关系中发挥一种动因的作用”，“由于它可以影响到人们的行为，也就成为法律的潜在规范对象的备选材料，”是“在个人之间的财产关系中起中介作用的‘物’”②。

制度经济学家 A. 爱伦·斯密特建立了研究制度与绩效间关系的一种通用范式（paradigm）——SSP 范式。该范式主要由状态（situation）、结构（structure）和绩效（perform-

① ［德］汉斯·布洛克斯，沃尔夫·迪特里希·瓦尔克．德国民法总论：第 33 版．张艳，译．杨大可，校．北京：中国人民大学出版社，2014：317.

② ［澳］彼得·德霍斯．知识财产法哲学．周林，译．北京：商务印书馆，2008：28－29，32.

ance）三部分/要素组成。其中，第一个部分/要素是状态，包括个人、团体和物品的特性。与个人有关的特性主要包括偏好、价值观、追求的最终目标、有关规则和生产函数的知识以及信息处理和决策策略；与团体有关的特性包括参与决策的人数以及决策者的个人特性呈现的程度；而与物品有关的特性则包括非相容性使用、规模经济、共享性、交易成本、剩余以及波动性供求等。状态中最主要的是物品的特性，物品的特性是物品所固有的物理和生物学特性，在SSP范式中，它们是给定的。斯密特认为，物品的特性对于一个人的行为对他人福利有什么样的影响具有决定性的作用，会带来不同的人类相互依赖关系，从而，当相同的制度或权利应用于具有不同特性的物品时，会带来不同的绩效。SSP范式的第二个部分/要素是结构，结构由制度或权利的选择组成，制度或权利结构是一个人类选择的问题，即相对于同一种物品可以有多种不同的制度或权利结构供人类选择。SSP范式的第三个部分/要素是绩效，绩效的衡量取决于竞争团体可表达的利益，SSP范式中强调的度量标准是收入分配。斯密特认为，绩效是既定状态下权利选择的函数，因此，在应用SSP范式分析时，首先要搞清楚哪种物品值得重视，物品的哪些内在状态特征导致人类之间的某种特定的相互依赖性；其次是揭示与公共选择有关的权利结构的特征；最后，通过观察不同时空下同一物品的不同权利结构的绩效来验证假设。SSP范式所解决的问题概括起来就是：在既定状态下，通过特定产权结构的选择，能获得什么样的绩效？[①]

SSP范式转换为法学含义就是，在权利客体的特征之下，采用什么样的法律制度，能够获得什么样的法律调整效果。这一范式证明了权利客体对于法律关系、权利和法律制度的重要性，权利客体是权利与法律制度系统的外生变量和外部对权利与法律制度系统的输入，是权利与法律制度设计的出发点，是权利与法律制度设计的重要且直接的依据。法学研究表明，客体在民事法律关系中居于重要的地位，没有客体，主体的权利义务就丧失了客观依据，成了空中楼阁；而且客体不同，也往往会使民事法律关系的性质和内容发生变化。[②] 知识产权学者认为，权利客体的自然属性的差别是导致法律关系不同的决定因素，民事权利中的财产权之所以区分为物权、债权和知识产权，正是因为它们各自客体的自然属性即存在方式有差异。物权的客体为物，债权的客体是行为，知识产权的客体则是以“形式”为存在方式的知识[③]，“权利客体自然属性的不同，决定了民事权利的区别”[④]。在谈到物权的客体物时，王涌博士指出：物的概念之所以重要，是因为它在权利的建构中起着“支点”的作用。这个“支点”作用可以简单地表述为：一种法律所建构的权利，其内容取决于与此行为相关联的物。反过来表述就是：物决定行为的内容，行为的内容则决定权利的内容。[⑤]

二、知识产权客体的功能

鉴于其在知识产权法律制度中的重要地位，知识产权客体在知识产权法律制度中具有

---

① ［美］A. 爱伦·斯密德．财产、权力和公共选择：对法和经济学的进一步思考．上海：上海三联书店，上海人民出版社，1999：55－60.

② 佟柔．中国民法学：民法总则．北京：中国人民公安大学出版社，1990：56.

③ 刘春田．知识产权法．北京：中国人民大学出版社，2000：5. 刘春田先生对权利客体的用语是权利对象。

④ 《知识产权法学》编写组．知识产权法学．2版．北京：高等教育出版社，2022：9.

⑤ 王涌．所有权概念分析．中外法学，2000（5）：513－527.

着非常重要的功能。

首先，知识产权客体是理解知识产权制度的钥匙。一方面，知识产权客体不同于作为物权客体的有体物的特点决定了知识产权制度与物权制度的相同点与不同点。知识和有体物均为与主体相对的主体的外在之物，决定了知识产权和物权均发挥着一种财货归属功能，决定了知识产权和物权均为支配权和绝对权，相对于作为请求权和相对权的债权。知识不同于有体物的公共性、消费上的竞争性和排他性、永不磨损性等特性决定了物权及其法律制度不同于知识产权及其法律制度，知识的公共性决定了知识产权的权利限制制度，知识的消费上的竞争性和排他性决定了知识产权只能采用公力救济而很难采用私力救济、知识产权的实施成本要远高于物权制度，知识的永不磨损性决定了知识产权的期限性及其保护期制度。另一方面，知识产权客体的体系决定了知识产权及其法律制度的体系。知识产权客体分为智力成果与商业标记决定了知识产权及其法律制度分为智力成果权及其法律制度与商业标记权及其法律制度，智力成果与商业标记的不同性质和作用决定了智力成果权具有相对固定的有效期，而商业标记权事实上是无期限的。智力成果分为多样性世界的作品和收缩世界的发明创造①决定了，著作权具有很长的保护期与较弱的排他性，相对而言，专利权则具有较短的保护期与很强的排他性。

其次，知识产权客体的范围决定了知识产权的保护范围。知识产权客体是知识产权的"支点"，知识产权客体的范围决定了知识产权的保护范围，是知识及其产业发展的直接"指标"，在计算机软件从计算机硬件中独立出来之后，就产生了计算机软件的保护需求，从而产生了计算机软件著作权，在集成电路产业充分发展之后，集成电路布图设计具有了重要的经济价值，进而产生了集成电路布图设计权。不仅如此，知识产权法律还常常通过将某些知识产权客体排除出知识产权范围而调整知识产权的保护范围，比如早期当经济不发达时，饮食品、嗜好品和药品均曾被排除出专利保护范围，而当经济渐次发达之时，这些客体也渐次成为专利权客体。因此，有学者说："利益之所在，即为客体。知识产权边界的首要问题，是客体的边界。一是立法设权的边界，即哪些客体上不能、可以或应当设立何种知识产权；二是个案司法裁判中的边界，即对权利人所获取的具体知识产权的边界——具体客体及其上的行为如何理解和阐释。"②

最后，知识产权客体的条件是知识产权保护强度的重要调控指标。知识产权客体条件不是固定不变的，知识产权法往往通过知识产权客体条件来调控知识产权保护强度，当需要更强的知识产权保护时，通常会放松知识产权客体的条件，从而使更多的知识产权客体受到知识产权法的保护，而当需要较弱的知识产权保护时，则往往会提高知识产权客体的条件，从而不保护某些贡献较小的知识产权客体而将其置于公共领域。

---

① 中山信弘认为，作品是思想、感性的表现，是人格的体现物，反映了个性孕育着无限表现上的可能性，是一个多样性的世界。与此相反，专利权的对象，是技术（发明），技术本质上没有个性，是客观的，一旦做出发明，任何人沿着该思路试验，均可以得到相同的结果，所以专利法调整的领域，不像著作权法那样充满个性、多样化，而是一个收缩的世界。［日］中山信弘．多媒体与著作权．张玉瑞，译．北京：专利文献出版社，1997：27－30.

② 易继明，李春晖．知识产权的边界：以客体可控性为线索．中国社会科学，2022（4）：121.

第二节 创造性智力成果的本质

鉴于目前尚未形成公认的知识产权客体概念，本书从现存公认的具体知识产权客体范围出发，通过归纳的方法来总结或提炼知识产权客体，从而既能形成知识产权客体概念，也能将各种具体知识产权客体涵摄于这种知识产权客体概念之下。显然，作品、发明、商标是最重要的、最有代表性的知识产权客体，而工业品外观设计、集成电路布图设计等属于处于作品与发明之间的智力成果，地理标志、商号等则属于类似于商标的识别性商业标记，因此，本书主要分析作品、发明和商标的本质与特征，同时通过将其他知识产权客体与这几种最典型的知识产权客体进行比较的方法分析这些知识产权客体的本质与特征。

法学方法论研究表明，尽管法律概念“设定之存在基础，并不在于概念的设计者已完全掌握该对象之一切重要的特征，而在于假定，其基于目的性的考虑（规范意旨），取舍该对象已认知之特征时，已将其充分而且必要之特征保留下来”①。然而，该概念“设计之好坏，应从其事先规划目的，亦即从其将正义体现在人类共同生活上的功能，验证之。该功能之有无及效率，取决于法律设计的运转机制，是否符合事务法则”②。这意味着我们把握法律概念，不仅要在法的空间内把握其法律本质与特征，还需要超出法的空间把握法律概念背后的“事务法则”。以著作权为例，“法学家只有在清楚地了解了智力创作成果这个事物本身之后，才能解决上面所提出的问题”③。对于知识产权客体来说，社会实际生活中的各种具体知识产权客体显然即是知识产权客体的“事务法则”，本书本章将在分析社会实际生活中的各种具体知识产权客体的基础之上分析各种具体知识产权客体的法律本质与特征，最后提炼或总结出知识产权客体的法律本质与特征，构建知识产权客体概念。本节分析创造性智力成果，下节将分析识别性商业标记。

一、作品的本质

作品是著作权的客体，是最重要的一种知识产权客体。按照我国著作权法的规定，著作权法所保护的作品是文学、艺术和科学领域内的智力成果。根据前述法律与社会实际生活的关系，文学、艺术、科学领域中的作品与著作权法上的作品之间具有紧密的关系，是著作权作品的起点和基础。

文学、艺术和科学领域内的作品可以分为科学作品和文学艺术作品两类，它们在创作、作品构成、欣赏或理解方面大不相同，其中文学艺术作品不但是作品最为重要的组成部分，而且比科学作品复杂得多，因此，弄懂了文学艺术作品的本质与特征就弄懂了作品的本质与特征。

关于艺术作品的分析，苏联著名美学家莫·卡冈指出：“分析艺术作品的时候，应该兼顾三个方面：生成方面、结构方面和功能方面。换言之，应该说明决定以下几个方面的规

---

① 黄茂荣．法学方法与现代民法．增订7版．台北：自版，2020：157.

② 黄茂荣．法学方法与现代民法．增订7版．台北：自版，2020：166.

③ ［德］M. 雷炳德．著作权法．张恩民，译．北京：法律出版社，2005：38.

律：（1）艺术作品的诞生与形成；（2）艺术作品的内部结构；（3）艺术作品被人们知觉，因为它是为人们而创造的。”①

（1）艺术作品的产生。

艺术作品的产生过程即艺术创作过程是一种复杂的创造性劳动的过程，艺术创作理论有很多种，如再现论、表现论、构成论和自然论等，不同的创作理论会有不同的创作过程的结论。② 不管哪种创作理论，艺术创作一般要经过灵感的降临、艺术构思和艺术作品的产生三个阶段。我国学者夏之放用“意象的受孕”来描述灵感的降临，形象地说明了这种降临的灵感的特征。灵感虽然还不是艺术作品，但具有艺术作品的全部基因，它不仅包括了作品内容、情感（或思想）方面的雏形，也包括了作品的形式与表现方面的最初雏形。艺术构思是艺术灵感降临后向艺术作品迈进的第一步。卡冈指出：

> 由于构思是纯粹的精神构成物，它产生并寓于艺术家的意识中，所以它有别于艺术作品本身，不可能具有现实的物质躯体。但是构思必然含有关于自己这一未来的物质性表象。这是因为，构思是在艺术家的想象中形成的，而不是在纯思想或纯体验的范围之内，而想象则是心理的机制，它创造了关于具体的物质现象的表象，具有内部视觉和内部听觉的能力。在由想象力创造的形象中世界的确显现在意识的面前，以自己的感性可感的物质外貌、以自己的空间造型存在和声音存在浮现出来。③

也就是说，尽管构思主要是主观的，尚处于艺术家的头脑之中，但艺术构思过程并不是纯思想的，与工具材料、物质无关，相反，它是材料性与精神性、自然的心灵化与心灵物化的统一。④ 艺术构思和艺术灵感一样，不仅具有艺术作品的全部基因，而且它的形式或表现方面有了更多的发展，其思想（或情感）和内容方面也更加成熟，最终在形式与内容、情感与表现方面达成了完美的统一。于是，艺术作品降临了。

（2）艺术作品的分析。

首先，艺术作品是内容与形式的统一。

内容与形式是人们分析艺术作品结构时最常用的一对相互对立的范畴。艺术作品是内容与形式的统一。卡冈指出：

> 内容与形式在创作过程中相互渗透，达到高度的统一，它们之间再没有任何的界限和分界线；在艺术作品中，一切都变为形式（因为艺术作品除了语言、动作、色彩、体积、音响再没有别的物质成分），同时一切都变为内容（因为形式的每一个成分和成分的每一个轮廓都包含有某一内部的诗的意义和某一富有表达力的意义），所以，我们只能按照意义与符号的区别来区分作品内容与形式，把内容看作为该作品所含有的精神的充填物、精神的含义、精神的信息，而把形式看作为用词、声音、动作、花纹、颜色、体积表示的这一信息、这一意义、这一含义的物质体现。⑤

---

① ［苏］莫·卡冈．卡冈美学教程．凌继尧，洪天富，李实，译．北京：北京大学出版社，1990：412.
② 孙美兰．艺术概论．北京：高等教育出版社，1989：126－141.
③ ［苏］莫·卡冈．卡冈美学教程．凌继尧，洪天富，李实，译．北京：北京大学出版社，1990：414.
④ 孙美兰．艺术概论．北京：高等教育出版社，1989：144－150.
⑤ ［苏］莫·卡冈．卡冈美学教程．凌继尧，洪天富，李实，译．北京：北京大学出版社，1990：434.

也就是说，一件艺术作品的内容就是它的形式的内容，它的形式就是它的内容的形式，或者可进一步说，它的内容就是它的形式，它的形式就是它的内容，因为在艺术作品中“一切”既“变为形式”又“变为内容”。不仅如此，艺术作品的内容与形式的统一还有着更为复杂的情形：第一，艺术作品是其内容与形式的复杂构成物。在因加登看来，文学作品有四种必不可少的层次，即字音和建立在字音基础上的更高级的语音造体的层次，不同等级的意义单元或整体的层次，不同类型的图式的观相、观相的连续或系列观相的层次，文学作品中多种再现客体和它们的命运的层次。文学作品并非一种由一系列的因素偶然拼凑起来的松散的结合体，而是一个有机的整体，其统一性就是它的每个层次的属性的表现。[①] 因加登的分析反映了作品中内容与形式之间的复杂关系。艺术作品由内到外呈现出一种内容与形式相互转化的复杂构成。第二，艺术作品的内容与形式也是复杂的、多层次的、充满矛盾的构成物。前述的因加登的文学作品的四个层面实际上都既是内容的多层次的复杂构成体，同时又是形式的复杂构成体。第三，艺术作品本身与外部世界也有紧密的联系。艺术作品只能反映并来自外部世界，当然，其反映可以是直接的，也可以是间接的，其来自外部世界既可能是直接的，也可能是间接的，因此，艺术作品整体也是一种形式，它反映着其内容——外部世界。因此我们必须区别两个概念，即艺术形象的形式与作为反映现实生活的内容丰富的形式的整个艺术形象[②]，也即把艺术作品的形式与作为形式的艺术作品区分开。

其次，艺术作品是思想（情感）与表现（形式）的统一。

艺术创作理论中的表现论是一种侧重于对内部主观世界的表现、通过内部主观世界间接或曲折地表达外部客观世界的艺术理论。作家列夫·托尔斯泰强调艺术表现情感，雕刻家罗丹强调艺术表现灵魂、思想、感情与性格，当代美学家苏珊·朗格则强调艺术形式和情感表现的关系并提出艺术是情感的符号，科林伍德则直接宣称“艺术是情感的表现”而不重视艺术形式本身。[③] 在这种艺术理论下，思想（情感）与表现（形式）是艺术作品的重要范畴。事实上，任何艺术作品必然首先是能为人所感知的，是一种表现或形式，而任何思想（情感）也只有通过一定的物化手段表现出来才有可能为外界所知。同时，不管艺术家是出于有意还是无意，一件艺术作品必然表现了一定的思想（情感）。当然，这种表现是非常复杂的，而不是线性的。艺术家欲表现的思想（情感）不一定能如其所愿地表达出来，而其不欲表现的思想（情感）也有可能被无意表现出来。

对艺术作品来说，我们能直接看到的是其表现（形式），而思想（情感）是表现（形式）呈现出来的，需要人们去感受或体悟。“一件艺术品就是一件表现性的形式，这种创造出来的形式是供我们的感官去知觉或供我们想象的，而它所表现的东西就是人类的情感。”[④] 在一件优秀的艺术作品中，思想（情感）与表现（形式）的关系，不但是复杂的，而且是紧密结合的，甚至可以说思想（情感）就是表现（形式），表现（形式）就是思想（情感）。

---

① ［波］罗曼·英加登．论文学作品：介于本体论、语言理论和文学哲学之间的研究．张振辉，译．开封：河南大学出版社，2008：48－49.

② ［苏］赖颂姆纳．艺术中内容和形式的统一//赖颂姆纳，等．论艺术的内容与形式．叶知，等译．上海：新文艺出版社，1954：14－15.

③ 孙美兰．艺术概论．北京：高等教育出版社，1989：128－129.

④ ［美］苏珊·朗格．艺术问题．腾宋光，牛疆源，译．北京：中国社会科学出版社，1983：13－14.

苏珊·朗格认为，一种表现性形式也就是一种知觉的或想象的整体，这一整体可以展示出整体内容的各个部分、各个点，甚至各种特征和方位之间的特定关系模式。因此，用这种整体就可以再现出另外一种具有同种关系模式的整体，而这种借助于某一种事物去“理解”另一种事物的“理解”过程，似乎就是在大脑中进行的一种深刻的直觉过程。[①] 而且这种“表现性形式”或“有意味的形式”不是一种抽象的结构，而是一种幻象，在观赏者看来一件优秀的艺术品所表现出来的富有活力的感觉和情绪是直接结合在形式之中的，它看上去不是象征出来的，而是直接呈现出来的，形式与情感在结构上是如此一致，以至于在人们看来符号与符号表现出来的意义似乎就是同一种东西。正如一个音乐家兼心理学家说的，“音乐听上去事实上就是情感本身”。同时，那些优秀的绘画、雕塑、建筑，还有那相互达到平衡的形状、色彩、线条和体积等，看上去也都是情感本身，甚至可以从中感受到生命力的张弛。[②] 无独有偶，我国著名美学家朱光潜也指出：思想情感与语言是不能被分为内外与先后、实质与形式的，而是“同时进展，平行一致，不能分离独立”的。[③]

就对艺术作品本身来说，文艺批评家 M. H. 艾布拉姆斯指出了四个要点：

> 每一件艺术品总要涉及四个要点，几乎所有力求周密的理论总会在大体上对这四个要素加以区辨，使人一目了然。第一个要素是作品，即艺术产品本身。由于作品是人为的产品，所以第二个共同要素便是生产者，即艺术家。第三，一般认为作品总得有一个直接或间接导源于现实事物的主题——总会设计、表现、反映某种客观状态或者与此有关的东西。这三个要素便可以认为是由人物和行动、思想和情感、物质和事件或者超越感觉的本质所构成，常常用“自然”这个通用词来表示，我们却不妨换用一个含义更广的中性词——世界。最后一个要素是欣赏者，即听众、观众、读者。作品为他们而写，或至少会引起他们的关注。[④]

M. H. 艾布拉姆斯将这四个要点图示[⑤] 如下。

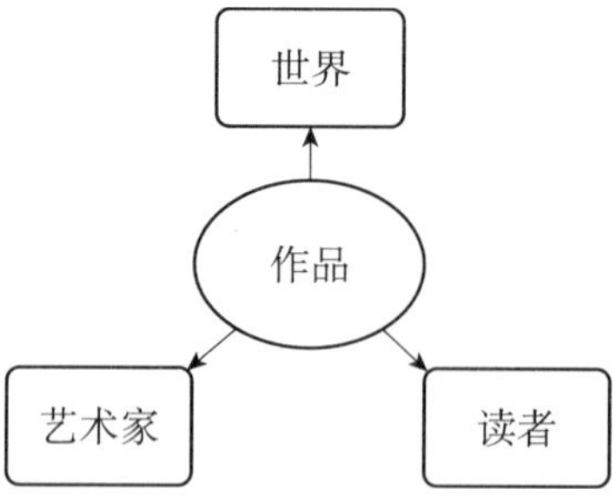

图 4-1

这个图的三个维度恰好对应文艺理论的三种理论：注重作品对客观世界模仿的模仿论、注重作品表现作者思想情感的表现论和注重接受者的接受美学。前面两种理论比较容易理

---

① ［美］苏珊·朗格．艺术问题．腾宋光，牛疆源，译．北京：中国社会科学出版社，1983：19.
② ［美］苏珊·朗格．艺术问题．腾宋光，牛疆源，译．北京：中国社会科学出版社，1983：24-25.
③ 朱光潜．朱光潜美学论文选集．长沙：湖南人民出版社，1980：77-78.
④ ［美］M. H. 艾布拉姆斯．镜与灯：浪漫主义文论及批评传统．北京：北京大学出版社，1989：5.
⑤ ［美］M. H. 艾布拉姆斯．镜与灯：浪漫主义文论及批评传统．北京：北京大学出版社，1989：6.

解，这里略微介绍一下接受美学，接受美学认为：第一，文学作品只有通过读者阅读才能充分获得自身的存在，离开了阅读主体，它只能是潜在的、不完全的。第二，只有通过阅读，文学作品才能在读者的主观意识中作为审美客体而存在，只有通过读者在阅读过程中参与本文中所叙述的事件、通过本文和读者的相互作用，作品的内容才能转化成形象、意义、价值以及审美效果。第三，应当从发展变化的角度来看读者对文学作品的历史接受。由于欣赏语境不同，处于不同时代的读者欣赏同一部文学作品所获得的整体形象、审美效果以及价值观也各不相同。接受美学实现了文学理论从以研究本文为中心向以研究读者接受为中心的转移。①

以上是对文学艺术领域的作品进行的分析，这种分析可以说是认识作品的出发点。但是仅此还是不够的，因为文学艺术领域的作品分析仅仅涉及文学艺术，这种分析可能能够使我们把作品与发明、商标区分开来，但无法揭示它们与发明、商标的共性，无法提炼或归纳出更为一般的知识产权客体。为此，我们需要更深刻的分析，以便用同一的标准把它同世界上的其他事物尤其是发明、商标进行比较，而要想找到同一的标准对作品与发明、商标等其他事物进行比较，就要探讨作品的哲学本质。

作品是著作权客体，是知识产权客体的一种，有学者把知识产权客体概括为“以‘形式、结构、符号系统’等为存在方式的知识”②。本书认为，这种概括是恰当的，它反映了发明、商标和作品等各种具体的知识产权客体的本质特征。作品本质上就是一种知识，因为艺术是人们把握客观世界的方法之一，其结果就是艺术作品。人们对客观世界的把握结果当然是一种知识。

在现代汉语中，“知识”是“人们在改造世界的实践中所获得的认识和经验的总和”。在哲学中，“知识”是认识的结果，它是在实践的基础上产生又经过实践检验的对客观实际的反映。③ 那么这里反映的又是客观实际的什么呢？哲学研究表明，客观事物即客体之所以可以被认识基本上是因为其具有信息属性，客体的信息转化为主体的观念的内容即是认识。④ 因此认识或知识的内容实质上就是客体信息在主体头脑中的显示，实质上就是信息。苏联美学家莫·卡冈认为：“看来，艺术的决定性特征是它所取得的、它所包含的特殊的艺术信息。艺术所以为人类所发明，之所以通过人类的全部历史为人类所传播，是因为它旨在加工任何一种别的掌握世界的方式所不能获得的信息，因为它概括这种精神内容，使之成为同代人和后代人的财富。因此，研究艺术起源应该回答这个问题：什么时候和为什么在社会中形成了对这种信息的需要，人从哪里获得满足这种需要的能力。”⑤ 也就是说，艺术作品本质上是一种信息。我国也有学者指出，艺术掌握世界的方式是马克思所说的人掌握世界的四种方式之一。文艺家擅长以艺术的方式掌握世界，他们在接收、加工和反馈自然信息和社会信息时，善于幻想和想象，并通过具体的、形象的语言、文字、图像、形体、

① ［德］W. 伊泽尔．审美过程研究：阅读活动：审美响应理论．霍桂桓，李宝彦，译．杨照明，校．北京：中国人民大学出版社，1988：“译者前言”，2－3.

② 《知识产权法学》编写组．知识产权法学．2版．北京：高等教育出版社，2022：9.

③ 中国大百科全书．光盘版1：1哲学卷，认识条。

④ 夏甄陶．认识的主：客体相关原理．武汉：湖北教育出版社，1996：111－112.

⑤ ［苏］莫·卡冈．卡冈美学教程．凌继尧，洪天富，李实，译．北京：北京大学出版社，1990：217.

比例等符码，把这些自然信息和社会信息再现和表现出来，因而创作成了文艺作品。……所以说，一切文艺作品都是文艺家以艺术的方式通过符码加工过的自然信息，一切文艺作品都是文艺信息。[①] 这也表明，作品本质上就是一定的信息。作品本质上之所以被认为是知识是有其深刻的原因的。前文对文学艺术领域的作品的分析表明，作品是由内容与形式、情感（思想）与表现或符号的能指与所指所构成的多层次的复杂的混合物，实际上这种分析恰恰揭示了作品的内在结构与状态，根据后文的信息和知识的定义，作品的这种内在结构与状态表明作品是一种信息，是一种知识。当然，作品仅仅是信息的一种，是人类在对客观世界认识的基础上所创造的，在一定意义上是为了改造世界而存在的，是一种改造客观事物的知识。

作品是一种知识，一种特殊的知识，尤其与发明相比，“作品是对人的思想、感情的表现，是人格的体现物，其中反映了个性”。“所谓个性，是指著作权法涉及的领域，是一个多样性的世界。”[②] 同时，作品不只是个人创作的结果，其创作通常建立在公共领域的基础之上，也就是说，“作品展现了人类的智慧”，这种“人类的智慧展示并完备着精神层面的才能，这些精神层面的才能部分属于公众、部分属于个人特有。公众方面的才能把人们的智慧联系在一起。因此，来源于公共领域的智力产品也必须成为公共产品。相反，个人方面的才能是应当区分对待的部分，它一次性展现了个人的人格”[③]。作品在文学、艺术和科学领域中，其功能是科学文化功能，因此，著作权法的主要目标是促进科学文化的发展。

延伸阅读材料

《板桥题画·竹》

江馆清秋，晨起看竹，烟光日影露气，皆浮动于疏枝密叶之间。胸中勃勃遂有画意。其实胸中之竹，并不是眼中之竹也。因而磨墨展纸，落笔倏作变相，手中之竹又不是胸中之竹也。总之，意在笔先者，定则也；趣在法外者，化机也。独画云乎哉！[④]

问题：究竟是“眼中之竹”、“胸中之竹”还是“手中之竹”应该受到知识产权法的保护？为什么？其他类型“之竹”对知识产权保护是否全无意义？

二、发明的本质

发明是专利权的客体，也是知识产权客体中最为重要的一种。发明的本质决定了对待发明的根本方法，是研究专利权（法）的出发点。

（一）发明词语考辨

发明是一个专利法上的概念，但是它同时也是社会实际生活中的概念，尤其为发明活

① 陈辽．文艺信息学．北京：人民文学出版社，1986：13.

② ［日］中山信弘．多媒体与著作权．张玉瑞，译．北京：专利文献出版社，1997：27，29.

③ ［德］M. 雷炳德．著作权法．张恩民，译．北京：法律出版社，2005：39.

④ 上海古籍出版社．郑板桥集．上海：上海古籍出版社，1979：154.

动领域的人们如发明家、工程师等所使用。法律既不能脱离日常用语，也不能脱离法律作用于其中的发明活动和科技领域，因此，我们考辨发明概念，不仅要分析法律上的发明，还应该分析日常语言中的发明和科技领域的发明。

1. 生活中与科技领域的发明

(1) 日常生活中的发明。捷克学者汤德尔认为，语源学在一定意义上有助于我们弄清问题，技术这个词来源于希腊词 τέχνη，意思是技能、艺术。[①]《新编古今汉语大词典》界定的发明含义是：1)〈动〉*首创*。2)〈名〉*创造*出来的东西。3)、4)、5) 义项与专利法上的发明无关，这里不再赘言。从日常用语来看，发明总包含着“新”“创造”的意思。一切人造的新事物均可称为发明，不但技术上的新创造，社会、文化等方面的新创造和各种并非有目的的活动结果、新概念，都可以被称为发明。

(2) 科技领域的发明。在科技领域，发明也是一个重要概念。发明包含创新。所谓发明，是指出现了一种在制造某种东西时或做某件事情上的新方法。至于所制造的那件东西或者所做的那件事情本身，却并不一定要是新奇的。一项发明是一种新的设计或者工艺，如果它不是完全独创的话，也应当包括独创或者创新的因素在内。某些发明包括一些新的概念，这些概念是由于人们将一些熟悉的因素用一种新的方法联系在一起而形成的。[②]

同时，发明具有目的性。一项发明需要一个目的，发明者必须知道他所希望达到的目标究竟是什么。他不一定在任何时刻都有所进展，然而，对于他所要探索的途径来说，他一般应当具有一个极为巧妙而又十分清晰的思想。[③] 发明同发现不同，“在原理上，发现属于科学以及知识的积累，而发明则属于技术以及处理事物能力的增长”[④]。

2. 法律上的发明

根据学者的研究，各国法少有对发明下定义的。[⑤] 日本《专利法》(1978 年) 第 2 条规定，在本法范围内之“发明”系指利用自然规律技术思想中的高度创造。[我国《专利法》第 2 条第 2 款“发明，是指对产品、方法或者其改进所提出的*新的技术*方案。”第 3 款“实用新型，是指对产品的形状、图案、色彩或者其结合所提出的适于*实用的新的技术*方案。”] 联合国世界知识产权组织为发展中国家起草的《发明示范法》1979 年文本对发明的定义是：“发明是发明人的一种思想，这种思想可以在实践中解决技术领域中所特有的问题。”法国法学家柯拉 (Kohler) 下的定义是：所谓发明，是通过技术表现出来的人的精神创造，是征服自然、利用自然且产生一定效果者。[⑥] 世界知识产权组织认为，发明、实用新型或工业品外观设计是特殊的技术，它们被以一种特殊的方法和形式加以说明和公开。[⑦] 概括起来，

---

① [捷] L. 汤德尔．论“技术”和“技术科学”的概念，//邹珊刚．技术与技术哲学．北京：知识出版社，1987：73.

② [英] A. 鲁伯特・霍尔，A. F. 史密斯．发明//邹珊刚．技术与技术哲学．北京：知识出版社，1987：317-318.

③ [英] A. 鲁伯特・霍尔，A. F. 史密斯．发明//邹珊刚．技术与技术哲学．北京：知识出版社，1987：317-318.

④ [英] A. 鲁伯特・霍尔，A. F. 史密斯．发明//邹珊刚．技术与技术哲学．北京：知识出版社，1987：319.

⑤ [日] 吉藤幸朔．专利法概论．宋永林，魏启学，译．北京：专利文献出版社，1990：65.

⑥ [日] 吉藤幸朔．专利法概论．宋永林，魏启学，译．北京：专利文献出版社，1990：65.

⑦ 世界知识产权组织．知识产权纵横谈．张寅虎，等译．北京：世界知识出版社，1992：30.

法律上的发明应当是技术发明，而技术发明，顾名思义，就是技术上的新创造。

3. *法律所保护的发明的要素*

从以上发明的日常用语、科技用语以及法律规定与法学者的观点，我们可以看出目前法律所保护的发明应该有以下几个要素：

首先，发明必然包含“新”的因素或者“创造”的因素。无论从以上的日常用语、科技用语还是法律用语，均可得出这样的结论。

其次，发明是一种技术。从以上论述中可以看出，发明或者是一种“技术方案”，或者是一种“技术构思”，或者是一种“技术思想”。不论如何，它包含技术因素或主要是技术。而从世界各国对发明条件的规定可以明确看出，发明是一种技术。众所周知，我国专利法上发明的新颖性是以发明与现有技术比较而进行判断的。世界各国也基本如此，如英国专利法虽然没有对发明概念进行规定，但在规定发明的条件之一新颖性时认为，一项发明只有当它不构成现有技术的一部分时才被认为是新颖的；从发明来讲，现有技术应被认为包括所有的事物（不论是产品、工艺或关于两者中任何一者的情报以及任何其他东西），举凡在此项发明优先权日期之前任何时候已以书面或上述形式，或因使用，或以任何其他方式公之于众的（不管是在联合王国或其他地方）。发明的表现形式可以为产品、工艺或关于两者中任何一者的情报以及任何其他东西，但是其归根结底仍然可以说是一种技术。

因此可以说，从术语考辨角度来看，发明就是新技术。

（二）发明的知识本质

以上对发明术语的考辨表明，发明是一种新技术，它是技术的一种。那么技术又是什么呢？

关于技术，至今也难说有一个公认的统一概念。从邹珊刚先生主编的《技术与技术哲学》中可以看到技术的含义是多么的宽泛，争议有多么大。日本学者星野芳郎认为，为了支配自然，人类领悟或认识自然规律，并把它们在实践中加以利用，这就是技术的本质。[①]这种观点是符合辩证唯物主义的。这是日本国内的两种观点之一，除此之外，丸山益辉认为还有一种代表性的观点是“技术是劳动手段的体系”[②]。苏联学者瓦尔科夫对技术是劳动手段的体系的观点提出了批评，他认为，技术一词源于希腊文 τέχνη——技能、技艺、能力，是社会活动的工具和技能的系统。在现代文献中，广为传播的定义是，技术是社会生产体系中劳动手段的总和。然而，“劳动手段的总和”并不能满足技术的概念。一方面，它比技术更广泛……另一方面，“劳动手段”的概念也没有概括一些很重要的技术手段：军事技术、通信技术、日用技术。[③] 也就是说，劳动手段的概括既太宽了，又太严了。《德国彩色弗腮尔大百科词典》认为，用科学的语言来讲，技术就是各类工具的发展、制造及其有意义的运用；用专门的语言来讲，技术就是根据对自然规律及其内在联系的认识并有意识地运用它来设计和使用各种复杂工具（机器）和器械。[④] 英国学者斯托弗总结了技术概念的历史发展，他指出，技术一词，是由希腊语 techne（艺术、技能）和 logos（言词、说话）

---

① ［日］星野芳郎．技术//邹珊刚．技术与技术哲学．北京：知识出版社，1987：1.

② ［日］丸山益辉．技术的本质//邹珊刚．技术与技术哲学．北京：知识出版社，1987：237.

③ ［苏］瓦尔科夫．技术//邹珊刚．技术与技术哲学．北京：知识出版社，1987：15.

④ 邹珊刚．技术与技术哲学．北京：知识出版社，1987：23.

结合而成的，在希腊，它的含义就是关于技艺的完美与实用的演讲。17 世纪，当技术这个词出现在英语中时，它也仅被用来意指对各种实用技艺的讨论，后来这些技艺逐渐成了它们自身名称的客体。到 20 世纪初，技术一词已被普遍使用，其含义也越来越广，除了工具和机器，它还具有工艺程序、技术思想的意思。进入 20 世纪下半叶，人们便把技术定义为人类借以力求改造或者控制周围环境的手段或活动。然而，即使是如此广义的定义，也还是遭到了观察家的批评，他们指出，科学探究与技术活动之间的界限在这里模糊不清。① 世界知识产权组织认为，技术（technology）是在工业、农业或商业领域，关于制造一种产品或提供一种服务的有系统的知识，而不管这种知识是来自一个发明、一个实用新型、一个工业品外观设计、一个植物品种，还是来自某个文献中的技术信息，或专家关于工厂及其设备的设计、安装、开办和维持或者关于工商企业及其活动的管理的技能或经验。技术是由知识构成的，它意味着：这种知识必须是有系统的，即这种知识的组织是为了提供解决一个问题的方法；这种知识必须是以某种形式存在的，是已被揭示或能够被揭示的，并且是已经被传播或能够以某种形式被传播的；这种知识还必须被用于一个服务于工业、农业或商业领域的有用的目的。② 美国学者罗伯特·S. 梅利尔认为，广义的技术，意指实用的技艺。这里讲的技艺，涉及的范围极广，包括狩猎、捕鱼、畜牧业、采矿、制造、建筑、运输、食品、动力、照明的供应，乃至通信手段、医术以及军事技术等方面。技术主要是指加工、使用和制作有用物品的技巧、知识和程序。技术是达到既定目的的技巧和手段。但是，技术的概念，只集中在本质上是生物的和物理的过程上，而不集中在心理的和社会的过程上。技术是在人类社会中，为了对付物理的和生物的环境（包括人类生命机体）而发展起来的文化传统。自然科学与技术之间的区分在于：自然科学强调知识的探索，而技术则着重于实际的效用。③ 罗伯特 . S. 梅利尔对技术作了一定限制，把技术限制在物理的和生物的方面，这是与现行大多数国家的发明保护相一致的。世界知识产权组织的技术含义是从法律保护角度出发的，因此更多的是对现有法律保护对象的解释。我国也有学者从马克思主义基本原理出发给出了他们的技术定义。禹智潭、陈文化认为，技术是人类利用、控制与改造自然、社会思维的方式方法的集合，是关于怎么“做”的知识体系，即实践性的知识体系。④ 张斌认为，“技术知识是关于依据对自然物质客体的一定程度的认识，借助于一定的物质手段，有效地改造、变革自然物质客体，使之成为能满足人的需要的物质形式的知识”。这种技术知识概念包括如下含义：第一，技术知识要以关于主体、客体、手段的知识为基础；第二，技术知识是关于能够满足人的需要的“人为物”的思想模型；第三，技术知识是关于变革自然物质客体的实践活动的动态思想模型；第四，技术知识是关于物质实践活动的效果和效率的知识。⑤

总而言之，技术的定义是多种多样的，每一种定义均从一定角度给出了正确的答案，但是很少有完善的答案。正像有学者指出的那样，“技术像一座山峰，从不同的侧面观察，

---

① ［英］C. P. 斯托弗．技术的概念//邹珊刚．技术与技术哲学．北京：知识出版社，1987：26.

② 世界知识产权组织．知识产权纵横谈．张寅虎，等译．北京：世界知识出版社，1992：29.

③ ［美］罗伯特 . S. 梅利尔．技术的研究//邹珊刚．技术与技术哲学．北京：知识出版社，1987：197 - 198.

④ 禹智潭，陈文化．技术：实践性的知识体系．科学技术与辩证法，1998 (6).

⑤ 张斌．技术知识论．北京：中国人民大学出版社，1994：24 - 29.

它的形象就不同。从一处看到的一小部分面貌，当换一个位置观看时，这种面貌就变得模糊起来，但另一种印象仍然是清晰的"[①]。本书赞成我国学者禹智潭、陈文化和张斌先生的看法，技术在本质上是一种实践性的知识，是在认识事物基础上改造事物的知识。这与知识产权权威组织——世界知识产权组织的看法是一致的。该组织认为，一项发明是系统知识的典型例子，即为解决一个技术问题而组织起来的知识。发明是一种解决技术问题的活动同时也是其结果，因此从结果上来看，发明是一种技术知识或者技术知识系统。[②]

根据知识与信息的关系，发明这种技术既然是一种知识，当然也必然是一种信息。即发明本身是技术，本质上就是一种知识、一种信息。

和作品是一种特殊的知识相同，发明也是一种特殊的知识，且是一种和作品不同的知识。与作为著作权客体的作品是人的思想、情感的表现，是人格的体现物，反映了个性不同，专利权的客体是技术（发明），技术与美术、艺术相比较，本质上没有个性，并非因表现了个性而有价值。技术价值的衡量标准是一项技术是否有更优越的效果、效用。同时技术是客观的，一旦作出发明，任何人沿着该思路试验，均可以得到相同的结果，开发结果如果到达了终点，其结果就会具有任何人再开发，也只能得到一个或少数几个解收缩的性质，所以专利法调整的领域，不像著作权法调整的领域那样充满个性、多样化，而是一个收缩的世界。发明属于技术领域，其功能是实用性的和产业性的，因此，专利法的主要目标是促进产业的发展。

三、发明与作品之间的工业品外观设计与集成电路布图设计的本质

（一）发明和作品之间的工业品外观设计

工业品外观设计作为工业品外观设计权的客体，其性质在一定程度上决定了法律对工业品外观设计应该持有的态度，也决定了工业品外观设计权的性质、工业品外观设计法的结构，因此必须明晰工业品外观设计的本质和属性。

世界各国立法以及国际公约对工业品外观设计的看法大体是相似的。世界知识产权组织认为，一件工业品外观设计是一件物品的装饰性或美的方面。工业品外观设计一般包括表面、形状、二维特征等的特征，比如一件物品的表面或形状，或者二维特征，如图形、线条或颜色。工业品外观设计被广泛应用在从技术和医疗器械到手表、珠宝或其他奢侈品，从家具和电子器械到汽车和建筑物，从纺织设计到休闲品的工业或手工产品上。要受到大多数国家国内法的保护，一件工业品外观设计必须有视觉魅力。这意味着一件工业品外观设计本质上是一种美的特性，而不保护它所应用于其上的物品的任何技术特征。[③] 根据澳大利亚《外观设计法》第 5 条的规定，"就产品而言，外观设计是指由产品的一个或多个视觉特征产生的产品的整体外观"。因此，外观设计仅与其所应用的产品有关。日本《设计法》第 2 条规定，外观设计，是指通过眼睛产生审美印象的物品（包括物品的一部分）的形状、

---

① ［美］威廉·奥格伯恩．技术的含义//邹珊刚．技术与技术哲学．北京：知识出版社，1987：227.

② 世界知识产权组织．知识产权纵横谈．张寅虎，等译．北京：世界知识出版社，1992：30.

③ WIPO. about intellectual property. http://www.wipo.org/about-ip/en/industrial_designs.html.

图案或颜色，或其任何组合。其中物品部分的形状、图案或颜色，或其任何组合，包括为物品操作而提供的屏幕上的图形图像中的形状、图案或颜色（仅限于为使物品能够执行其功能而进行的操作），并显示在物品本身或与相关物品一起使用的另一物品上一种综合的方式。我国专利法规定，外观设计，是指对产品的整体或者局部的形状、图案或者其结合以及色彩与形状、图案的结合所作出的富有美感并适于工业应用的新设计。

总体上可以说，工业品外观设计是一种界于发明与作品之间的东西。比如英国知识产权法认为，专利权法是作为保护发明的发展的手段而制定的，而艺术作品版权法主要是为保护在艺术作品上的权利而制定的。随着这两种制度的专业性的加强，并逐步互相脱离，在它们之间有一块“无人地带”，在这块土地上首先出现的是工业上开展的设计。工业品外观设计是指用工业的方法或手段，适用于一切产品的形状、样式、式样或装饰的特色。这些特色引人注目，对这些特色单凭眼光即能作出判断。可见，工业品外观设计不是产品或制造产品的方法，是指引人注目的，从而产生对产品的吸引的美术特色。对制造产品来说，这些设计适用于制造产品，将决定产品的形状与外表，为产品的功能性作用加上美术感。有时工业品外观设计决定产品的形状的作用如此之大，可以说创造了一个全新的产品。但工业品外观设计仅仅是设计，尽管是新的，也不是能取得专利证的发明。[①] 因此可以说，工业品外观设计是一种“技术＋艺术”或“技术基础上的艺术”，它是一种介于发明与作品之间的东西。之所以如此说，是因为工业品外观设计本质上是产品的一种美的东西，它在某种程度上可以说是一种艺术作品或者具有艺术作品的大部分特点，它总是要表达设计人对产品的一种思想或情感，即工业品外观设计总是反映设计人的思想与情感。同时工业品外观设计毕竟是用于工业品的，因此它无论如何也与工业品的技术因素有关，并不是纯艺术或美的东西，并不像艺术家对艺术作品那样可以随意发挥，其总是受到技术的限制，并且是在技术的基础上进行的。例如，汽车的外形尽管也要考虑美的因素，但无论如何必须首先考虑汽车的主要功能即行驶的速度、舒适性与安全性，工业品外观设计总是在技术的基础上进行的，可以说是一种对技术的“锦上添花”，而不是“雪中送炭”。正是由于工业品外观设计这种性质上的不确定，世界各国法律对工业品外观设计的态度差异极大，有的用专利法来保护，有的用专门的工业品外观设计法来保护，有的用著作权法来保护，还有的采用专利法或工业品外观设计法、著作权法、商标法和反不正当竞争法进行多重保护。而有关的国际公约实际上采用的是一种折中的方法，仅仅对成员提出了保护的要求，保护的方式则由各成员自己选择。

对工业品外观设计的性质认识的难度来自一个更为广大而深刻的课题，那就是对科学（技术）与艺术的关系的考量。科学（技术）与艺术在人类历史上经过了一个由合到分然后又由分到合的过程，因此科学（技术）与艺术虽然有很多不同点，但是无疑也具有很多相同点。科学（技术）与艺术或者在知识产权领域的发明与作品的区分本来就是相对的，随着社会的发展，二者的统一也不是不可能的事情。实际上，在现代社会就存在艺术与技术统一的学说。在法国，一切装饰性的创造，不论有多大艺术价值，既受1909年外观设计法的保护，同时也受著作权法的保护，创造者得同时援用两种保护或援用其中之一。这种保

① 沈达明．知识产权法．北京：对外经济贸易大学出版社，1998：221.

护理论的依据就是技艺单一说，即不必区分狭义属于艺术领域的东西与属于工业技术领域的东西，这样做的目的是避免把区分两种领域的艰难任务交给法官，要求他评定创造的艺术水平。全面实施技艺单一说的只有法国，意大利的法律排除同时援用两种保护，德国与北欧各国的法律只是部分地接受此说，因为按照这些国家的法律，只是创造具有明确的艺术性或达到较高的艺术水平才适用此说。① 根据艺术统一原则，人们已承认实用艺术作品既可以享受工业设计权的保护，也可以享受著作权的保护。著作权对作品的用途即作品被专门用于艺术或文化目的还是它也可以有实用性目的这个问题不感兴趣。② 实际上在法律领域有技术、艺术统一的技艺单一说，根据技术美学的研究，技术与艺术是能够结合的。这可以说是现代工业设计或工业品外观设计的理论基础。技术与艺术之所以能够结合，是因为它们在实践本源的深层次上，即在人的自由创造的活动上、在人的创造性的思维上，有着共同的本质、内在联系。技术活动与艺术活动都是人的主观精神与客观物质的变换，在这个深层次上，二者都是人的自由创造活动。③ 工业品外观设计中技术与艺术的结合是因为它们在本质上有一定程度的一致性，工业品外观设计不是在技术基础上的艺术装饰。我国学者张帆指出，技术与艺术的结合并不仅仅是在保证技术要求的情况下给技术产品以外在的美的艺术外观设计，如此理解实在是对现代工业设计的误解。④

总而言之，工业品外观设计是技术与艺术的结合，因此工业品外观设计就必然是一种介于作品（艺术）与发明（技术）之间的一种知识产权客体。由于作品和发明在本质上均是一种知识、一种信息，那么介于它们之间的工业品外观设计就必然也是一种知识、一种信息。

（二）发明与作品之间的集成电路布图设计

集成电路布图设计目前已经成为一种重要的知识产权客体，集成电路布图设计的本质决定了它是否能归入知识产权客体以及集成电路布图设计法律制度的性质和具体制度结构，对知识产权客体范畴的理论构造也有着重要影响。

根据《集成电路布图设计保护条例》的规定，集成电路是指半导体集成电路，即以半导体材料为基片，将至少有一个是有源元件的两个以上元件和部分或者全部互连线路集成在基片之中或者基片之上，以执行某种电子功能的中间产品或者最终产品。集成电路布图设计是指集成电路中至少有一个是有源元件的两个以上元件和部分或者全部互连线路的三维配置，或者为制造集成电路而准备的上述三维配置。该定义与世界上大多数国家集成电路立法及集成电路国际公约对集成电路及集成电路布图设计的定义大体相同，符合集成电路及其布图设计的本义。集成电路布图设计可以有很多的存在形态，它既可以是事前的一种对未来的集成电路的设计或规划，根据它，用一定的材料和工艺、设备等生产条件就可以把集成电路生产出来，也可以是蕴含在一个已经制成的集成电路产品中的布图设计信息；它既可以以掩模图形的方式存在于掩模板上，也可以以编码的方式存储于计算机中或者磁盘、磁带上。可以说，一个集成电路与另一个集成电路的根本区别就在于它们布图设计的

---

① 沈达明．知识产权法．北京：对外经济贸易大学出版社，1998：225－226．

② ［西］德利娅·利普希克．著作权和邻接权．联合国教科文组织，译．北京：中国对外翻译出版公司，2000：60．

③ 张帆．当代美学新葩：技术美学与技术艺术．北京：中国人民大学出版社，1990：131．

④ 张帆．当代美学新葩：技术美学与技术艺术．北京：中国人民大学出版社，1990：159．

不同，布图设计决定了集成电路的功能与作用，是集成电路最重要的要素，至于集成电路的制作工艺、生产条件和技术水平则不过是布图设计实现的必要条件。

从集成电路布图设计的上述分析中隐约能发现亚里士多德的形式与质料的区别，一个集成电路的本质就是它的布图设计，这是一个集成电路与另一个集成电路的不同所在，而根据亚里士多德的形式与质料的关系，一个事物的本质就是它的形式，因此可以说集成电路布图设计就是集成电路的形式，而亚里士多德的形式实质上就是信息的一种表现形式。集成电路布图这种信息是在了解集成电路本质的基础上进行的新设计，是一种改造事物的知识。那么，集成电路布图设计究竟是一种独立的知识产权客体呢？还是包含在发明、作品和商标中的一种呢？

从总体上看，知识产权客体可以分为创造性智力成果和标识性工商业标记两大类，集成电路布图设计显然是一种创造性劳动的产物，因此它应属于创造性智力成果。创造性智力成果主要包括发明与作品。从集成电路布图设计的社会功能及其发挥功能的机制来看，集成电路布图设计和发明在性质上最为相像，而不同于作品。集成电路本质上是一种知识，同时它是一种实用性知识，往往被使用在工业产品上，为了发挥一定的工业功能而不是为了表达思想或情感，通常应符合集成电路布图设计的客观规律，是确定的。作为工业品，它的价值也是可以很容易衡量的。因此从本质上来看，集成电路布图与发明更为相似，而区别于作品。但集成电路布图设计并非没有任何作品的特征，从其表现形态来看，既然是一种布图设计，集成电路布图设计就与作品中的图形作品有一定的相似性，实质上也可以说其就是一种图形作品，当然这种图形作品大多是立体的。从集成电路布图设计制度来看，一方面，《集成电路布图设计保护条例》规定的集成电路布图设计的构成条件是同为著作权保护作品条件的独创性，且该条例规定了和著作权法相同的思想、表现两分原理，集成电路布图设计制度更像著作权制度。另一方面，《集成电路布图设计保护条例》规定的集成电路布图设计专有权既包括对受保护的集成电路布图设计的全部或者其中任何具有独创性的部分进行复制的权利，也包括将受保护的集成电路布图设计、含有该集成电路布图设计的集成电路或者含有该集成电路的物品投入商业利用的权利。这里的复制是指重复制作集成电路布图设计或者含有该布图设计的集成电路的行为，商业利用则是指为商业目的进口、销售或者以其他方式提供受保护的集成电路布图设计、含有该布图设计的集成电路或者含有该集成电路的物品的行为。这使集成电路布图设计权更像是专利的实施权。总而言之，可以说集成电路布图设计是一种介于发明与作品之间的知识产权客体。既然如此，那么集成电路布图设计就必然兼具发明与作品的特征，并且与后二者在本质上是相同的，即集成电路布图设计在本质上是一种知识。

第三节　识别性商业标记的本质

知识产权被人们分为创造性智力成果权和识别性商业标记权[①]，知识产权客体也可以被

① 《知识产权法学》编写组．知识产权法学．2版．北京：高等教育出版社，2022：8.

分为两大类，即创造性智力成果和识别性商业标记。识别性商业标记中最为重要的当然是商标，但是除此之外还有地理标志、商号、域名等内容。

一、商标的经济功能、地位与本质

商标既是商标法也是知识产权法中最重要的概念之一，商标的本质决定了商标的地位以及对待商标的根本方法，而商标的自然属性或特征决定或影响了可能的对待它的具体方法。本书本部分主要探讨商标的本质。不过这里的分析方式与前面对创造性智力成果的分析方式有所不同，这里先从分析商标的经济功能开始。

（一）商标的经济功能

商标是工业化和商品经济发展到一定程度的产物，因此要了解商标的本质就必须到商标发挥作用的经济过程中去寻找。经济学研究表明，在大多数市场尤其是工业化社会的大规模市场上，卖者（主要是生产者、经营者）与买者（主要是消费者）所分别掌握的关于他们将要交易的商品或服务的信息是不对称的，卖者对于将要交易的商品或服务比买者拥有更多的信息。这就是所谓的信息不对称。既然存在信息不对称，就需要有消除信息不对称的方法，而商标就是消除信息不对称的一种方法。商标是商品或服务的标记，就像是一个人的脸被用来识别这个人一样被用来识别它所代表的商品、服务，它实质上是传递商品、服务信息的一种符号，而不是商品、服务本身，它被卖者用来向买者传送商品、服务的信息。虽然除商标之外并非没有其他的传递商品、服务或活动的信息的符号，但商标无疑几乎是传递商品、服务的信息的主要的符号，是唯一的综合性的符号。其他的如商品或服务的说明书、企业的介绍等虽然也能传递一定的商品、服务或活动的信息，但是，它们不是商品、服务的信息的概括性的符号，很难起到与商标同样的作用。当然，除了商标能够被用来识别商品或服务，其他的识别性商业标记也能起到类似的作用。在完全没有信息沟通的情况下，人们会进行逆向选择，这会产生混同均衡的结果，这种情况在经济学中被认为是没有效率的。而在具有完全的信息沟通的情况下，人们会进行正常的正向选择，这会产生分离均衡的结果，这种情况在经济学中被认为是有效率的。[①] 在大多数情况下，商标的保护程度是介于商标得到完全有效保护和完全没有受到任何保护之间的。因此，对于商标保护来说，商标保护效果越好，则制度越有效率，而商标越不能得到有效保护，制度越没有效率。这就是需要建立商标法律制度并有效地贯彻实行它即有效保护商标的经济原因。不仅对于商标，对于任何识别性标记，如企业名称、地理标志等，其功能也均是如此。直接地看，商标与其他识别性标记在市场上起着一种信息传递的符号的作用，但是更深入地看，这种信息传递的符号最终激励了经营者的正当经营，维护了市场的正常的秩序，是有效率的市场交易制度的基本要素。这就是商标的经济功能。

（二）商标在通信系统中的地位

以上我们分析了商标的经济功能，可以看出，商标发挥着一种在买者与卖者之间传递信息的功能，是一种信息传递工具，它最终区分出了具有不同特征的商品或服务，因此，可以说商标是买者与卖者之间的信息传递系统即通信系统的一个组成部分，这样就可以观

---

① 王则柯．信息经济学的奠基人．读书，2002（1）：19－21.

察商标在其中的位置。

最早对信息学进行研究的是申农，其最初的研究对象主要是通信，被人们称为狭义信息论，后来其把信息的基本性质、度量方法以及信息的取得、传送、处理等一般理论也包含了进来，形成了信息科学。① 通信是信息学的重要的基础研究领域。根据信息学的研究，凡通信必定涉及两种实体，发送信息的实体叫信源，接收信息的实体叫信宿，通信过程是信源与信宿之间的一种特定的关联方式、一种系统现象或系统行为。实施通信活动的系统，叫作通信系统。在最初级的情形下，信源与信宿作为不同的物质实体通过直接的碰撞而交换信息，无须中间环节，此时的通信系统仅需信源与信宿两个构成要素。而在大多数情形下，人类的通信均是利用信号或符号进行的较高级的通信活动，都不能由信源与信宿直接耦合而构成通信系统，必须有中间环节。一般而言，通信系统总是具有以下构成要素或结构：（1）信源与信宿。（2）信道。信道是传送信息的通道，即载荷着信息的信号借以通行的物理设施或介质场。信道是联结信源与信宿的主要中介环节，不同物理性质的信号，需要不同的物理性质的信道来传送。（3）编码与译码。信源与信道、信道与信宿都不能直接耦合，必须有中介环节。把信源与信道耦合起来的中介环节叫作编码器，把信道与信宿耦合起来的中介环节叫作译码器。首先信源发出的消息、信息不能直接在信道中传送，需要经过编码器的适当变换才能传送，而经过编码的消息、信息也不能直接被信宿接收，还要经过译码器的译码才能接收。编码和译码是一切通信过程必需的操作手续。

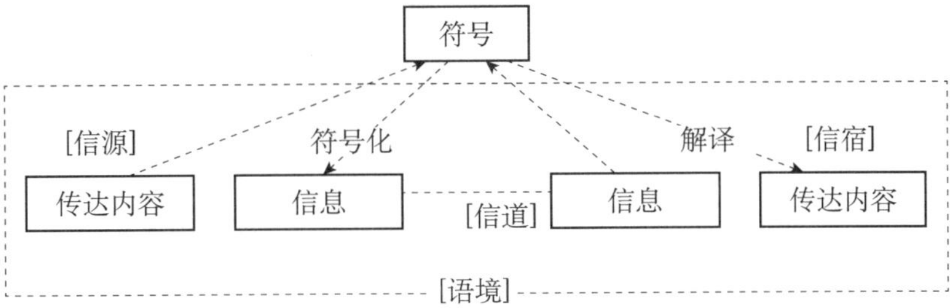

图 4-2

通信的基本要求是多快好省地传送信息，通过对信源的剩余度、信道的容量以及编码的逐步改进，就能够最大限度地达到要求。其中信源的剩余度是刻画信源特征的指标之一，它是指在通信系统中，除了传送或恢复消息时所需要的信号，其余出现在信源、信道、信宿或系统其他部位的任何细节，它们对于完成通信任务而言是多余的，把它们除掉对实现通信目标没有实质性影响。概率分布愈均匀，剩余度愈小，通信效率愈大；信道容量是信道最大可能的通信速度，表示信道传送信息能力的极限；编码解决的问题是信源与信道之间在数量特性上的互相匹配，从而实现信源熵与信道容量之间的最佳配合。② 同时，任何通信均有噪声，它是指通信系统中除开预定要传送的信号的一切其他信号，噪声有不同类型，就来源看有内噪声与外噪声：前者是指由系统内部元件性能参数的无规变化等因素产生的有害信号，而后者是指从系统外部混入系统的无用信号。外噪声可以设法避开或削弱，而

① 苗东升．系统科学精要．北京：中国人民大学出版社，1998：239.
② 苗东升．系统科学精要．北京：中国人民大学出版社，1998：249-255.

内噪声原则上不可能消除。① 这是通信系统的基本要素或结构、传递信息的要求及其决定因素。

鉴于生产者与消费者之间存在信息不对称，商业经营中需要在生产者与消费者之间进行通信，而其中最为关键的是生产者的产品与消费者之间的通信，而商标在本质上是这种通信的一种基本要素或环节。商业经营中的通信既包括生产者（及其产品）与消费者之间的直接通信，也包括通过消费者的二次、三次或多次通信，虽然这几种通信对生产者与消费者均是重要的，但是无疑二次、三次或多次通信的效果均取决于直接通信，因此这里我们主要研究直接通信。在直接通信中，信源无疑是生产者或其产品，信宿无疑是消费者，信道则是各种宣传媒体、消费者对商品的使用等，而商标在这里不仅起着编码器的作用，同时在通过消费者的学习商标变成消费者的认知之后，商标也起着译码器的作用。之所以说商标在这里起着编码器和译码器的作用，是因为商品本身包含多种信息，这些信息虽然通过最初级的通信也能进行，但是无疑在大多数情况下是无法进行的，因为最初级的通信只能发生在消费者直接使用某件产品的时候，而要使用就要购买，要购买又需要对某件产品有所了解。不购买就不会了解，而不了解就无法很好地购买，这就产生了一种两难困境。而在有商标的情况下，只要是使用同一商标的商品，其所包含的信息就有一定的相似性，消费者可以据以购买，故商标就成为一种编码器和译码器。当然，商标要成为编码器与译码器还需要一定的过程，那就是商标在生产者或其商品与消费者之间不断地进行通信，多次通信的结果是商标成为商品的代表（编码器）和消费者的知识（译码器）。

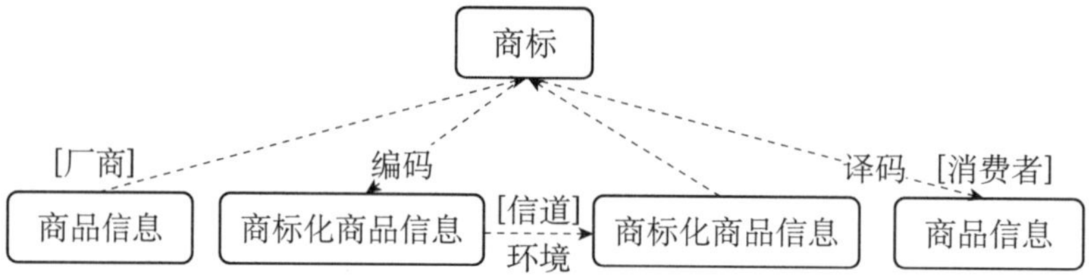

图 4－3

和前文所述一般通信系统的通信要求类似，商标通信系统的关键要求是：第一，消费者有充分的商标商品记忆；第二，消费者能够根据商标识别商品的全部信息；第三，在第一次和随后的消费决策之间产品的特征保持不变。这里的第一点要求就是商标成为生产者或其产品与消费者之间直接通信的译码器，第二点就是商标成为这种通信的编码器，而第三点则是指生产者或商品这种信源的剩余度要小，以保证通信效率。生产者的产品的质量等各种信息越稳定，则信源信息的概率分布越均匀、剩余度越小、通信效率越高；反之，则通信效率越差。商品信息的稳定性即商品这种信源的剩余度的大小是市场上有信誉不同的商标存在的主要原因。生产者越能恒久地维持其产品所蕴含的信息，那么其商标就能成为消费者认识商品的与信道匹配性较好的译码器和编码器，其商标就越能成为较有信誉的商标，反之，其商标的信誉就可能较差。

当然，生产者或其产品与消费者之间的通信同样具有噪声，而且这种噪声也可以分为

① 苗东升．系统科学精要．北京：中国人民大学出版社，1998：255－257.

内噪声与外噪声。这里的内噪声产生的原因大概包括：商品所蕴含信息的稳定性，比如稳定的质量水平等；信道本身的缺陷，如媒介传送中信息的失真等；商标本身的某种不确定性，如商标的显著性较弱、消费者对商标知识掌握的有限性等。这些是不可消除的，比如无论产品的质量水平多稳定，总是无法保证所有产品的质量完全一致，也就是说信源总有一定的剩余度，零剩余度是不可能的，再如，信道的容量不可能质量，过大或过小均会影响通信的效率。编码和译码也不可能完全消除剩余，如报纸的宣传也不可能完全准确。商标一般也不可能没有商品信息代表之外的含义，如长城牌计算机的商标是长城，长城商标就是这种计算机的代表，但是长城同时也有其他含义，它还代表东西长约一万里的砖石所砌成的城墙，因此，这种通信的内噪声是不可能完全消除的。而外噪声则包括外来的干扰，如其他相同或相似商标在同类商品上的使用就是一种外噪声。外噪声可以避开或削弱，如通过商标权执法与司法来保护合法商标。

需要注意的是，虽然在消费者与经营者之间存在一种以商标为核心的通信系统和从经营者到消费者的一种信息流，对该通信系统的正常运转产生不利影响的所有活动均会影响该信息流的流转，从而影响商标功能的发挥，但是也应该清醒地认识到，商标并不是这个通信系统的全部，也不是该信息流的全部，而仅仅是其中的一部分。

（三）商标的本质

如前所述，从商标的经济功能上来看，它本质上起着通过信息传递消除消费者与经营者之间的信息不对称，并最终维护市场竞争秩序的作用，而这种经济功能的发挥离不开消费者与经营者之间的通信系统。从消费者与经营者之间的通信系统来看，商标在其中起着核心作用。但是，虽然商标在这种通信系统中起着核心作用，但是它并不是这种通信系统的全部。那么商标是这种通信系统的何种部分？其本质又是什么呢？

本书认为，商标在本质上是一种商品的符号，是一种关于商品的知识和信息。因为在经营者与消费者之间的通信系统中，商标起着编码器和译码器的作用或者就是一种编码器和译码器，编码器和译码器在本质上就是一种符号。符号学是当代西方社会科学研究的一个热门领域，在分析哲学、语言学、语义学和现代自然科学的影响下，西方对符号的研究日渐重视。尽管关于符号并没有一种被所有人接受的定义，但无论是哪种符号定义，不论是按照“符号”的形式理解，还是按照“符号功能”的形式理解，均是一种包含在“某事物代表某事物”的规定中的两个“某事物”之间的相互依存的关系。其中一个“某事物”可以被称作“符号形式”（或能指），另一个“某事物”可以被称作“符号内容”（或所指），这样，“符号”及“符号功能”的成立基础就是“符号形式”和“符号内容”两项之间的相互依存关系。[①] 符号可以说就是这两项的混合物。“符号是一种表示成分（能指）和一种被表示成分（所指）的混合物。表示成分（能指）方面组成了表达方面，而被表示成分（所指）方面则组成了内容方面。”[②] 上述的通信系统中的编码器和译码器实际上均是某事物代表某事物的符号，是两个“某事物”的混合物。在编码时，经营者通过商标把商品的信息浓缩在商标标志中并用商标标志通过各种各样的信道如广播、电视等媒介传送给消费者，

---

① ［日］池上嘉彦．符号学入门．张晓文，译．北京：国际文化出版公司，1985：45-46.

② ［法］罗兰·巴特．符号学美学．董学文，王葵，译．沈阳：辽宁人民出版社，1987：35.

消费者最终想接受的实际上并不是商标，而是商标标志所代表的信息，因为只有这些信息才是对消费者的购买决策有用的，商标标志本身对消费者的购买决策没有任何价值。而要使消费者能够通过商标标志了解它所代表的商品的信息，就需要商标标志对于消费者来说已经成为代表商品信息的标志即商标，也即使这种商标成为消费者的知识，使消费者了解关于这种商品的信息。因此可以说，商标本质上就是一种符号，是一种关于商品的知识，是一种消费者认识客观事物的知识，当然，它也是一种信息。这就是商标的本质。

二、其他识别性商业标记

地理标志也是识别性商业标记的一种，这里之所以把它独立作为一类来探讨主要是因为它本身的特殊性。按照世界知识产权组织的观点，从最广泛的意义上来看，地理标志可以包括所有的与地理有关的识别性标记，按照传统的区分标准，地理标志可以分为原产地名称和货源标记。原产地名称是指用来表示来自某国家、地区或地方的产品的地理名称，而该产品的质量和特色完全或基本上是由包括自然和人文因素在内的地理环境所造成的。货源标记则仅仅表明某产品或服务来源于某国家、地区或地方。原产地名称的使用要求产品与它的生产地之间有质量上的联系，这种质量上的联系包括排他的且基本是源于产品的地理来源，如来源地的气候、土壤或传统的制造方法等的特定因素。另外，对一种给定产品的货源标记的使用仅仅要求该产品是从货源标记所标示的地方而来。原产地名称可以被理解为货源标记中特殊的一种。根据传统所用的术语，货源标记包括所有的原产地名称，但是，在它的通常的用法中，货源标记已经变成不再被看作原产地名称的那些货源标记。①

深入分析就会发现，无论是哪种地理标志，均有一些共同点：其一，均与地理名称有关。无论是货源标记还是原产地名称，均与一定的地理名称有关，其差别不过在于，前者仅仅是表明该产品生产于某地，后者不仅要求某产品生产于某地，还要求该产品的特殊质量与该地区的自然或人文环境有关。二者的差别仅仅是信息量上的，原产地名称比货源标记含有更多的信息。其二，它们均是识别性工商业标记，区别于创造性智力成果。无论是货源标记还是原产地名称均是一种识别性工商业标记，而不是创造性智力成果。

地理标志虽然是一种识别性工商业标记，却不同于商标。商标识别在市场中提供某种特定产品或服务的企业，地理标志识别一个或几个生产使用这种地理标志的产品的企业坐落的地理区域，因此，在某人或某企业能够排除其他人或其他企业使用地理标志意义上说，地理标志没有所有人，而坐落在地理标志所指的地区的任何一个企业由于产品来源于该地区从而均有权使用该标记，当然一般需要符合某种特定的要求，如管理原产地名称使用的行政命令所规定的质量要求。当在商业中把地理标志看作为一种特殊符号而因此作为知识产权的一个特别种类时，把它同商标区分开来是很重要的。②

地理标志与商标作为一种识别性商业标记，二者还有一些本质上的相同点与不同点。地理标志与商标均是识别性商业标记，但不管什么标记，其本身无非是一种符号，也就是说地理标志与商标本质上均是一种符号。所谓符号，在符号学上尚没有统一的理解，但是

① WIPO. Intellectual Property Reading Material，§2.675.

② WIPO. Intellectual Property Reading Material，§2.678.

一般而言，符号总是这么一种东西，即当某事物作为另一事物的替代而代表另一事物时，它的功能被称为“符号功能”，而承担这种功能的事物则被称为“符号”①。无论是商标还是地理标志均是由一定的地理名称或文字、图形或其组合构成的一定的标记，但是这种地理名称或标记仅仅是商品的名称而已，不是它们所指代的商品本身，这里便存在某事物替代另一事物的情况，而地理标志和商标无疑均承担着这种以某事物即地理名称或标记来代替另一种事物即产品或商品的功能，因此地理标志和商标本质上均是一定的符号。既然是符号，那么它们就发挥符号的功能，即符号定义中的某事物作为另一事物的替代而代表另一事物的功能，符号的这种功能使符号成为信息传递中的重要一环，在信息传递中起着重要作用。商标与地理标志的这种信息功能大大地减少了商品交换过程中存在的信息不对称，便利了商品交换，在商品交换中发挥着重要的作用。②

虽然地理标志与商标均是符号，但是它们是不同的符号。在符号学上，符号包括符号内容（所指）与符号形式（能指）。比如“乔丹”这个符号，其能指就是乔丹这两个字的图形和读音，而所指就是乔丹这个人所代表的信息或意义（如他是NBA著名篮球运动员，有“飞人”之称，等等）。符号还被分为“规约性的”与“非规约性的”两类，前者如拟声词，能指受所指所制约，而后者则包括大多数符号。恩格斯在谈到语言符号的任意性和约定性时，举例说：正和负。也可以反过来……北和南也一样。如果把这颠倒过来，并且把其余的名称相应地加以改变，那么一切仍然是正确的。这样，我们就可以称东为西。太阳从西边出来，行星从东向西旋转，等等。这只是名称上的变更而已。③ 虽然，恩格斯的话一般而言仅仅适用于符号初创阶段，但是它无疑生动地说明了“非规约性的”符号的特点。对于地理标志和商标来说，显然地理标志就是属于“规约性的”符号，而商标是“非规约性的”符号，即地理标志的名称是事先确定下来的，例如绍兴黄酒、茅台酒等酒就不能叫其他名字，而像可口可乐在初创的时候是可以任意选择名称的，当然它进入中国时受到了它在美国等国名称的制约。“规约性的”符号其“能指”与“所指”的关系比“非规约性的”符号的“能指”与“所指”的关系密切得多。首先，地理标志与使用地理标志的产品之间有生产地的联系，即该产品是在该地生产的；其次，对于传统的原产地名称这种地理标志来说，联系还不仅于此，地理标志所标记的地方实实在在与产品有必然的联系，因为正是地理环境（自然因素或人文因素）决定了产品的特殊质量。因此，在某种程度上可以说，地理标志本身就是产品的一种要素。在这里，符号的“能指”与“所指”之间的距离更近了，甚至已经联为一体。而商标则不然，在最初使用商标时是用A名字与用B名字可以说几乎没有区别。很多著名商标图样或文字并不很美，但是由于它所代表的商品的质量优良，这些商标具有了很大的价值。因此，如果把商标符号这种完全是“以此事物（商标标记）表示彼事物（产品或商品）”的东西作为一端，把产品或商品④ 这种“自身表示自身”的东西作

① ［日］池上嘉彦．符号学入门．张晓文，译．北京：国际文化出版公司，1985：45.

② 关于商标的经济功能，请参见 Economides：the Economics of Trademarks//Goldstein：Copyright，patent，trademark and related state doctrines：cases and materials on the law of intellectual property. Westbury，New York：the Foundation Press，Inc.，1990，pp. 16－19.

③ 中共中央马克思恩格斯列宁斯大林著作编译局．马克思恩格斯选集：第三卷．北京：人民出版社，1972：539.

④ 产品或商品自身也能表示自身。

为另一端，地理标志就可以说是介于两者之间的一种东西，即地理标志是一种介于商品与商标之间的东西。不过这里的介于商品与商标之间的地理标志主要是从符号的规约性和非规约性的区分来讨论的，实际上，不管是这里的此事物（地理标志、商标标记），还是彼事物（产品或商品），所指称的均主要是信息，即关于地理标志、商标标记的信息（如读音、字形等信息）和关于商品的信息（如质量、型号、等级等信息）。因此，虽然在标记的选取上，地理标志与商标有一些区别，但是它们在本质上是相同的。当然，地理标志在特征上也与商标基本相同，差别仅仅在于地理标志与地理因素有关，并为地理因素所制约。

地理标志既然是一种处于商标与产品之间的知识产权客体，那么它就必然具有商标与产品二者的特征，即具有"非规约性的"符号的特征。可以说它是一种受到地理因素限制的识别性商业标记，它与商标的本质基本上是相同的。

除了前面所说的商标和地理标志，识别性商业标记还有许多，最重要的是商号或企业名称。企业名称是用来区别企业的，目前对企业名称的保护不够完善，最基本的法律是民法中对法人人身权如名称权的保护，反不正当竞争法也能提供一定的保护。企业名称中最重要的是商号，但由于企业名称登记是按行业和地区进行的，地区或行业不同就是不同的企业名称，这就使大多数企业名称实际上得不到有效保护，这使很多著名企业同时把商号注册或使用为其产品的商标，这样可以利用商标的法律保护，从而得到双重保护。①

第四节　知识产权客体的本质、自然属性与法律特征

在法学方法论上，"概念"一词有它自己的定义，那就是："纯正概念所拟描述或规范之对象的特征穷尽列举。"而所谓"穷尽列举"是指该概念所包含的特征已经被全部列举，既不能缺少，也不能多余，而且所列举的特征属于在概念的涵摄上所不可缺少、不可替代的特征。这些特征是将一个具体事项涵摄于某一概念之下的充分必要条件。② 因此，知识产权客体概念必须达到穷尽列举所欲描述对象的特征，以使每一具体知识产权客体均能够涵摄于该知识产权客体概念之下，知识产权客体概念不仅能涵摄目前所有的具体知识产权客体，还应该能够具有一定的预见性与包容性，尽量包含将来新出现的具体知识产权客体类型。概念形成的方法是"舍弃不重要之特征"，具体言之是基于某种目的性考虑（规范意旨）就其对该对象所已认知之特征加以取舍，并将保留下来之特征设定为充分而且必要，同时在将事实涵摄于概念的运作中把其余特征一概视为不重要，而不是要完全掌握该对象的一切重要的特征。③ 本章前文对目前公认的各种具体知识产权客体的本质的分析为提炼或归纳知识产权客体的本质和特征提供了必要条件，本节分析知识产权客体的本质与法律特征。

① 沈达明．知识产权法．北京：对外经济贸易大学出版社，1998：253.
② 黄茂荣．法学方法与现代民法．增订7版．台北：自版，2020：157.
③ 黄茂荣．法学方法与现代民法．增订7版．台北：自版，2020：157.

一、知识产权客体的本质

知识产权客体的本质是知识产权客体的根本性质，是由知识产权客体的各个特殊组成要素及其结构决定的。知识产权客体由发明、商标和作品等具体知识产权客体构成，是对这些具体知识产权客体的概括与抽象。知识产权客体概念还必须能够涵盖发明、商标和作品等具体知识产权客体的根本性质，从发明、商标和作品等具体知识产权客体中抽象出知识产权客体的根本性质。

“马克思主义理论研究和建设工程重点教材”《知识产权法学》将知识产权客体概括为“以‘形式、结构、符号系统’等为存在方式的‘知识’”[①]。在现代汉语中，“知识”是“人们在改造世界的实践中所获得的认识和经验的总和”。在哲学中，“知识”是认识的结果，它是在实践基础上产生的又经过实践检验的对客观实际的反映，是人们在日常生活、社会活动和科学研究中所获得的对事物的了解的可靠的部分。[②] 前文分析表明，传统的三种知识产权客体——作品、发明和商标在本质上均是一定的知识，而工业品外观设计、集成电路布图设计、计算机软件则基本上均是一种介于作品和发明之间的知识产权客体，既然作品和发明在本质上均是一定的知识，那么介于它们之间的工业品外观设计、集成电路布图设计、计算机软件在本质上也是一定的知识。同样，商标之外的地理标志、商号等其他识别性商业标记本质上均类似于商标，其中地理标志虽然是一种介于商品与商标之间的东西，但主要是一种识别性商业标记，它与商品有近似的地方是因为它的“规约性”，其本质上与商标无异，地理标志和商标在本质上均是一定的知识，而商号等识别性商业标记与商标的区别仅仅在于其所识别的对象不同，作为一种识别性标记，它们在本质上并无二致。因此商标之外的其他识别性商业标记在本质上也是一定的知识。概括起来，知识产权客体在本质上就是一定的知识。

从认识的结果即知识的功能来看，知识可以分为认识事物的知识和改造事物的知识。[③] 认识事物的知识是对现成客观事物的单纯的反映、说明和解释，这种知识肯定是在客观事物之后产生的，因为只有先有了客观事物，才有可能对它认识，才可能产生关于客观事物的知识；而改造事物的知识则不仅是对客观事物的反映、说明和解释，还是在此基础上为了对客观事物进行改造而经过人类创造的知识，如经典作家著作中所说的“目的、计划、方案、方法、方针、战略、策略等等”，这种知识，如技术知识，是先于知识所反映的客观事物的，只有有了这种知识，才可能有这种知识所反映的客观事物。对于发明来说，只有有了发明，才可能有发明所反映的产品，而不是相反。其中，改造客观事物的知识还可以分为技术知识和艺术知识，技术知识是指导人的变革自然物质客体的实践活动的知识，而人的艺术活动也是有目的、有意识的，是在有关艺术知识的指导下进行的，并且二者都有它们所实现的物质结果——人造物：技术知识所实现的物质结果为技术产品，艺术知识所实现的物质结果为艺术产品。但是它们在所追求的目标、思维方式等方面是不同的：技

---

① 《知识产权法学》编写组．知识产权法学．2版．北京：高等教育出版社，2022：9.

② 中国大百科全书．光盘版1.1，哲学卷，认识条.

③ 张斌．技术知识论．北京：中国人民大学出版社，1994：20－21.

术知识所追求的是能满足人的生活和生产需要的物质产品，而艺术知识所追求的是能满足人的审美需要的精神产品；技术知识以功利原则为主，而艺术知识则以审美原则为主；技术知识的思维方式主要是理性的、逻辑的，而艺术知识的思维方式则是直觉的和形象的。①

尽管各种具体知识产权客体均属于知识，但不同的知识产权客体是不同的知识，可能是认识事物的知识或者改造事物的知识。其中，作品，发明，介于作品和发明之间的工业品外观设计、集成电路布图设计、计算机软件以及各种具体知识产权客体的雏形状态的创意，均是人类在对客观事物的认识的基础上通过人类的创造性劳动而创造出来的，其目的是创造新的人造物，因此，它们属于改造事物的知识。而商标、地理标志以及其他识别性商业标记等的目的就是识别商品、企业、商人的行为等，因此它们是关于认识客观事物的知识。一般而言，如果没有人类在认识基础上的创造人造物的因素与过程，识别性商业标记属于认识事物的知识。

同时，知识实际上是对客观事物的信息方面的掌握。根据不同的标准信息可以进行不同的分类。根据信息的内容，信息可以分为社会信息和非社会信息；根据人对信息的感知方式，信息可以分为直接信息和间接信息；根据信息的动静状态，信息可以分为动态信息和静态信息；根据信息的符号种类，信息可以分为语言信息和非语言信息。本书赞同邬焜提出的将信息分为自在信息、自为信息和再生信息的分类。其中，“自在信息是客观间接存在的标志，是信息还未被主体认识的原始形态。信息场、信息的同化和异化是信息自在的两种基本形式”。“自为信息是主观间接存在的初级形态，是自在信息的主观直观把握。它包括信息的被识辨（感知）和可回忆的储存（有感记忆）这样两种基本形式。”“再生信息是主观间接存在的高级形态，是信息的主体创造。它的基本形式是概象信息和符号信息。概象信息是形象思维创造的新的形象，符号信息则是一种对自为信息和概象信息的符号代示。”② 其中自为信息与再生信息共同构成物质主观间接存在性，即精神；自在信息则构成物质客观间接存在性，二者组成信息全体。③ 显然，知识就是一定的信息，但知识不是信息的全部，而是一部分，属于信息中的自为信息和再生信息。知识产权客体既然是一定的知识，那么它就必然是一定的信息，它是自为信息和再生信息的一部分。这就是知识产权客体的本质。

理论延伸

知识产权的对象属于专有知识

知识是人类对认识的描述，知识的普遍存在方式或本体是形式。知识产权不是无形财产权，也不等于无体财产权。

---

① 张斌．技术知识论．北京：中国人民大学出版社，1994：36－38.

② 邬焜．信息认识论．北京：中国社会科学出版社，2002：18－20.

③ 邬焜，李琦．哲学信息论导论．西安：陕西人民出版社，1987：119.

回答什么是创造，什么是知识，知识的本质是什么，就如同物权法理论需解释物的本质及其分类一样，是研究知识产权问题的需要。知识产权所说的“知识”，是指依法保护的创造性的智力成果和工商业标记，是知识的一部分。但是，它们具备了知识的全部特征。知识几乎是现代社会使用率最高的词汇。它涉及人类的全部生活方式。其既通俗简单，又高雅繁复，不容易概括其本体一般状态。

目前，中国知识产权理论对“知识”有三种描述方式：无形物、无体物、形式。

关于无形的说法。由于有时人们把无形与无体混用。为此，我们将分别加以评论。无形即无形式。中国清末就把知识产权归于无形财产权，今天仍有人笃信不疑。其实，恰恰相反，知识是“形式”的。“形式”是知识的本体，是知识的普遍存在方式。形，是指事物的状貌，或事物的外在或内在方式，是能感知的客观存在，是具体的、有限的。无形，是“形”的对立面，应是无状貌，无限、抽象、空或是无。我们知道，时无限，空无涯。无“限”不成形式，无法造成确定的感知对象。无形不成差别。此外，纯精神的东西也无形，甚至被认为是无的。无论是无限的时与空，还是抽象的精神，或子虚乌有的鬼魅，都无法为人类所控制、利用和支配，不是法律规制的对象。另外，英文的 intangible 一词，在用于说明知识产权时，汉语通常取其“无形的”之意，值得商榷。该词主要有两种意思：触摸不到的，无实体的；无形的，不可捉摸的，难以确定的。“知识”是具体的、确定的，不是无形和不可捉摸的，它只是无实体的。结合知识产权的实际情况，intangible 译为“无实体的”或“非物质的”或许更为贴切。知识并非无形，以知识无形为由认定知识产权是无形财产权的观点不能成立。

关于无体，即无实体，或称非物质。认为知识不属于物质范畴，是无体物。这一说法比无形之说要接近事实。我们知道，大脑不能生产物质。知识是大脑的产物。非物质，或无体是知识的重要属性，但不是它独有的性质。知识产权属于无体财产权。除此以外，债权、商业信誉以及贸易中的服务、劳力的收支，都属于无体财产。在日本，1970、1980 年代出版的学术著作，大都称知识产权为无体财产权。由于逻辑上有漏洞，1990 年代以后，改称“知的所有权”即知识所有权。所以，知识产权与无体财产权之间不是等号，无体财产权或非物质财产权之称谓，不能反映知识产权的本质特征。

关于形式。知识的本质是“形式”，创造是设计和描述“形式”的过程。思想和创造是人类的天性。据此，人具备了认识世界和改造世界的能力。知识则是这种能力的结晶。需要是创造的动力，创造则是知识的源泉。人类认识和改造世界的思想，要想告诉别人，必须借助于一定的信号（符号）系统描述出来。信号系统是一种发明。系统不同，沟通方法也不同。人类运用信号表达思想和情感的过程就是创造。就创造而言，无论其内容是科学技术，还是文学艺术，都是构造形式的活动。这些人造的“形式”，就是知识。它是人类创造活动的唯一产品。无疑，科学技术即形式，文学艺术即形式，知识即形式。除去形式，便没有知识。这就是知识的本质。①

问题：如果知识的本质是形式，那么，形式与内容是什么关系？知识是无内容的吗？

---

① 刘春田．知识财产权解析．中国社会科学，2003（4）：110－112.

延伸阅读材料

"知识产品"的理论范畴

笔者与其他一些学者曾极力主张建立"知识产品"的理论范畴，即把知识产权的客体概括为"知识产品"。所谓知识产品，是人们在科学、技术、文化等精神领域所创造的产品，具有发明创造、文学艺术创作等各种表现形式，它是与物质产品（有体物）相区别而独立存在的客体范畴。

知识产品较之于物和智力成果来说，更能概括知识产权客体的本质特征。物的概念突出的是人身以外的物质对象，它可能是未经加工的自然物，也可能是人类物质劳动的创造物，明显地表现出客体的物质性；而知识产品概括了知识形态产品的本质含义，强调这类客体产生于科学、技术、文化等精神领域，是人类知识的创造物，明显地表现出客体的非物质性。同时，知识产品的内涵突出了它在商品生产条件下的商品属性和财产性质，反映了著作权、商标权、专利权中的财产权利内容，而智力成果作为权利对象的含义，难以明确指向"知识产权"（Intellectual Property）中包含的"知识所有权"的原意，无法揭示非物质财富具有价值和使用价值的商品形态。因此，我们应将知识产权的客体表述为知识产品，而不是物或智力成果。①

问题：知识产品的本质究竟是什么？

二、知识产权客体的自然属性

权利客体中与作为知识产权客体的知识最接近的是物权法上的有体物，客观物质世界由质料、能量和信息组成。有体物总是一定技术水平下的物，总是包含有一定信息和能量的质料，是质料、能量与信息的统一体。知识则是一定的信息，它虽然不能脱离质料与能量而单独存在，但本质上与质料和能量是不同的。有体物是重要的社会财富自不待言，知识同样是重要的社会财富，知识的本质是信息，"抽象物是一种信息"，"信息是一种基本利益"，因为它"是需要交流的人类的日常生活的血液"以及"它对于人类计划的关键作用"②。不仅如此，在知识经济时代，知识的重要性已经远远超过以有体物为核心的物质财富的重要性。因为知识本质上是有体物的形式，控制一项知识就能够控制含有同样知识的无数有体物。正如学者所说的，"抽象物既是资本的一种形式，又是获得其他种类资本的一种手段，而这种资本也是其他人所依赖的资本"③。

知识与有体物在自然属性上的这种本质不同使得知识具有与有体物不同的特征。

（1）知识不具有物质实体，即它不同于质料，但是它必须依赖于一定的载体即质料为存在条件。由于知识本质上是一种信息，而信息过程必须以质料为载体，并借助于能量。

---

① 吴汉东．财产权客体制度论：以无形财产权客体为主要研究对象．法商研究（中南政法学院学报），2000（4）：55.

② ［澳］彼得·德霍斯．知识财产法哲学．周林，译．上海：商务印书馆，2008：182.

③ ［澳］彼得·德霍斯．知识财产法哲学．周林，译．上海：商务印书馆，2008：171，175.

信息过程既不能归结为物质系统中的质料和能量过程，也不能与质料和能量过程相分离。因此，知识必须依赖于一定的载体而存在。而有体物则是质料、能量和信息的统一，它是具有物质实体的，是能够独立存在的。

(2) 知识在时间上具有永存性的特点。知识本质上是一种信息，它是客观的，不会因为磨损而灭失。而有体物则包括质料和能量，能量会被消耗，质料虽然也是不灭的，但是它可以和必然被磨损，因此有体物不具有永存性的特点。

(3) 知识是人类劳动的产物，属于人类利用从自然或社会中获得的信息而进行的再创造，它不是天然的。而有体物中则既有人类劳动的产物，也有一些是自然的产物。

(4) 知识多是在人类现有知识的基础上创造的，同时作为人类知识的一部分也是新知识创造的基础，即知识的演进是路径依赖的。虽然在信息上，新的有体物与旧的有体物有着与新知识与旧知识的关系类似的关系，但是有体物是质料、能量与信息的统一，对于同样技术水平（包含有同样信息）的有体物而言，新有体物与旧有体物之间没有必然联系。如超大规模集成电路（新技术、新知识）是在大规模集成电路（旧的技术、旧知识）的基础上发明的，而一张新桌子与一张旧桌子之间则没有此种联系。

(5) 知识具有一定的使用价值，即知识可以为人所利用，对人而言具有一定的用处。人们利用商标等识别性商业标记可以寻找某种商品或服务，人们可以阅读某件作品，人们利用某种新的发明带给人们的新的功能，便利生产或生活，但知识的使用价值主要并不体现在这里，比如作品的使用价值体现在它能够被人们复制发行，而这种复制发行能够为权利人带来一定的收益或好处。各种具体知识产权客体的使用价值具体体现在：商标可以被人们使用在商品或服务上以推销该商品或服务；作品可以被人们以各种各样的方式复制从而可以制造很多能够作为商品销售并能为其创造人带来一定收益的复制品；利用发明，人们可以去更有效地制造某种已有的东西或者去制造某种新的东西；等等。总的来说，知识一般是间接满足人们的生产、生活需要，如人们利用含有发明的产品并不是利用发明本身，商标本身仅仅指导人们购物但它本身不能满足人们的生活需要。有体物则不同，有体物一般可以直接满足人们的生产、生活需要。在使用价值上，知识与生产资料比较类似，却又不同于生活资料。

(6) 知识具有共享性的特点，人们无法利用自然手段去支配或控制知识，但是经过法律拟制以后人们也是可以控制和支配知识的。所谓共享性是指知识在同一时间内可以由两个或者两个以上的人以同样的方式使用。因此知识的所有人无法通过像控制和支配一件物品一样去控制和支配知识。有体物则没有共享性的特点，它在同一时间不可能由两个或两个以上的人以同样方式使用。这也是知识与有体物的最重要的区别。知识产权客体与物的这一区别使知识产权客体具有了经济学上所说的公共物品的属性，区别于经济学上作为私人物品的物。

在经济学看来，私人物品是指在消费或使用上具有竞争性和排他性的物品，而公共物品则是在使用或消费上不具有竞争性或排他性的物品。[①] 私人物品由于其消费与使用的竞争性和排他性，其投入与产出均是“内化”的，即均包含于该产品的投入与产出中，其社会

---

① 高鸿业．西方经济学．北京：中国经济出版社，1996：427－428.

的边际收益和私人的边际收益相等。因此，市场可以自动地对该产品的生产加以调节，从而达到生产量的最优化。而公共物品则由于其消费与使用上的非竞争性和非排他性，其投入是内化的，但其产出却不完全是内化的[①]，即其产出并不完全包含于产品生产者的收入中，实质是私人的边际收益与社会的边际收益发生了差额。在这种情况下，市场的调节就失灵了，即单纯的市场调节将无法使公共物品的生产达到最优，因此为了使市场能够重新对公共物品的调节发挥作用，就必须采用某种手段使公共物品收益内部化[②]，知识就是这种需要特殊对待的具有公共物品属性的特殊物品。有体物属于私人物品，不需要经过特殊处理，市场就能自动调节它的生产并达到最优。如前所述，为了使市场能够像调节有体物那样调节知识的生产与使用，必须采用某种手段使公共物品收益内部化，可能的方法是由单一主体生产并消费某一公共物品，或者通过人为的方法使公共物品的消费具有竞争性与排他性。

（7）知识具有客观性和载体的可替换性。知识虽然是人创造的，但它已经脱离人而成为独立的外在物，具有客观性。知识的客观性表现在两种意义上：一种意义是知识可以被验证，即它是经过实践检验的对客观实际的反映；另一种意义是波普尔意义上的客观性。波普尔说："这里的'知识'一词，我们只取它的客观意义或非私人的意义；在这个意义上，知识可以说是记载在书本上、存放在图书馆里、或者在大学里讲授的东西。"[③]"知识的客观意义可与蜜蜂酿的蜜相比。（1）它们是产品，人生产知识好比蜜蜂酿蜜。（2）它们可贮存，知识贮存在书本或图书馆中好比蜂蜜贮存在罐子里。（3）它们可供消费，尤其自己的产品可供同伴消费，或者自己消费同类者生产的产品。（4）产品生产者也是这产品的消费者，生产知识、理论者也是知识、理论的消费者。这就是说，知识像蜂蜜一样是客观的。"[④] 载体的可替换性则是知识发挥作用的最为重要的前提，正是由于知识的这一特点，它才能够附着于不同的载体从而使其共享性成为可能。

（8）知识的边界比较模糊，难以确定。在作为安娜法的权威解释的英国的米勒诉泰勒案和唐纳森诉贝克特（Donaldson v. Beckett）案中，争议的第二个重要问题就是文学财产的可辨别性或"划分问题"。耶茨法官认为，由于文学财产"没有方法确定法律利益是否被损害了，没有方法辨别作品和它的作者，没有办法画出区分财产的一个人的权利和其他人的权利的界限，"因此，"不能合法地被看作一种财产"[⑤]。今天，人们仍然认为，"在精神领域，人们不能像在有形世界中那样对任何东西都加以明确界定，"而"个人的权利只能在某个被确定的、已经与其他的事物有了界限的以及在交易生活中能够被独立感知的事物上面才能存在"[⑥]。

---

① ［美］J. E. 斯蒂格利茨. 经济学：上. 姚开建，等译. 北京：中国人民大学出版社，1997：148.

② ［英］加雷斯·D. 迈尔斯. 公共经济学. 匡小平，译. 北京：中国人民大学出版社，2001：323.

③ ［英］卡尔·波普尔. 客观知识：一个进化论的研究. 舒炜光，译. 上海：上海译文出版社，2001：297.

④ 舒炜光. 知识论中的反传统：《客观知识》中译本序//［英］卡尔·波普尔. 客观知识：一个进化论的研究. 舒炜光，译. 上海：上海译文出版社，2001.

⑤ Brad Sherman，Lionel Bently. The Making of Modern Intellectual Property Law：The British Experience，1760－1911. Cambridge：Cambridge University Press，1999：26.

⑥ ［德］M. 雷炳德. 著作权法. 张恩民，译. 北京：法律出版社，2005：38，39.

三、知识产权客体的法律特征

关于知识产权客体的法律特征，学者给出了各种各样的答案。刘春田在《知识财产权解析》一文中认为，知识产权客体具有以下特征：知识不具有实体性，不能独立存在，它必须“栖身”于物质载体。知识描述人类的认识，认识是反映一定思想和情感的信息。信息是抽象的，不具备可感知的形式特征。而知识是具象的，它必须找到得以“栖身”的质料才能独立存在。知识作为形式，在时间上具有永存性的特点；知识作为形式，无论是文学艺术作品，还是创造发明，或是工商业标记，只要描述出来，在空间上就可以无限地复制自己。知识生产者可以与他人以同样的方式拥有和利用该知识。[①] 吴汉东在《知识产权法》一书中认为知识产权客体的基本特点有：创造性、非物质性和公开性。[②] 郑成思在《知识产权——应用法学与基本理论》一书中认为，知识产权客体的基本特点有：创造性、知识性、共享性。[③] 张玉敏认为，知识产权所保护的对象，“不管是智力成果，还是商业标记，都具有财产价值，而且都具有非物质性。所谓非物质性，是指知识产权保护的对象并无物质性存在，它仅是一种信息。知识产权法所保护的，正是人们对这种信息的控制和支配”。知识产权客体具有以下特点：是一种精神财富，具有永久存续性；具有可复制性；具有可广泛传播性；可以同时被许多人使用；不能用控制物质财产的方式控制。[④] 陶鑫良、袁真富认为，“由于智力成果和商业标识的复杂性和多样性，以及它们之间的显著的差异性，似乎只有无形性才是其最本质的特点，而其他所谓的可复制性、传递性、扩散性、再现性、公共性、永存性等，都是由无形性所衍生或决定的”。陶鑫良、袁真富还认为，传递性、扩散性、再现性与可复制性在实质上意义相当，只是用语或角度不同而已，因此，他们仅就知识产权客体的无形性、可复制性、公共性和永存性进行了论述。从其论述中可以看出，无形性的含义大体上应该是“非物质性”[⑤]。这些学者对知识产权客体特征的概括为我们的进一步分析提供了较好的基础。

本书认为，作为知识产权客体的知识的上述自然属性为提炼或归纳知识产权客体的法律特征提供了很好的基础，我们可以根据知识产权客体的规范意旨对知识产权客体的自然属性加以取舍，最终把握知识产权客体的法律特征。知识是一种财产，知识产权客体的规范意旨是把作为一种特殊财产的知识规范为一种财产权客体，发挥财产权客体在知识产权的界定、确定、利用、保护中应有的作用。总结来看，知识产权客体的法律特征应包括：

第一，公共性。公共性是知识产权客体的首要特征。知识的公共性意味着知识在本质上是不能为人所私有的，同时也意味着知识只有处于公共状态的情况下才能发挥其最大效用。在知识产权制度建立之初人们对此就有着深刻的认识，如人们在评价美国知识产权制度的奠基人杰斐逊的观点时说：“像杰斐逊所坚持的那样，在特定标准下，思想、发明和创

---

① 刘春田．知识财产权解析．中国社会科学，2003（4）：109－121．当然，刘春田先生将本书的知识产权客体称为知识产权的对象。

② 吴汉东．知识产权法．北京：法律出版社，2021：35－37．

③ 郑成思．知识产权：应用法学与基本理论．北京：人民出版社，2005：139－142．

④ 张玉敏．知识产权的概念和法律特征．现代法学，2001（5）：103－110．

⑤ 陶鑫良，袁真富．知识产权法总论．北京：知识产权出版社，2005：125－129．

造性作品的性质属于那种很难相信它们能够或者应该被所有权包含的东西。”知识财产不是和不动产一样是有体的，而且也不必像不动产一样为人所拥有。相反，知识财产是想象的，甚至当减缩成如书或电影的有体或可观察形式时也是如此。同时，思想和发明的表现、知识财产的本质意味着根据性质其应为社会的利益而由社会所共享。[①] 于是，美国联邦最高法院认为，给予作者或创造者的一定期限的垄断权，也只不过是“第二考虑”（a secondary consideration）[②]。不仅如此，知识也只有在处于公共状态的情况下才能发挥其最佳作用，而且知识的公共性是人类社会发展的前提条件，因为“真正的创作行为更类似于翻译和重组，而不是更类似于从海的泡沫中创造阿芙罗迪娜。作曲者重组其从前听到的声音；剧作家将其人物建立于从真人和其他剧作家角色中抽出的零碎；软件作者是使用其在其他软件中发现的逻辑；律师将旧的论点转换以使其适用于新的事实；电影摄影师、演员、舞蹈教练、建筑师和雕刻家都从事于调节、变换和重组那些已经以某种形式‘在那边’的东西。这不是寄生现象：这是创作的本质”[③]。没有知识的公共性，人类的发展是不可想象的。知识的公共性意味着知识产权法应该采用“公共领域为原则，知识产权为例外”的基本理念。

第二，共享性。共享性是知识的自然属性，这一属性是知识不同于物质财产的重要特征，具有非常重要的法律意义。知识的这一特征使它具有诸多不同于物质财产的经济特性，如严重的寻租问题、更大的保护成本、政府更多涉入等。[④] 这些要求知识产权法有诸多不同于物权法的制度安排。

第三，永不磨损性、不可被侵犯和永存性。知识的这一特点使得它区别于物质财产，如果它被人无限期地独占，不仅在技术上很难做到，而且会产生不公平的后果。知识的永不磨损性和不可侵犯性在知识产权发展早期已经为人们所了解。在作为安娜法的权威解释的英国 1769 年的米勒诉泰勒（Millar v. Taylor）案中，耶茨（Yates）法官说，“文学财产的整个存在物是在唯一的头脑中；除了头脑的占有或理解，不能有任何其他形式的获得和享用；因其非物质性而非常安全和不可受侵犯：没有侵犯行为能到达它们；没有侵权行为能影响它们；没有欺骗和暴力能削弱或损害它们”[⑤]。知识的永不磨损性和永存性意味着有必要为知识产权设定存续期间。知识的不可侵犯性决定了知识产权侵权和损害赔偿不能以知识的受损为标准，而应该以预期的或实际的知识利用受干扰为标准。

第四，模糊性和边界难以确定。知识产权客体的模糊性和边界难以确定意味着知识产权确权要比物权确权更为困难，意味着需要设置专门的机构进行确权。

第五，知识发展的历史继承性。知识发展的历史继承性和前述的公共性有重要联系，这同样意味着知识不应为人所私有。

---

① Nadine Farid. Not in My Library: Eldred v. Ashcroft and the Demise of the Public Domain, 5 Tul. J. Tech. & Intell. Prop. 2003: 1, 17.

② Mazer v. Stein 347 U. S. 201 (1954).

③ Jessica Litman, The Public domain, 39 Emory L. J. 966, p. 967.

④ ［美］威廉·M. 兰德斯，理查德·A. 波斯纳．知识产权法的经济结构．金海军，译．北京：北京大学出版社，2005：15-45.

⑤ Millar v. Taylor, (1769) 98 ER 232. Citing form Brad Sherman and Lionel Bently, The Making of Modern Intellectual Property Law: The British Experience, 1760-1911. Cambridge: Cambridge University Press, 1999: 24-25.

在上述知识的特性中最为重要的是公共性、共享性和永存性等属性，这些属性是知识产权制度不同于物权制度的主要依据。至于学者所提出的知识产权客体的创造性、无形性、可复制性、公开性等均不是知识产权客体的法律特征。创造性无法涵盖商标等识别性商业标记；无形性与知识的本质相违背；可复制性实质上是载体的可替换性；公开性显然并不是知识产权客体的必要特征，不仅商业秘密，即便是作品，它也是因创作完成而受保护的，与是否公开无关。

本章思考题

1. 知识产权客体在知识产权法中的地位是怎样的？具有什么样的功能？
2. 作品、发明、商标、植物新品种、集成电路布图设计、地理标志等为什么是知识产权客体？
3. 知识产权客体的本质是什么？
4. 知识产权客体具有什么法律特征？这些法律特征具有什么法律意义？

经典参考文献

1. 刘春田．知识财产权解析．中国社会科学，2003（4）.
2. 李琛．知识产权“客体—对象”区分论解析．知识产权，2023（12）.
3. ［澳］彼得·德霍斯．知识财产法哲学．周林，译．北京：商务印书馆，2008.
4. 王太平．知识产权客体的理论范畴．北京：知识产权出版社，2008.

第五章 知识产权的概念、法律性质与法律特征

本章导言

知识产权是一种重要的民事权利，是知识产权法律关系的内容。对知识产权可以通过列举的方式定义，也可以通过穷尽列举符合其规范意旨的特征来定义。知识产权为一种法学概念，采内涵式定义更符合学术的要求。知识产权本质上是一种私权，但知识产权的设置具有公共政策属性，宏观上影响了知识产权制度的价值目标和运行方向。相对于同为财产权的物权，知识产权是支配权和绝对权，具有法定性、地域性和时间性等特征。

第一节 知识产权的概念

知识产权的概念在知识产权法中是非常重要的，有学者指出："知识产权的概念是知识产权理论体系和制度体系的最基本范畴，是知识产权研究的基础和逻辑起点。"[①] 定义有外延式定义与内涵式定义两种，内涵是指一个概念所概括的思维对象本质特有的属性的总和，外延是指一个概念所概括的思维对象的数量或者范围。内涵是对一切外延特征的概括，外延是内涵表述的具体化。内涵越大，外延就越小；内涵越小，外延就越大。外延式定义是指列举根据同一准则划分出的全部下位概念来描述一个概念的定义。内涵式定义是指用上位概念和区别特征描述概念内涵的定义。知识产权概念可以通过内涵式定义予以明确，也可以通过外延式定义予以明确。

一、知识产权的外延式定义

知识产权的外延式定义，又称列举式定义、范围式定义，即通过对知识产权种类和范围的列举对知识产权下定义。这种分类是依据具体知识产权的客体作出的，每一类直接细

① 吴汉东．知识产权法．北京：法律出版社，2004：3.

分到具体的权利类型。列举式又可以分为不完全列举与完全列举。

知识产权概念的列举式定义主要为法律文件所采用，权威法律文件有三个：《建立世界知识产权组织公约》、TRIPS 协定① 和《民法典》。《建立世界知识产权组织公约》是建立、领导、发展兼顾各方利益的有效国际知识产权制度的国际组织——世界知识产权组织——订立的国际公约，该公约是国际知识产权制度的组织性公约，是国际知识产权制度的组织基础和基础公约，其规定的知识产权类型比较具有权威性和代表性。根据《建立世界知识产权组织公约》第 2 条的规定，“知识产权”包括：关于文学、艺术和科学作品的权利，关于表演艺术家的演出、录音和广播的权利，关于人们努力在一切领域的发明的权利，关于科学发现的权利，关于工业品式样的权利，关于商标、服务商标、厂商名称和标记的权利，关于制止不正当竞争的权利，以及在工业、科学、文学或艺术领域里一切其他来自知识活动的权利。TRIPS 协定是世界贸易组织的三大支柱之一，是最全面的知识产权多边协定。它从创新、技术转让和公共福利的角度构建了知识产权制度，在促进知识和创造贸易、解决知识产权贸易争端以及确保世贸组织成员实现其国内政策目标的自由方面发挥着核心作用。TRIPS 协定第二部分共 7 节规定了知识产权的类型，包括版权与有关权、商标、地理标志、工业品外观设计、专利、集成电路布图设计（拓扑图）、未披露过的信息的保护以及协议许可证中对限制竞争行为的控制。《民法典》是国家法律体系中仅次于宪法的重要基本法，它是市场经济的基本法、市民生活的基本行为准则和法官裁判民商事案件的基本依据。《民法典》第 123 条规定：民事主体依法享有知识产权。知识产权是权利人依法就下列客体享有的专有的权利：（1）作品；（2）发明、实用新型、外观设计；（3）商标；（4）地理标志；（5）商业秘密；（6）集成电路布图设计；（7）植物新品种；（8）法律规定的其他客体。也许因为根据《建立世界知识产权组织公约》成立的知识产权组织是巴黎公约联盟和伯尔尼公约联盟合并的结果，《建立世界知识产权组织公约》并没有规定当时已经签订有国际公约的植物新品种权，而集成电路布图设计权在《建立世界知识产权组织公约》签订时尚未产生，当然无从规定。TRIPS 协定虽未专节规定植物新品种权，但在第五节“专利”部分规定了植物新品种权，该部分规定，“成员还可以将下列各项排除于可获专利之外：（a）诊治人类或动物的诊断方法、治疗方法及外科手术方法；（b）除微生物之外的动、植物，以及生产动、植物的主要是生物的方法；生产动、植物的非生物方法及微生物方法除外；”“但成员应以专利制度或有效的专门制度，或以任何组合制度，给植物新品种以保护”。《建立世界知识产权组织公约》还规定了关于科学发现的权利，但迄今基本上没有哪个国家将科学发现作为知识产权的一种，恰恰相反，专利法通常明确将“科学发现”排除于专利保护之外。

我国也有学者比较推崇这种外延式定义，该学者认为，“迄今为止，多数国家的法理专著、法律，乃至国际条约，都是从划定范围出发，来明确知识产权这个概念，或给知识产

① 当然，“不可忽视的是，鉴于世界贸易组织与贸易的一致性，正如《TRIPS 协定》都载有‘与贸易有关的知识产权方面’一词的标题所强调的那样，贸易方面是最重要的，这一点也不足为奇。《TRIPS 协定》在这方面主要表现为一项贸易协定，其次才是一项保护受法律保护的私人权利的协定”。Peter-Tobias Stoll，Jan Busche and Katrin Arend. WTO-Trade-Related Aspects of Intellectual Property Rights，Leiden • Boston：Martinus Nijhoff Publishers，2009：66.

权下定义的”。关于知识产权概念，这种观点认为，“广义的知识产权，可以包括一切人类智力创作的成果，也就是《建立世界知识产权组织公约》中所划的范围。对这一范围，在学术上至今仍存在较大争议；在各国立法中，真正把世界知识产权组织所称为‘知识产权’的内容都当作知识产权对待的国家，也并不多。但由于已经有一百多个国家参加了这一公约，故应认为大多数国家原则上同意该公约为广义知识产权所划的范围”[①]。

总体上，我国《民法典》规定的知识产权类型就是世界各国知识产权法规定的知识产权的类型。外延式定义的优点是明确具体，因此，追求明确具体的法律通常采用外延式定义。但外延式定义的缺点也非常明显，即其适应性较差，当出现新类型的知识产权时，外延式定义无法将新类型的知识产权包含进去。

二、知识产权的内涵式定义

知识产权的内涵式定义，又称概括式定义，即通过对保护对象的概括抽象的描述，以简要说明这一权利的“属加种差”的方式，给出知识产权的定义。知识产权法著述一般采用这种方式定义知识产权。在我国建立知识产权制度初期，由于人们认为知识产权客体是智力成果，因此通常将知识产权定义为“人们可以就其智力创造的成果所依法享有的专有权利”[②] 或者“知识产权所有人对其从事智力活动而创造的智力成果依法享有的权利”[③]。后来，由于人们逐渐认识到知识产权客体尤其是商标等商业标记不属于智力成果，因此将知识产权定义为“基于创造性智力成果和工商业标记依法产生的权利的统称”[④] 或者“人们对于自己的智力活动创造的成果和经营管理活动中的标记、信誉依法享有的权利”[⑤] 或者“民事主体所享有的支配创造性智力成果、商业标记以及其他具有商业价值的信息并排斥他人干涉的权利”[⑥]。这三个知识产权概念的区别在于，后两者中的前者多了一项“信誉”，或许目的是把反不正当竞争法保护信誉包含进来，后两者中的后者多了一项“其他具有商业价值的信息”，大概是想把反不正当竞争法保护的商业秘密涵盖进来。张俊浩先生主编的《民法学原理》一书对知识产权定义的前后变化是知识产权概念上述演变的典型体现，在《民法学原理》第二版中，知识产权尚被定义为“直接支配智慧产品并享受其利益的权利”[⑦]，大概是意识到“智慧产品”无法涵盖商事标记和商誉，《民法学原理》第三版中，知识产权的概念被修改为“排他性支配受保护智慧产品、商事标记以及商誉等并享受其利益的一组权利”[⑧]。不过，将知识产权概念中的知识产权客体划分为两种或两种以上客体仍然属于列举，虽然内涵更为准确，但因抽象度不足，概括性不强，弱化了揭示事物本质的概念的功能，略有不足。归根结底，这是因为目前学界对知识产权客体研究得不够深入，未能揭示各种具体知识产权客体共同的一般的本质的特征，缺乏定义知识产权概念的权利客体

① 郑成思．再论知识产权的概念．知识产权，1997（1）：13，14.

② 郑成思．知识产权法教程．北京：法律出版社，1993：1.

③ 张平．知识产权法详论．北京：北京大学出版社，1994：3.

④ 刘春田．知识产权法．2版．北京：高等教育出版社，北京大学出版社，2003：5.

⑤ 吴汉东．知识产权法．北京：法律出版社，2004：4.

⑥ 张玉敏．知识产权的概念和法律特征．现代法学，2001（5）：105.

⑦ 张俊浩．民法学原理．北京：中国政法大学出版社，1997：457.

⑧ 张俊洁．民法学原理．修订第3版．北京：中国政法大学出版社，2000：538.

的“支点”。

内涵式定义具有揭示事物本质的特点，尽管不如列举式定义明确具体，但适应性较强，诸如植物新品种权、集成电路布图设计权等新型知识产权出现之后可以轻易被涵盖在原有知识产权概念之内。

三、知识产权概念的明确

在逻辑学看来，概念明确，就是概念的内涵与外延都明确，即概念反映了哪些特有属性与表示了哪些事物，这两者都是明确的。因此，要明确知识产权概念，就必须揭示知识产权的一般的本质性特征，同时又必须明确知识产权包括哪些类型，即从内涵和外延两个角度来明确概念。

由于知识产权客体是知识产权概念的“支点”，只有建立知识产权客体的理论范畴，才能以知识产权客体这个“支点”借鉴物权概念并从内涵角度界定知识产权。鉴于本书前文已经建构了知识产权客体的理论范畴，因此可以知识产权客体即知识为“支点”界定知识产权概念，本书认为，知识产权是依法直接支配特定知识并享有其利益的排他性权利。这一概念表明：

第一，知识产权是依法产生的。知识产权具有法定性，作为其权利客体的知识必须符合知识产权法律规定的条件，如发明创造的“三性”、作品的独创性、注册商标的显著性等。知识产权的权利内容是法定的，只有被法律确定为知识产权权利内容的知识利用行为才处于知识产权的效力之下，而没有被置于知识产权效力之下的行为，如著作权作品的阅读行为、商标和发明创造的非商业个人使用行为等均不属于知识产权的内容。

第二，知识产权的客体是特定的知识。知识产权客体是知识，但并非所有知识均为知识产权客体，只有符合法律规定的条件的特定的知识才属于知识产权客体。知识产权客体属于知识决定了知识产权和物权的相似之处与不同特点。

第三，知识产权是支配权和绝对权。和物权类似，知识产权属于支配权和绝对权。当然，鉴于知识的无体性和共享性特征，知识产权人对知识的支配是一种拟制的支配，而不是一种物理的支配。和物权类似，知识产权的权利人是特定的，而义务人是不特定的。

第四，知识产权是一种私权。知识产权是平等主体的私人之间的社会关系的法律化，是一种私权，权利人可以自由处分。

第五，知识产权主要是一种财产权。尽管著作权中有著作人身权，但知识产权主要是一种财产权，著作权更重要的是著作财产权。专利权和商标权没有人身权，是完全的财产权。财产权的性质意味着知识产权可以像财产一样被自由处置。

从现行知识产权法律规定来看，知识产权包括以下类型：

（1）著作权。狭义的著作权是自然人、法人或者非法人组织对文学、艺术和科学作品享有的著作人身权和著作财产权的统称。著作权是最重要的三大知识产权之一，是唯一既具有人身权也具有财产权的知识产权类型。作品是创作行为的结果，因此著作权是创作者的权利。广义的著作权还包括邻接权，邻接权也被称为与著作权有关的权利，大体上可以说是为传播作品或其他客体而产生的权利，是传播者的权利。著作权和专利权、商标权不同的是，著作权是因创作完成而自动产生的权利，而专利权和商标权的取得通常需要经过审查等授权确权程序。

(2) 专利权。专利权是自然人、法人或者非法人组织对发明创造享有的专有权利。在我国，专利权包括发明专利权、实用新型专利权和外观设计专利权三种。其中发明和实用新型专利权是对技术方案的权利，而外观设计专利权是对外观设计的权利。外观设计本质上是作品，但因使用于产品之上而受到产品的技术规律的限制，可以说是技术基础上的艺术。因此，尽管均为专利权，外观设计专利权在权利内容和侵权判断标准上完全不同于发明专利权和实用新型专利权。和著作权类似的是，不管哪种专利权，均是属于创造者的权利。

(3) 商标权。商标权是自然人、法人或者非法人组织对商标享有的专有权利。商标分为注册商标与未注册商标，《民法典》没有区分注册商标与未注册商标，这意味着《民法典》规定的商标既包括注册商标，也包括未注册商标。需要注意的是，在我国，尽管商标法也对未注册商标提供一定的保护，但注册商标和未注册商标的法律保护是很不相同的，注册商标原则上由商标法保护，而未注册商标原则上由反不正当竞争法保护，当合法存在的注册商标与未注册商标发生冲突时，注册商标具有更优越的地位与效力。商标权和著作权、专利权这两种属于创作者或创造者的权利不同，商标没有创造性，商标权不是创作者或创造者的权利，而是识别性的权利。

(4) 地理标志权。地理标志权是地理标志所有人对地理标志享有的权利。地理标志，是指标示某商品来源于某地区，该商品的特定质量、信誉或者其他特征主要由该地区的自然因素或者人文因素决定的标志。我国地理标志保护主要有三种途径：一是通过注册为地理标志证明商标或集体商标进行保护，二是通过地理标志保护产品进行保护，三是通过农产品地理标志进行保护。自 2022 年 11 月 17 日起农产品地理标志不再由农业农村部认定，而是逐步认定为地理标志保护产品，而地理标志保护产品和地理标志证明商标或集体商标均已归国家知识产权局管辖。地理标志权是一种不同于商标权的识别性标记权利，与商标权是纯粹的私权不同，地理标志权既具有私的一面，也具有公的一面。地理标志首先属于由其自然因素或者人文因素决定的具有特定质量、信誉或其他特征的商品的某地区所有，具有私的一面，同时，地理标志属于该特定地区全部生产者、经营者“共有”，具有公的一面。

(5) 商业秘密。《民法典》将商业秘密规定为知识产权客体之一，将对商业秘密的权益作为知识产权的一种。不过，在我国，保护商业秘密的法律是反不正当竞争法，而反不正当竞争法所保护的权益一般尚不认为是一种权利而仅仅是一种利益，反不正当竞争法保护的“未注册商标、商业秘密等”属于“未上升为权利的法益”① 或利益。② 商业秘密是经营者保护自己的技术创新和经营秘密的重要手段，尽管它的权益不是权利而是利益，但对于经营者的正常经营和竞争秩序的维护具有非常重要的作用。

(6) 集成电路布图设计权。集成电路，是指半导体集成电路，即以半导体材料为基片，

---

① 孙山．法益保护说视角下知识产权法的概念还原与体系整合．浙江学刊，2021 (4)：94.

② 有学者认为，“即使依反不正当竞争法能创设‘公平交易权’，这种权利也只是一种‘不完全独占权’或‘框架权’，其与狭义知识产权法上的著作权、专利权和商标权亦明显差别。它无法积极行使，只能被动防卫，其实质仍是一种法益”。郑友德，胡承浩，万志前．论反不正当竞争法的保护对象：兼评“公平竞争权”．知识产权，2008 (5)：39.

将至少有一个是有源元件的两个以上元件和部分或者全部互连线路集成在基片之中或者基片之上，以执行某种电子功能的中间产品或者最终产品。集成电路布图设计，是指集成电路中至少有一个是有源元件的两个以上元件和部分或者全部互连线路的三维配置，或者为制造集成电路而准备的上述三维配置。集成电路布图设计权保护的是集成电路布图设计而不是集成电路本身。由于集成电路布图设计的保护条件类似于著作权法，而其权利的法律效力结合了著作权法和专利法，集成电路布图设计权是一种介于专利权与著作权之间的权利。

（7）植物新品种权。植物新品种权是育种者就其繁育的植物新品种所享有的专有权利。植物新品种，是指经过人工培育的或者对发现的野生植物加以开发，具备新颖性、特异性、一致性和稳定性并有适当命名的植物品种。植物新品种权是一种创造性智力成果权，植物新品种实质上是植物领域的发明创造，只是植物生长必须利用植物的生物学特性而和专利法保护的发明创造有所不同而已。也许正因如此，世界各国保护植物新品种的法律方法多种多样。

（8）法律规定的其他客体。除了明确列举的以上知识产权客体，《民法典》还规定了"法律规定的其他客体"。《民法典》第 127 条规定，"法律对数据、网络虚拟财产的保护有规定的，依照其规定"。已经废止的《民法通则》第 97 条曾规定："公民对自己的发现享有发现权。发现人有权申请领取发现证书、奖金或者其他奖励。""公民对自己的发明或者其他科技成果，有权申请领取荣誉证书、奖金或者其他奖励。"这些规定中的数据、虚拟财产、发现、其他科技成果均有成为法律规定的其他客体的可能。

第二节　知识产权的法律性质

知识产权的法律性质是非常重要的，"知识产权的性质问题是知识产权制度最基本的问题，它是构造知识产权法律制度'大厦'的基石和根本问题"①。正确认识和深刻理解知识产权的法律性质，对于正确认识、理解知识产权和处理知识产权问题，对于知识产权的立法、执法、学习研究均具有非常重要的意义。

一、知识产权的法律性质的争论

TRIPS 协定的序言已经明确，"承认知识产权为私权"。私权性是知识产权的根本法律性质本已得到公认，然而，21 世纪初的两篇文章引起了一场对知识产权法律性质的争议，这两篇文章认为，"知识经济时代的知识产权，其权利属性正由传统意义上的私权蜕变为一种私权公权化的权利，以私权属性为主，兼具有公权的属性，体现了私权与公权在一定程度上的对立融合"②。"作为对'知识产权属于私权'的补充，提出知识产权的公权性质是符合深入研究知识产权制度和充分有效利用这一制度发展的需要的"，知识产权的公权性质主

① 李永明，吕益林．论知识产权之公权性质：对"知识产权属于私权"的补充．浙江大学学报（人文社会科学版），2004（4）：60.

② 冯晓青，刘淑华．试论知识产权的私权属性及其公权化趋向．中国法学，2004（1）：61.

要表现在社会公益性、国家授予性和利益权衡性三个方面[①]，知识产权私权的公权化趋向是“建构知识产权法的利益平衡机制、保障知识产权人的专有权、实现知识产权法的公共利益价值之所需”[②]。有学者则提出反对意见认为，权利的属性，取决于权利的基本内容而不是权利的产生方式，私法的公法化并非私权的公权化，知识产权制度内部的平衡与调整的利益平衡没有也不应该改变知识产权的本质属性，因此，“所谓‘知识产权公权化的观点’是值得商榷的”[③]。“私法公法化的趋势，知识产权的历史渊源以及当前国内外法律政策最新动向，知识产权的权利限制制度以及知识产权在设定、运行和保护领域与行政权力的密切关系都不足以支持所谓的‘知识产权公权化’理论。”[④] 2020年以来，知识产权公权化观点的提出者就其观点进行了澄清，说“笔者并不是认可知识产权成为公权，也不是基于相当一部分知识产权需要公权机关的授予才能获得而认为知识产权成了公权，而是认为知识产权保护中存在维护公共利益的价值取向”。但“无论如何，笔者认为知识产权作为私权保护的特殊性不足以使其成为一种‘特殊的民事权利’，其仍然需要按照民事法律规定的一般原则和制度予以实施”[⑤]。

本书认为，私权属性仍然是知识产权的根本属性，即便其权利的发挥作用方向存在公共利益考虑。不过，本书提出另一种意义上的知识产权“公权化”趋势。正如资本主义国家金融寡头控制了国家经济后影响甚至控制国家政治权力一样，知识产权在今天事实上能够发挥类似的作用。有学者认为，“财产权是一种主权机制。……它们是资本的一种形式，并且作为资本的功能就如同权力的一种来源。这种权力来源的利用机制就是财产”。作为知识产权客体的“抽象物的特征之一就是，它们是模糊不清、不能确定的物”。知识产权的侵权“判断是脆弱的约定俗成的判断，很容易被抛弃或受到特殊利益集团的影响。其结果是，这些判断违背其最初的本意而不再服务于广泛、普遍的社会利益”。不仅如此，由于“这些抽象物是获得许多其他资本来源的手段的事实，为个别行为者积累那些抽象物提供了很强的动力。而且，这些抽象物的不确定的性质鼓励那些有经济实力的行为者按照适合他们的方式改变关于这些抽象物的同一性判断……于是他们将获得某种更强有力的资产”。归根结底，“每一次法律设定新的抽象物……法律实际上都是在创设资本。但是，这种资本存在着危险，即它可以被少数有限的人作为一种巨大的权力来源来利用”。“当一个社会在抽象物上确立了财产权，它就面临着某种广泛的威胁权力被集中到少数人手中的危险。”“当这种主权机制与抽象物联系在一起时，一个社会制度中的威胁权力就不同寻常地增强了。”[⑥] 美国《1998年著作权期限延长法案》之所以被戏称为《米老鼠保护法案》，正是因为它是迪士尼之类的以著作权为基础的公司推动的结果，是知识产权“公权化”的典型事例。

---

① 李永明，吕益林．论知识产权之公权性质：对“知识产权属于私权”的补充．浙江大学学报（人文社会科学版），2004（4）：60.

② 冯晓青，刘淑华．试论知识产权的私权属性及其公权化趋向．中国法学，2004（1）：61.

③ 吴汉东．关于知识产权私权属性的再认识：兼评“知识产权公权化”理论．社会科学，2005（10）：58-64.

④ 孙海龙，董倚铭．知识产权公权化理论的解读和反思．法律科学（西北政法大学学报），2007（5）：84-85.

⑤ 冯晓青．知识产权的私权属性及其制度完善：民法典实施背景下我国知识产权制度的变革与发展．甘肃政法大学学报，2020（5）.

⑥ ［澳］彼得·德霍斯．知识财产法哲学．周林，译．上海：商务印书馆，2008：169-175.

二、知识产权的私权属性

强调知识产权的私权属性事实上是在强调知识产权是一种私法上的权利，与公法的公权相对。[①] 知识产权的私法属性，首先强调作为私法核心的私权概念。在私法上，“各种类型的权利构成了私法上的一种重要工具。这些权利授予主体作出特定决定的权限，并同时赋予其价值。”[②] 权利“主体得依其意志自由处分其权利，从而实现主体诉求于权利的目的，兑现权利之为权利的终端社会效果”[③]。“权利思想之文化意义，系在个人于社会生活能为意识的本位，能为自律的主体。”[④] 私权是私法的基础。因为“自治的意思是指‘自我治理’，也就是根据某人自己的规划与设计来操控自己的能力。如果不能对自己的创造成果享有所有权，那他就没有什么机会，可以一种持久的方式来做到这一点。所有权赋予人们的既是控制，也是获得收入回报的前景——这是抽象的康德式自治概念具有的两个实践性维度”。“因此，在康德式意义上，先有将财产作为一种权利的设想，而后才有自治。”[⑤] 知识产权为私权之一种在中国，强调知识产权的私权属性尤其具有重要意义，“在以限制行政权力、保护私人财产权益、弘扬法治精神为当前主旋律的我国，强调知识产权的私权属性尤其具有重大的现实意义”[⑥]。不过，明确规定了“知识产权为私权”的 TRIPS 协定的本意似乎并非如此，有学者指出：“强调个人和国家之间的责任划分也很重要。之所以采用第 4 条的具体措辞，是因为一些成员担心，尽管已采取措施授权知识产权所有人行使和捍卫其权利，但如果权利所有人未能行使其权利，政府可能会被指控不遵守《TRIPS 协定》。”[⑦] 也就是说，TRIPS 协定之所以规定“知识产权为私权”，其根本目的是强调知识产权人要对其知识产权的实现负责，不能因知识产权人怠于行使权利而使 TRIPS 协定成员国承担不履行 TRIPS 协定义务的责任。

知识产权作为民事权利的属性取决于它所调整的利益关系的性质，而利益关系是客观的，不以人的主观意志而改变。知识产权之所以属于民事权利是因为它所反映和调整的社会关系是平等主体之间的财产关系，因而具备了民事权利共同的本质的特征。知识产权的发生、行使和保护，适用于全部民法的基本原则和基本的民事规范，如民事主体、客体、内容、法律事实、民事法律行为、代理、诉讼时效、期间、侵权行为、民事责任等。如果

---

① 值得注意的是，知识产权为私权的提法只是 TRIPS 协定签订之后才为我国学者所使用，之前一般称为民事权利，这当然跟《民法通则》的规定有关［苏庆．略论知识产权．中国法学，1986（4）：23；姚新华．关于《民法通则》中的知识产权．政法论坛，1986（5）：26；吴汉东．试论《民法通则》中的知识产权制度．中南政法学院学报，1986（4）：7，但《民法通则》之前也有民事权利的提法（李静堂．加强民事法律关系客体物的法律保护．法学研究，1982（6）：72－73］。

② ［德］迪特尔·梅迪库斯．德国民法总论．邵建东，译．北京：法律出版社，2000：48.

③ 李晓明．私法的制度价值．北京：法律出版社，2007：89.

④ ［日］牧野英一．法律上之进化与进步．朱广文，译．孟祥沛，点校．北京：中国政法大学出版社，2003：11.

⑤ ［美］罗伯特·P. 莫杰思．知识产权正当性解释．金海军，史兆欢，寇海侠，译．北京：商务印书馆，2019：40.

⑥ 孙海龙，董倚铭．知识产权公权化理论的解读和反思．法律科学（西北政法大学学报），2007（5）：84－85.

⑦ Peter-Tobias Stoll，Jan Busche，Katrin Arend. WTO-Trade-Related Aspects of Intellectual Property Rights. Leiden · Boston：Martinus Nijhoff Publishers，2009：71.

抽掉民事法律规范和制度，脱离民法的理念、指导思想、理论基础和基本原则，知识产权制度就会面目全非，无法生存。民法的精神和制度体系，主宰着知识产权的面貌。知识产权为民事权利，源于知识是劳动的产品，知识的创造者天然是它的权利人。围绕对知识的利用而发生的利益关系属于平等主体之间的财产关系，其不因主体的性质不同而改变。知识产权的私权本质，不因对该权利的法律保护手段不同而改变；知识产权为私权，不因立法技术上的不同处理而有所改变；知识产权作为私权，不因该权利的发生是否办理相关登记手续，或经由政府部门以国家名义授权、注册、批准而改变；知识产权的私权属性与审理该类案件的司法审判组织的称谓或机构如何设置无关；知识产权的属性与国际公约或世界性公约是否规定和如何规定无关。①

三、知识产权的公共政策性

知识产权在私权属性之外还具有的这种公共目的与政策特征就是知识产权的公共政策性，"知识产权保护具有独特的宏观意义"。"知识产权保护的定位、姿态和限度，必须从公共政策上进行理解和把握，以恰当地实现公共政策为底层逻辑。""知识产权是实现公共政策的法律工具。"② 公共政策是统治阶级在政治上的代表和执行者为有效维护、确保与最终实现统治阶级利益所采取的一定政治行为方式③，是政府为管理公共事务、提供公共服务而规定的行为准则。④ 公共政策是由政府机构和政府官员制定的，体现了他们在政治系统和特定环境下的活动方式和活动过程，表达了他们的行为和目的，反映了他们实际所做的事情和效果。⑤ 知识产权的公共政策性意味着知识产权这种权利的设定具有公共政策属性，意味着知识产权在一定意义上是政府的一种公共政策工具。知识产权的手段的地位则规定了它必须为实现某种公共目标——在知识产权法中即是促进知识的生产与传播——而存在。

知识产权的公共政策性在知识产权制度中有着深刻的体现，不论是在历史上还是在今天。在达西案中，艾伦的代理人认为：在某人将实用贸易和发明引进到这个王国的那些情况下，"国王可以授予他合理期限的垄断专利，直到国民可能学会同样的实用贸易和发明为止，要考虑他用其发明带给这个王国的好处：其他情况则不能授予"。之所以说该案被告艾伦的代理人的主张表明了专利制度的公共政策性是因为当时设置专利制度的公共目的是"鼓励有价值的贸易和技术输入英国"。王权必须恰当地利用其特权，只授予那些已发明某种东西或者已将发明或贸易从国外引进的人以垄断权，因此，当时给予垄断的不只是新的发现，也包括引进外国发现的企业家，"专利制度的关键目标是促进人力资本的增长"⑥。这表明作为现代专利制度前奏的达西案判决具有极强的功利性，即促进新发现的产生和促进外国发现的引进。达西案之后，"支配普通法法院对待垄断方法的工具主义态度继续体现在

① 刘春田．知识财产权解析．中国社会科学，2003（4）：118－119.
② 孔祥俊．论知识产权的公共政策性．上海交通大学学报（哲学社会科学版），2021（3）：20－21.
③ 刘学锋．关于公共政策本质的思考．首都师范大学学报（社会科学版），1999（4）.
④ 薛冰．公共政策的特点、结构及信息意义．陕西社会主义学院学报，2002（1）.
⑤ 张金马．公共政策：学科定位和概念分析．北京行政学院学报，2000（1）.
⑥ Peter Drahos. A Philosophy of Intellectual Property. Dartmouth：Publishing Company Limited，1996：31.

垄断法中”。《垄断法》第 1 条宣布因垄断特权没有履行其意图促进“公共利益”的功能，因此违反该领域的法律而无效，唯一的例外是该法第 6 条所给予发明者的特权。除了继续强调其本身的功利目的，《垄断法》更明确地将发明者的权利界定为“一种特权，而不是某种类型的自然权利”。因此，“垄断法在很多方面是一种率直的经济政策”①。总之，作为现代专利制度前奏的达西案以及作为现代专利制度起点的《垄断法》对专利权权利性质的界定、对权利客体范围的划定以及对法律功能的设定，均表明了专利法及专利权在产生之初的极强的公共政策性。

作为现代著作权法起点的安娜法及其权威解释的米勒诉泰勒案②（下称米勒案）和唐纳森诉贝克特案③（下称唐纳森案）同样为著作权打上了公共政策性的烙印。研究表明，至少在像我们今天所理解的著作权意义上，安娜法更应被看作是一部贸易法规而不是一部著作权法规，因为“尽管安娜法的语言规定了作者的权利，考虑到今天作者通常将其全部权利转移给出版商的普通习惯，在学者中有一种共识即这是印刷商为了继续确保其对印刷业的控制而采取的策略”④。安娜法是在书商的推动下制定的，其目的主要在于维护书商而不是作者的利益，因此尽管安娜法规定了作者的权利，但是这不过是书商为了继续其垄断而不得不采用的手段。这些事实表明，安娜法所规定的著作权不可能是一种自然权利。而从安娜法的立法目的来看，尽管有保护作者权利的语言，然而也有“鼓励饱学之士撰写出经世济用之图书”的功利目的。在安娜法颁布 65 年后，英国议会在著名的判例唐纳森案中明确规定，“著作权是一种法定权利，因此不是永久的”⑤。因为文学财产这种脑力劳动结果及其“生产”过程不同于体力劳动，文学财产在社会中的地位不同于有体财产，授予文学财产以财产权将产生一系列不同的社会经济问题，著作权制度就是在全面衡量这些社会经济问题的基础上建立起来的。⑥ 安娜法“鼓励饱学之士撰写出经世济用之图书”的功利目的以及作为安娜法的权威解释的米勒案和唐纳森案对著作权的法定权利性质的明确界定表明产生之初的著作权具有极强的公共政策性。

在现代知识产权产生之后，知识产权的功利主义思想在英美法系国家的统治地位几乎从未动摇。英国知识产权法的功利主义思想已在前述。作为英美法系另一代表性国家的美国在规定知识财产中的财产权时主要是根据一种功利主义或激励基础的理论。⑦ 这种功利主义思想不仅规定于美国宪法的知识产权条款中，还深深地融入了美国知识产权司法中，在美国二百余年的历史中几乎从来未曾改变。美国宪法知识产权条款规定，“国会有权……，通过保障作者和发明人对其作品和发明的有期限的排他权，促进科学和实用技艺的进步；……”。根据该规定，可以看出，美国“宪法的专有权利条款仅仅使用了公共福利理由而没有提及

① Peter Drahos. A Philosophy of Intellectual Property. Dartmouth：Publishing Company Limited，1996：32.

② Millar v. Taylor 98 Eng. Rep. 201，229（K. B. 1769）.

③ Donaldson v. Beckett 1 Eng. Rep. 837（H. L. 1774）.

④ Michael D. Birnhack，The Idea of Progress in Copyright Law，1 Buff. Intell. Prop. L. J. 25－27.

⑤ Michael D. Birnhack，The Idea of Progress in Copyright Law，1 Buff. Intell. Prop. L. J. 26.

⑥ Brad Sherman，Lionel Bently. The Making of Modern Intellectual Property Law：The British Experience，1760－1911. Cambridge：Cambridge University Press，1999：28－31.

⑦ Viva R. Moffat. Mutant Copyrights and Backdoor Patents：The Problem of Overlapping Intellectual Property Protection. 19 Berkeley Tech. L. J. 1478.

保护的自然权利理由"[①]。尽管在大陆法系国家中由于资产阶级革命思想的影响而产生了不同的知识产权观念，自然权利思想在知识产权的理论中也取得了重要的地位，但即便是大陆法系国家也均承认知识产权和物质财产权之间的区别。在大陆法系国家，相对于物质财产权，知识产权的自然权利观念也是被限制修饰的，因为古典的自然权利如对自由的权利显然是不会过期的，而"专利权从最初就被看作是可以被恰当地塑造、限制而最终被制定法取消的"[②]。

今天，TRIPS协定无疑是世界上最重要的影响最大的知识产权国际公约，鉴于TRIPS协定在当今世界知识产权制度中之核心地位与作用，TRIPS协定序言中对知识产权的公共利益方面的关注可以说已为世界各国所公认，而这种对公共利益的关注显然与知识产权的公共政策目标是异曲同工的。

需说明的是本书以上分析仅仅涉及知识产权制度中的著作权和专利制度，人们可能会质疑知识产权的公共政策性在商标法中的适用。事实上，商标权（法）的公共政策性几乎是不言而喻的。我国台湾地区学者曾陈明汝在谈到商标制度的基本理念时说：商标的"直接目的固在于商标专用权之取得与保护，而终极之目标则在于消费者利益之保护，以免其对商品来源发生混淆、误认，进而促进工商企业之正常发展"。"故商标制度实具有保障公益与私益之双重目的。"[③]

知识产权为什么具有公共政策性？知识产权制度所体现的知识产权的公共政策性到底是逻辑的必然还是历史的偶然？澳大利亚学者德拉豪斯指出：发明者和作者像他人一样因劳动而有权获得回报，然而这种可能符合神法设计而给予的回报不过是一种临时性的特权。这种临时性的特权的任何超出将因严重干涉他人的劳动而违反神法和这个领域的基本法。发明者或作者最多能期望某种临时性的对他人的优势。这种优势的性质是一种特权，它永远不等于更多，因为那将对他人的消极自由构成太大的威胁，尤其在商业和贸易领域。自由贸易的权利是一种基本的普通法权利。抽象物中的临时性的特权之所以有必要是因为它具有增加他人产业的长期效应，因此这种特权与基本法和神法是一致的。但无论如何，抽象物中的自然财产权从无可能。[④] 因此，知识产权具有不同于有体财产权的显著特点，不是自然权利，知识产权是为了更根本的目标才创设的。因此，如果违背了这种权利设置的更根本的目标，这种权利是不能存在的。的确，知识产权公共政策性的客观基础在于知识产权客体——知识的公共性。[⑤]

四、知识产权的私权属性与知识产权的公共政策性之间的关系

知识产权的公共政策性意味着知识产权和纯粹作为自然权利的私人财产权在性质上是不同的。作为自然权利的私人财产权被认为是神圣的、不可被剥夺的，甚至为了公共利益

① Mark S. Nadel. How Current Copyright Law Discourages Creative Output：The Overlooked Impact of Marketing. 19 Berkeley Tech. L. J. 785，794.

② Peter Drahos. A Philosophy of Intellectual Property. Dartmouth：Publishing Company Limited，1996：28.

③ 曾陈明汝．商标法原理．北京：中国人民大学出版社，2003：21.

④ Peter Drahos. A Philosophy of Intellectual Property. Dartmouth：Publishing Company Limited，1996：32－33.

⑤ 参见本书第四章第四节。

也不一定能够予以限制或剥夺。尽管知识产权并不是一种政府可以随便给予或收回的权利，但知识产权的公共政策性的确为政府的政策操控提供了较大空间，使得政府可以根据社会环境的变化来调适知识产权制度，更好地适应社会的发展。知识产权的公共政策性意味着知识产权是一种达到某种目的的手段，而且这种手段可以因目的和环境变化而调整，即知识产权法作为一种法律制度，“以防止对他人创作行为或信誉的搭车，及使信息形成所谓新财富为手段，目的在于确保创作活动和信誉蓄积等的积极性，进而促进产业的发达和文化的发展。从产业发达和文化发展的观点来看，什么行为属于要禁止的搭车行为，其结论，会因大背景下的社会状况不同而不同，知识财产法承担不能不随时代而发展、变化的历史使命”①。

那么知识产权的公共政策性与知识产权的私权属性是否矛盾呢？知识产权的公共政策性和私权属性之间又是一种什么关系呢？本书认为，知识产权的公共政策性和知识产权的私权属性并不矛盾，而是发挥着功能互补的作用。详言之，知识产权的公共政策性为知识产权设置了发挥作用的终极目标，知识产权的创设、保护与限制均只能有助于这种终极目标的实现，而不能有害于它；而知识产权的私权属性意味着实现这种终极目标主要通过设置知识产权这种私权性质的权利。

实现知识产权立法终极目标要通过设置知识产权这种私权性质的权利，是由社会发展现阶段的人性状况即经济人所决定的。因为“对于一个法律时代的风格而言，重要的莫过于对人的看法，它决定着法律的方向”②。经济学家亨利·帕勒日认为：“研究微观经济学的全部著作构成了对‘经济人’范例进行经验验证的宏伟建筑，‘经济人’这种简化了的个人模式，用卡尔·布鲁内的话来说，即‘会计算、有创造性并能获取最大利益的人’，是进行一切经济分析的基础。”③ 事实上，经济人假设不仅适用于人类的经济行为，还适用于人类的全部行为。因为“人类行为不能被条块分割，这种条块分割认为人类行为有时基于最大化，有时不然；有时受稳定的偏好驱使，有时任随意的动机摆布；有时需要最优的信息积累，有时则没有这种需要。相反，所有人类行为均可以视为某种关系错综复杂的参与者的行为，通过积累适量信息和其他市场投入要素，他们使其源于一组稳定偏好的效用达至最大”④。法律的经济人的假设意味着：首先，人是理性的。经济人的“会计算、有创造性”指的就是经济人的理性层面。尽管经过西蒙的发展，经济人已经从绝对理性变成了更为现实的有限理性，然而理性无疑仍是经济人的核心。其次，人是自利的。康罗·洛伦兹说：“理性就像一部电脑……虽然在逻辑上它可以操作得很好……但是缺乏动力促使它进行工作。而促使它们如此做的发动力量是从本能行为动机分流出来的，在时间上比理性早得多，而且不能直接进一步做有理性的自我观察。这些是人格结构上最深的一层。在动力上，它

---

① ［日］中山信弘．多媒体与著作权．张玉瑞，译．北京：专利文献出版社，1997：6.

② ［德］古斯塔夫·拉德布鲁赫．法律上的人．舒国滢，译//方流芳．法大评论：第一卷第一辑．北京：中国政法大学出版社，2001.

③ ［日］帕勒日．美国新自由主义经济学．李燕生，译．北京：北京大学出版社，1985：24.

④ ［美］加里·S. 贝克尔．人类行为的经济分析．王业宇，陈琪，译．上海：上海三联书店，上海人民出版社，1993：19.

们与动物的本能并没有重大的不同。”[①] 这指的就是经济人的自利动机层面。如果说理性把握着经济人活动的速度和效率，那么自利则决定了经济人活动的方向。亚当·斯密写道：“改善自身状况的愿望……虽然是冷静的、沉着的，但我们从母胎出来一直到死，从没一刻放弃过这愿望。我们一直至死，对于自身地位，几乎没有一个人会有一刻觉得完全满意，不求进步，不思改进。但是怎么改进呢？一般人都觉得，增加财产是必要的手段，这手段最通俗、最明显。”而且，“每个人改善自身境况的一致的、正常的、不断的努力是社会财富、国民财富以及私人财富所赖以产生的重大因素。这不断的努力，常常强大得足以战胜政府的浪费，足以挽救行政的大错误，使事情日趋改良”[②]。个人是社会的基础，而个人利益则构成社会利益的基础。没有个人利益和权利，社会公共利益将成为无源之水、无本之木。因此，没有知识产权的私权属性作为基础，知识产权的公共政策性也将成为空中楼阁。日本学者吉藤幸朔在谈到专利制度的原理时认为，产业政策说是“今天法律理论上可以承认的一种学说，也是当前最有力的学说”，不过其“基本支柱仍是基本权论”[③]。

当然，知识产权私权属性所立基的人的理性和自利行为不是不受限制的，这种限制就是知识产权的公共政策目标，这种公共政策目标既决定了知识产权这种私权发挥作用的基本方向，也决定了知识产权这种私权的具体界限与范围，知识产权权利的设置必须在对知识创造人的激励与促进社会公共利益发展之间达成恰当的平衡。综合工具论与私权论的视角，知识产权可以被看作是借私权形式引入市场机制从而实现促进创新目标的法律工具。服务于该公共政策目标，知识产权法不但要激励首创，还要保障后续创新，并防止权利扩张带来的社会成本。同时，需要认识到私权形式对于知识产权法体系化的重要意义。以促进创新为由对知识产权法律规则的调整，亦需要在私权形式的框架下进行。[④]

理论延伸

知识产权是私权还是公权？

冯晓青、刘淑华：知识经济时代的知识产权正由传统意义上的私权蜕变为一种私权公权化的权利。私权性是知识产权的本质属性，知识产权私权的公权化趋向乃是建构知识产权法的利益平衡机制、保障知识产权人的专有权、实现知识产权法的公共利益价值之所需。知识产权私权的公权化表明知识产权兼具私权属性和公权属性，二者对立又统一。其中，私权属性是矛盾的主要方面，公权属性是矛盾的次要方面。知识产权私权的公权化意味着在加强知识产权私权保护的同时应当重视社会公共利益，以防止私权保护不足或私权保护过度从而破坏知识产权人利益和社会公共利益的平衡。知识产权法在民法体系中具有相对独立地位。[⑤]

---

① ［奥］康罗·洛伦兹．王守珍，吴雪娇，译．攻击与人性．北京：作家出版社，1987：259.

② ［英］亚当·斯密．国富论：上卷．北京：商务印书馆，1979：314.

③ ［日］吉藤幸朔．专利法概论．宋永林，魏启学，译．北京：专利文献出版社，1990：11-12.

④ 朱冬．知识产权的私权形式与工具本质．贵州师范大学学报（社会科学版），2018（3）：150.

⑤ 冯晓青，刘淑华．试论知识产权的私权属性及其公权化趋向．中国法学，2004（1）.

李永明、吕益林：受“公”“私”概念的历史演变的影响，知识产权制度逐渐呈现出社会化和公法化的发展趋势。知识产权越来越多地突破传统私法的领域，其公权性质的体现已甚是明显，突出表现为国家（或政府）的公权力干预不断强化。“政府角色”越来越多地介入知识产权制度；并且随着全球化进程的加速，各国都倾向于向知识产权“国家战略化”发展。知识产权的公权性质主要表现在社会公益性、国家授予性和利益权衡性三个方面。①

吴汉东：近年来，有的学者鉴于现代知识产权制度的发展与变革，在肯定知识产权私权属性的同时，提出了知识产权公权化的命题。在他们看来，“知识经济时代的知识产权正由传统意义上的私权蜕变为一种私权公权化的权利”。所谓公权化，即是表明“知识产权兼具私权属性和公权属性”；公权化的趋向，“乃是建构知识产权法利益平衡机制之所需”，是“国家不断强化对知识产权制度的公权力干预的结果”。面对社会的迅速发展和法律的急剧变革，我们需要走出理论的困境，但是也不能步入认识的误区。笔者认为，所谓“知识产权公权化”的观点是值得商榷的。其一，权利的属性，取决于权利的基本内容而不是权利的产生方式，因此知识产权公权化的观点不能成立。如果说，知识产权兼具公权与私权的内容，这种融政治性与民事性为一体的权利在各国立法中尚无先例。其二，私法公法化不等于私权公权化。国家对知识产权制度的干预，表现为知识产权在权能范围与效力范围方面受到某些限制，但并不可能改变知识产权的基本属性。其三，在知识产权法的价值目标的指引下，私权神圣与利益平衡的理念，可以通过知识产权保护与限制的制度设计来完成。当然，两者不能偏废。所谓权利的限制，应是在充分保护权利基础上的必要限制；所谓权利的保护，应是在实现社会利益前提下的必要保护。总之，这是知识产权制度内部的平衡与调整，它没有也不应该改变知识产权的本质属性。②

问题：知识产权是不是公权化的私权？

延伸阅读材料

作为“权力”的知识产权

知识财产权在法律上被归入无形财产权。与这些权利相关的物以及在其基础之上产生的体现个人行为者之关系的物就是抽象物。从法律的角度看，有形物不是知识财产的客体。但依据法律，通过有形物就可以辨别抽象物。在一定程度上，在财产权附着于抽象物之前，知识财产法律各种不同的规定要求抽象物具有某种“有形形式”。然而，一个特定的抽象物不仅仅是其具体有形的客观对应物的精制翻版。至少在法律范围内，图书或发明被认为与其抽象的、无形的对应物相一致并不是唯一的。如果抽象物不与其具体有形的对应物相一致，那么它又是什么呢？答案是，该抽象物是具体有形物的基本的核心结构。

这一核心结构构成一个观察者在两个特定的有形物之间作出同一性判断的基础。它是评价物体“相同”的标准。抽象物是司法者在决定不同的有形物是否相同、相似或相像的

---

① 李永明，吕益林．论知识产权之公权性质：对“知识产权属于私权”的补充．浙江大学学报（人文社会科学版），2004（4）.

② 吴汉东．关于知识产权私权属性的再认识：兼评“知识产权公权化”理论．社会科学，2005（10）.

过程中所使用的核心结构。

同一性的判断和确认是知识财产侵权争议的核心问题。如果一个法官要对涉及版权、专利、外观设计或者商标的争议作出判定，基本程序包括对两种有形物或两种制作方法的比较，判断其中一物或一种方法是否在未经许可的情况下对另一物或方法进行了模仿。法官把这个问题的答案视为客观存在的事实。但这一事实的结论受到复杂的社会、心理、意识形态因素的影响。为作出这种判定，法官必定会经过一个提炼的过程。在这个过程中，他们创设抽象物，然后，该抽象物成为他们的同一性判断的基础。由于对抽象物的抽象是一个变动的形态，不是固定不变的，所以这个程序是有很大争议的。抽象的程度有所不同。这些故事的具体表达很可能是非常不同的。但在一个相当抽象的层次，它们可能被看成是相同的。如果法官为核心结构选择较高的抽象程度并据此作出同一性判断，其结果可能是"看到"所有的事物都具有同态性或同等性，并因此导致发现更多的侵权行为。

以上对抽象物的分析，揭示了抽象物有两个明显的作用：第一，它们是知识财产关系的客体；第二，它们是在知识财产侵权诉讼中作出同一性判断的基础。法官在解释抽象物时，把握自由裁量权的尺度取决于两种来源。第一种来源我们已经提到过，即存在着许多不同程度的抽象性。第二种来源产生于一种事实，即：一般情况下确定与抽象物有关的界限的工作，比起确定有形物的界限要困难得多。知识财产权的无形抽象物不能以客观有形物的形式加以界定。结果是，一个抽象物可以用来使非常不同的有形物成为一类。也就是说，根据知识财产法律，各种不同的有形物可以被看成是出自同一本源，因为它们都是模仿同一个抽象物。这种同一性判断，依赖为相关判断提供作出相同判断条件的核心结构的存在。

财产权是一种主权机制。在知识财产中，这种主权机制适用于抽象物。作为核心结构的抽象物也是法律上同一性判断的核心内容。它们是资本的一种形式，并且作为资本的功能就如同权力的一种来源。这种权力来源的利用机制就是财产。但是，当适用于抽象物时，这种机制如何产生主权的效果呢？也就是说，对抽象物的财产权是如何使权力集中到一部分人当中而不是相反？

部分答案来自我们对抽象物性质的讨论。抽象物的特征之一就是，它们是模糊不清、不能确定的物。它们的界限依赖于法律权威人士作出的同一性判断。这些判断是脆弱的约定俗成的判断，很容易被抛弃或受到特殊利益集团的影响。其结果是，这些判断违背其最初的本意而不再服务于广泛、普遍的社会利益。这些抽象物是获得许多其他资本来源的手段的事实、为个别行为者积累那些抽象物提供了很强的动力。而且，这些抽象物的不确定的性质鼓励那些有经济实力的行为者按照适合他们的方式改变关于这些抽象物的同一性判断。通过对抽象物的不确定性的利用，这些行为者可能有能力获取资本的转化。因为他们总要想方设法改变关于相关抽象物之范围的约定俗成的法律判断。于是他们将获得某种更强有力的资产。

抽象物所有权基础之上的威胁权力是从属于法律的一种权力形式。正如我们所指出的，正是法律设立了抽象物。在某种意义上这使其成为一种脆弱的权力形式，因为它依赖于对法律规范的接受，以及支持这些规范的实施机制的效能。但正因为威胁权力依赖于法律，所以可能很难承认它是一种威胁权力。与法律密不可分的威胁权力也许是一个社会打算确立和发展的最危险的权力，因为其合法性来自法律本身。由于在抽象物基础上产生的威胁权力与财产机制相联系，因此这样做就更加危险。法律的权威似乎掩盖了这种威胁权力。

当一个社会在抽象物上确立了财产权时，它就面临着某种广泛的威胁权力被集中到少数人手中的危险。得出这个结论的途径就是论证财产是一种主权机制。当这种主权机制与抽象物联系在一起时，一个社会制度中的威胁权力就不同寻常地增强了。这是由于抽象物既是资本的一种形式，又是获得其他种类资本的一种手段，而这种资本也是其他人所依赖的资本。财产机制允许财产所有者利用这种产生于资本依赖关系的威胁权力。①

问题：知识产权是否是一种权力？如果知识产权是一种权力，那么是否意味着知识产权这种私权已经公权化了？

第三节　知识产权的法律特征

不同时期不同学者对知识产权的法律特征有不同理解，在早期，郑成思曾将知识产权的特征总结为无形、专有性、地域性、时间性②，后来郑成思又提出了知识产权的可复制性特点。③ 不过，无形和可复制性事实上指向知识产权客体，并非知识产权本身的特点。即便如此，正如本书第四章所述，知识产权客体本质上是知识或者形式。④ 后来有学者认为知识产权的特点有期限性、地域性、超地域性、独立性和可共用性。⑤ 目前，关于知识产权的特点的比较有力的观点有两种：一种认为，知识产权的本质特征是客体非物质性，专有性、地域性、时间性是知识产权的三个基本特征。⑥ 另一种观点认为，知识产权的特征有：第一，知识产权的客体是知识；第二，作为民事权利，知识产权的排他效力弱于物权；第三，知识产权利益的实现离不开法律的保障；第四，同一载体上的知识产权与物权，若因权利行使发生冲突，知识产权通常会让位于物权；第五，知识产权的期限大多由法律明确规定；第六，知识产权的价值源于客体的使用价值。⑦ 本书认为，知识产权的特征如下。

一、知识产权具有法定性

自然权利是被视为自然法一部分的权利，因此被认为独立于政府或社会创造的权利而存在，如生命权、自由权和财产权，而法定权利是法律设定或承认的权利，也包括普通法法院历来承认的权利和对具有相关行为义务的人提出法律认可的主张的能力。⑧ 和传统民事权利不同的是，知识产权既具有一定的自然权利属性，也具有很强的法定性。作为自然权

---

① ［澳］彼得·德霍斯．知识财产法哲学．周林，译．北京：商务印书馆，2008：第七章“抽象物的权力”。

② 郑成思．知识产权法教程．北京：法律出版社，1993：4－9.

③ 郑成思．论知识产权的概念．中国社会科学院研究生院学报，1996（1）：23.

④ 刘春田．知识财产权解析．中国社会科学，2003（4）：110－113.

⑤ 齐爱民．知识产权法总则．武汉：武汉大学出版社，2011：83.

⑥ 吴汉东．知识产权法．北京：法律出版社，2021：20－27.

⑦ 《知识产权法学》编写组．知识产权法学．2版．北京：高等教育出版社，2022：5－7.

⑧ Black's Law Dictionary. Ninth Edition. Thomson Reuters，2009：4121.

利，知识产权主要形成于权利人的创造和经营，而不是国家的授予，作品和发明是权利人创造的结果，商标是权利人在经营中通过使用商标提供商品或服务的结果，因此，知识产权具有自然权利的性质。同时，知识产权也具有一定的法定性，也就是说，知识产权客体的生产者单独的创造或经营行为不一定能够形成知识产权，是否形成知识产权以及形成何种知识产权在很大程度上取决于法律的规定，比如，专利权的形成需要申请审查程序，并非发明创造的发明人的行为单独就能形成专利权，即便发明创造符合专利法规定的实体条件亦如是；再如，图书作品的阅读行为属于作品的重要利用行为，但由于著作权法并未将图书作品的阅读行为规定为著作权的内容，图书作品的创作人就不能对图书作品的阅读行为取得著作权。

知识产权的法定性在很大程度上取决于知识产权的公共政策性，它决定了知识产权"可以被恰当地塑造、限制而最终被制定法取消"①。知识产权是一种法定的权利。

二、知识产权是支配权

支配权是传统民法权利分类中的一种重要类型，它是指主体可直接支配特定权利客体并享受其利益的排他性权利。物权、人身权等均属于支配权。支配权对应的是请求权，即权利人可以请求他人为特定行为（包括作为、不作为）的权利。债权是典型的请求权。知识产权属于支配权。作为一种支配权，知识产权的行使原则上不需要他人配合，依赖权利人自己行为即可行使权利，比如著作权人复制自己的图书并发行以营利，专利权人实施自己的专利以营利，商标权人使用自己的商标以营利，这些行为原则上均不需他人配合，他人不干涉知识产权人的行为即可。当然，和传统民法中的物权法不同，由于知识产权客体为无体的知识，知识产权人无法物理地支配权利客体，支配只能是法律的支配，在知识产权法上，这种支配通常表现为使用知识产权客体需经知识产权人许可，未经许可则构成侵权。

三、知识产权是绝对权

绝对权又称对世权，是指其效力及于一切人，即义务人为不特定的任何人的权利。这类权利包括物权、人身权等。绝对权对应的是相对权。相对权，又称对人权，是指其效力仅及于特定人的权利，即义务人为特定人的权利，如债权。知识产权为绝对权，知识产权人之外的一切人均为知识产权的义务人，均有不侵犯知识产权的义务。和物权不同的是，作为知识产权客体的知识不具有消费上的竞争性与排他性，且知识具有公共性，知识产权这种绝对权的绝对性要弱于物权，即在法定条件下，比如在著作权法中的合理使用制度之下，知识产权人并不能排除他人对知识的使用。

四、知识产权具有地域性

知识产权具有地域性，即根据一国法律所取得的知识产权，仅在该国领域内有效，在其他国家原则上不发生效力。即便由于国际公约的规定，知识产权的地域性有所突破，但

---

① Peter Drahos. A Philosophy of Intellectual Property. Dartmouth：Publishing Company Limited，1996：28.

各国取得的知识产权的效力是有差异的，各个成员国的知识产权是相互独立的。《巴黎公约》第 4 条之二和第 6 条第 3 款分别规定了专利权的独立性和商标权的独立性，即巴黎同盟成员国的国民向该同盟各成员国申请的专利或正式注册的商标，与其在该同盟其他成员国或非该同盟成员国因同一发明所取得的专利或注册的商标是相互独立的。根据《伯尔尼公约》的规定，著作权是自动取得的，一旦取得则基本上在全部成员国享有著作权，即便如此，《伯尔尼公约》第 7 条第 8 款规定，“无论如何，期限将由被要求给予保护的国家的法律加以规定；但是，除该国家的法律另有规定者外，这种期限不得超过作品起源国规定的期限”，也即著作权在各成员国的效力仍然是有所不同的。

当然，随着知识产权保护的逐步发展，知识产权的地域性逐渐减弱，比如《伯尔尼公约》使得著作权自动产生，一旦在成员国取得著作权，在其他成员国也能够自动获得保护。在商标法领域，《巴黎公约》第 6 条之二规定的未注册驰名商标的注册豁免使得驰名商标突破了商标的地域性限制。同时，TRIPS 协定规定有最惠国待遇原则，而最惠国待遇原则的引入对知识产权国际立法产生了极大的影响，其影响主要体现在它使得知识产权国际保护水平处于一种动态的统一和不断上升的状态，因为 TRIPS 协定的最惠国待遇原则和双边自由贸易协议共同形成了一种全球知识产权棘轮（The Global Intellectual Property One-Way Ratchet）效应，这种棘轮效应推动着国际知识产权保护水平不断提高。[①]

五、知识产权具有时间性

时间性是知识产权最为典型的特征，学者对此几乎无任何争议。的确，知识产权法大多规定有权利的有效期限。唯一的例外是地理标志，地理标志之所以没有有效期是因为地理标志产品的品质和产地的自然环境或人文环境具有密切联系，其存续取决于产地的自然环境或人文环境，当产地的自然环境或人文环境一直支持地理标志产品的品质时，地理标志就一直存续，而当自然环境或人文环境发生变化而不再支持地理标志产品的品质时，地理标志就自然消亡，也就是说，地理标志具有一种自然寿命，因此，法律不规定期限。正由于地理标志的这种特征，地理标志一般不属于某个私主体，也不完全属于社会公众，而是属于半私人、半公共的“俱乐部产品”[②]，由一定区域的社会公众共同享有。其他知识产权中，商标权虽有期限，但可以无限续展。这主要是由于商标取决于使用，只要商标一直在使用，就一直有影响力，当然可以一直存续，理论上说，商标和地理标志类似，也具有一种自然寿命。商标法规定商标权期限的目的和专利法、著作权法略有不同，专利法、著作权法规定权利期限的目的是促使相关知识最终进入公共领域，而商标法规定权利期限的目的并不是促进商标进入公共领域，而是为了将那些过了期限而没有使用的商标清理出注册簿，避免不使用的商标成为后续注册的障碍，影响自由竞争。

---

① 对全球知识产权棘轮的详细阐述请参见 Drahos Peter. Expanding Intellectual Property's Empire：the Role of FTAs.［2007-06-14］. http://www.grain.org/rights_files/drahos-fta-2003-en.pdf.

② 俱乐部是一种组织，它仅仅对自己的成员提供可分享的集体商品，并按照某种平等或歧视性的纳税规则向社团成员收取费用。俱乐部产权制度的特征主要有排他性和非对抗性两个。私人产品的消费具有排他性，公共物品的消费没有排他性，而俱乐部产品则介于两者之间，仅仅限定俱乐部成员可消费俱乐部的资源。洪名勇．制度经济学．北京：中国经济出版社，2012：285.

本章思考题

1. 应该采用外延式还是内涵式的知识产权定义？
2. 知识产权究竟是私权还是公权化的私权？知识产权是否已经演变为一种权力？
3. 知识产权有什么法律特征？

经典参考文献

1. 刘春田．简论知识产权//郑成思．知识产权研究：第1卷．北京：法律出版社，1995.

2. 张玉敏．知识产权的概念和法律特征．现代法学，2001（5）.

3. 吴汉东．利弊之间：知识产权制度的政策科学分析．法商研究，2006（5）.

4. 孔祥俊．论知识产权的公共政策性．上海交通大学学报（哲学社会科学版），2021（3）.

5. 金海军．知识产权私权论．北京：中国人民大学出版社，2004.

6. Graeme B. Dinwoodie. Developing a Private International Intellectual Property Law: The Demise of Territoriality, 51 WM. & MARY L. REV. 711 (2009).

第六章
知识产权的正当性

本章导言

知识产权的正当性是设立或保护知识产权的正当理由，没有这种正当理由就无法保护知识产权，因为知识产权保护意味着对社会公众使用知识产权所保护的知识的限制。知识产权的正当性理由向来争论颇多，劳动理论、功利理论、人格理论等均被用于解释知识产权的正当性，各种理论均能从一定角度论证知识产权的合理性，但均难谓圆满而无漏洞。因此，只有采用多元主义的方法才能对知识产权的正当性给出略微圆满的解释。

第一节　知识产权正当性概述

一、知识产权正当性的概念

正当性的英文用语是 justifications，justification 是 justify 的名词形式，justify 是指“是……的正当理由；对……作出解释，为……辩解”，justifications 的含义应该是“正当理由，合理解释；证明为正当，辩护”。美国学者罗伯特 P. 莫杰思（Robert P. Merges）的著作 *Justifying Intellectual Property* 这一书名就被翻译为《知识产权正当性解释》，莫杰思（Merges）说，“本书的标题具有双重含义。我既想要证明知识财产的正当性，从这个意义上讲，就是针对各种各样的批评而为其进行辩护；同时，我也想要从另一重含义，即从诸如调整版面大小或者字体粗细的意义上，对这个领域加以整理（justify）、厘清、整治，使之更加井然有序”①。本书的知识产权正当性采用莫杰思的正当性含义，同时也借助其标题的另一意义，即整理知识产权正当性理论。

① ［美］罗伯特·P. 莫杰思．知识产权正当性解释．金海军，史兆欢，寇海侠，译．北京：商务印书馆，2019：19.

二、知识产权正当性问题的意义

知识产权的正当性问题对于知识产权法具有非常重要的意义，它不仅回答了为什么要授予或者创设知识产权的根本问题，也部分回答或者影响了应该如何保护知识产权的问题，对于知识产权法的理解以及具体制度设计均具有非常重要的意义。知识产权制度中的争论问题，比如：对于是否给予某种新的客体以知识产权保护？知识产权应该归属于何种主体？知识产权保护的强度应该如何把握？归根到底，都要追溯至知识产权本身的正当性根源。有学者认为，尽管各种知识产权正当性理论均有缺陷，但它们仍然是有用处的，可以促使负责制定法律的各种人和机构之间进行有益的对话，明确依赖知识产权正当性理论将改善立法者与选民之间的对话，可以使立法者变得更加负责，通过学者、立法者、法官、诉讼当事人、游说者和广大公众之间的持续对话，可以解决现有理论的不足之处，而通过持续的反思和对话，我们可以做得更好。①

当然，正如莫杰思（Merges）所言，“除了在少数的边缘情形中，知识产权法的深层观念极少会对知识产权制度的日常运行产生更多的直接作用，或者带来什么大的实践性影响”。尽管如此，它却是具有影响的“一种更深层的组织性势力”，“在绝大多数情况下，新的规范性基础无论如何都不会影响我们关于正确政策的观点。它可以帮助我的是，解决那些界限不清的情形，并且在一个双方势均力敌或者处于边际状态的情形中，或许可以引导我倾向于支持所有权人或者权利人这一方。而最主要的是，它帮助我构建了这个领域”②。

三、知识产权正当性论证的基础

知识产权正当性论证的一个前提问题是：作为知识产权客体的知识财产是什么？知识财产是不是一种财产？回答这个问题是知识产权正当性论证的起点或者前提。莫杰思说：“什么样的东西才是最基本的思想呢？第一，知识财产就是财产。”“第二个重大认识是，假如知识财产真的就是财产，那么我就应当从有关考察财产哲学的文献中去寻求相关的指导。诸如杰里米·沃尔德伦的《私有财产的权利》、斯蒂芬·芒泽尔的《财产理论》之类的专著，再加上那些从洛克、康德与罗尔斯的著作中演化出来的书籍，都是合适的阅读对象。”③不管是否意识到或承认，几乎所有知识产权正当性论证都暗含了这一基础或者前提，本书同样承认这一点并以这一点为基础展开。

延伸阅读材料

知识产权 v. 物权

物质财产的产权经济学现已广为人知，而其基本内容亦可以相当简要地加以概括。尽

---

① William W. Fisher Ⅲ. Theories of Intellectual Property, in New essays in the legal and political theory of property (Stephen R. Munzer ed.) Cambridge University Press, 2001: 198-199.

② ［美］罗伯特·P. 莫杰思. 知识产权正当性解释. 金海军，史兆欢，寇海侠，译. 北京：商务印书馆，2019：26，29.

③ ［美］罗伯特·P. 莫杰思. 知识产权正当性解释. 金海军，史兆欢，寇海侠，译. 北京：商务印书馆，2019：30，32.

管有必要作出调整，但这些内容还是为我们提供了分析工具，用以理解知识财产在经济学上的本质特征，以及评价知识产品中财产权的利弊、保护范围与限制。随着知识产权学术活动变得越来越专门化，这就产生了这样一种危险，即抛弃在物质财产与知识财产之间具有连贯性的观点，从而失去通过应用经济学对前者的理解来帮助分析后者的效用。

这种危险因为在知识产权的经济分析中存在着如下趋势而被加剧了，即把全部的知识产权难题归结为“激励”（incentive）与“接触”（access）之间的一种交换。由于知识财产通常能够被竞争对手复制，而其无须承担创造该产品的任何成本，所以就存在着这样的担心，即如果没有法律保护以防止复制，则创造知识财产的激励就会受到破坏。同时，针对复制的法律保护又可能使知识财产的创造者得以对复制件（他在其上的财产权使之成为一个垄断者）收取超过其边际成本的价格，从而阻止了那些将该接触估价为高于边际成本但低于该价格的人接触（使用）该知识财产。我们的主张是，将知识产权问题归结为这种交换是过度简单化了，它忽视了知识产权法的完整体系，尤其是商标法；而且特别与本章相关的是，它模糊了物质财产与知识财产在法律上和经济上的连贯性。问题不在于激励—接触交换（incentive-access tradeoff）并不存在，甚至并不重要；而是在知识产权法的经济分析中，还有许多其他方面应当加以考虑。

财产权是一种排除他人——所有其他人［其中有一些不必在此处深入探讨的例外，比如行使其征用权（eminent domain power）的政府］——使用某一资源而在法律上可被强制执行的权力，并因而无须与该资源的潜在使用人缔结合同就可禁止其使用。假如甲拥有一块草地，他就能够凭借法院与警察的支持，禁止他人在该草地上放牛。他不必与其他人谈判，以达成一个授予其排他性使用权的协议；这个协议将是一个不可行的选择方案，因为整个世界都可能威胁要在其草地上放牛，以使其为换得他们的不作为而向他们付款。相反，如果乙想要对该草地享有排他性使用权，他就必须根据一些能够让甲接受的条件而获得该草地。因此，一项财产权就包括了两个方面，即排除他人的权利和将财产转让给他人的权利。①

问题：物权理论在多大程度上可以用于知识产权？其根本原因是什么？

第二节　知识产权的财产权劳动理论

一、财产权劳动理论

财产权劳动理论主要是洛克提出的，洛克认为，上帝将世界给予人类共有，并给予他们以理性，让他们为了生活和便利的最大好处而加以利用。土地、土地上所有自然生产的果实和它所养活的兽类都为人类所共有，并不具有排斥其余人类的私人所有权；但是，这些既然是给人类使用的，那就必然要通过某种拨归私用的方式，然后才能对于某一个人有

---

① ［澳］彼得·德霍斯．知识财产法哲学．周林，译．北京：商务印书馆，2008：14－15.

用处或者有好处。每个人对他自己的人身享有一种所有权，除他以外任何人都没有这种权利。他的身体所从事的劳动和他的双手所进行的工作是正当地属于他的。所以只要他使任何东西脱离自然所提供的和那个东西所处的状态，他就已经掺进他的劳动，在这上面掺加他自己所有的某些东西，因而使它成为他的财产。既然是由他来使这件东西脱离自然所安排给它的一般状态，那么在这上面就由他的劳动加上了一些东西，从而排斥了其他人的共同权利。不仅如此，洛克认为，如果我们正确地把供我们使用的东西加以估计并计算有关它们的各项费用——哪些是纯然得自自然的，哪些是从劳动得来的——我们就会发现，在绝大多数的东西中，99%全然要归之于劳动。既然劳动是劳动者的无可争议的所有物，那么对于这有所增益的东西，除他以外就没有人能够享有权利。洛克认为，至少在还留有足够多的同样好的东西给其他人所共有的情况下，事情就是如此。自然所供应给大家的那些好东西，每人都有能使用多少就拥有多少的权利，而对于他能以他的劳动予以影响的一切东西，他都享有财产权；凡是他的勤劳所及，以改变自然使其所处的原来状态的一切东西，都是属于他的。结实耐久的东西，他喜欢积聚多少都可以。超过他的正当财产的范围与否，不在于他占有多少，而在于是否有什么东西在他手里毫无用处地毁坏掉。货币是一种人们可以保存而不至于损坏的能耐久的东西，可以用它来交换真正有用但易于败坏的生活必需品，给了他们以继续积累和扩大他们的财产的机会。这样，可以很容易而无任何困难地看出，劳动最初如何能在自然的共有物中开始确立财产权，以及为了满足我们的需要而消费财产这一点又如何限制了财产权，因此对于财产权就不会有发生争执的理由，对于财产权容许占有多少也不能有任何怀疑。权利和生活需要是并行不悖的，因为一个人有权享受所有那些他能施加劳动的东西，同时他也不愿为他所享用不了的东西花费劳力。这就不会让人对财产权有任何争论，也不容发生侵及他人权利的情事。一个人据为己有的那部分是容易看到的，过多地割据归己，或取得多于他所需要的东西，这是既无用处也不诚实的。洛克的财产权劳动理论的要点可以概括为：（1）上帝将天堂留给了自己，而将地上的一切赐给了全人类共有；（2）每一个人对他自己的人身拥有所有权；（3）每一个人的劳动只属于他自己；（4）当人们将他的劳动与处于共有状态的某个东西混合在一起的时候，他就取得了该东西的所有权；（5）但人们在取得财产权时必须留有足够多的同样的好东西给他人共有，同时以不造成浪费为限。①

不过，洛克的财产权是一种处于自然状态的自然权利，需要国家的保护。洛克认为，“人们联合成为国家和置身于政府之下的重大的和主要的目的，是保护他们的财产；在这方面，自然状态有着许多缺陷”②，即“缺乏一个公共裁判者、以致使一切权利得不到保障”③。即便设置了保护财产权的政府，由于“劳动的占有作为‘感性的占有’仅是一种偶然性的获得，所以它有较强的任意性，也会随之带来一系列的后果”，尤其“会使占有者根本无法在法权的意义上拥有它”④。

① ［英］洛克．政府论：下篇．叶启芳，瞿菊农，译．北京：商务印书馆，1964：18－33.

② ［英］洛克．政府论：下篇．叶启芳，瞿菊农，译．北京：商务印书馆，1964：76.

③ ［英］洛克．政府论：下篇．叶启芳，瞿菊农，译．北京：商务印书馆，1964.

④ 丁宁．财产权何以可能：论洛克、康德和黑格尔的财产获得思想．吉林大学社会科学学报，2020（6）：200.

鉴于洛克劳动财产权学说的上述缺陷，卢梭在承认洛克的劳动财产权学说的基础上进一步予以完善，卢梭认为：私有财产的“这种起源之所以是合乎自然的，特别是因为我们不能撇开劳动去设想新生的私有观念。我们不能理解一个人要把原非自己创造的东西据为己有，除因添加了劳动之外，还能添加了什么别的东西？只有劳动才能给予耕种者对于他所耕种的土地的生产物的权利，因而也给予他对土地本身的权利。”① “最初占有者的权利，虽然要比最强者的权利更真实些，但也唯有在财产权确立之后，才能成为一种真正的权利。”② “只有人类在进入社会状态之后，经过因社会契约而建立的政治共同体全体人民的公认，并由法律加以规定和明示，才能使物主对物的最初事实占有状态转变为所有权。”③ 卢梭的社会契约论使得洛克的“自然的”“偶然的”权利获得了社会的公认，使财产权成为一种可以在法权意义上拥有的权利。

二、洛克的财产权劳动理论对知识产权的适用性

洛克的财产权劳动理论是否适用于解释知识产权的正当性？按照上面列出的财产权劳动理论的要素，显然必须解决以下几个问题：（1）是否存在知识的自然共有状态？（2）生产思想的活动是不是洛克意义上的劳动？（3）在一种思想被私有化之后，有没有留下“足够好且足够多”的东西给别人？（4）思想被私有化为财产是否能够满足“非浪费”条件？

就洛克的财产权劳动理论是否适用于知识产权的第一个问题来说，所有知识都是人类认识的结果，均是人造的，因此，不存在自然的知识共有领域。然而，相对于人类漫长的历史来说，知识产权法仅有非常短暂的历史，在知识产权法产生之前，人类已经创造了一个知识公共领域，也就是说，已经有一个知识公共领域存在，人类可以基于这个知识公共领域进行进一步的创造。同时，知识是无限的。马克思主义认为，认识的客体或对象是实践的对象，从狭义的认识的对象来说，认识的对象就是实践的对象。然而，进入人们认识领域的认识的对象，或者说实践的对象，只是客观世界的一部分，而未进入认识和实践领域的那一部分的客观世界，是未来的认识的对象或者潜在的认识的对象。世界上只有未被认识的客观物质对象，没有不可认识的客观物质对象。人类的实践是无限发展的，而人们的认识也是无限发展的，因此，从人类改造客观世界的无休止性，以及人类认识的无限性来说，人类的认识的对象，只能是整个物质世界。人的认识是有限的，但人类的认识是无限的，知识也是无限的。④ 以上两点表明，存在知识公共领域。

就洛克的财产权劳动理论是否适用于知识产权的第二个问题来说，生产思想的活动几乎可以毫无疑问地归属于劳动。生产思想的活动可以说就是脑力劳动，不仅是体力劳动，脑力劳动也属于创造商品价值的劳动。⑤ 事实上，按照洛克的逻辑，本质上并不一定是人的劳动而是人的活动使人取得财产权。

---

① ［法］卢梭．论人类不平等的起源和基础．李常山，译．北京：商务印书馆，1962：123.

② ［法］卢梭．社会契约论．3版．何兆武，译．北京：商务印书馆，2003：27.

③ 郭广．卢梭财产观的哲学透视及其现实启示．上海财经大学学报，2012（6）：11.

④ 李云林．马克思主义认识论．哈尔滨：哈尔滨工业大学出版社，1985：3.

⑤ 陈征．论现代科学劳动：马克思劳动价值论的新发展．福州：福建人民出版社，2017：262.

在洛克看来，上帝给予人以财产使其共有，人们拥有对所有事物的共同权利。由于财产为人类所共有，那么人的拥有便是普遍性地拥有，所有仅仅是以无差别的方式指向所有人，而不是实质性地拥有，实质上是一种人人都不曾拥有的状态，因此，财产权的问题的实质内容就是，我能给予共有之物以何种独特的东西，使它能够表明自己的身份，从而把这种归属指向一个单独的我。人对自身人格的占有是一个最基本的理论前提，也是个人的第一个排他性权利。上帝的财产都是上帝创造出来的，把一个物品制作出来，这应该是归属于上帝的。制作作为一种活动，恰好也是人所拥有的，通过人格的行动或劳动，人也能够制造一些东西，于是，这些东西就会划归到人的名下，作为人的私人财产。概括起来，洛克取得财产的途径就是一个逐次递减的阶序：从真正的财产所有者上帝过渡到人，出于对上帝的模仿，人以对自身人格的拥有为基础延伸到人的行动，而后再以行动之所及取得对物的占有。洛克的劳动和上帝的创造毕竟是不同的，劳动虽然可以是一种创造性活动，但终归无法像上帝一样创造，上帝的创造是从无到有的创生，人的劳动则需要既定的材料作为前提，劳动充其量只是为材料赋形。① 劳动的这种缺陷大概就是导致洛克的劳动理论受到诺齐克诘难的重要原因。

不过，洛克的财产权劳动理论在解释传统物质财产的正当性时面临的诺齐克诘难在解释知识产权正当性时却变轻甚至不存在了，因为知识产权客体是知识，产生知识的活动并不是劳动，而是创造。创造不同于劳动，“创造成果是汇万物以升华，从无到有、金蝉出壳、化蛹为蝶的质变结果，是飞跃。劳动成果是质变基础上的量变，是由此及彼，积少成多的量的扩张，属于复制的结果”②。也就是说，产生知识的活动比劳动更接近上帝的从无到有的创造，洛克的财产权劳动理论运用于知识产权比运用于物质财产权更加契合洛克的本意或推理逻辑。

当然，发展至今日，任何知识都很难是完全的从无到有的创造，大多建立在现有知识的基础之上。不过，知识产权实质上保护的主要是新创造的增量知识，而不保护已经创造出的存量知识③，因为对于已经处于公共领域中的知识，知识产权人无权阻止他人使用，即便这些处于公共领域中的知识被包含于知识产权人创造的增量知识之中，知识产权人也无权阻止他人使用。

就洛克的财产权劳动理论是否适用于知识产权的第三个问题来说，正如前述，人的认识是有限的，但人类的认识是无限的，知识也是无限的，因此，相对于有限的物质资源，知识资源是无限的，知识被置于知识产权之下留下了“同样好且足够多”的东西给别人。更何况，知识产权是有期限的，当知识产权期限届满之时，知识会进入公共领域，人们均可以自由利用公共领域中的知识资源。

就洛克的财产权劳动理论是否适用于知识产权的第四个问题来说，知识和物质资源不同，不适用边际效用递减规律，甚至适用边际效用递增规律，不存在浪费问题。边际效用递减，是指在一定时间内，在其他商品的消费数量保持不变的条件下，当一个人连续消费

---

① 丁宁．财产权何以可能：论洛克、康德和黑格尔的财产获得思想．吉林大学社会科学学报，2020（6）：198-199.

② 刘春田．知识产权制度是创造者获取经济独立的权利宪章．知识产权，2010（6）：21-22.

③ 王坤．知识产权对象中存量知识、增量知识的区分及其功能．浙江社会科学，2009（7）：54-57.

某种物品时，随着所消费的该物品的数量增加，其总效用虽然相应增加，但物品的边际效用（每消费一个单位的该物品，其所带来的效用的增加量）有递减的趋势。[①] 而知识经济的一大特色是，随着知识与技术要素的增加，产出越多，生产者的收益有明显的递增趋势，其根本原因是知识性资源具有共享性、知识经济具有学习效应和规模（网络）效应。[②]

以上分析表明，洛克的财产权劳动理论不仅可以很好地适用于知识产权正当性的解释，甚至比适用于物质财产更有优势。

三、洛克的财产权劳动理论适用于知识产权的局限性

洛克的财产权劳动理论适用于知识产权的局限性首先是理论本身的缺陷带来的，尽管诺齐克的批评不一定正确，但后文其他财产权正当性理论的提出仍然表明了洛克的财产权劳动理论本身的缺陷。

除此之外，洛克的财产权劳动理论适用于知识产权时，知识产权法中的许多制度无法得到解释，比如，不管是采用先发明、先使用还是先申请制度，专利法、商标法通常采用权利取得需履行必要手续的制度，既然专利权、商标权是相关行为人的行为取得的，那为什么取得权利需要履行手续呢？同时，物质财产具有消费上的竞争性、排他性，天然地杜绝了大部分平行劳动问题，即不大可能存在两个或两个以上的人同时在某一对象上“劳动”的情形，作为知识产权客体的知识不具有消费上的竞争性和排他性，从而两个或两个以上的人平行创造的问题不可避免，比如在专利法中，因为新的技术任务主要通过技术的发展和实践的需求而被提出，所以通常有很多相互独立的专业人员或团队同时在为同一个任务努力寻求解决方案。尽管对于所有人而言都预先设定了一个特定原则及实质约束的框架，但总是不断会有合适的解决方法产生，因此，有可能有多个发明人（或者多个发明团队）相互独立地创造出相同的具有可专利性的发明，于是就有了多个各自不同的发明行为，但它们的结果在内容上又是相同的，这就是平行发明。但不管采用何种权利取得制度，专利或实用新型保护最终只能由平行发明者中的一个获得，德国法把发生冲突时的保护权赋予那个首先在专利局提交了申请的发明人。尽管平行发明行为中最后只有一个发明人能够获得专利权，但对每一个平行发明人而言最初均存在一项独立的要求保护的权利，申请使以前处于同一位阶的权利出现了变化：它巩固了那个提交申请的权利人的权利，并且通常在后面的进程中产生如下后果，即其余人将失去他们的权利。专利法的规定没有将此辨析得足够清晰。[③] 事实上，不仅专利法的规定没有将此辨析得足够清晰，洛克的财产权劳动理论对此也无法解释，即为什么两个或两个以上的人同时作出了发明创造，而最后只有一个人能够获得权利？再如，和所有权具有恒久性不同，知识产权基本上是有期限的，既然知识是创造人创造的结果，那么，只要知识一直有效用而能够被使用，权利人就应该一直享有权利，为什么知识产权法要规定权利的有效期呢？显然，洛克的财产权劳动理论也无法解释知识产权的期限性。

---

① 严新锋．经济学入门．上海：东华大学出版社，2022：34.

② 大辉．直面不确定性．北京：北京时代华文书局，2020：194－195.

③ ［德］鲁道夫·克拉瑟．专利法：德国专利和实用新型法、欧洲和国际专利法．单晓光，张韬略，于鑫淼，等译．北京：知识产权出版社，2016：425－426.

第三节 知识产权的功利理论

一、财产权功利理论

霍布斯、洛克、卢梭创立的强调权利和自由的社会契约理论在19世纪被一个对立的思想流派取代，这就是边沁的功利主义。自19世纪初直至20世纪70年代，功利主义在西方一直处于支配地位，20世纪70年代前后出现的以罗尔斯为代表的学者对功利主义的强烈批评结束了功利主义一统天下的局面，但功利主义并未终结[①]，在知识产权正当性论证中，功利主义不但是影响最大的理论，而且事实上已经成为各国知识产权立法的主要理论基础。

边沁认为，功利原理的基础是："自然把人类置于两位主公——快乐和痛苦——的主宰之下。只有它们才指示我们应当干什么，决定我们将要干什么。是非标准，因果联系，俱由其定夺。凡我们所行、所言、所思，无不由其支配：我们所能做的力图挣脱被支配地位的每项努力，都只会昭示和肯定这一点。一个人在口头上可以声称绝不再受其主宰，但实际上他将照旧每时每刻对其俯首称臣。"功利原理是指："它按照看来势必增大或减小利益有关者之幸福的倾向，亦即促进或妨碍此种幸福的倾向，赞成或非难任何一项行动。""不仅是私人的每项行动，而且是政府的每项措施"均遵从这一功利原理。[②]"功利主义"一词的提出者概括的功利主义是："把'功利'或'最大幸福原理'当作道德基础的信条主张，行为的对错，与它们增进幸福或造成不幸的倾向成正比。所谓幸福，是指快乐和免除痛苦；所谓不幸，是指痛苦和丧失快乐。"[③]

对功利主义者来说，财产制度的目的就是使获得物质或者其他资源的快乐或满足的总量最大化，因此，财产不过是渴望的基础，人们渴望占有会给自己带来利益的物品，总效用最大化的目标构成评价财产规则的标准。当国家财富能够最大化地创造激励作用时，产权是最有效的。自愿交换通常会把资源从评价较低的一方转移到评价较高的一方，所以，产权通过保护和增强自愿交易使财富最大化。产权也可以通过使得获取利润和利用资源的成本内在化来实现财富最大化。简言之，产权通过谈判实现配置效率，通过内部化的方式实现生产效率。[④]

二、财产权功利理论对知识产权的适用性

就知识产权的正当性论证而言，功利主义认为，社会创立知识产权制度的根本原因是为增加知识的供给提供激励，以逐步扩大知识公共领域，确保公众更充分的获取权。就各

---

① 姚大志．当代功利主义哲学．世界哲学，2012（2）：50.

② ［英］边沁．道德与立法原理导论．时殷弘，译．北京：商务印书馆，2000：57，58.

③ ［英］约翰·穆勒．功利主义．徐大建，译．上海：上海人民出版社，2008：7.

④ ［美］罗伯特·考特，托马斯·尤伦．法和经济学：第五版．史晋川，董雪兵，等译．上海：格致出版社，上海三联出版社，上海人民出版社，2010：98－100.

知识产权法而言，著作权制度的目的并非给作者以回报，而是促使作者创作作品；专利制度的作用主要表现在两个方面，激励人们作出更多的发明创造，以促进社会福利的增长，促进技术信息的传播，尽量避免重复研发活动，减少社会资源的浪费。美国宪法知识产权条款是功利主义的典型代表："为了促进科学与实用技术的发展，国会有权保障作者和发明者在有限时间内对其作品和发现享有独占权。"虽然商标并非智力成果，但商标制度同样可以用功利主义加以解释。兰德斯和波斯纳认为，商标是区别于专利和著作权的一种知识财产的形式，商标法在某些方面更接近于侵权法而非财产法，但基本的产权经济学仍然具有重大意义，不仅商标法经得起经济分析的考验，而且对商标的法律保护相比于对发明和表达性作品的法律保护，具有一种更加确定无疑的效率根据。① 商标法的经济理由在于，通过防止他人复制来源识别标志，商标法降低了顾客购物和作出购买决策的成本，因为它可以快速而轻松地向潜在顾客保证，带有该商标的商品与他或她过去喜欢（或不喜欢）的其他近似商标的商品是由同一制造商生产的。同时，商标法有助于向生产商保证，它将获得与理想产品相关的财务、声誉奖励。因此，商标法鼓励生产高质量的产品，同时不鼓励那些希望利用消费者无法快速评估待售商品质量来销售劣质产品的人。②

三、财产权功利理论适用于知识产权的局限性

对于知识产权来说，财产权功利理论的缺陷主要在于两个方面：其一，财产权功利理论的主要衡量标准是经济效益，然而经济效益并不是法律方案的唯一目标，甚至有时候不是法律方案的主要目标，因此，将经济效益作为法律方案的基础并不可靠。效率是经济效益的重要方面，但用以解释知识产权的正当性也存在缺陷，"虽然效率对于构成知识产权法的实践具有普遍影响，但它并不足以成为一项基本原则或者规范性原则。它无法解释知识产权法领域的重要特征（著作人身权即为其中一例）"③。其二，尽管理论上和逻辑上知识产权的功利理论似乎能够自圆其说，但知识产权是否有利于社会并无经验证据，比如专利制度是否对社会真正有好处，连功利论的主要坚持者兰德斯和波斯纳都无法肯定。④

延伸阅读材料

知识产权的经济学分析

受到法律上财产权保护的智力作品的经典形式是发明、文学作品、音乐作品和其他的艺术作品。

---

① ［美］威廉·M·兰德斯，理查德·A. 波斯纳 . 知识产权法的经济结构 . 金海军，译 . 北京：北京大学出版社，2005：214.

② Qualitex Co. v. Jacobson Products Co. , Inc. , 514 U. S. 159, 163 - 164 (U. S. 1995).

③ ［美］罗伯特·P. 莫杰思 . 知识产权正当性解释 . 金海军，史兆欢，寇海侠，译 . 北京：商务印书馆，2019：20.

④ ［美］威廉·M. 兰德斯，理查德·A. 波斯纳 . 知识产权法的经济结构 . 金海军，译 . 北京：北京大学出版社，2005：294.

关于这些智力作品的社会理想的创作和使用的著名描述如下：首先，假定一项智力作品已被创造。使用该智力作品的社会最优情况是所有对这些产品的估价高于生产和推广它们的边际成本的人，都来使用它们，所以，一项已被发明的机械设备应该由所有那些对它的估价超过它的制造成本的人使用，一本书应该由所有那些估价超过它的复印成本的人使用，计算机软件应该由所有那些估价高于从因特网下载的微小成本的人使用。我们将所有人对一个包含智力成果的产品的估价，减去生产和推广的净成本之后的价值称为创作该智力成果的最优社会价值。带着这种价值概念，对于是否有必要创作一项智力作品的问题就很好回答了：如果该作品的创作成本小于它的最优社会价值（或者它的最优预期社会价值，就如实际情况中，该成果并不一定能被创作出来），那么就应该创作它。

基于这种对社会最优化的描述，知识产权的优劣一目了然。若不设置财产权，在竞争者能够复制创作者的产品之前，智力作品的创作者只能在一个有限的时间段里获得利润，所以，一个创作者能够获得的利润将少于——也许远少于——一项智力作品的最优社会价值。这样看来，智力作品的生产很可能是低于最优水平的。但如果设置了财产权，智力作品的创作者就可以凭此对包含有此智力成果的种种产品形成垄断，由此，就会增加生产智力作品的激励。促进智力作品的生产正是知识产权的优点所在。

然而，知识产权的主要缺陷在于，垄断定价会导致包含智力成果的产品在社会意义上的生产量不足及推广滞后。也就是说，垄断价格超过了生产的边际成本，虽然会有人愿意去买高于生产成本的产品，但在垄断价格时不会买该产品，作为后果，“盈余”也就不存在了。在垄断价格远高于生产的边际成本时，这个问题将会比较严重。计算机软件就是个很好的例子，即使它的传播成本基本上是零，一件复制品却可能会卖到成百上千美元。

另一种缺陷（特别是与专利权有关）是关于最先开发出智力作品的竞赛。为了抢在竞争者之前，私人对智力作品全部垄断利润的占有很容易超过创作这一产品的社会价值，那么将权利赋予赢得这场竞赛的人就造成了一种社会性的资源浪费。举个例子说，在几家医药公司的药品专利竞赛中，假设一家公司花了100万美元只为赶在竞争对手前一天获取专利，那么对于这家公司来讲，因为它可能获得超过100万美元的利润，获得专利权的行为是十分明智的。但是，从社会角度看，提前一天取得专利授权，其价值可能是微不足道的。

专利法和版权法是最为人们所熟知的知识产权法律保护形式。但每部法律的保护程度在不同层面上有所偏重，因此它们也可能被认为是代表了一种提供激励与减少垄断之间的妥协。专利权与版权的有效期和范围都有限制。后者的一个例子是，版权的合理使用原则常常允许人们复制被授予版权的作品的一少部分。这可能不是否认版权人的重大收益（只需要阅读这本书中某几页的人不大会去购买全书），而是因为复制者为获取许可权而付出交易成本会是一种浪费，同时这也会打消他使用这一作品的积极性。①

问题：知识产权的好处多还是坏处多呢？

---

① ［美］斯蒂文·萨维尔．法律的经济分析．柯华庆，译．北京：中国政法大学出版社，2009：40－43.

第四节　知识产权的人格理论

一、财产权人格理论

康德是财产权人格理论的代表，他既不满足于洛克财产权劳动理论的“经验性的占有”[①]，也不满足于休谟的功利主义财产理论的“财物占有的稳定”[②] 或者“人类协定”[③]，而是直接诉诸人的“自由意志”[④]，切断了与知识产权法的工具观的联系。在康德看来，“自治的意思是指‘自我治理’，也就是根据某人自己的规划与设计来操控自己的能力。如果不能对自己的创造成果享有所有权，那他就没有什么机会，可以一种持久的方式来做到这一点”。“因此，在康德式意义上，先有将财产作为一种权利的设想，而后才有自治。”“财产的本质在于：他人有义务尊重与行使与个人意志有关的对象的主张。财产是对个人所负有的义务的一个统一体。”[⑤] 在康德看来，财产权不再立足于单纯经验的占有，而是奠基于一种先验的视角。意志即自由是这种先验哲学的逻辑前提和基础，财产权则是自由的运用导致的结果。[⑥]

与康德一样，黑格尔的财产权人格理论的出发点同样是意志，但黑格尔对自由的理解与康德存在差别，他使处于先验层面的、具有很强形式特征的自由成为真正现实的东西。[⑦] 黑格尔认为，自在自为的自由的意志在抽象概念中的时候，具有直接性，是否定的实在性，只是主体在自身中所具有的单个意志，这种自为地自由的意志的普遍性是在意志单一性中的自我意识着的、此外便无内容的单纯的自我相关。主体就是人，人格的要义在于我全然是纯自我相关，我是在有限性中知道自己是某种无限的、普遍的、自由的东西。自为地存在的意志即抽象的意志就是人，此时意志即自由的现实化是抽象的，局限于否定的方面，只存在着禁令，即不得侵害人格或从人格中所产生的东西。[⑧] 在黑格尔看来，意志即自由，是人之为人的本质。黑格尔的“《法哲学》的核心是经过了一系列发展变化的意志的概念。这些变化开始于未经各种社会关系协调的意志，结束于置身国家和世界历史背景下的综合性意志”。“黑格尔对财产的论述，主要出现在意志发展的第一阶段，即意志将自身表现为

---

① ［德］康德．康德著作全集：第6卷．张荣，李秋零，译．北京：中国人民大学出版社，2007：277.

② ［英］休谟．人性论：下册．北京：商务印书馆，1996：533.

③ ［英］彼得·甘西．反思财产：从古代到革命时代．陈高华，译．北京：北京大学出版社，2011：177.

④ 对康德的财产权人格理论，学者评论道：“他告诉我们，他的解释并不依赖于任何证据，无论是逻辑的还是经验的，而依赖于这样的确信：大多数普通人接受道德行为的必然性，承认自己作为自主的行动者具有一种在道德善恶之间自由选择的能力。”［英］彼得·甘西．反思财产：从古代到革命时代．陈高华，译．北京：北京大学出版社，2011：191.

⑤ 罗伯特·P. 莫杰思．知识产权正当性解释．金海军，史兆欢，寇海侠，译．北京：商务印书馆，2019：40，141.

⑥ 丁宁．财产权何以可能：论洛克、康德和黑格尔的财产获得思想．吉林大学社会科学学报，2020（6）200.

⑦ 丁宁．财产权何以可能：论洛克、康德和黑格尔的财产获得思想．吉林大学社会科学学报，2020（6）：203.

⑧ ［德］黑格尔．法哲学原理．范扬，张企泰，译．北京：商务印书馆，1961：44.

人格的阶段。”“在第一阶段，意志意识到自身就是人格，并力求将自身强加于外部世界。意志在实现其最终自由状态之前，还必须符合具体的主观道德范畴。”“在黑格尔看来，思想是自由的，当它具有了不受限制的自我认识时，就开始有了人格。然而仅具有这种放之四海而皆准却十分单调的自由形式是不够的，就人格而言其必须还具有存在于世的一些更为具体的形式。”“这些更为具体的形式是通过对物的占有，对占有物拥有‘绝对权利’的方式而产生。”“这些‘内在的所有’一旦外化，即成为能够合法拥有的物。这些关于财产的陈述可以很容易地被理解为一种对私有财产存在的论证。”简言之，“黑格尔的观点是，私有财产是人格在世界上实现其自身过程的一个核心部分”①。也“唯有人格才能给予对物的权利，所以人格权本质上就是物权。这里所谓物是指其一般意义的，即一般对自由说来是外在的那些东西，甚至包括我的身体生命在内”②。

二、财产权人格理论对知识产权的适用性

无论对于康德还是黑格尔，财产之所以能够用人格来加以解释，是因为财产是意志的外在体现和实现手段，财产本身是否含有精神性的人格要素并不重要，甚至反过来说，具有精神性的人格要素的事物恰恰因为和人格的过于紧密的联系而不容易称为财产。因此，黑格尔对于“财产”是否包括知识产权客体“有所踌躇”。黑格尔认为，尽管“精神技能、科学知识、艺术、甚至宗教方面的东西、以及发明等等，都可成为契约的对象，而与在买卖等方式中所承认的物同视，但是，艺术家和学者等是否在法律上占有着他的艺术、科学知识以及传道说教和诵读弥撒的能力等，即诸如此类的对象是否也是物，是一个问题”。因为它们“是内部的精神的东西，所以理智对于它的法律上性质可能感到困惑”。尽管如此，黑格尔最终还是认为，“学问、科学知识、才能等等固然是自由精神所特有的，是精神的内在的东西，而不是外在的东西，但是精神同样可以通过表达而给它们以外部的定在，而且把它们转让，这样就可把它们归在物的范畴之内了。所以它们不是自始就是直接的东西，只是通过精神的中介把内在的东西降格为直接性和外在物，才成为直接的东西”③。也就是说，在黑格尔看来，“精神技能、科学知识、艺术，甚至宗教方面的东西，以及发明等”知识产权客体和物权法的有体物虽然有区别，但在本质上属于同一种类的事物，财产权人格理论能够用以解释物质财产权的正当性，当然也就能够用以解释知识产权的正当性。

延伸阅读材料

人格理论的运用：物权 v. 知识产权

人为了作为理念而存在，必须给它的自由以外部的领域。因为人在这种最初还是完全抽象的规定中是绝对无限的意志，所以这个有别于意志的东西，即可以构成它的自由的领域的那个东西，也同样被规定为与意志直接不同而可以与它分离的东西。

---

① ［澳］彼得·德霍斯．知识财产法哲学．周林，译．北京：商务印书馆，2008：86－87，92.
② ［德］黑格尔．法哲学原理．范扬，张企泰，译．北京：商务印书馆，1961：48－49.
③ ［德］黑格尔．法哲学原理．范扬，张企泰，译．北京：商务印书馆，1961：51－52.

补充（所有权的合理性）所有权之所以合乎理性（原因）不在于满足需要，而在于扬弃人格的纯粹主观性。人唯有在所有权中才是作为理性而存在的。即使我的自由这种实在性最初存在于一个外界事物中，从而是一种坏的实在性，然而抽象人格，就因为它存在于其直接性中，所以除在直接性的规定中的定在以外不可能具有任何其他定在。

跟自由精神直接不同的东西，无论对精神说来或者在其自身中，一般都是外在的东西，即物，某种不自由的、无人格的以及无权的东西。

附释物象客观一样，有两种不同而是对立的意义。有时，譬如我们说：就是这个东西，问题在于事物，而不在于人——这是指实体性的东西而言；有时用来与人（不是特殊的主体）相对比，这时物正是指与实体性东西相反的东西而言，按其规定是纯粹外在的东西。对自由精神——必须与单纯意识很好加以区别——说来，外在的东西是绝对外在的，因此，自然界的概念规定就在于它本身是外在的东西。

人作为直接概念，并从而作为本质上单一的东西，具有自然的实存。这种实存一方面是在它本身中的，另一方面是像人对待外部世界那样来对待它的那实存。在这里关于人，即其本身尚在最初的直接性中的人，我们所要谈的，仅仅是这些作为直接存在的事物的事物，而不是那些通过意志的中介而能变成事物的规定。

附释精神技能、科学知识、艺术，甚至宗教方面的东西（讲道、弥撒、祈祷、献物祝福）以及发明等，都可成为契约的对象，而与在买卖等方式中所承认的物同视，但是，艺术家和学者等是否在法律上占有着他的艺术、科学知识以及传道说教和诵读弥撒的能力等，即诸如此类的对象是否也是物，却是个问题。如果把这类技能、知识和能力等都称为物，我们不免有所踌躇，因一方面关于诸如此类的占有固然可以像物那样进行交易缔结契约，但是另一方面它是内部的精神的东西，所以理智对于它的法律上性质可能感到困惑，因为呈现在理智面前的仅仅是一种对立；或是某物或是非物，非彼即此（像或是有限或是无限那样）。学问、科学知识、才能等固然是自由精神所特有的，是精神的内在的东西，而不是外在的东西，但是精神同样可以通过表达而给他们以外部的定在，而且把它们转让，这样就可把它们归在物的范畴之内了。所以它们不是自始就是直接的东西，只是通过精神的中介把内在的东西降格为直接性和外在物，才成为直接的东西。[①]

问题： 黑格尔在《法哲学原理》上面一段中提到了“物”“人”“精神技能、科学知识、艺术，甚至宗教方面的东西……以及发明等”。那么，在黑格尔看来，这些事物中哪些更容易成为财产？哪些更难以成为财产呢？

三、财产权人格理论适用于知识产权的局限性

尽管黑格尔最终承认了“精神技能、科学知识、艺术，甚至宗教方面的东西……以及发明等”的财产地位，但他对这些知识产权客体类的事物是否具有财产地位毕竟“有所踌躇”，根本原因是它们“是自由精神所特有的，是精神的内在的东西，而不是外在的东西”，也就是说，在黑格尔看来，知识产权客体中越具有人格的东西如著作权法中的作品，成为

① ［德］黑格尔．法哲学原理．范扬，张企泰，译．北京：商务印书馆，1961：50－52.

财产权客体就越困难，因为作品是更内在的而不是外在的，而越不具有人格的东西，如专利法中的发明创造、商标法中的商标等成为财产权客体越容易，因为发明创造、商标是更外在的而不是内在的。因此，说“人格理论在应用于知识产权时具有直观的吸引力”，因为“一个想法属于它的创造者，因为这个想法是创造者人格或自我的表现”[①]。这实在是对财产权人格理论的误解，也就是说，知识产权客体的人格性恰恰是财产权人格理论用以解释知识产权的局限性。

第五节 知识产权正当性基础的多元主义

一、知识产权正当性基础的多元主义及其理由

除以上几种众多著作均包含的知识产权正当性理论之外，许多学者还提出其他知识产权正当性理论，比如彼得·德霍斯提出的工具主义理论[②]、罗伯特·P. 莫杰思运用的罗尔斯的社会正义理论[③]、有的学者提出的亚里士多德人类繁荣理论[④]等。然而，鉴于“知识产权不是单一维度的利益呈现，而是面向多元化主体、满足多层次需求、实现多向度价值的立体化存在”[⑤]，任何单一理论均不能对知识产权正当性提供充分的解释，知识产权正当性的解释只能仰赖多元主义，明确坚持多元主义的莫杰思的《知识产权正当性解释》固然如此，即便明确坚持工具主义的德霍斯的《知识财产权哲学》也承认“并不打算为知识财产提出一个一般性的理论”，“精心构建一个令人满意、全面而完整的知识财产理论是一个艰巨的工作”，“企图建立一个知识财产的超级理论的目标可能是有问题的”，甚至认为，“根本不存在关于财产的基本真理”[⑥]。知识产权正当性理论的多元主义并不试图建构一种解释知识产权正当性的完美理论，而是运用各种知识产权正当性的单一理论解释知识产权正当性的某些方面，每一种理论都不试图解释知识产权正当性的所有方面，在一种理论不足的地方，则用其他理论来加以补充。“多元主义的最大优点在于，我可以采用这样一种有意义的方法，既与那些笃信功利主义解释的人交手，也能与那些坚持道义论权利的人联手，更可以与那些将其信仰建立在其他各种基础之上的人进行对话。”[⑦]

知识产权正当性的解释之所以需要采用一种多元主义，是因为任何单一的理论均既有其优点，也有其缺陷，均无法对知识产权正当性作出无漏洞的解释。只有结合不同理论的优点，知识产权的正当性才能得到较为充分的解释。

---

① Justin Hughes. The Philosophy of Intellectual Property. 77 Geo. L. J. 287，330（1988－1989）.

② ［澳］彼得·德霍斯．知识财产法哲学．周林，译．北京：商务印书馆，2008：221－230.

③ ［美］罗伯特·P. 莫杰思．知识产权正当性解释．金海军，史兆欢，寇海侠，译．北京：商务印书馆，2019：203－270.

④ Alexander GS，Peñalver EM.. An Introduction to Property Theory. Cambridge University Press，2012：80－97.

⑤ 王国柱．知识产权法基本范畴中的特殊法理．法制与社会发展，2020（2）：152.

⑥ ［澳］彼得·德霍斯．知识财产法哲学．周林，译．北京：商务印书馆，2008：208.

⑦ ［美］罗伯特·P. 莫杰思．知识产权正当性解释．金海军，史兆欢，寇海侠，译．北京：商务印书馆，2019：28.

各种知识产权正当性理论均必定既有优点也有缺陷，这在很大程度上源于知识产权及其客体的极强的异质性。专利权、著作权为创造性智力成果权，其权利客体为包括发明创造和作品在内的智力成果，而商标权则为识别性商业标记权，其权利客体为包括商标、商号、地理标志在内的商业标记。发明创造和作品是创造的结果，而商标则是使用的结果，商标不是创造的，实际上仅仅是商标商品或服务经营附带的“副产品”。因此，如果说以创造替代劳动尚能够用财产权劳动理论来解释专利权和著作权的正当性，我们无法运用财产权劳动理论解释商业标记，甚至都难以找出一种可以替代劳动的活动来运用财产权劳动理论解释商业标记。如果说作品体现人格尚符合人们的常识，在发明和商标上则很难说有什么人格，财产权人格理论对各种具体知识产权的解释力同样会有所不同。① 即便是可以统一解释全部知识产权的正当性的财产权功利主义，在解释创造性智力成果权和商业标记权时也有根本的不同，因为创造性智力成果权和商业标记权解决的市场失灵问题是完全不同的，一为正外部性的市场失灵，一为信息不对称的市场失灵，功利主义在创造性智力成果权和商业标记权领域的功能发挥机理完全不同。②

二、多元主义下各种知识产权正当性理论之间的关系以及其恰当运用

在多元主义下，各种知识产权正当性理论之间是互相补充的共存合作关系而不是非此即彼的竞争关系，尊重每一种理论，既充分利用每一种理论的优点，也承认每一种理论的缺陷。知识产权正当性解释的多元主义意味着“学者或立法者不是试图通过无争议的前提和无情逻辑的结合来强迫读者接受一种对法律教义的特定解释或改革，而是通过有效地利用理论和应用的结合，试图在他或她的听众中引起同情的共鸣。最受欢迎的回答不是‘我看不出这个论点有任何漏洞’，而是‘这听起来很有道理’”③。

知识产权正当性解释的多元主义并不排斥解释者个人的立场和观点，不同学者可以结合多种理论形成自己对知识产权正当性解释的综合理论。比如，莫杰思就采用“一种知识产权法的自由主义理论”，他说，“我的目标就是把社会实践与制度，诸如效率原则与比例原则之类的中层原则，以及洛克、康德与罗尔斯的基础概念结合起来，形成在知识产权领域唯一的、连贯一致的理论”④。

本章思考题

1. 知识产权的财产权劳动理论的内容是什么？如何评价它？

---

① 当然，知识产权人格理论中的人格和人格权意义上的人格有所不同，这里的人格主要强调这些物质财产对于人格实现的意义。

② Gideon Parchomovsky，Peter Siegelman. Towards an Integrated Theory of Intellectual Property. 88 Va. L. Rev. 2002：1455，1458－1459.

③ Fisher，William W. Theories of Intellectual Property，In New Essays in the Legal and Political Theory of Property，ed. Stephen Munzer. Cambridge，UK：Cambridge University Press，2001

④ ［美］罗伯特·P. 莫杰思．知识产权正当性解释．金海军，史兆欢，寇海侠，译．北京：商务印书馆，2019：33.

2. 知识产权的财产权功利理论的内容是什么？如何评价它？

3. 知识产权的财产权人格理论的内容是什么？如何评价它？

4. 如何对待各种知识产权正当性理论？

经典参考文献

1. 徐瑄．知识产权的正当性：论知识产权法中的对价与衡平．中国社会科学，2003(4).

2. ［澳］彼得·德霍斯．知识财产法哲学．周林，译．北京：商务印书馆，2008.

3. ［美］罗伯特·P. 莫杰思．知识产权正当性解释．金海军，史兆欢，寇海侠，译．北京：商务印书馆，2019.

4. ［美］贾斯汀·休斯．知识产权哲学．杨才然，张萍，译//刘春田．中国知识产权评论：第二卷．北京：商务印书馆，2006.

5. Fisher，William W. Theories of Intellectual Property，In New Essays in the Legal and Political Theory of Property，ed. by Stephen Munzer. Cambridge，UK：Cambridge University Press，2001.

第七章 知识产权的取得与归属

本章导言

知识产权的取得与归属是知识产权制度运行的基础和前提，可以说是知识产权法的第一项制度，因为只有将知识产权归属于具体主体，才能谈得上知识产权的利用与保护。知识产权的取得与归属具有重要的法律意义，对知识的生产和利用具有重要的激励作用，恰当的知识产权取得与归属制度是知识产权制度正常运行的基础和前提。知识产权的取得与归属必须对知识生产的所有参与方提供恰当激励，激励他们积极投入，促进知识的生产和利用。创造者是知识生产的直接主体，也是对知识生产影响最大的主体，因此，知识产权归属于创造者是第一选择。投资者对知识的生产也有重要影响，因此知识产权归属也必须考虑到投资者，在特定条件下将知识产权归属于投资者，以激励投资者的投资。

第一节　知识产权的取得方式

知识产权的取得与归属，也有著述称之为知识产权主体①，和所有权取得方式类似，知识产权取得方式可以分为原始取得与继受取得。鉴于继受取得基本上和所有权的继受取得相同，本章以知识产权的原始取得为主展开论述。

一、原始取得

知识产权的原始取得是指不依赖于原权利人或者根本没有原权利人而直接根据法律规

① 吴汉东．知识产权总论．4版．北京：中国人民大学出版社，2020：44－51［从内容上看，既包括主体资格内容，也包括原始取得（原始主体）与继受取得（继受主体）］；吴汉东．知识产权法．北京：法律出版社，2021（第六章为“著作权主体”，内容实际上为著作权归属，第十五章为“专利权的主体”，内容既包括主体范畴和资格，也包括权利归属，商标权编无题为“主体”的章节，第二十三章为“商标权的取得”，但内容基本不涉及“主体”和“权利归属”）．也有著述兼有“知识产权的主体”和“知识产权的取得与归属”，参见杨雄文．知识产权总论．广州：华南理工大学出版社，2019。

定的条件取得知识产权的知识产权取得方式。知识产权的原始取得的前提条件是权利客体上不存在任何权利或者即便存在任何权利但这种权利并不影响知识产权的取得。知识产权的原始取得不依赖于他人的行为或者同意，权利取得人仅完成法律规定的行为、符合法律规定的条件即可取得知识产权。所有权原始取得的方式包括劳动和生产、先占、发现、拾得、时效取得、善意取得、添附、加工、孳息等。[①] 鉴于权利客体的不同，知识产权的原始取得不同于所有权，知识产权无法通过先占、发现、拾得、加工等方式原始取得，但可以通过创造（创作）、使用或注册等方式原始取得。

知识产权原始取得与知识产权归属有着紧密的联系，知识产权的原始取得通常就是知识产权的最初归属，知识产权最初通常归属于原始取得人。

二、继受取得

知识产权的继受取得是指从他人处取得知识产权的取得方式，因此也称派生取得、传来取得。这种知识产权取得方式依赖于权利客体上原权利人的权利，或者取决于原权利人的意志，比如通过合同、遗嘱等法律行为方式取得；或者取决于法律规定的与原权利人的法定关系，比如通过法定继承，公司合并、分立等法定方式取得。

知识产权的继受取得和原始取得的不同点有二：一是知识产权原始取得不依赖原权利人的权利和意志，或者权利客体上不存在权利，或者权利客体上的权利不影响知识产权的取得，而知识产权的继受取得则依赖原权利人的权利、意志或法律的规定，因此，知识产权的原始取得通常是一种事实行为，比如作品的创作、发明创造的发明、商标的使用或者注册，而知识产权的继受取得则通常是合同、遗嘱等法律行为或者法定继承，公司合并、分立等法定行为。二是取得的权利有所不同。知识产权原始取得所取得的权利通常是完全的、无瑕疵的，因为原始取得不依赖原权利人的权利和意志，或者权利客体上本就不存在权利，或者权利客体上存在权利但不影响知识产权的取得。而继受取得则依赖原权利人的权利和意志，不能取得比原权利更大的权利，原权利上原有的负担通常及于新权利人，比如知识产权领域中类似于“买卖不破租赁”的“买卖不破许可”规则。

第二节　知识产权原始归属的基本根据

一、知识产权原始归属制度的法律意义和制度目的

在传统法学教材或著作中，无论是物权法、财产法还是知识产权法，这些教材或著作仅仅是直接描述权利的原始取得或者原始主体[②]，而不关注原始取得或者原始主体制度背后的原因，这难免导致不了解知识产权原始归属制度的法律意义与制度目的，从而导致无的

---

① 高富平．物权法原论．北京：中国法制出版社，2001：790.

② 梁慧星，陈华斌．7 版．物权法．北京：法律出版社，2020：243－265；［英］F. H. 劳森，B. 拉登．财产法．施天涛，梅慎实，孔祥俊，译．北京：中国大百科全书出版社，1998：71－73；吴汉东．知识产权总论．4 版．北京：中国人民大学出版社，2020：47－48.

放矢。法和经济学研究则不然，认为“财产法为资源配置和财富分配提供法律框架”①。在法和经济学看来，“财产创造出一片稳定的空间，在这里，所有者可以按照他们的意愿来行使权利而不用向他人解释”。“产权赋予所有者处理事物的自由。”② 产权的这种性质使得它具有重要的功能，从微观上看，产权可以减少不确定性并使外部性内部化，不过，产权的功能最终都可以归结为激励与约束功能。因为，产权的减少不确定性功能和外部性内部化功能均会影响产权主体活动的收益和成本，最终会激励与约束主体，所以，激励与约束是产权最主要的功能。③ 法和经济学认为，产权的分配是市场有效运作的先决条件，市场在无数的投资和生产可能性中配置资源，资源的有效配置非常重要，是一个复杂的市场体系的基石。产权可以发挥分配功能并鼓励生产④，可以“通过谈判来实现配置效率，通过内部化的方式来实现生产效率”⑤。总的来说，财产权即“对事物的占有利益及其转让能力的保护”，可以提高社会福利，“一方面在于对工作的激励，另一方面则是对维护和提高财产价值的激励”⑥。

根据科斯定理，在交易费用为零的情况下，不管权利如何进行初始配置，当事人之间的谈判都会导致资源配置的帕累托最优；在交易费用不为零的情况下，不同的权利配置界定会带来不同的资源配置；因为交易费用的存在，不同的权利界定和分配，会带来不同效益的资源配置，所以产权制度的设置是优化资源配置（达到帕累托最优）的基础。⑦ 因此，产权的原始归属制度不仅是产权制度的重要内容，还是产权制度的起点和发挥作用的基础，产权归属“影响收益分配和社会所期望行为的长久激励”⑧，从而会极大地影响制度绩效，产权归属制度应以激励相关主体提高配置效率和生产效率为主要目标。

知识产权原始归属是产权归属的一种，除了受其权利客体特殊性的影响而具有特殊性，知识产权原始归属制度应符合上述产权归属制度的一般原理，实现产权归属制度的一般目标。知识具有共享性，从而具有消费上的非竞争性和非排他性，属于经济学上的公共物品，而对于公共物品，只有通过内部化的方式才能实现生产效率。知识产权制度就是一种将知识的外部性内部化的方法，通过内部化提高知识的生产效率是知识产权制度不同于物权制度的重要特征。大多数知识产权制度比物权制度的运行成本要高得多，比如专利权和商标权的取得通常需要注册审查制度，需要建立专门的登记机构，知识产权的权利边界一般比较模糊，权利实施具有相当大的不确定性。同时，知识具有公共性，知识产权制度不仅要像物权制度一样激励人们将知识生产出来，还需要通过一些特别的制度，如合理使用制度、

---

① ［美］罗伯特·考特，托马斯·尤伦．法和经济学：第五版．史晋川，董雪兵，等译．上海：格致出版社，上海三联出版社，上海人民出版社，2010：63.

② ［美］罗伯特·考特，托马斯·尤伦．法和经济学：第五版．史晋川，董雪兵，等译．上海：格致出版社，上海三联出版社，上海人民出版社，2010：66.

③ 袁庆明．新制度经济学教程．2版．北京：中国发展出版社，2014：136.

④ Rajshree Chandra. Knowledge as property: Issues in the Moral Grounding of Intellectual Property Rights. Oxford University Press，2010：94－95.

⑤ ［美］罗伯特·考特，托马斯·尤伦．法和经济学：第五版．史晋川，董雪兵，等译．上海：格致出版社，上海三联出版社，上海人民出版社，2010：99.

⑥ ［美］斯蒂文·萨维尔．法律的经济分析．柯华庆，译．北京：中国政法大学出版社，2009：6－7.

⑦ 严新锋．经济学入门．上海：东华大学出版社，2022：71.

⑧ 田志康．知识产权归属的法律效率原则、标准和影响因素．科技与法律，2002（2）：56.

法定许可制度、强制许可制度等促进知识的传播和利用。尽管如此，产权归属制度的激励相关主体提高配置效率和生产效率的目标同样是知识产权原始归属制度的基本目标。

鉴于目前知识产权法的非体系化和知识产权法总论建构的“提取公因式”方法，本书接下来分别阐述专利法、著作权法、商标法中的权利原始归属规则，最后在此基础上结合其制度目的来“提炼”知识产权原始归属制度的一般规则。

二、专利权原始归属的基本根据

专利法的专利权原始归属离不开从进行发明创造到最终取得专利权的实际过程，专利法既是建立在发明创造取得权利的实际过程的基础之上，又是发明创造取得权利的法律保障。发明创造是发明创造行为的结果，从发明创造完成到最终获得专利权一般有三个阶段①：第一个阶段是发明创造完成到提出专利申请之前的阶段，这一阶段涉及的是谁有权申请专利，也就是法律上的申请专利的权利。这一阶段的关键问题有两个，一是发明创造的完成的判断与确定，二是发明创造申请专利的权利的产生与归属。就发明创造的完成的判断与确定来说，首先，发明创造是发明行为的结果，“创造发明物是一种事实行为，而非法律行为。不以行为能力为前提，完全行为能力人或限制行为能力人均可获得发明者权，只要他进行了发明”。“发明行为是指找到新的、非显而易见的理论以实施技术行为。为此贡献了智力成果的人为发明人。”其次，发明创造的完成需要以一定的方式公布。“当发明经过任何一种通告或实体性的呈现而被公布，使技术操作说明在没有对公众开放的情况下对专业人员来说成为可识别的，并且使发明成为独立于创造者而能够继续存在的无形利益时，发明者权才会获得它的现实意义。”“因此，人们把发明的完成看成是权利成立的时间点，那么，在哪些条件下公告才得以完成这个问题就已经解决了：只要确实出现了主张发明者权的需要，发明即告适当公布。”② 就发明创造申请专利的权利的产生与归属来说，专利法“承认了一项基于发明而无须形式要件即告成立的权利。该权利被习惯地称为发明者权或广义的发明者权，它对于发明人而言是根据其创造该发明的单纯事实而产生的结果。德国及欧洲专利法正是以该发明人原则为出发点的”。“发明者权经由创造发明的实际过程而产生。该过程从始至终都是某人或多人的劳动。”“一旦完成了一个如前文所述的具有可专利性或者具有实用新型能力的发明，发明者权随即产生。”“在发明者权中，发明是法定归属于发明者的：发明即使——通过‘公告’——与发明人实际分离开来，并且独立于他作为非本人的、无体的对象而能够继续存在，发明也（仍然）是他的发明。”③

不同国家的专利法或者有关专利的不同国际条约对“申请专利的权利”这一概念的表述方式不尽相同，有的称之为“申请并获得专利的权利”（right to apply for and obtain a patent，如英国、新加坡），有的称之为“获得专利的权利”（right to obtain a patent，如加拿大、南非），有的称之为“对专利的权利”（right to a patent，如《欧洲专利公约》、德国），

---

① 崔国斌．专利法：原理与案例．2版．北京：北京大学出版社，2016：452.

② ［德］鲁道夫·克拉瑟．专利法：德国专利和实用新型法、欧洲和国际专利法．单晓光，张韬略，于馨，等译．北京：知识产权出版社，2016：415-417.

③ ［德］鲁道夫·克拉瑟．专利法：德国专利和实用新型法、欧洲和国际专利法．单晓光，张韬略，于馨，等译．北京：知识产权出版社，2016：413-414.

有的称之为“获得专利的资格”（entitlement to obtain a patent，如韩国），有的称之为“所有权”（ownership）①。我国专利法使用的表述是“申请专利的权利”（《专利法》第 6 条、第 8 条，《民法典》第 859 条、第 860 条）。

第二个阶段是从提出专利申请到授予专利权之前的阶段，这一阶段的权利为专利申请权。这一阶段的专利申请权已经不同于申请专利的权利，因为“将具有可专利性的发明进行专利申请，即获得一项公法上的获得专利权授权的权利，该权利不取决于申请人是否具有专利之上的权利（发明者权）”。此时，“保护权利则随之产生”，“它把权利人发明的归属完全意义地专有化了。因此于授权或登记前在发明之上成立的权利将被称为‘不完善的绝对知识产权’。在这个阶段甚至可以说，发明就只‘属于’权利人”②。不管是采用先发明制还是先申请制，自申请或发明完成之日起，专利或实用新型保护便“只能由平行发明者中的一个（或者他的权利继受人）获得”。“尽管平行发明行为中最后只有一个能够获得（有法律效力的）保护权，但对每一个平行发明人而言首先均存在一项独立的要求保护的权利。”也就是说，在进入专利程序之前，平行发明中的每一个均有进入专利程序的机会，但一旦进入专利程序，平行发明便只能有一个受到保护。对此，学者承认，“法律规定没有将此辨析得足够清晰”③。

第三个阶段是授予专利权之后，这一阶段的权利是专利权。

在上述三个阶段中，只要没有发生继受转移，申请专利的权利、专利申请权、专利权的权利主体往往是一致的，谁享有申请专利的权利，谁最终就能享有专利申请权和专利权，而最终享有专利权的主体往往就是最初享有申请专利的权利的主体。

我国《专利法》第 6 条规定了自由发明的专利权归属，该条规定，非职务发明创造，申请专利的权利属于发明人或者设计人；申请被批准后，该发明人或者设计人为专利权人。第 8 条规定了合作发明的专利权归属，两个以上单位或者个人合作完成的发明创造，除另有协议的以外，申请专利的权利属于共同完成的单位或者个人；申请被批准后，申请的单位或者个人为专利权人。自由发明，又称非职务发明，是与职务发明相对应的一个概念，是指发明人完全独立地依靠自己的智力劳动以及设备、资金等外部条件完成的发明创造。自由发明的申请专利的权利由发明人享有，他若自己申请专利并获得授权则成为专利权人。由于没有雇佣、资本等其他关系的介入，自由发明的专利权归属最能够反映专利权归属的基本原则，即发明人原则。④

三、著作权原始归属的基本根据

与专利权的原始取得和归属不同，著作权的原始取得不需要履行特定的手续，因创作完成而自动产生。因此，著作权的原始归属类似于专利法领域的申请专利的权利的阶段，

---

① 尹新天．中国专利法详解．北京：知识产权出版社，2011：70.

② ［德］鲁道夫·克拉瑟．专利法：德国专利和实用新型法、欧洲和国际专利法．单晓光，张韬略，于馨，等译．北京：知识产权出版社，2016：424－425.

③ ［德］鲁道夫·克拉瑟．专利法：德国专利和实用新型法、欧洲和国际专利法．单晓光，张韬略，于馨，等译．北京：知识产权出版社，2016：426.

④ 至于雇佣关系、投资关系介入导致得更为复杂的知识产权原始归属，本书将在下一节讲解。

与申请专利的权利的原始取得类似，著作权的原始取得同样要解决两个问题，一是作品的创作完成，二是著作权的原始归属原则或者主体。

对于作品的创作完成来说，一般认为，“作者是著作权的原始主体”。“‘作者’一词系指创作作品的人。”“只有自然人才能完成智力创作。学习、构想、鉴赏、撰写和表达文学、音乐和艺术作品，是只有人才能完成的活动。”“因此，著作权产生于智力创作，而智力创作只能由自然人完成，由此可见，著作权的原始所有权属于创作作品的自然人。”这为国际作者和作曲者协会联合会的《著作权宪章》所确定，即“著作权以智力创作行为为基础。它源于事物的本质。因此，在法律中只能看到有关它的规定，其存在绝不取决于一些权利确立的手段”。“由于证明著作权的凭证是智力创作行为，因此，只有从其创作者的自然人身份中才能产生这种权利。”[①] “作为著作权的客体，作品通过自己所体现的独创性获得了著作权的保护资格；正因为如此，著作权的主体必须是那些给予作品独创性的人。而作者就是那些在内容与形式方面赋予作品以独创性的人。对创作人的人格以及他们为文化生活所带来的价值的尊重要求人们只能把法律保护赋予作者而不是其他人。而且，从‘个人应得的归于各人’的思想人们也可以推断出，作品应当归作者本人所有，而作为‘他本人的’东西。”因此，“创作人原则在现行著作权法典中毫无例外地得到了贯彻”[②]。不过，这是人工智能尤其是生成式人工智能出现之前的认识，在生成式人工智能渐次发达的今天，创作是否限于自然人？人工智能能否创造？这是值得探究的新问题，可能颠覆著作权原始归属的传统认识。

至目前为止，我国著作权法基本上体现了这种创作人原则，《著作权法》第 11 条规定：“著作权属于作者，本法另有规定的除外。”“创作作品的自然人是作者。”不过，我国《著作权法》实际上已经打破了只有自然人能够创作的传统认识，《著作权法》第 11 条第 3 款规定：“由法人或者非法人组织主持，代表法人或者非法人组织意志创作，并由法人或者非法人组织承担责任的作品，法人或者非法人组织视为作者。”另外，《著作权法》第 13 条、第 14 条、第 15 条规定的“改编、翻译、注释、整理”“合作创作”“汇编”等同样遵循了创作人原则。

四、商标权原始归属的基本根据

和作品、发明的创作或创造不同，商标不是创作或创造出来的，而是通过使用产生的。与商标使用相关的主体既有商品或服务提供者，也有消费者。[③] “商标的产生是一个分两步走的过程。首先，生产者在产品上贴附一个标志。其次，公众把这个标志与产品联系起来。贴附标志的生产者可以称为第一含义，而第二含义则体现了公共联想的思想。这种联想发生在一个语言交换平行于货物交换的市场中。生产者和消费者都是共同作者。”[④] 那么，商标权到底应该归属于生产者还是归属于消费者呢？鉴于在商标使用的主体中，生产者在商

---

① ［西］德利娅·利普希克．著作权和邻接权．联合国教科文组织，译．北京：中国对外翻译出版公司，2000：90－91.

② ［德］M. 雷炳德．著作权法．张恩民，译．北京：法律出版社，2005：181.

③ 王太平．商标法上商标使用概念的统一及其制度完善．中外法学，2021（4）：1033－1034.

④ Steven Wilf，Who Authors Trademarks? . Cardozo Arts & Entertainment Law Journal，17 Cardozo Arts & Ent. L. J. 1，33（1999）.

标通信系统的形成和维持中占据主导地位，是商标通信系统的起点和发起者①，而且只有生产者是比较确定的主体，消费者只是一个集体、一种拟制的主体，商标权应该原始归属于作为生产者的商品或服务的提供者。需要注意的是，和作品、发明需要专门的创作或创造不同，商标的形成似乎是附带的，是提供附有商标商品或服务的附带结果。也就是说，生产者的主要行为是提供附有商标的商品或服务，和提供无商标的商品或服务一样收取费用，但作为提供附有商标的商品或服务的附带结果，消费者在购买和消费附有商标的商品或服务的过程中逐渐形成了对商标的认识。尽管如此，生产者在商标的形成上仍然付出了巨大的努力和投资，必须努力保持使用商标的商品或服务的质量的稳定，因为“使用商标的商品的质量、服务等特征越稳定，消费者在购买和消费新的商标商品后对商标形成的认识的变化越小，于是这种商标的意义就越稳定，这种商标就越容易成为有商誉商标”②。

我国《商标法》第 4 条规定，自然人、法人或者其他组织在生产经营活动中，对其商品或者服务需要取得商标专用权的，应当向商标局申请商标注册。《商标法》第 5 条规定，两个以上的自然人、法人或者其他组织可以共同向商标局申请注册同一商标，共同享有和行使该商标专用权。《德国商标和其他标志保护法》第 4 条规定，商标保护产生于：(1) 一个标志在专利局设立的注册簿上作为商标注册；(2) 通过在商业过程中使用，一个标志在相关商业范围内获得作为商标的第二含义（在商业上使用标志，只要该标志在受影响的业界内已获得公众认可为商标）；或者 (3) 具有《巴黎公约》第 6 条之二意义上的驰名商标的知名度。其中后两种商标取得方式均是使用取得，即由使用者原始取得商标权。即便现代商标法一般规定了商标权的注册取得，但商主体注册商标的目的显然是使用，因此，无论是商标权注册取得体制还是使用取得体制，商标本质上均是通过实际使用形成的，商标权实质上是通过使用取得的，而原始取得者就是商标注册人或使用人，或者说，商标权原始取得规则是使用人原则——谁使用谁所有。

经典案例

“江小白”商标纠纷案

【基本案情】重庆江小白酒业有限公司（以下简称江小白公司）与国家知识产权局、重庆市江津酒厂（集团）有限公司（以下简称江津酒厂）商标权无效宣告行政纠纷案中，诉争商标系第 10325554 号“江小白”商标，于 2011 年 12 月 19 日由成都格尚广告有限责任公司申请注册，核定使用在第 33 类酒类商品上，经核准，权利人先后变更为四川新蓝图商贸有限公司（以下简称新蓝图公司）、江小白公司。

重庆市江津区糖酒有限责任公司（包括江津酒厂等关联单位）与新蓝图公司（包括下属各地子公司、办事处等关联单位）于 2012 年 2 月 20 日签订销售合同和定制产品销售合同。定制产品销售合同明确约定授权新蓝图公司销售的产品为“几江牌”系列酒定制产品，

① 王太平．商标法上商标使用概念的统一及其制度完善．中外法学，2021 (4)：1040.

② 王太平．商标概念的符号学分析：兼论商标权和商标侵权的实质．湘潭大学学报（哲学社会科学版），2007 (3)：25.

其中并未涉及“江小白”商标，而且定制产品销售合同第一条约定，“甲方（江津酒厂）授权乙方（新蓝图公司）为‘几江牌’江津老白干‘清香一、二、三号’系列超清纯系列、年份陈酿系列酒定制产品经销商”。第六条之2明确约定，“乙方负责产品概念的创意、产品的包装设计、广告宣传的策划和实施、产品的二级经销渠道招商和维护，甲方给予全力配合。乙方的产品概念、包装设计、广告图案、广告用语、市场推广策划方案，甲方应予以尊重，未经乙方授权，不得用于甲方直接销售或者甲方其他客户销售的产品”。

2016年5月，江津酒厂针对诉争商标向原国家工商行政管理总局商标评审委员会（以下简称商标评审委员会）提出无效宣告请求。商标评审委员会认为：在诉争商标申请日之前，江小白公司对江津酒厂的“江小白”商标理应知晓，诉争商标的注册已构成2001年修正的《商标法》（以下简称2001年《商标法》）第15条所指的不予注册并禁止使用之情形。故裁定对诉争商标予以宣告无效。江小白公司不服，提起行政诉讼。

【裁判结果】北京知识产权法院于2017年12月25日作出（2017）京73行初1213号行政判决：一、撤销商标评审委员会作出的商评字〔2016〕第117088号关于第10325554号“江小白”商标无效宣告请求裁定；二、商标评审委员会针对江津酒厂就第10325554号“江小白”商标提出的无效宣告请求重新作出裁定。商标评审委员会、江津酒厂不服，上诉至北京市高级人民法院。北京市高级人民法院于2018年11月22日作出（2018）京行终2122号行政判决：一、撤销北京知识产权法院（2017）京73行初1213号行政判决；二、驳回江小白公司的诉讼请求。江小白公司不服，向最高人民法院申请再审。最高人民法院于2019年12月26日作出（2019）最高法行再224号行政判决：一、撤销北京市高级人民法院（2018）京行终2122号行政判决；二、维持北京知识产权法院（2017）京73行初1213号行政判决。

【裁判理由】最高人民法院认为，本案的主要争议焦点在于，诉争商标的申请注册是否违反2001年《商标法》第15条的规定。2001年《商标法》第15条规定：“未经授权，代理人或者代表人以自己的名义将被代理人或者被代表人的商标进行注册，被代理人或者被代表人提出异议的，不予注册并禁止使用。”代理人或者代表人不得申请注册的商标标志，不仅包括与被代理人或者被代表人商标相同的标志，也包括相近似的标志；不得申请注册的商品既包括与被代理人或者被代表人商标所使用的商品相同的商品，也包括类似的商品。本案中，江津酒厂主张，新蓝图公司是其经销商，新蓝图公司是为其设计诉争商标，其在先使用诉争商标，因此诉争商标的申请注册违反了2001年《商标法》第15条的规定。

首先，江津酒厂提供的证据不足以证明其在先使用诉争商标。江津酒厂主张其在先使用诉争商标的证据绝大多数为诉争商标申请日之后形成的证据，涉及诉争商标申请日之前相关行为的证据有江津酒厂与重庆森欧酒类销售有限公司（以下简称森欧公司）的销售合同、产品送货单、审计报告。江津酒厂与森欧公司的销售合同已经在诉争商标异议复审程序中提交，因未体现森欧公司的签章、缺乏发票等其他证据佐证而未被商标评审委员会采信。江津酒厂在本案中提交的销售合同虽然有森欧公司的公章，但该合同显示的签订时间早于工商档案显示的森欧公司的成立时间，而且江津酒厂也认可该合同签订时间系倒签。根据江小白公司提交的再审证据即北京盛唐司法鉴定所出具的笔迹鉴定意见，江津酒厂给森欧公司送货单上的制单人笔迹真实性存在疑点，且没有发票等其他证据佐证，故上述证据无法证明江津酒厂在先使用诉争商标。江津酒厂在一审法院开庭后提交了审计报告作为在先使用证据。但在缺少原始会计凭证的情况下，仅凭在后受江津酒厂委托制作的审计报告中提到“江小白”白酒，不足以证明江津酒厂在诉争商标申请日前使用了“江小白”。此外，江津酒厂提交的其于2012年2月15日与重庆宝兴玻璃制品有限公司签订的购买“我是江小白”瓶的合同金额为69万元，远高于审计报告统计的销售额和销售毛利，也进一步表明无法认定审计报告的真实性。

其次，虽然江津酒厂与新蓝图公司存在经销关系，但双方签订的定制产品销售合同也同时约定定制产品的产品概念、广告用语等权利归新蓝图公司所有。在商标无效宣告和一、二审阶段，江津酒厂提供的证明其与新蓝图公司为经销关系的主要证据是双方于2012年2月20日签订的销售合同和定制产品销售合同。定制产品销售合同明确约定授权新蓝图公司销售的产品为“几江”牌系列酒定制产品，其中并未涉及“江小白”商标，而且定制产品销售合同明确约定，乙方（新蓝图公司）的产品概念、包装设计、广告图案、广告用语、市场推广策划方案，甲方（江津酒厂）应予以尊重，未经乙方授权，不得用于甲方直接销售或者甲方其他客户销售的产品。综上，应当认为，江津酒厂对新蓝图公司定制产品上除“几江”外的产品概念、广告用语等内容不享有知识产权，亦说明新蓝图公司申请注册“江小白”商标未损害江津酒厂的权利。本案证据不足以证明诉争商标是江津酒厂的商标，因此仅根据上述证据尚不能认定诉争商标的申请注册违反了2001年《商标法》第15条规定。

最后，江津酒厂与新蓝图公司合作期间的往来邮件等证据证明，“江小白”的名称及相关产品设计系由时任新蓝图公司的法定代表人陶某在先提出。江小白公司向法院提交的相关证据能够证明“江小白”及其相关产品设计是由陶某一方在先提出并提供给江津酒厂，而根据双方定制产品销售合同，产品概念及设计等权利属于新蓝图公司所有。现有证据不足以证明新蓝图公司是为江津酒厂设计商标。

综上，在诉争商标申请日前，“江小白”商标并非江津酒厂的商标，根据定制产品销售合同，江津酒厂对定制产品除其注册商标“几江”外的产品概念、广告用语等并不享有知识产权，新蓝图公司对诉争商标的申请注册并未侵害江津酒厂的合法权益，未违反2001年《商标法》第15条的规定。

问题：本案涉及的法律条文的确是《商标法》第15条被代理人、被代表人商标问题，然而，《商标法》该条归根结底体现了一种真正的“播种—收获”原理，“江小白”案中，“江小白”商标的“播种人”究竟是谁？

五、知识产权的原始归属规则——“创造者”原则

产权的原始归属规则对产权制度的运行效果具有重要的影响，本书以先占和连带所有为例进行介绍。根据先占规则，流动性的天然气不属于任何人，直到有人占有它，第一个占有的人因而成为所有者。先占原则的最大优势是它集中关注较少的简单事实，能够相对容易和低成本地加以应用。然而，先占原则也存在一些不足：它会产生一种激励，使有些人通过不经济的投资获取他人财产所有权。当政府赋予财产权时，人们就会通过恶性竞争来获得这一权利。与先占原则相反，在连带所有的情况下，流动性的天然气的所有权是没

有漏洞的，因为根据该规则，所有的地下气体都属于地面拥有者。将流动性财产的所有权附属到固定财产上，避免了先占性投资，只要所有者宣称流动性财产所连带的资源已经是确定的即可。①

大多数法律制度采用先占或第一接受者规则，即法律将保护物的第一接受者。就有体物而言，这通常意味着对该物进行物理控制，即占有。无体物也可以通过先占规则进行分配。例如，一种工艺的发明人通过成为第一个为其申请专利的人，获得在有限时间内使用该工艺的排他性权利。除了先占，拾得、发现、创造、孳息、捕获、添附和加工等也可以原始取得产权。② 这些产权取得的规则正是在考虑前述产权原始取得的制度目的和相关因素的基础上规定的，有助于实现产权制度的目标。

前文本书已经概述了知识产权法的主要领域——专利法、著作权法、商标法——中权利原始取得的基本规则。那么，这些基本规则有什么共性吗？能够从中提炼或总结出知识产权原始归属的一般规则吗？本书的答案是肯定的，从以上专利法、著作权法、商标法中权利原始取得的基本规则来看，专利法、著作权法的原始取得规则——发明人原则和创作人原则均是一种创造原则，而商标法的原始取得规则——使用人原则事实上也是一种“创造”原则，即商标是使用人通过使用而新“创造”的，不管对于固有显著性商标还是非固有显著性商标而言，商标的商标意义均是使用人使用的结果，是使用人“创造”的。概言之，知识产权原始归属的基本规则就是一种“创造者”原则。

理论延伸

先占原则的经济学理由

野生动物和鱼类、长期遗失的珍宝、某些矿藏和石油，以及历史上无人主张过权利的土地组成了无主财产的主要类型，这些是个人可以要求获得的。一个人需要具备哪些条件才能成为这些无主财产的合法所有人，必须由法律规定。

一个普遍的规则是，任何人只要发现或者看到了这些无主财产就会成为它的所有者。在这一“发现即所有”原则（finder-keeper）下，只要人们作出这样的努力，投资于捕获（比如捕猎动物和开发石油）的激励就是最优的，因为当且仅当捕获成本低于被发现财产的预期价值时，人们才会投资于捕获。

然而，典型的情况是，如果很多人都在寻求无主财产，势必会导致对社会来说是过度的投资。其根本原因在于单个人的投资或努力并不简单地增加获取财产的总成功率，却至少部分地减少了其他人获取无主财产的可能性。一个普通例子就可以充分说明这个一般性

---

① ［美］罗伯特·考特，托马斯·尤伦．法和经济学：第五版．史晋川，董雪兵，等译．上海：格致出版社，上海三联出版社，上海人民出版社，2010：133－134.

② ［日］我妻荣．新订物权法．有泉亨，补订．罗丽，译．北京：中国法制出版社，2008：309－325；［英］F. H. 劳森，B. 拉登．财产法．施天涛，梅慎实，孔祥俊，译．北京：中国大百科全书出版社，1998：71－73；James E. Krier. Property. Eighteenth Edition. LEG，Inc. d/b/a West Academic Publishing，2013：2－23；Alison Clarke，Paul Kohler. Property Law：Commentary and Materials. Cambridge University Press，2005：107－129；等等。

观点：假定在一个湖泊中捕鱼的人数正好能将湖中所有的鱼捕获殆尽，因而增加一个捕鱼者就不是其他人所希望的。然而，一个新来者却很想插进捕鱼的行列，因为他极有可能捕获到一定数量的鱼，这会使他受益。而且他也无须考虑到这一事实，即进入他囊中的鱼就不会再为他人所获得，因为他是最先发现这些鱼的人。

规制财产取得的各种规则可以被看作是在“发现即所有”这一原则下，对过度开采无主物这一问题的改进。著名的一些例子有：限制捕获鱼和野生动物的数量的法律规则，拍卖矿藏的勘探权，石油开采权的联合。①

问题：有没有比先占原则更好的财产原始取得规则？物质财产的先占原则能否适用于无法占有的知识财产的原始取得？先占原则与创造者原则有什么相同点与不同点？

第三节　投资和劳动关系介入下的知识产权原始取得与归属

本章第二节仅仅分析了只有创造者一种主体的情况下知识产权的原始取得与归属，事实上，对知识产生作出贡献的不只是创造者，通常可能还包括投资者、组织者，会涉及投资关系、委托关系、劳动关系，而在投资、委托和劳动关系介入的情况下，创造者原则并不能完全解决知识产权的原始取得与归属问题，因为它无法体现投资者和组织者的贡献。

一、影响知识产权原始归属的因素

在经济学看来，资产的交换价值是其所能产生的总收入以及衡量和监管其交换的成本的函数，资产可以产生的总收入流、不同个体的贡献价值以及监管和衡量资产属性的成本决定了对其权利的严格界定和所有权模式。② 也就是说，资产可以产生的总收入流、不同个体的贡献价值以及监管和衡量资产属性的成本是影响产权界定和所有权模式的因素。

第一，资产可以产生的总收入流。经济学研究表明，接收资产产生的收入的能力构成了资产产权的一部分，当非所有人想要影响资产的收入而不承担其行为的全部成本时，资产的价值就会降低，因此，资产净值的最大化将会影响可以最有效地限制无偿利用的所有权或所有权模式，而形成的所有权模式则取决于此类资产价值的可变性。③

第二，不同个体对资产的贡献价值。比如对于产品生产来说，如果工人左右产出的能力比雇主还大，那么，与其说工人只提供劳动力，不如说他们更像独立自主的产品出售者，而与雇主签订合约。反之，如果雇主付给工人的是长期固定工资，则产出变动的结果将由雇主来承担。因此，当劳动力市场上工资水平上涨时，自我雇佣的工人将越来越多。④

---

① ［美］斯蒂文·萨维尔．法律的经济分析．柯华庆，译．北京：中国政法大学出版社，2009：13-14.

② ［美］Y. 巴泽尔．产权的经济分析．费方域，段毅才，译．上海：上海三联书店，上海人民出版社，1997：10-11.

③ Yoram Barzel. Economic Analysis of Property Rights. Cambridge University Press，1997：7.

④ ［美］Y. 巴泽尔．产权的经济分析．费方域，段毅才，译．上海：上海三联书店，上海人民出版社，1997：162-163.

第三，监管和衡量资产属性的成本。经济学研究表明，资产的属性被置于公共领域的一个原因是，度量并监督一笔交易的所有属性的代价太高。交易者既可能企图获取未充分度量的属性，也可能进行过度的度量以降低攫取成本。[①] 反过来，当度量和监督一笔交易的属性的代价低于度量和监督的收益时，这些属性就会置于产权之下，比如：对于能够准确计量产品数量、有明确的质量标准并能准确检验的产品的生产，可以采用计件工资制，雇主获得最终产品的所有权，按件支付工人工资，不用监督工人的工作过程；对于不适合计件工资但工作过程可以监督的产品的生产，雇主获得最终产品的所有权，向工人支付计时工资，但需要额外安排监督生产工人的工人，而像律师、注册会计师之类的复杂的专业工作，通常难以监督，于是只能让律师、注册会计师自己享有最终的工作成果，承担工作的全部成本，这也就是律师事务所、会计师事务所往往以合伙制为组织形式的主要原因，合伙制使得律师、注册会计师不得不自我监督。总之，“要成功地合作，就必须度量每一个生产要素对产出的贡献”，相关当事人“将会采用能产生最大净产出价值的合同形式”[②]。

上述影响产权界定和所有权模式的因素大体上也是影响资产原始归属的因素，同样也适用于知识产权的归属。当然，知识产权法有自己特殊之处，尤其是源于知识产权客体的特殊性。知识是收入容易受非所有人影响而不承担其行为的全部成本的资产，从而知识具有外部经济效果，知识产权制度通过将知识所有权赋予有贡献的主体而禁止其他非所有权人影响知识的收入。在商标法中，鉴于商标近似性与商品类似性判断的模糊性和不确定性，商标申请人常常通过注册联合商标和防御商标的方式来明确其权利范围，而在知识产权越来越重要的今天，商标申请人常常通过超过明确权利范围的方式进行联合商标和防御商标的注册，从而超出与其使用的商标近似的商标和类似的商品的范围扩张其商标权，从而过度度量以降低攫取成本。在知识产权法中，发明创造属于收缩的世界，作品属于多样性的世界[③]，发明创造的确定性更强，而作品创作的不确定性更强，于是，对于职务发明，专利法通常规定由投资者即雇主享有专利权，投资者的贡献似乎高于发明人，而对于职务作品，著作权法通常规定由作者而不是雇主享有著作权，作者的贡献似乎高于作为投资者的雇主。在专利法中，专利申请人可能会提出更宽的权利要求，从而将处于公共领域边界和专利申请人作出的发明创造边缘的技术尽量纳入专利保护范围之内，从而企图获取未充分度量的属性。在职务发明或职务作品的情况下，专利法、著作权法规定的专利权、著作权归属的不同还与发明创造行为、作品创作行为的监督成本不同有极大关系。由于专利领域是技术领域，发明创造行为的确定性相对较强、相对容易监督，而作品创作行为确定性相对较弱、相对不容易监督，从而专利法通常规定职务发明的所有权归属于雇主（投资者），而著作权法通常规定职务作品的所有权归属于雇员，这就相当于由雇主监督雇员的发明创造行为，而由雇员自我监督作品创作行为。

---

① ［美］Y. 巴泽尔．产权的经济分析．费方域，段毅才，译．上海：上海三联书店，上海人民出版社，1997：107.

② ［美］Y. 巴泽尔．产权的经济分析．费方域，段毅才，译．上海：上海三联书店，上海人民出版社，1997：55.

③ ［日］中山信弘．多媒体与著作权．张玉瑞，译．北京：专利文献出版社，1997：27－29.

二、投资者原始取得知识产权的规则及其解释

商标是商主体在商品或服务上使用的标志，不管商主体是个人还是企业，均不存在劳动关系或委托关系影响商标权原始取得与归属的情况。但在专利和著作权领域，发明创造行为或者创作原则上均是自然人的创造行为，创造行为不仅需要投入智力劳动，还需要投入其他物质资源，比如创作小说需要纸笔或者电脑，进行发明创造可能需要技术资料、相关设备、相关实验材料，自然人需要有收入维持基本的生活消费，这些均属于创造行为的成本。创造行为的成本可以完全由进行创造的自然人承担，也可以由自然人的雇主或者委托人承担，承担创造行为的成本自然就需要能够主张对创造行为的结果即发明创造或者作品的权利，这些权利可以是所有权，也可以是使用权。无论是在劳动关系下，还是在委托关系下，这些权利在当事人之间的分配既可以由法律直接规定，也可以由当事人之间的合同约定。因此，经济学认为，“对合同的研究是产权研究的核心。无论是正式的还是非正式的，合同都是签约方之间的权利的重新分配”①。

《专利法》第 6 条规定：执行本单位的任务或者主要是利用本单位的物质技术条件完成的发明创造为职务发明创造。职务发明创造申请专利的权利属于该单位，申请被批准后，该单位为专利权人。《著作权法》第 18 条第 1 款规定：自然人为完成法人或者非法人组织工作任务所创作的作品是职务作品，除本条第 2 款的规定以外，著作权由作者享有，但法人或者非法人组织有权在其业务范围内优先使用。作品完成两年内，未经单位同意，作者不得许可第三人以与单位使用的相同方式使用该作品。很显然，鉴于私法自治是专利法、著作权法的基本原则，单位和发明人、作者之间自然可以约定专利权和著作权的归属。如前所述，专利法和著作权法在职务成果归属上的这种不同主要在于专利法和著作权法领域职务成果产生的确定性程度不同及其带来的监督难度不同。《著作权法》第 18 条第 2 款之所以针对“主要是利用法人或者非法人组织的物质技术条件创作，并由法人或者非法人组织承担责任的工程设计图、产品设计图、地图、示意图、计算机软件等职务作品”和“报社、期刊社、通讯社、广播电台、电视台的工作人员创作的职务作品”，规定类似于专利法上的职务发明专利权归属规则，显然是因为工程设计图、产品设计图、地图、示意图、计算机软件等职务作品，报社、期刊社、通讯社、广播电台、电视台的工作人员创作的职务作品（主要是新闻类作品），更接近发明创造，而不同于其他作品，其在确定性程度及其带来的监督难度上类似于发明创造。

《专利法》第 8 条规定：一个单位或者个人接受其他单位或者个人委托所完成的发明创造，除另有协议的以外，申请专利的权利属于完成或者共同完成的单位或者个人；申请被批准后，申请的单位或者个人为专利权人。《著作权法》第 19 条规定：受委托创作的作品，著作权的归属由委托人和受托人通过合同约定。合同未作明确约定或者没有订立合同的，著作权属于受托人。《最高人民法院关于审理著作权民事纠纷案件适用法律若干问题的解释》第 12 条规定：按照《著作权法》第 17 条规定委托作品著作权属于受托人的

---

① ［美］Y. 巴泽尔．产权的经济分析．费方域，段毅才，译．上海：上海三联书店，上海人民出版社，1997：35.

情形，委托人在约定的使用范围内享有使用作品的权利；双方没有约定使用作品范围的，委托人可以在委托创作的特定目的范围内免费使用该作品。《民法典》第861条规定：委托开发或者合作开发完成的技术秘密成果的使用权、转让权以及收益的分配办法，由当事人约定；没有约定或者约定不明确，依据本法第510条的规定仍不能确定的，在没有相同技术方案被授予专利权前，当事人均有使用和转让的权利。但是，委托开发的研究开发人不得在向委托人交付研究开发成果之前，将研究开发成果转让给第三人。这些条款既规定了专利和作品的所有权，也规定了专利和作品的使用权，总体上是对所有权和使用权的综合分配，其中委托人通常是投资者，而受托人通常是实际的创造者。除当事人之间有明确的合同约定之外，上述条款总体上将所有权分配给了创造者，符合本章第二节知识产权原始归属的创造者原则，同时也没有忽视投资者的利益，将使用权给了投资者。

延伸阅读材料

职务发明与职务作品的知识产权归属的不同

《专利法》(2020年)

第六条　执行本单位的任务或者主要是利用本单位的物质技术条件所完成的发明创造为职务发明创造。职务发明创造申请专利的权利属于该单位，申请被批准后，该单位为专利权人。该单位可以依法处置其职务发明创造申请专利的权利和专利权，促进相关发明创造的实施和运用。

非职务发明创造，申请专利的权利属于发明人或者设计人；申请被批准后，该发明人或者设计人为专利权人。

利用本单位的物质技术条件所完成的发明创造，单位与发明人或者设计人订有合同，对申请专利的权利和专利权的归属作出约定的，从其约定。

《著作权法》(2020年)

第十八条　自然人为完成法人或者非法人组织工作任务所创作的作品是职务作品，除本条第二款的规定以外，著作权由作者享有，但法人或者非法人组织有权在其业务范围内优先使用。作品完成两年内，未经单位同意，作者不得许可第三人以与单位使用的相同方式使用该作品。

有下列情形之一的职务作品，作者享有署名权，著作权的其他权利由法人或者非法人组织享有，法人或者非法人组织可以给予作者奖励：

（一）主要是利用法人或者非法人组织的物质技术条件创作，并由法人或者非法人组织承担责任的工程设计图、产品设计图、地图、示意图、计算机软件等职务作品；

（二）报社、期刊社、通讯社、广播电台、电视台的工作人员创作的职务作品；

（三）法律、行政法规规定或者合同约定著作权由法人或者非法人组织享有的职务作品。

问题：专利法与著作权法在职务成果的权利归属方面为什么不同？其背后的深层原因是什么？

本章思考题

1. 知识产权原始取得与继受取得两种方式各自的功能是什么？
2. 知识产权原始归属的基本根据是什么？其根本原因是什么？
3. 投资者能否原始取得知识产权？其背后的理由是什么？

经典参考文献

1. 李永明，向璐丹，章奕宁．开放创新范式下知识产权权利归属问题研究：基于用户创新、同侪创新典型实践之内在特征．浙江大学学报（人文社会科学版），2024（2）．
2. 卜元石．知识产权的善意取得．中德法学论坛，2011（1）．
3. 黎淑兰．著作权归属问题研究．上海：华东政法大学，2014．

第八章 知识产权的利用

本章导言

知识产权是一种重要的民事权利，被称为第一财产权，是知识经济时代最重要的财产。不过，知识财产不同于物质财产。一方面，许多知识财产不能直接被人们用来消费，更类似于生产资料而不同于生活资料。另一方面，知识财产是生产其他财产的财产。因此，知识产权的利用也不同于物权。知识产权的利用方式有直接利用，也有间接利用，间接利用的方式又包括转让、许可、质押等方式，知识产权人可以组合多种利用方式，充分利用知识产权，实现知识产权的价值。

第一节 知识产权利用概述

一、知识产权利用的意义

知识产权利用是指知识产权人实现其知识产权价值的各种行为和方式的统称。知识产权之所以能够被利用，是因为知识产权是一种知识财产。和传统物质财产不同的是，知识财产“是获得许多其他资本来源的手段”① 和控制其他资产尤其是物质资产的工具。

从历史上看，企业的实力主要来源于有形资产。然而，今天越来越多的企业依靠无形资产增强竞争力，特别是在商标、发明、商业秘密、版权、外观设计等方面，知识产权成为提升竞争力的最主要手段。知识产权将产品价值增值和差异化的无形资产转化为专有权利，提供了对创新产品和服务、创意设计和商业标识的独占性，意味着知识产权人有权阻止其他人利用该知识产权。归根结底，知识产权是一种控制含有作为知识产权客体的知识的商品市场的手段，专利权控制含有专利技术方案的商品市场、服务市场或技术市场，著作权控制有形或无形的作品提供市场，商标权控制附有商标的商品或服务市场，知识产权

① ［澳］彼得·德霍斯．知识财产法哲学．周林，译．北京：商务印书馆，2008：169－170.

使得其权利人可以通过限制他人进入知识产权商品、服务或技术市场而获取超额收益。

作为一种控制其他资产尤其是物质资产的工具，许多知识产权本身并不能直接满足人的生活需要，而是将知识转化为能够直接满足人的生活需要的产品或服务，这需要具备厂房、设备、人才等条件，许多知识产权并非所有的人和企业均能够加以利用，因此，不同于物质财产，知识产权的利用要更加困难，需要有专门的投入并具备一定的条件，否则知识产权的价值难以实现。

不仅如此，除商标和地理标志以外，知识产权具有期限性，因此需要急迫地采取有力策略进行商业利用，以便在其进入公共领域之前获得利益，否则知识资产便会随着时间的经过自然消散。知识产权的高效商业化确保了知识产权所有者对其业务的创收和政府更高的收入，并有助于促进国民经济的增长。

二、知识产权利用的类型与条件

根据利用主体的不同，知识产权利用可以分为直接利用与间接利用。其中，直接利用，也称自己利用，是指知识产权人自己使用知识产权客体以实现其知识产权价值的知识产权利用方式，比如使用自己的商标提供商品或服务营利、复制发行自己的作品获取收益、实施自己的发明创造即使用专利方法进行生产经营或生产专利产品以销售营利、在生产经营中使用自己的商业秘密等。间接利用，也称他人利用，是指知识产权人通过转让、许可使用、质押、出资、信托、商业特许经营、捐赠，作为财产用于强制执行、破产处分等方式将知识产权的所有权或者使用权转移给他人并收取相应费用，以实现其知识产权价值的知识产权利用方式。直接利用不需要他人的配合，但需要具备相应的利用知识产权的能力，否则难以利用知识产权，而间接利用则需要他人的配合，需要他人具有利用知识产权的能力，可以到市场上寻找合适的利用主体。

不同的知识产权利用方式需要不同的条件。直接利用通常需要具备更多的条件，比如：自己生产专利产品、利用专利方法进行生产经营就需要具备厂房、设备、工艺、人力等生产经营条件；图书作品要自己复制发行，就需要具有装帧设计能力、印刷、装订等设备和发行渠道；音乐作品要制作成唱片则不仅需要有表演能力，还需要有录音、录像设备和唱片的发行渠道；自己提供附商标的商品或服务就需要具备相应的生产能力和服务能力。缺乏利用知识产权的能力就不可能自己利用。间接利用则仅仅寻找合适的利用知识产权的市场主体即可，不需要自己具备利用知识产权的条件，也不需要考虑他人是否具有利用知识产权的条件，因为利用知识产权的他人获取利用知识产权的权利可能是自己利用，也可能是进一步寻找其他利用知识产权的市场主体进行交易。

不同的知识产权利用方式具有不同的优、缺点。对于直接利用来说，由于是自己的利用，知识产权人自己可以进行直接的质量和开发控制，直接的质量和开发控制对于商标来说尤其重要。因为商标的主要功能是识别商品或服务的来源，商标的来源识别功能是动态变化的，在很大程度上取决于稳定且良好的商品或服务质量，商标所有人自己利用商标就可以通过质量控制确保商品或服务质量，确保形成商标来源识别功能的信息源的稳定性。而如果将商标许可他人使用，则被许可人是否能够确保商品或服务的稳定良好的质量不完全受商标权人控制，最终可能导致商标受损甚至消亡，比如世界著名慢跑鞋品牌 NEW

BALANCE曾经于20世纪80年代末进入过中国市场，当时采用代理商和代工模式，完全依靠代理商销售产品，每年的销量约50万双。但由于糟糕的供应商管理和品牌商迟钝的反应，仿冒产品在中国市场大行其道，NEW BALANCE品牌形象也大打折扣，到20世纪末期几乎从中国市场销声匿迹，NEW BALANCE也不得不退出中国市场。直到2003年11月，NEW BALANCE才重返中国市场，成立了新百伦运动用品（深圳）有限公司上海分公司。它们首先重建了在中国市场的销售体系，取消原来的独家代理制，转而重新开发多元化的代理商，并采用专卖店、直营店的路线[①]，增强对商标使用的控制。由于直接利用是自己利用，既不需要他人配合，也不需要他人承担成本和风险，因此，知识产权利用的全部收益当然由利用人自己享有。当然，直接利用也并非没有缺点：直接利用需要利用人具备利用知识产权的条件，不但需要相当数量的投资和花费相当多的精力，而且利用效果如何全由利用人自己承担，利用比较成功固然会获取全部收益，但也要承担利用失败的风险，也即，相对于间接利用，直接利用具有较大的风险。和直接利用方式比较单一不同，知识产权的间接利用方式有多种，转让、质押、特许经营，作为财产被强制执行、破产处分等，均可以实现知识产权价值。

知识产权的利用方式不仅与利用主体有关，还与利用的知识产权的类型有关，不同知识产权的利用方式也有所不同。商标以商标使用为存在前提，商标是动态的，商标要能够存续，必须具有持续不断的附有商标的商品或服务的提供和单一的质量控制来源，因此，商标和作为权利人的市场主体通常具有不可分割的联系。尽管实践中也不乏商标使用许可，但商标更多需要通过直接利用方式来进行利用，以便更好地对商品质量进行控制，维护商标的来源识别和质量保证功能。专利、著作权的价值通常是相对固定的，与作为权利人的市场主体的联系不那么紧密，既可以通过直接利用的方式来利用，也可以通过间接利用的方式来利用。

知识产权利用的各种方式互相并不排斥，不仅可以单独直接利用或间接利用，还可以将直接利用和间接利用的各种方式组合使用，只要这些利用方式互不冲突即可。对于商标权来说，由于商标和市场主体的紧密联系以及对唯一质量控制来源的要求，商标权人有必要进行一定的直接利用，但在控制好质量的前提下，也可以通过许可、特许经营的方式扩大商标使用的规模与范围，更好地发挥商标的作用，充分实现商标权的价值。由于商标权人自己的投资和生产经营规模可能有限，不一定能够充分利用商标和实现商标权的价值，而通过适当的质量控制措施控制被许可人的商品或服务质量，就能够在更好地维持商标声誉的前提下，尽可能利用他人的资源和能力，充分地发挥商标的作用，实现商标的价值。当然，市场上也不乏纯粹通过商标许可来获取收益的公司，比如“恒源祥”公司并不生产产品，而主要是进行品牌运营，且早已经发展成为驰名商标。[②] 同时，当缺乏资金时，任何知识产权均可以通过质押的方式利用商标获取贷款，而只要知识产权人和质押权人有相关的约定，知识产权质押可以不影响知识产权的直接利用。由于专利和作品与市场主体联系

---

① 刘劲强．彻底告别“明星作秀”的时代从“新百伦”谈中国运动鞋的“品牌突围”．中国皮革，2004（18）：102－103.

② 刘泳．品牌导向型公司及其价值链整合模式．上海：上海人民出版社，2019：195－205.

不如商标紧密，知识产权人更可以组合多种利用方式，既可以自己利用，也可以许可他人使用，还可以设置质押来融资，以更充分地利用知识产权，实现知识产权的价值。

在资本主义发展的相当一段时期内，随着市场的扩大和技术的发展，企业往往通过寻求资金和劳动力来维持发展：贷款人和投资者提供货币资本，其他企业成为原材料、工具、运输和分销的来源，企业以现金雇佣劳动力。在这种情况下，支付劳动力费用消除了披露专有技术的必要性。因此企业的知识财产被留在了像有围墙的堡垒一样的企业内部。然而，商业在技术、市场、成本方面已经发生了巨大变化。在技术方面，即使是一家大企业也不可能拥有所需要的全部技术，即使它控制着当前运营所必需的技术，也不可能完全依赖内部发展战略，而必须寻求外部资源。在市场方面，世界市场和世界竞争已经形成，即便在自己的细分市场游刃有余，企业也不能安于现状，而必须拥有新的或增强的产品或服务的“完整管道”。在成本方面，今天，即使是技术上的微小进步也必须付出巨大的代价，从创意到市场的道路不仅成本已经变得昂贵，而且竞争已使这条道路变得触手可及。于是，传统的“自己动手”的知识财产开发体系已经不起作用。[①] 在过去几十年的亲专利时代，公司越来越多地将知识产权作为竞争工具。随着知识产权竞争的加剧，公司和投资者寻求从知识产权资产中获得更大的回报，这激励了对知识产权新应用的探索，以实现竞争的愿望。知识产权利用方面的创新促使公司和投资者开发了促进知识产权间接应用从而产生有益效果的策略技术。这些策略中的大多数可以被归类为“直接使用”，即公司仅仅专注于最大化公司自己的研发活动中开发的知识产权的有效性。但随着时间的推移，竞争压力加上市场上可获得的知识产权种类繁多，推动了各种间接知识产权策略的发展。[②] 传统知识产权法著述一般仅仅关注知识产权直接利用和包括最传统的转让、许可、质押、作为强制执行财产和破产财产等利用方式，而不太重视知识产权的策略性利用，但鉴于知识产权策略性利用的快速发展，不应继续忽视这些策略性知识产权间接利用行为。

第二节　知识产权的间接利用方式

一、知识产权转让

知识产权转让是指知识产权所有权由转让人（知识产权人）以有偿的法律行为方式转移给受让人的行为。和知识产权许可以及知识产权法定转移相比，知识产权转让具有如下特征：

第一，知识产权转让转移的是知识产权的所有权。知识产权转让和知识产权许可不同，知识产权许可转移的只是知识产权的使用权，通常具有固定期限，是在一定的时间、空间和方式的范围内转移知识产权的使用权，而知识产权转让转移的是知识产权的所有权，通

---

① Gordon V. Smith, Russell L. Parr. Intellectual Property: Licensing and Joint Venture Profit Strategies. John Wiley & Sons, Inc., 2004: 10-11.

② Tom Ewing. Indirect Exploitation of Intellectual Property Rights by Corporations and Investors: IP Privateering and Modern Letters of Marque and Reprisal. 4 Hastings Sci. & Tech. L. J. 1, 3-7 (2012).

常没有期限，而是全部转让。有些国家的法律允许分时间、空间和使用方式转让，比如《法国知识产权法典》第714-1条第1款规定："商标所附的权利可以全部或部分转让，不论谁使用或使谁使用。这些权利的转让，即使是部分转让，也不应涉及领土限制。"有些国家法律则没有明确规定，通常认为转让就是全部权利的转移，比如我国知识产权法。

第二，知识产权转让是通过法律行为方式转移知识产权的所有权。知识产权转移的法定方式包括法定继承，公司合并、分立、破产分配等，这些转移方式通常不依赖权利人的意志转移知识产权的所有权，有些甚至违反权利人的意志，而知识产权转让则是通过合同的法律行为方式转移知识产权的所有权，是否转移取决于权利人的意志，是权利人主动处分知识产权的行为。

第三，知识产权转让受到法律较多的限制。尽管是通过法律行为方式进行的，但知识产权转让通常受到法律的较多限制，不像所有权转让那样基本上是自由的。

知识产权转让通常是通过合同进行的，因此，知识产权转让的效力包括两个方面：一是知识产权转让合同的成立与生效。知识产权合同通常自双方当事人意思表示一致并完成法律规定的形式时成立，一般自合同成立时生效，除非当事人另有约定。二是知识产权所有权的变动。知识产权所有权的变动不同于知识产权合同的成立和生效，可能随着合同生效而发生变动，也可能需要履行必要法律手续比如登记才发生变动，具体情况要视法律规定而定。

典型案例

《老鼠爱大米》著作权纠纷案

2002年7月13日，王某与杨某刚签订合同，主要内容为：王某自合同签订之日起拥有对歌曲《这样爱你》的永久版权，并永久保留杨某刚的作者冠名权；杨某刚自合同签订之日起至2004年元月止，不得利用此歌曲进行任何商业性的盈利活动，自2004年元月起，王某允许杨某刚拥有此歌曲的商业演出权；合同在签订之日起生效。王某称杨某刚于该合同签订之后向其交付歌曲《这样爱你》词曲手稿，但杨某刚对此予以否认，并称王某提交的手稿并非其本人书写。北京太格印象公司和王某当庭均称该份合同中的"永久版权"系著作财产权之义。

2002年11月6日，田某均与杨某刚签订合同，主要内容为：杨某刚以每首2 000元的标准将其创作的歌曲《如梦初醒》《这样爱你》的著作权转让给田某均；杨某刚将作品版权的复制权、发行权、信息网络传播权等应当由著作权人享有的其他相关权利全部转让给田某均；杨某刚转让给田某均的以上权利为田某均独家所有，田某均有权在全世界永久性使用，杨某刚及杨某刚再不得许可或转让给其他第三人使用本合同作品；田某均有权在其权利范围内行使和许可、转让给其他第三人使用本合同作品，不需经杨某刚同意；杨某刚应保证所转让版权的作品为其自己创作，拥有完善版权，无侵犯任何第三人权益或违反国家法律法规的情形，如因此原因致使田某均产生损失均由杨某刚负责赔偿等。田某均和杨某刚均称杨某刚已于该合同签订之后向田某均交付歌曲《这样爱你》词曲手稿。

2003年3月1日，王某与杨某刚签订合同，主要内容为：自2003年3月1日起杨某刚向王某无偿转让歌曲《这样爱你》的永久版权（作品见附件），王某受让的权利种类包括作品的复制权、发行权、出租权、放映权、广播权、摄制权、改编权、翻译权、汇编权以及其他所有法定著作权权利，王某受让作品版权无地域限制；杨某刚作为作品作者享有作品永久冠名权；自王某受让作品版权之日起，杨某刚不得许可第三人使用此作品；从此作品版权转让之日起四个月之后，杨某刚可使用此作品进行非商业性和非营利性的演出，2004年6月1日杨某刚可使用此作品进行商业性演出；杨某刚应保证转让版权之作品绝无侵害任何第三人之权益或违反国家法律法规规定的情形，如因可归责于杨某刚之事由，而被王某因使用本作品遭第三人主张权益或触犯法律法规，概由杨某刚负责解决排除，并赔偿王某因此所受之损失。王某称其已于2002年7月13日合同签订之后取得歌曲《这样爱你》词曲手稿，故2003年3月1日合同签订之后杨某刚未再向其交付一次词曲手稿。

2003年4月20日，王某作出书面版权转让声明，主要内容为：声明人王某曾于2002年7月13日和2003年3月1日与杨某刚签订合同，并由此享有了歌曲《这样爱你》的词曲版权；王某将上述权益全部无偿转让给北京太格印象公司。

2004年10月10日，杨某刚与广东飞乐公司签订合同，其中包括杨某刚授权广东飞乐公司独家使用、制作、发行歌曲《这样爱你》等条款。之后广东飞乐公司发现杨某刚此前曾与他人签订该歌曲词曲的著作权转让合同，认为田某均已通过与杨某刚签订合法有效的著作权转让合同而成为该歌曲词曲的真正著作权人，故与田某均联系并从其处取得使用该歌曲词曲的授权。

另，武汉仲裁委员会于2005年9月29日受理了本案案外人肖某与本案原审第三人杨某刚之间的版权转让合同纠纷案，并于2006年1月6日作出（2005）武仲裁字第700号裁决书。该裁决书载明：仲裁庭经审理查明，2001年12月23日，肖某与杨某刚签订“版权转让合同”，约定杨某刚将自行创作的歌曲《这样爱你》的发表权、署名权、修改权、保护作品完整权、复制权、发行权、出租权、展览权、表演权、放映权、广播权、信息网络传播权、摄制权、改编权、翻译权、汇编权和应当由歌曲著作权人享有的其他权利绝卖给肖某，肖某以人民币500元的价格受让取得《这样爱你》的全部版权即《著作权法》第10条规定的17项权利。同日，杨某刚将歌曲《这样爱你》的手稿交给肖某，并出具写有“今收到歌曲《这样爱你》转让费伍佰元整”的收条给肖某。仲裁庭认为肖某与杨某刚签订上述“版权转让合同”时，具有相应的民事权利能力和民事行为能力，意思表示真实，该合同是依法成立的合同，受法律保护；该合同涉及人身权的部分无效，并不影响其他部分效力，其他部分仍然有效。综上，武汉仲裁委员会裁决：“版权转让合同”部分有效，即歌曲《这样爱你》的复制权、发行权、出租权、展览权、表演权、放映权、广播权、信息网络传播权、摄制权、改编权、翻译权、汇编权和应当由歌曲著作权人享有的其他权利属于肖某；“版权转让合同”中涉及人身权的部分无效，即歌曲《这样爱你》的发表权、署名权、修改权和保护作品完整权属于杨某刚。

北京市第一中级人民法院二审判决认为，上述裁决书为仲裁机构作出的生效裁决，现并无证据足以推翻该裁决所确认的事实，即2001年12月23日，杨某刚已经将歌曲《这样爱你》词曲著作权中除涉及人身权以外的所有权利转让给肖某。杨某刚于2002年7月13日及2003年3月1日与王某签订著作权转让合同时杨某刚已不再享有歌曲《这样爱你》词曲著作权中的财产权，该转让行为属于无权处分，现王某没有证据证明该歌曲词曲著作权中财产权的所有人肖某对该无权处分行为曾经予以追认，王某无法据上述合同受让该歌曲词曲著作权中的财产权。因此，王某于2003年4月20日所作出的书面版权转让声明将歌曲《这样爱你》词曲著作权转让给北京太格印象公司亦属无权处分。现北京太格印象公司亦无证据证明该歌曲词曲著作权中财产权的所有人肖某对该无权处分行为曾经予以追认，故北京太格印象公司亦不能取得歌曲《这样爱你》词曲的著作财产权。[①]

问题：重复转让著作权合同的法律效力是怎样的？《这样爱你》的著作权应该属于谁？

二、知识产权许可

知识产权许可是指知识产权人在不转让知识产权所有权的基础上根据合同约定的时间、空间和使用方式许可他人使用其知识产权而收取使用费的知识产权利用方式。今天知识产权许可已经成为实现知识产权价值的重要方式。数据显示，2022年，诺基亚的专利许可相关收入为15.95亿欧元，营业利润为12.08亿欧元，销售成本仅500万欧元，毛利率高达99.7%，仅此一项利润就近百亿元人民币。作为对照，2022年，手机出货量全球第三的小米一年辛辛苦苦生产销售了1.5亿部手机和众多其他电子产品，净利润仅为85亿元人民币。[②] 不仅如此，知识产权许可收入要比其他营业收入价值高得多，另外，一般来说，“投资者对一美元特许权使用费收入的估值是一美元营业收入的四到五倍”，“51%的受访企业高管认为知识产权是推动并购的重要因素”[③]。

和知识产权转让、质押等利用方式相比，知识产权许可具有以下特征：

第一，知识产权许可转移的是知识产权的使用权，而不是所有权。作为一种财产，知识产权既有使用价值，也有交换价值，因此，对知识产权可以予以使用许可以转移知识产权的使用权。与物权不同的是，物权领域既有转移不动产使用权的用益物权制度，也有转移不动产使用权的债权性租赁制度，知识产权领域则仅有转移知识产权使用权的债权性使用许可制度。不过，转移知识产权使用权的许可也有多种类型，其中普通许可是纯粹的债权性制度，而独占许可则已经不是纯粹的债权性制度，因为根据很多国家知识产权法律的规定，当被许可的知识产权被侵犯时，独占许可的被许可人有追究侵权人侵权责任的独立诉权。在有些国家，比如日本的知识产权法中，专用使用权者在侵权诉讼中的地位甚至和知识产权所有人并无二致[④]，这就意味着本来仅能对抗相对人的债权性独占许可被许可人的使用权可以对抗第三人，具有了某种物权性效力。

第二，知识产权许可的期限性。与知识产权转让不同的是，知识产权许可具有期限性：一方面，知识产权许可合同均是有期限的；另一方面，知识产权只能在有效期内进行许可，

---

① 北京市第一中级人民法院（2006）一中民终字第2500号民事裁定书。

② 吴清．诺基亚专利大战背后的生意．中国经营报，2023-08-28（D04）．

③ Alexander I. Poltorak & Paul J. Lerner. Essentials of Licensing Intellectual Property. John Wiley & Sons, Inc.，2004：2.

④ 参见《日本商标法》第36条、《日本专利法》第100条、《日本著作权法》第112-114条（关于出版权的规定）。

超过知识产权有效期的知识产权许可因标的不合格而不具有法律效力。当然，实践中可能也存在超过注册商标有效期的长达几十年的商标使用许可合同，不过，这是基于注册商标的期限可无限续展的特殊性，且合同通常会约定许可人有注册商标到期后办理续展手续的义务，这保证了注册商标使用许可处于注册商标的有效期之内。

第三，知识产权许可形成的使用权的独立性较弱。如前所述，与物权领域存在着物权性质的用益物权制度不同，知识产权使用权转移的许可制度形成的仅仅是债权性质的许可使用权。普通许可使用权是完全的债权，独占许可使用权虽然具有一定的物权性质，但本质上仍然是债权，除非经知识产权许可人的同意，否则许可使用权不能转让、不能进一步许可他人（分许可），几乎完全依赖于知识产权，独立性较弱。

参考最高人民法院《关于审理商标民事纠纷案件适用法律若干问题的解释》和世界知识产权组织《关于商标使用许可的联合建议》，知识产权许可可以分为三种类型：(1) 独占使用许可，是指知识产权人在约定的期间、地域和以约定的方式，将该知识产权仅许可一个被许可人使用，知识产权人依约定不得使用该知识产权；(2) 排他使用许可（唯一使用许可），是指知识产权人在约定的期间、地域和以约定的方式，将该知识产权仅许可一个被许可人使用，知识产权人依约定可以使用该知识产权但不得另行许可他人使用该知识产权；(3) 普通使用许可，是指知识产权人在约定的期间、地域和以约定的方式，许可他人使用其知识产权，并可自行使用该知识产权和许可他人使用其知识产权。

实践中，知识产权许可中涉及的重要问题主要有：

第一，侵权诉讼中被许可人的诉权。侵权诉讼中被许可人的诉权是指当被许可使用的知识产权被第三人侵犯时，被许可人是否有权提起诉讼。《最高人民法院关于审查知识产权纠纷行为保全案件适用法律若干问题的规定》(2018 年) 第 2 条规定：知识产权纠纷的当事人在判决、裁定或者仲裁裁决生效前，依据《民事诉讼法》第 100 条、第 101 条规定申请行为保全的，人民法院应当受理。知识产权许可合同的被许可人申请诉前责令停止侵害知识产权行为的，独占许可合同的被许可人可以单独向人民法院提出申请；排他许可合同的被许可人在权利人不申请的情况下，可以单独提出申请；普通许可合同的被许可人经权利人明确授权以自己的名义起诉的，可以单独提出申请。《最高人民法院关于审理商标民事纠纷案件适用法律若干问题的解释》(2020 年) 第 4 条规定，《商标法》第 60 条第 1 款规定的利害关系人，包括注册商标使用许可合同的被许可人、注册商标财产权利的合法继承人等。在发生注册商标专用权被侵害时，独占使用许可合同的被许可人可以向人民法院提起诉讼；排他使用许可合同的被许可人可以和商标注册人共同起诉，也可以在商标注册人不起诉的情况下，自行提起诉讼；普通使用许可合同的被许可人经商标注册人明确授权，可以提起诉讼。《专利行政执法办法》(2015) 第 10 条规定的请求管理专利工作的部门处理专利侵权纠纷的利害关系人的范围大体如此。根据这些规定，独占许可被许可人有独立的诉权或投诉权，排他许可被许可人具有一定的诉权或投诉权，而普通许可被许可人则原则上没有诉权或投诉权。

第二，被许可人的分许可权。许可合同就像租赁合同一样，被许可人取得的商标使用权就像承租人取得的租赁权一样，通常不能转许可或转租。但有个别国家或地区的法律规定，独占许可的被许可人享有分许可权。从法理上看，普通许可合同形成的是纯粹的债权，被许可人仅可在合同约定范围内使用知识产权客体，许可人不仅自己可以使用知识产权客体，还可以进一步许可他人使用知识产权客体，在发生侵权时尽管被许可人可能因侵权行为导致的使用权被“稀释”而遭受损失，但因许可人可以进一步许可他人使用知识产权客体，被许可人的使用权的“稀释”是许可人的权利。因此，知识产权法律通常规定，只有许可人有权提起诉讼追究第三人的侵权责任，而被许可人则既没有权利进行分许可，也没有干涉许可人的使用行为、进一步的许可行为和追究第三人侵权责任的行为的权利，也就是说，因知识产权产生的其他全部利益是归属于许可人的。排他许可和独占许可则不同。在排他许可的情况下，排他许可中只有许可人和被许可人两个人有权使用知识产权客体，无论是许可人还是被许可人均无权再许可其他人使用知识产权客体，因为无论是许可人还是被许可人进行分许可事实上均意味着“稀释”了另一方的使用权。与此相适应，当出现侵权行为时，不仅许可人遭受损失，被许可人同样会遭受损失。于是，知识产权法律一般规定许可人可以追究第三人的侵权责任，在许可人不追究第三人的侵权责任时，排他许可的被许可人可以追究第三人的侵权责任。也就是说，在排他许可情况下，除许可人和被许可人使用知识产权客体产生的利益之外，因知识产权产生的其他全部利益应该归属许可人和被许可人共有。而在独占许可的情况下，只有被许可人有权使用知识产权客体，许可人反而没有使用权，这就意味着当出现侵权行为时，只有被许可人会遭受损失，许可人因可以从被许可人处收到许可费反而不容易遭受损失，很大程度上可以说，因知识产权产生的其他收益应该归属于被许可人。因此，为了知识产权利用的收益最大化，独占许可情况下被许可人有进一步的分许可权更有利于知识产权的利用，而不允许被许可人分许可反而限制了许可人利用知识产权的能力，不利于知识产权开发的最大化。

第三，知识产权许可合同中审计条款的重要性。实践中经常出问题的是许可合同中没有包含审计条款，或者审计条款不够具体。知识产权许可合同中的审计条款是许可人监督被许可人使用知识产权的情况的条款，审计条款有利于激励被许可人正确报告，以最大限度降低被审计的风险。

除了单独许可各种知识产权，还有一种特殊的知识产权许可类型，即综合性特许经营。根据《商业特许经营管理条例》(2007) 的规定，特许经营是指拥有注册商标、企业标志、专利、专有技术等经营资源的企业（特许人），以合同形式将其拥有的经营资源许可其他经营者（被特许人）使用，被特许人按照合同约定在统一的经营模式下开展经营，并向特许人支付特许经营费用的经营活动。国际特许经营协会认为，特许经营是一种分销产品或服务的方法，涉及建立品牌的商标或商号和商业体系的特许人和为在特许经营商的名义和体系下开展业务支付特许权使用费（通常是初始费）的被特许人。特许经营关系有两种不同类型：一种是商业模式特许经营，在这种类型中，特许人不仅向被特许人提供其商品名称、产品和服务，还提供整个经营业务的体系。被特许人通常会得到特许人的选址和开发支持、操作手册、培训、品牌标准、质量控制、营销策略和商业咨询支持。另一种是产品分销特许经营，虽然很少有人将这种类型认同为特许经营，但产品分销特许经营的总销售额高于商业模式特许经营。产品分销特许经营的例子可以在装瓶、汽油、汽车和其他制造业中找到。[①]

---

① What is a Franchise? . [2024-01-24]. https://www.franchise.org/faqs/basics/what-is-a-franchise.

从上述定义可以看出，特许经营一般具有以下法律特征：

首先，特许经营是一种特殊的合同关系。特许人与被特许人是通过合同建立特许经营关系的，但不像一般合同那样，双方只是履行自己的义务，一般不干涉对方的生产经营。特许经营合同中双方当事人的关系要紧密得多，特许人要提供经营的模式和标准，被特许人要按照特许人的模式和标准进行经营，且特许人会干预被特许人的经营行为，会进行非常严密的监督控制，否则便无法保证特许经营模式的正常存续与发展。

其次，特许经营的核心是知识产权，通常包括特许人拥有的注册商标、未注册商标、企业标志、字号商号、专利、专有技术、商业秘密等具有知识产权属性的经营资源。不仅如此，这些以知识产权为核心的经营资源往往构成一种特有的经营模式，这种经营模式由特许人创立，是特许人的管理、经营方式、形象标志以及产品或服务渠道的总和，体现在特许人的企业文化、经营理念、管理标准、促销策略、质量控制措施、店铺装修设计等方面，可以为被特许人所复制。美国第四巡回上诉法院指出："现代特许经营者不仅为商标使用权付费，还为成为一个体系的一部分的权利付费，而这个体系的商业方法实际上保证了他的成功。"①

最后，特许人向被特许人提供其商品名称、产品和服务、整个经营业务的体系，提供业务指导，进行监督控制，而被特许人则使用特许人的经营资源和经营模式，支付特许费。

典型案例

帕弗洛公司诉毕加索公司和艺想公司商标许可合同纠纷案

原告帕弗洛公司诉称：第2001022号商标（以下称涉案商标）的商标权人毕加索公司于2008年9月授权其在中国（港澳台地区除外，余同）独家使用该商标，期限为2008年9月至2013年12月。2010年2月，被告毕加索公司与帕弗洛公司约定商标使用许可期限在原基础上延展十年。2012年2月，毕加索公司与被告艺想公司签订"商标使用许可合同书"，约定艺想公司2012年1月至2017年8月期间独占使用该商标，并授权艺想公司进行全国维权打假行动，致使帕弗洛公司产品遭到工商机关查处。毕加索公司与艺想公司擅自签订"商标使用许可合同书"，并向工商机关投诉帕弗洛公司侵权、向法院提起商标侵权诉讼，此行为系"恶意串通，损害第三人合法利益"及"违反法律、行政法规的强制性规定"，请求法院判令系争合同无效、两被告赔偿帕弗洛公司经济损失100万元。

上海市第一中级人民法院经审理查明：2003年7月9日，被告毕加索公司出具"授权证明书"，证明2003年7月9日至2008年12月31日授权原告帕弗洛公司在中国使用系争商标。2008年9月8日，毕加索公司再次出具"授权证明书"，授予帕弗洛公司中国在书写工具类别上商业使用涉案商标，权利内容：中国独家制造与销售，授权期限自2008年9月10日起至2013年12月31日止。2009年3月12日，商标局向毕加索公司发出商标使用合

① Principe v. McDonald's Corp., 631 F.2d 303, 208 U.S.P.Q. 377 (4th Cir., 1980), cert. denied, 451 U.S. 970, 68 L.Ed.2d 349, 101 S.Ct. 2047 (1981).

同备案通知书，告知毕加索公司于2008年6月30日报送的许可帕弗洛公司使用涉案商标的使用许可合同备案申请已被核准。2010年2月11日，毕加索公司与帕弗洛公司签订“授权契约书”，约定在原契约基础上延展十年，自2014年1月1日起至2023年12月31日止。2012年1月1日，被告毕加索公司与原告帕弗洛公司签订“商标使用许可合同备案提前终止协议”，但约定双方关于该商标的其他约定不受影响。2012年3月13日，国家商标局发布2012年第10期商标公告，提前终止许可合同备案，提前终止日期为2012年1月1日。

2012年2月16日，被告毕加索公司与被告艺想公司在上海签订“商标使用许可合同书”。该合同约定：第二条、独占使用；第五条、许可期限2012年1月15日至2017年8月31日；特别说明：甲方应在签订此合同一年内完成许可合同备案；除因商标局审查程序、期限冗长之外，若因甲方未积极撤销与帕弗洛公司在国家商标局之备案合同或者其他原因未在国家商标局办妥备案的，则乙方有权终止本合同。同日，毕加索公司出具授权书称艺想公司是中国唯一独家授权。

上海市第一中级人民法院认为：

一、原告帕弗洛公司获得了涉案商标的独占许可使用权。三方协议书、商标注册证明、被告毕加索公司出具的“授权证明书”和毕加索公司与帕弗洛公司所签订的“授权契约书”等证据之间可以相互印证，反映出涉案商标由台湾帕弗洛公司从毕加索公司处获得授权后转授权给帕弗洛公司使用的事实。毕加索公司在书面答辩意见中也对上述事实予以确认，帕弗洛公司获得涉案商标使用权的合同关系真实有效。根据毕加索公司的书面答辩意见，确认其所出具的两份“授权证明书”系真实有效，而2008年9月8日其所出具的第二份“授权证明书”载明“权利内容：中国独家制造与销售”，可以表明商标权利人授权帕弗洛公司使用涉案商标的授权方式符合我国商标法律规定的独占实施许可方式。因此，帕弗洛公司在2008年9月10日至2013年12月31日期间享有涉案商标的独占许可使用权。

二、本案系争合同不属于“恶意串通，损害第三人合法利益”的无效合同。被告毕加索公司和被告艺想公司之间所签订的商标使用许可合同系双方当事人真实意思表示，该两份合同所指向的商标使用许可关系真实存在，艺想公司亦支付了部分商标使用费作为对价。因此，艺想公司签订系争合同的目的在于获取涉案商标的独占许可使用权。艺想公司虽然曾经实施过不正当竞争行为，但其通过与商标权利人订立商标使用许可合同获取涉案商标独占许可使用权后，在其产品上使用涉案商标并不构成商标仿冒行为，也不必然构成对原告帕弗洛公司的不正当竞争。因此，艺想公司签订系争合同的目的并非损害帕弗洛公司的合法权益，也没有实施不正当竞争的主观恶意。艺想公司在与毕加索公司进行合同磋商时得知帕弗洛公司享有独占许可使用权的事实，但已经要求毕加索公司撤销其与帕弗洛公司的独占实施许可合同备案，故不能仅因艺想公司明知帕弗洛公司享有独占许可使用权的事实就认定其具有损害帕弗洛公司利益的主观恶意。毕加索公司作为商标权人，在涉案商标已经授权帕弗洛公司独占实施期间内，擅自与艺想公司签订新的独占实施许可合同，致使帕弗洛公司作为独占许可使用权人无法正常使用涉案商标，帕弗洛公司可以按照其与毕加索公司之间的相关合同约定维护其合法权益。“系争合同特别设置了针对帕弗洛公司不允许一方私自和解的条款”系艺想公司为保护自身合同利益而采取的措施，并不能证实其有损害帕弗洛公司合法利益的主观恶意。艺想公司在与毕加索公司签订了独占实施许可合同并支付了相应独占实施许可费用后，作为涉案商标的独占许可使用权人向工商行政部门提出投诉并非恶意损害帕弗洛公司合法利益的行为。毕加索公司、艺想公司投诉书内容相似亦不能证实两者具有合意损害帕弗洛公司利益的行为事实。

三、系争合同并未违反法律、行政法规的强制性规定。原告帕弗洛公司所主张的商标法司法解释第三条第一项的内容是对我国商标法所规定的三种商标使用许可方式的定义，不属于强制性法律规范，因此，系争合同的订立并未违反法律、行政法规的强制性规定，帕弗洛公司据此主张系争合同无效，亦缺乏事实和法律依据。

据此，上海市第一中级人民法院作出判决：驳回原告帕弗洛公司的全部诉讼请求。帕弗洛公司上诉至上海市高级人民法院后被判决：驳回上诉，维持原判。①

问题：在商标许可合同中，备案和第三人的善意各起什么作用？其作用有什么不同？一件商标被同时独占许可给两人、两人均为善意且许可合同未经备案的情况下应该如何处理？假设本案中毕加索公司和艺想公司之间的合同经过了国家商标局备案，那么本案的处理是否会有所不同？

三、知识产权质押

知识产权质押是指知识产权人将自己所拥有的、依法可以转让的知识产权作为债权的担保，当债务人不履行债务时，债权人有权依照法律规定，以该知识产权折价或以拍卖、变卖该知识产权的价款优先受偿。尽管有些知识产权中有人身权，但知识产权主要是一种财产权，权利人可以自由处分，因此，知识产权可以成为质押标的，设置权利质权。

与知识产权的其他利用方式相比，知识产权质押具有如下法律特征：

第一，知识产权质押是一种债权担保方式。知识产权质押的目的是担保债权的实现，当主债务人无力偿还债务时，以质押的知识产权变价或折价履行主债务，确保债权的实现。

第二，知识产权质押是一种物权性债权担保方式。知识产权质押不但是一种债权的担保方式，而且是一种物权性债权担保方式，具有比人的担保优先的债权担保方式，更有助于债权的实现。

第三，知识产权质押必须进行登记。《民法典》第 444 条第 1 款规定，以注册商标专用权、专利权、著作权等知识产权中的财产权出质的，质权自办理出质登记时设立。因此，不经登记，知识产权质押不发生质权效力。

知识产权质押不仅需要当事人签订知识产权质押合同，还必须经过法定的质押程序才能发生效力。根据我国相关法律的规定，知识产权质押的程序包括：出质人与质权人订立书面合同；当事人向知识产权局、版权局等法定的登记机关办理质权登记；知识产权局、版权局登记并发放“知识产权质权登记证”。

《民法典》第 444 条第 2 款规定：知识产权中的财产权出质后，出质人不得转让或者许可他人使用，但是出质人与质权人协商同意的除外。出质人转让或者许可他人使用出质的

① 中华人民共和国最高人民法院公报. 2017 (2): 43-48.

知识产权中的财产权所得的价款，应当向质权人提前清偿债务或者提存。这一规定和有些国家或地区知识产权法规定的趋势有所不同。比如在 2009 年《韩国著作权法》修改之前，其第 47 条仅仅规定，“以著作财产权设定质押的，质权人对著作财产权人通过转让或者利用著作财产权而获得的金钱及其他财物（包括设立出版权及计算机程序专有出版权的等价报酬）享有优先权，但该金钱或其他财物在支付或交付之前应当先行扣押”。而在 2009 年修改时该条增加了第 2 款，即“除非在著作财产权设立质押时有特别约定，否则著作财产权由著作权人行使”。韩国修改著作权法而允许设置质权期间著作财产权由著作权人行使更有利于充分发挥著作权的作用，因为著作权是有期限的，时间的经过就是著作权的逐步自然死亡，著作权的价值逐步降低，被担保债权自然变得更不安全，只有设置质权期间允许著作权人行使著作权，才能最大限度实现著作权的价值，更好地担保债权的实现。因此，应该规定在质权期间，允许质押人行使知识产权为知识产权质权合同的默认选项，只有在当事人另有约定的情况下，才例外地不允许质押人行使知识产权。

四、知识产权的其他间接利用方式

作为一种财产，知识产权是有一定的经济价值的，当然可以作为强制执行标的、破产财产、遗产、夫妻共同财产等，这在法理上和法律规定上一般不存在障碍。不过，《民法典》第 1062 条仅仅将“知识产权收益”作为夫妻共同财产，而没有明确规定知识产权本身是否可以作为夫妻共同财产。研究表明，“目前，在夫妻一方婚后所得财产性知识产权的归属问题上，法定共同财产制（包括迟延共同制）各国立法趋势是由夫妻共同享有”①。因此，在《民法典》第 1062 条的适用上，应该将知识产权本身解释进知识产权的收益中，将其作为夫妻共同财产。

除了以上比较具体的知识产权间接利用方式，正如本书前文所述，还存在许多知识产权的策略性使用。在这些间接策略中，有一种技术被称为“知识产权私掠（privateering）”，即一个实体（私掠者），通常以非实施实体的形式，针对目标公司主张知识产权，以获得私掠者的直接利益和发起者的间接利益，其中间接利益明显大于直接利益。知识产权私掠的具体例子有：如果竞争对手有一种产品威胁到公司自己的产品，但公司没有自己的相关知识产权，公司可以在市场上购买相关知识产权并起诉竞争对手侵权；如果一家公司被起诉侵权，但没有相关的知识产权可以在反诉中使用，则该公司可以在市场上购买适当的知识产权。私掠可以适用于许多竞争场景，不像上述知识产权利用一样可以直接为公司带来可见收益，但知识产权私掠对于公司经营同等重要，可能被运营公司用来改变新兴技术和现有技术之间的技术采用率，将更多知识产权许可外包，以及改变法律基础设施的某些方面，投资者可以利用私掠来增加现有投资，通过私掠来对抗特定技术领域的竞争对手，改变上市公司的股价价格以暂时贴现其股票和/或促进卖空，在投资期间改变公司的价值，并收回投资研究和分析成本。②

---

① 张学军．论夫妻一方婚后所得财产性知识产权的归属．浙江工商大学学报，2013（3）：43.

② Tom Ewing. Indirect Exploitation of Intellectual Property Rights by Corporations and Investors：IP Privateering and Modern Letters of Marque and Reprisal. 4 Hastings Sci. & Tech. L. J. 1，3 – 7（2012）.

五、知识产权登记

知识产权利用，尤其是知识产权间接利用，本质上是知识产权以法律行为方式转移，知识产权转让是知识产权所有权的转移，知识产权许可是知识产权使用权的转移，知识产权质押实质上是以知识产权的价值作为质押，如果最终实现，可能导致知识产权处分权的转移。作为一种最重要的民事权利，知识产权的变动关乎权利人、相对人、不特定第三人的利益及交易秩序，相关主体需要了解知识产权的变动状况，以快捷安全地进行交易，而登记则是知识产权变动的外部表征，是了解知识产权变动的主要方式。知识产权登记是指国家法定知识产权登记机构依法将知识产权归属和其他法定事项记载于知识产权登记簿的行为。不同种类的知识产权取得方式不同，知识产权变动的登记也有不同规定，比如专利权、商标权需要注册取得，专利权、商标权变动的登记具有强制性，而著作权采用自动取得原则，其变动登记一般采用自愿原则。不同国家的不同的知识产权价值理念会导致不同的知识产权登记制度，强调交易安全的知识产权立法会对知识产权变动的登记干预较多，登记的强制性较强，而强调鼓励交易的知识产权立法则对知识产权变动的登记干预较少，登记的强制性较弱。

知识产权登记机关通常是知识产权行政主管机关，因此，知识产权登记机关会受到知识产权管理体制的影响。我国专利权、商标权、著作权曾经分别由国家专利局、国家商标局（国家工商行政管理总局）和国家版权局负责管理，因此当时的专利权、商标权、著作权登记分别由国家专利局、国家商标局（国家工商行政管理总局）和国家版权局负责。目前，著作权由国家版权局负责管理，而其他知识产权统一由国家知识产权局负责管理，于是，目前著作权由国家版权局负责登记，而其他知识产权登记则由国家知识产权局负责。

从世界各国或地区的知识产权法律规定来看，知识产权登记效力有三种模式：（1）意思主义。在意思主义下，知识产权的变动以作为基础关系的合同为根据，即合同生效则发生知识产权变动的效果，无须登记。（2）登记对抗主义。在登记对抗主义下，知识产权变动同样取决于作为基础关系的合同，即合同生效则发生知识产权变动，但未进行登记的，该权利变动不得对抗善意的第三人。（3）登记生效主义。在登记生效主义下，登记是知识产权变动的生效要件之一，非经登记，知识产权不发生当事人意图实现的权利变动效果。[①] 我国各知识产权法律规定的知识产权变动登记效力规则各不相同，著作权转让、许可采意思主义，注册商标使用许可采用登记（备案）对抗主义，专利权转让、商标权转让、著作权质押、专利权质押、商标权质押采登记生效主义。

第三节　知识产权合同及其法律限制

一、知识产权合同

知识产权合同是两个或两个以上的人或组织之间约定开发、许可使用、转让或共享知

① 苏平．知识产权变动模式研究．法商研究，2011（2）：97－98.

识产权资产的条款和条件的合同。上述知识产权的各种利用方式均是通过合同实现的，因此，知识产权合同是知识产权利用的主要法律形式。

知识产权转让合同是转让人转移知识产权的所有权于受让人，受让人支付价款的合同。本质上，知识产权转让合同就是一种买卖合同，只不过其标的是知识产权而不是有体物。知识产权转让合同具有以下法律特征：第一，知识产权转让合同是转移知识产权所有权的合同。第二，知识产权转让合同是双务合同。第三，知识产权转让合同是有偿合同。第四，知识产权转让合同是诺成合同。第五，知识产权转让合同可以是要式合同，也可以是不要式合同，视不同国家的法律规定而不同。第六，知识产权转让合同要比普通民事合同受到更多的法律限制。

知识产权许可合同是指知识产权人同意被许可人按约定条件使用其知识产权资产，而被许可人按约定支付使用费的合同。知识产权许可合同是知识产权资产许可使用的法律形式，是当事人行为的基本法律依据，是知识产权资产许可使用的最重要的内容。知识产权许可合同具有以下特征：第一，知识产权许可合同是转移知识产权使用权的合同。第二，知识产权许可合同是双务合同。第三，知识产权许可合同通常是有偿合同。第四，知识产权许可合同为诺成合同。第五，知识产权许可合同通常为不要式合同。

知识产权质押合同，是指合同当事人中的债务人或者第三人为了担保合同的履行而以自己依法享有的或者持有的知识产权中的财产权作为出质标的与合同债权人订立的质押合同。知识产权质押合同中的知识产权人或者持有人称为出质人，知识产权质押合同中的债权人称为质权人，被质押的知识产权称为质押标的。知识产权质押合同具有以下法律特征：第一，知识产权质押合同是一种从合同，它从属于债权人与债务人订立的主合同。作为从合同，知识产权质押合同的效力受主合同效力的影响。《民法典》第 388 条规定：担保合同是主债权债务合同的从合同。主债权债务合同无效的，担保合同无效，但是法律另有规定的除外。第二，知识产权质押合同是要式合同。《民法典》第 427 条规定：设立质权，当事人应当采用书面形式订立质押合同。《著作权质押合同登记办法》(1996)、《专利权质押合同登记管理暂行办法》(1996)、《商标专用权质押登记程序》(1997) 均曾规定，质押合同自登记之日起生效，现行相关规定均不再将登记作为知识产权质押合同生效要件，而仅仅将登记作为质权变动的生效要件。第三，知识产权质押合同可以是有偿的，也可以是无偿的，可以是双务的，也可以是单务的。第四，知识产权质押合同是诺成合同，自当事人双方意思表示一致时即可成立，不以一方交付标的物为合同的成立要件。

此外，《民法典》规定的技术开发合同（包括委托开发合同和合作开发合同），技术进出口合同，专利合同、专利申请合同等也是知识产权合同的重要类型，这些适用于技术的合同同样可以适用于其他种类的知识产权。《民法典》第 876 条规定：集成电路布图设计专有权、植物新品种权、计算机软件著作权等其他知识产权的转让和许可，参照适用技术合同的有关规定，也就是说，上述知识产权合同同样可以适用于集成电路布图设计专有权、植物新品种权、计算机软件著作权等其他知识产权。

二、知识产权合同的法律限制

作为一种合同，知识产权合同当然符合并适用合同法的一般原理。不过，鉴于作为知识产权客体的知识的公共性等特征，知识产权合同往往受到法律的更多限制。《民法典》规定，技术转让合同和技术许可合同可以约定实施专利或者使用技术秘密的范围，但是不得限制技术竞争和技术发展。法律、行政法规对技术进出口合同或者专利、专利申请合同另有规定的，依照其规定。

在专利法领域，《专利法》第 10 条第 2 款规定："中国单位或者个人向外国人、外国企业或者外国其他组织转让专利申请权或者专利权的，应当依照有关法律、行政法规的规定办理手续。"《对外贸易法》第 16 条规定，国家基于国家安全、社会公共利益或者公共道德、保护人的健康或者安全、保护动物、植物的生命或者健康、保护环境等法定原因，可以限制或者禁止有关货物、技术的进口或者出口，国务院对外贸易主管部门会同国务院其他有关部门可以依法制定、调整并公布限制或者禁止进出口的货物、技术目录以及临时决定限制或者禁止前述规定目录以外的特定货物、技术的进口或者出口。《技术进出口管理条例》规定：属于禁止出口的技术，不得出口。属于限制出口的技术，实行许可证管理；未经许可，不得出口。对属于自由出口的技术，实行合同登记管理。在商标法领域，《商标法》第 42 条第 2 款、第 3 款规定：转让注册商标的，商标注册人对其在同一种商品上注册的近似的商标，或者在类似商品上注册的相同或者近似的商标，应当一并转让。对容易导致混淆或者有其他不良影响的转让，商标局不予核准，书面通知申请人并说明理由。在著作权领域，我国著作权法对著作权转让几乎没有限制，不过有些国家著作权法对著作权转让有一些特有的限制，尤其是对于转让未来作品著作权的合同期限通常有法定限制。①

本章思考题

1. 各种知识产权利用方式的条件和优、缺点各是什么？
2. 知识产权登记的效力是什么？有什么用？
3. 知识产权合同是否适用合同法的一般原理？其特殊性有哪些？

经典参考文献

1. 张文德．知识产权运用．北京：知识产权出版社，2015.
2. 董美根．知识产权许可研究．北京：法律出版社，2013.
3. ［美］德雷特勒．知识产权许可．王春燕，等译．北京：清华大学出版社，2003.
4. Jorge L. Contreras，Intellectual Property Licensing and Transactions：theory and practice. Cambridge：Cambridge University Press，2022.

① 参见《巴西著作权法》第 51 条，《埃及著作权法》第 153 条，《印度著作权法》第 18 条、第 19 条等。

第九章 知识产权限制与知识产权法中的公共领域

本章导言

鉴于知识产权客体的公共性等特征，知识产权限制成为知识产权法最具特色的一项重要制度。专利法中有专利强制许可制度、不视为侵犯专利权的各种专利侵权例外，著作权法中有著作权合理使用制度、法定许可制度，商标法中有商标正当使用等商标侵权抗辩制度，此外，各知识产权法律中均有知识产权用尽制度。知识产权限制制度可以合理地平衡知识产权相关主体的利益，有利于社会发展。各知识产权法律中的知识产权限制制度虽然不相同，但其价值取向是类似的，均是为了公共利益而适当限制知识产权。为了对抗知识产权扩张，学者提出知识产权法中的公共领域的统一的知识产权限制制度，以更好地平衡知识产权权利人之私益与社会公共利益之间的关系。

第一节 知识产权限制的概念与法理基础

一、知识产权限制的概念

权利限制是知识产权法相对于其他法律最特殊的一项制度，然而，关于知识产权限制，学者的认识并不统一。有的学者采用广义的知识产权限制概念，认为知识产权限制包括在时间、效力和范围等方面对知识产权的限制① 或者时间限制、地域限制和权能限制②；有的学者采用狭义的知识产权限制概念，认为知识产权权利限制不同于知识产权的权利界限，知识产权权利限制应当是知识产权的外生性界限，包括合理使用、强制许可、权利穷竭及竞争法对知识产权滥用的规制等，明确将知识产权客体有限性、知识产权的地域性、时间

① 冯晓青．论知识产权的若干限制．中国人民大学学报，2004 (1)：87 - 93.

② 杨利华．知识产权权利限制的特征及其合理性探析．湘潭大学学报（哲学社会科学版），2004 (6)：37.

性排除在知识产权限制之外。[①]

本书认为，知识产权限制毕竟为权利限制之一种，需要符合权利限制的一般法理。权利限制不仅会影响权利边界，还会影响权利之间的关系即造成权利冲突，那么，权利边界究竟是因权利限制而产生，还是未经限制就事先存在？权利冲突中的“权利”究竟是未受限制的权利，还是已受限制的权利？如果权利边界本身即包含限制，那么权利本身就内含消除潜在冲突的机制，所谓的权利冲突也就不可能存在，而如果权利边界并不包含限制，则主体行使权利时必存在与他人权利相冲突的可能，权利限制成为化解权利冲突的手段。就权利与限制的关系，存在外在限制论与内在限制论两种不同主张。外在限制论认为：权利是一种先于国家、法律而存在的固有事物，由此固有本性反映出的权利范围就是权利边界，国家法律可以在权利外部设置限制。于是，权利限制意味着存在两个事物，即权利和限制，其中权利是指本义上的权利，是没有限制的，然后，基于公共利益、处理权利冲突等理由，法律从外部对权利予以限制。在外在理论下，权利本身是一种无限制的状态，限制与权利并无必然的联系，只有当要求某个人的权利与其他人的权利或者公共利益和谐相处时，这种联系才会凸显。内在限制论认为：权利依法仅享有一个确定、唯一的内容，权利限制是确定权利的外延或者内容的方法，故而权利必内含限制。基于公共利益、国家法秩序要求对权利的限制，也是从权利的内部进行的必要的限制。基于权利本位和权利概念科学化的必然要求，外在限制论是正确的权利限制观念。在外在理论看来，权利限制是基于公共利益和利益平衡而外设于权利边界上的使被限制权利方负有容忍“义务”、相对方居于优先地位的可成为侵权责任的免责根据的限制制度，权利限制通过限制权利，使多种权利得以和谐共处，而成为权利冲突的基本纠偏机制。[②]

基于权利限制的外在理论[③]，上述狭义的知识产权限制才是真正的知识产权限制，而广义的知识产权限制中的客体范围、期限性、地域性等均不过是知识产权的权利边界，属于权利限制中的“权利”的当然内容，是权利的固有属性，而不属于权利限制中的“限制”的内容，知识产权限制可以被定义为基于公共利益或利益平衡而在具有客体有限性、期限性、地域性的知识产权之上设置的对知识产权行使或效力的限制。

二、知识产权限制的法理基础

归根结底，之所以需要对知识产权进行限制，既是因为作为知识产权客体的知识的本性，也是因为知识产权法的公共利益和利益平衡目标。

（一）知识的本性要求对知识产权进行限制

如前所述，作为知识产权客体的知识具有公共性，知识的公共性决定了知识不同于物

---

① 胡滨斌．知识产权权利限制的若干理论问题．南京农业大学学报（社会科学版），2008（2）：69－72；袁秀挺，郭芬．知识产权的法律限制体系．电子知识产权，2003（10）．

② 张平华．私法视野里的权利限制．烟台大学学报（哲学社会科学版），2006（3）：273－376．

③ 在知识产权法领域，有学者基于知识产权的法定性、知识产权法“双重本位”的价值追求而坚持内在限制论［李国英．知识产权限制的理论依据辨析：“内在限制”还是“外在限制”抑或其他．南京师大学报（社会科学版），2014（5）：63－67］，的确，知识产权具有法定性，但知识产权显然也具有自然权利属性（龚大春．知识产权原理．北京：中国政法大学出版社，2020：115），尽管知识产权法具有公共利益趋向和公共政策属性，但权利本位仍为知识产权法的基础，因此，外在限制论要比内在限制论更有说服力。

质财产，知识并不完全是知识创造人“创造”的，而是一种在公共知识基础上的创造，也就是说，“每一项知识产权都包括两个独立的组成部分：一部分是不可侵犯的个人贡献……该权利所涵盖成果的‘受奖赏的核心’；而另一部分则最好把它看作来源于社会力量和社会性要素……称之为‘边缘部分’。因为边缘部分是归属于社会力量的，它就代表了该成果中由社会本身借助再分配政策而拥有某种权利主张的部分”。当然，“每一件创造性成果的优势是来自于个人的独特才能与贡献。社会贡献则是相对较小的。这当然就意味着，社会性权利主张也是较小的，并因此，再分配所能达到的最大程度，顶多也只是一种适可而止的水平”。“知识产权的两部分观念就让个人性贡献以及对财产的个人控制保留在核心地位。而进入该权利的社会性贡献部分，则是与完成某一受保护成果的个人原创性工作相互混合与缠绕在一起的……私权是坚定不移的基础，支撑和承载着社会性权利主张。没有个人的权利，社会性权利主张也就不存在。”[①] 无论是大是小，知识中社会的贡献是无可置疑的，知识中社会的贡献是知识产权限制的权利客体基础。

(二) 公共利益和利益平衡是知识产权限制的实质和价值目标

知识产权限制是调整不同主体利益关系的专门制度，其实质归根到底就是如何认识基于知识所产生的各种利益并加以合理分配的问题，因此，研究知识产权限制，当以权利的利益评价为起点。出于公共利益目标，对知识财产所有人的专有权利进行必要的限制，以保证社会公众对知识产品的合理利用。利用他人的知识，或是基于表现自由的目的，或是基于公共教育的需求，或是基于社会公共卫生与生活的必要，这些都是正当的、合理的。[②] 知识产权限制的目标就是实现知识产权人的私人利益与社会公共利益之间的恰当平衡。

第二节　知识产权限制制度的具体内容及体系化

目前，知识产权限制制度是分散在各具体知识产权法律中的，并不存在一种适用于所有知识产权法的体系化的知识产权限制制度，因此可以考虑先分析专利法、著作权法、商标法中的权利限制制度，然后在此基础上采用提取公因式方法来提炼或总结体系化的知识产权限制制度。

一、专利法中的权利限制

我国专利法中的权利限制制度大体包括专利强制许可制度和不视为侵犯专利权的专利侵权抗辩制度。

(一) 专利强制许可制度

强制许可基本上是专利法特有的权利限制制度，专利强制许可是指在法律规定的情形和条件下，专利行政部门根据具备实施条件的单位或个人的申请，可以给予实施发明或实

① ［美］罗伯特·P. 莫杰思．知识产权正当性解释．金海军，史兆欢，寇海侠，译．北京：商务印书馆，2019：242－245.

② 吴汉东．试论知识产权限制的法理基础．法学杂志，2012（6）：5－6.

用新型专利的强制许可。我国《专利法》规定的专利强制许可类型包括以下几种。

(1) 专利不充分实施强制许可，即专利权人自专利权被授予之日起满三年，且自提出专利申请之日起满四年，无正当理由未实施或者未充分实施其专利的，可以给予强制许可。1984 年《专利法》曾在“专利实施的强制许可”章的首条也即第 51 条规定，专利权人负有自己在中国制造其专利产品、使用其专利方法或者许可他人在中国制造其专利产品、使用其专利方法的义务，促进专利充分实施的目的一目了然。现行《专利法》第 53 条同样使用了“未实施或者未充分实施”的字样，以强制许可制度促进专利实施的目的同样显而易见。利用发明是专利法最重要的目的之一，日本学者吉藤幸朔认为：“在保护发明的同时确保充分利用发明，才能使保护发明具有真正的意义，才能达到专利法发展产业的目的。”“只有进一步现实地实施该发明，将其用于产业，才算完全地利用了发明，才能直接地现实地对发展产业作出贡献，这便是专利法的最终目的。”① “推动发明创造的应用”同样是我国专利法的重要的立法宗旨。② 对于未实施或未充分实施的专利给予强制许可正是专利法促进专利实施和利用的重要制度。

(2) 行使专利权的行为构成垄断行为的强制许可。垄断会带来经济损失，行使专利权的行为构成垄断行为同样会带来经济损失。不仅如此，行使专利权的行为还可能导致专利权的不充分利用或者滥用，而通过专利强制许可则可以促进专利权的充分利用，防止垄断带来的经济损失。

(3) 国家紧急状态或非常情况下或者出于公共利益目的强制许可。归根结底，国家紧急状态或非常情况或公共利益目的强制许可均是为了公共利益。作为一种知识产权，专利权同样具有公共政策属性，为了公共利益当然可以加以限制，这种类型的强制许可就是典型体现之一。

(4) 公共健康强制许可。专利保护导致高昂的药价，危害公共健康。根据联合国的一项研究，150mg 的艾滋病药品氟康唑在没有专利保护的印度价格是 55 美元，而在有专利保护的马来西亚价格是 697 美元，在印度尼西亚价格是 703 美元，在菲律宾价格是 817 美元。③ 在发展中国家，专利导致的高昂药价使人们根本无力负担，导致了发展中国家的公共健康危机。以艾滋病为例，南非每 8 个人中就有 1 个人感染艾滋病，但高昂的药价使艾滋病人看不起病，只能静待死亡的来临。在泰国被认为感染艾滋病的人中只有大约 5%的人有能力负担医生开给他们的艾滋病治疗药物。④ 即便在发达国家如美国，专利药高昂的价格也产生了严重的负面影响，不仅导致为药品付费的病人、雇主和纳税人的处境艰难，也增加了药品获得的障碍；专利保护扭曲了药品研发投资，致使在许多严重却不赚钱的疾病治疗领域出现研发空白。⑤ 强制许可可以扩大药品生产，降低药价，《我不是药神》的主人公之

① [日] 吉藤幸朔. 专利法概论. 宋永林，魏启学，译. 北京：专利文献出版社，1990：5，7.

② 尹新天. 中国专利法详解. 北京：知识产权出版社，2011：12-13.

③ United Nations，Report of the High Commissioner of the Human Rights Commission on Economic，Social and Cultural Rights，The Impact of the Agreement on Trade-Related Aspects of Intellectual Property Rights on Human Rights，UN Doc E/CN. 4/Sub. 2/2001/13 at 14，para 44 (2001).

④ Alan O. Sykes. Public Health and International Law：TRIPS，Pharmaceuticals，Developing Countries，and the Doha “Solution”. 3 Chi. J. Int'l L. 47 (2002).

⑤ Medical Innovation Prize Act of 2007，S. 2210，110th Cong. § 2 (2007).

所以到印度购买仿制药“格列宁”，正是因为印度对“格列宁”专利实施了强制许可，从而导致药价降低。更低的药价显然有助于解决公共健康问题。

（5）依赖关系专利强制许可。依赖关系专利是指一项专利是对另一项专利改进的结果，这种专利又称为改进专利，改进专利包含了基础专利的全部权利要求，实施改进专利必然侵犯基础专利的专利权。因此，没有强制许可，改进专利就无法实施，只有通过强制许可才能实施。因此，依赖关系专利的强制许可就是为了促进改进专利的实施。当然，作为交换，基础专利的专利权人也有权实施改进专利。

（二）不视为侵犯专利权的专利侵权抗辩制度

《专利法》第75条规定了5种不视为侵犯专利权的行为，包括专利权用尽、临时过境、科学研究与实验使用、先用权、药品行政审批，其中专利权用尽、临时过境和科学研究与实验使用属于比较典型的专利权限制，而先用权事实上是调整不同主体之间的利益关系的制度，药品行政审批则不过是更精确地确定专利权保护期限的一种方式，与专利期限补偿制度的性质相同。

（1）专利权用尽。专利权用尽也称专利权穷竭、首次销售原则，是指专利权人自己或者许可他人制造的专利产品被合法地投放市场后，任何人对该产品进行销售或使用，不再需要得到专利权人的许可或者授权，且不构成侵权。权利用尽是三大知识产权法均有的一项知识产权限制制度，其根本目的是促进统一市场的建立并处理专利权与产品所有权之间的关系，专利权人不能阻止首次销售之后专利产品的流通和使用，也确保了专利产品取得人的所有权。

（2）临时过境。临时过境是指临时通过中国领陆、领水、领空的外国运输工具，依照其所属国同中国签订的协议或者共同参加的国际条约，或者依照互惠原则，为运输工具自身需要而在其装置和设备中使用有关专利的，不视为侵犯专利权行为。运输是在不同地域范围内以改变物的空间位置为目的对物进行的空间位移，交通工具是运输的基本工具，不同地域既可以是一国也可以是多国，多国的跨国运输就需要临时通过其他国家，为保证跨国运输的顺利进行，且交通工具临时过境对专利权本身的影响有限，允许临时过境符合专利法的立法目的。

（3）科学研究与实验使用。正如本书知识产权客体章所述，包括专利法保护的发明创造在内的知识具有历史继承性，如果不允许对专利权保护的发明创造进行任何利用，那必然意味着新的发明创造活动将无法开展，新的发明创造将无法产生。这是与专利法促进发明创造产生的宗旨相违背的。因此，为了促进发明创造的产生，专利法规定了科学研究与实验使用例外，以适度限制专利权，允许在专利权的有效期内为了科学研究和实验目的而使用专利权保护的发明创造，以更好地促进发明创造的产生，实现专利法的立法目的。

（4）先用权。先用权是指某项发明创造在申请人提出专利申请以前，任何人（包括单位和个人）已经制造相同产品、使用相同方法或者已经做好制造、使用的必要准备，在该发明创造被授予专利权后，仍有继续在原有的范围内制造或者使用该项发明创造的权利。即使申请专利的人后来获得了专利权，具有先用权的单位或个人的制造或者使用行为也不被视为侵犯了专利权。鉴于发明行为总需要一定的时间，先用权情况下存在的两个主体的发明创造很大概率会构成平行发明，而如知识产权的取得与归属章所述，专利法对于平行发明最终只有一项发明能够获得保护的情况没有“辨析得足够清晰”，先用权允许通过限制专利权而使先用权人附条件使用其平行发明，本质上是让作为平行发明人的先用权人和专利权人“分享”同一发明创造的市场。当然，从表面上看，先用权的确是对专利权的限制。

（5）药品行政审批。2008 年修订的《专利法》，在不视为侵犯专利权的情形中增加了“（五）为提供行政审批所需要的信息，制造、使用、进口专利药品或者专利医疗器械的，以及专门为其制造、进口专利药品或者专利医疗器械的”情形。从表面上看，这一情形的确是对专利权的限制。但事实上，药品行政审批例外不过是使本不应属于专利权人的专利期限“回归”正常而已，防止因期限较长的行政审批变相延长药品的专利权，因为如果没有行政审批例外，其他人只能在专利权到期之后进行行政审批，这导致专利权到期后行政审批期间事实上只有专利权人能够实施专利权保护的发明创造，事实上延长了专利权的期限。因此，药品行政审批例外制度和专利期限补偿制度本质类似，其效果均是使专利权期限不因行政审批等非专利实施的商业理由而变相延长或缩短。

二、著作权法中的权利限制

著作权法中的权利限制制度主要包括合理使用、法定许可、强制许可和著作权用尽等。

（一）合理使用

合理使用是指在著作权法规定的情形下，在尊重著作权人的著作人身权的情况下，可以不经著作权人的同意，也不向其支付报酬而以一定方式使用作品。2020 年《著作权法》规定的著作权合理使用情形包括：（1）个人学习、研究或者欣赏使用；（2）为介绍、评论某一作品或者说明某一问题在作品中适当引用；（3）为报道新闻，在报纸、期刊、广播电台、电视台等媒体中不可避免地再现或者引用；（4）报纸、期刊、广播电台、电视台等媒体刊登或者播放其他报纸、期刊、广播电台、电视台等媒体已经发表的关于政治、经济、宗教问题的时事性文章；（5）报纸、期刊、广播电台、电视台等媒体刊登或者播放在公众集会上发表的讲话；（6）为学校课堂教学或者科学研究，翻译、改编、汇编、播放或者少量复制已经发表的作品，供教学或者科研人员使用；（7）国家机关为执行公务在合理范围内使用；（8）图书馆、档案馆、纪念馆、博物馆、美术馆、文化馆等为陈列或者保存版本的需要，复制本馆收藏的作品；（9）免费表演已经发表的作品，该表演未向公众收取费用，也未向表演者支付报酬，且不以营利为目的；（10）对设置或者陈列在公共场所的艺术作品进行临摹、绘画、摄影、录像；（11）将中国公民、法人或者其他组织已经发表的以国家通用语言文字创作的作品翻译成少数民族语言文字作品在国内出版发行；（12）以阅读障碍者能够感知的无障碍方式向其提供已经发表的作品。2020 年《著作权法》使得合理使用的条件更为明确，且增加了“法律、行政法规规定的其他情形”的合理使用类型。这些合理使用情形的最终目的不尽相同，大多是为了公共利益，当然涉及的具体公共利益有所不同，比如：第 1 项出于不干涉个人自由，同时出于实施成本的经济考虑；第 2 项类似于专利法中的科学研究和实验使用例外，目的是促进新作品的创作；第 3、4、5 项出于新闻自由、言论自由等目的；第 6 项出于教育目的；第 7 项出于公务目的；第 8、9 项出于文化目的；第 10 项出于个人自由和实施成本的经济考虑；第 11 项出于民族政策考虑，故这种情形限于中国公民、法人或非法人组织的作品，且限于通用语言文字作品翻译为少数民族语言文字作品；第 12 项是出于对残障人士照顾的人权考虑。

（二）法定许可

法定许可，是指在法律直接规定的情形下和范围内对作品进行某种使用时，可以不经著作权人的同意，但应当向著作权人支付报酬。法定许可既可能出于公共利益目的，也可能出于经济效率考虑，比如为实施九年制义务教育和国家教育规划而编写出版教科书时使用他人作品片段或者短小的文字作品、音乐作品或者单幅的美术作品、摄影作品就既是为了教育目的，也减少了许可的交易成本；再如为扶助贫困，通过信息网络向农村地区的公众免费提供中国公民、法人或者非法人组织已经发表的种植养殖、防病治病、防灾减灾等与扶助贫困有关的作品和适应基本文化需求的作品，同样既是为了扶贫目的，也减少了许可的交易成本。

（三）强制许可

强制许可主要是专利法中的权利限制制度，但随着著作权的“专利化”发展[①]，强制许可逐渐被纳入著作权法。不过，著作权法中的强制许可制度是有限的，不仅很多国家著作权法中没有规定，规定著作权强制许可的国际公约对著作权强制许可也是严格限制的。[②]

（四）著作权用尽

著作权用尽，也称著作权穷竭、首次销售原则、发行权用尽原则，是指作品复制件经权利人或其被许可人同意而投放市场之后，作品复制件购买人继续销售复制件不再需要得到著作权人的许可或者授权，且不构成侵权。我国著作权法没有明确规定著作权用尽制度，但司法实践是承认的。[③] 有些国家立法上有著作权用尽的明确规定，如《法国知识产权法典》第 L. 211－6 条、《意大利著作权法》第 64 条第 2 附条等。著作权用尽的目的和专利权用尽的目的基本相同。

典型案例

“红旗一举山河变”著作权纠纷案

1972 年，人民美术出版社出版了署名为“桂林专业、业余美术工作者集体创作”的单张年画《通途劈上彩云间》。该画右侧题有“红旗一举山河变，通途劈上彩云间”的诗句，并注有“一九七二年二月画于桂林”字样。1973 年，为纪念毛主席《在延安文艺座谈会上的讲话》发表三十周年，桂林市革命委员会文化局编辑出版了《桂林市美术摄影作品选集》，其中收录了署名为覃绍殷的国画《通途劈上彩云间》，画右侧题有“红旗一举山河变，通途劈上彩云间”的诗句，并注有“一九七二年二月于桂林”字样。上述两幅国画在内容、构图、山质结构、松树造型、表现手法及用笔用墨、画面色调、色彩的表现手法、题款字体及笔迹等方面基本一致，只在局部细微之处存在差异，如：年画上的《通途劈上彩云间》

① 姚鹤徽．著作权强制许可制度的理论分析与制度构建．时代法学，2015（3）：77－79.

② 高兰英．国际视野下的著作权强制许可制度探析．知识产权，2012（3）：88.

③ 比如在“深圳奇策迭出文化创意有限公司与杭州原与宙科技有限公司侵害作品信息网络传播权纠纷案”中，一、二审法院虽然没有支持适用著作权用尽原则，但显然均是承认著作权用尽原则的。

画中前景工农兵群像创作较作品选集中的《通途劈上彩云间》一画中的相应部分更为突出和醒目，大桥造型也更为牢固。

为举办2002年秋季拍卖会，荣宝公司印制了《中国书画（一）》拍卖图录，图录中收录了编号为549号，标题为《红旗一举山河变》的国画，并标示作者为黄秋园，创作时间为1972年。画右侧题有"红旗一举山河变，通途劈上彩云间"的诗句，并注有"1972年2月画于桂林"字样。2002年12月5日至7日，荣宝公司对该画进行了预展。2002年12月8日，荣宝公司在北京昆仑饭店拍卖了标示为黄秋园所作的国画《红旗一举山河变》，并在拍卖的过程中以幻灯片的方式放映了该画。经比较，国画《红旗一举山河变》与年画《通途劈上彩云间》除在色彩上略有不同之外，其他表现形式完全一致。原告覃绍殷认为被告的行为侵犯了原告对该画享有的署名权、保护作品完整权、复制权、发行权、展览权、汇编权、放映权，故诉至法院。

就被告在国画《通途劈上彩云间》上署名作者黄秋园的行为，以及在拍卖过程中对国画《通途劈上彩云间》进行展览、以幻灯片的方式放映该画和在拍卖图录中收录该画等行为是否侵犯原告的著作权，法院认为，被告在拍卖过程中和拍卖图录上署名国画《通途劈上彩云间》的作者为黄秋园，但经黄秋园的法定继承人、黄秋园纪念馆馆长黄良楷确认，该画并非黄秋园所画，被告亦未提供证据证明该画确为黄秋园所作。被告作为专业拍卖公司，在无证据证明画作上有作者署名的情况下，没有正当、合法的理由和依据将该画作者署名为黄秋园，其行为存在主观过错，侵犯了原告覃绍殷对该画享有的署名权。

原告主张其作品标题为《通途劈上彩云间》，被告在拍卖时将作品标题改为《红旗一举山河变》，侵犯了原告对其作品享有的保护作品完整权。对于原告这一主张，本院认为，由查明的事实可知，画作本身并无标题，且画中题有"红旗一举山河变，通途劈上彩云间"的诗句，被告在拍卖时将诗的上句确定为作品标题，其主观上并无过错，其行为亦未使作品遭到歪曲和篡改，因此，被告的行为不构成对原告保护作品完整权的侵犯。

《著作权法》第18条规定：美术作品原件的展览权由原件所有人享有。由于覃绍殷并非国画《通途劈上彩云间》的原件所有人，其对该作品原件不享有展览权，因此，其关于被告展览该画的行为侵犯其展览权的主张不能成立。

《著作权法》第10条第1款第16项规定：汇编权是指将作品或者作品的片段通过选择或者编排，汇集成新作品的权利。被告在拍卖图录中仅收录了原告一幅享有著作权的作品，并没有侵犯原告享有的汇编权。

按照《拍卖法》的相关规定，拍卖人应当在拍卖前展示拍卖标的，并提供查看拍卖标的的条件及有关资料。被告作为拍卖公司，其复制国画《通途劈上彩云间》并向特定客户发行，以及在拍卖过程中以幻灯片的方式放映该画的行为，均系按照《拍卖法》的规定，为了便于客户了解拍卖标的而提供的便利手段，原告没有证据证明被告的上述使用行为系出于其他目的，并且被告的行为既没有影响作品的正常使用，也没有不合理地损害原告的合法权益，因此，被告的上述行为并不构成对原告复制权、发行权和放映权的侵犯。①

① 北京市第一中级人民法院（2003）一中民初字第12064号民事判决书。

问题：法院认为，“被告作为拍卖公司，其复制国画《通途劈上彩云间》并向特定客户发行，以及在拍卖过程中以幻灯片的方式放映该画的行为”不构成侵犯原告复制权、发行权和放映权，似乎认为这些行为为合理使用，那么，被告的这些行为是否为合理使用？理由是什么？

三、商标法中的权利限制

商标法中的权利限制包括商标的正当使用、商标权用尽、商标先用权等。

（一）商标的正当使用

商标的正当使用，也被称为商标的合理使用，共有两种类型：一种是描述性正当使用，是指经营者为描述自己所提供商品或服务的基本信息，善意合理地使用商品通用名称、图形、型号，直接表示商品质量、主要原料、功能、用途、重量、数量及其他特点的标志，与商品相关的地名和自己的名称地址，以及在第一含义上使用缺乏显著特征的其他描述性词语或标志，即使这些标志与他人的注册商标相同或近似，也不侵犯他人的注册商标专用权。在描述性正当使用中，商标是描述性的或者通用性的，具有和商品或服务关联紧密的第一含义，根据商标显著性的规定，这些商标因缺乏固有显著性本来不能直接注册，但因实际使用在第一含义的基础上产生了第二含义，这种第二含义使描述性标志变成了商标，使得描述性商标可以注册。描述性正当使用所使用的是描述性商标的第一含义，而不是第二含义或商标意义，所使用的标志仅仅是描述性标志而不是商标，也就是说，描述性使用本身就不是商标权的范围，因此当然不构成商标侵权。只有在描述性商标使用者故意利用不正当的方式使消费者可能产生混淆时，描述性使用才构成商标侵权。也许正因如此，有学者认为，描述性正当使用根本不是真正的正当使用，本质上不是一种商标权限制制度。①另一种是指示性正当使用，是指经营者在商业活动中善意合理地使用他人注册商标，客观地说明自己的商品或者服务源于他人，或者客观地指示自己商品的用途、服务对象以及其他特性与他人的商品或服务有关。如果说描述性正当使用所使用的并非他人商标的话，指示性正当使用所使用的恰恰是他人的商标，只不过这种使用发挥的并不是商标识别商品服务来源的功能，而是说明自己的商品或服务的特性的功能，是商标这种符号的一种语用，使用的是语用意义的一部分。② 商标权控制的当然是商标意义上的使用，尽管商标指示性使用发挥的功能并非商标识别商品服务来源的功能，但由于商标指示性使用是商标的语用或语用意义的一部分，仍然可以受到商标权的控制。因此，商标法将商标指示性使用规定为不构成商标侵权的正当使用，可以说是一种商标权限制。

（二）商标权用尽

商标权用尽也称商标用尽或商标权穷竭，是指使用注册商标的商品被商标权人或其授

---

① 熊文聪．商标合理使用：一个概念的检讨与澄清：以美国法的变迁为线索．法学家，2013（5）：157（有学者认为：“所谓的‘商标合理使用’不是说‘某种未经允许使用他人商标的行为是合理的、正当的，基于特定利益考量，不视为侵犯商标权’；而是为了澄清某些情形不构成商标使用，从而不可能侵犯商标权。”）；庄智博．商标合理使用：对商标权限制的误读．集美大学学报（哲学社会科学版），2014（3）：103（当然，该学者将描述性正当使用与指示性正当使用等同视之本书是不赞成的）．

② 王太平．商标符号利益的法律分配：商标法构造与操作的符号学解释．法学杂志，2021（6）：29.

权的其他人合法投放到市场中，商标权人的商标权已实现，其权利也因用尽而告消灭，商标权人失去了对该商品再次销售的控制权。商标权人无权阻止任何人在这些商品上继续使用其商标，也就是说，任何人将在市场上合法取得的附有注册商标的商品再行转让或投入商业使用均不构成商标侵权。商标权用尽的理由和目的与前述专利权用尽、著作权用尽基本相同，这里不再赘述。①

（三）商标先用权

商标注册人申请商标注册前，他人已经在同一种商品或者类似商品上先于商标注册人使用与注册商标相同或者近似并有一定影响的商标的，注册商标专用权人无权禁止该使用人在原使用范围内继续使用该商标，但可以要求其附加适当区别标识，在先使用人享有的这种权利即是商标先用权。商标先用权和专利法中的先用权类似，均是不同权利人对同一或近似客体的权益的分割，无非是先用权人与商标权人共同享有同一或近似商标的市场而已。当然，和专利先用权类似，商标先用权表面上也是对商标权的限制。

《商标法》第 59 条第 2 款还规定有功能性正当使用，即三维标志注册商标中含有的商品自身的性质产生的形状、为获得技术效果而需有的商品形状或者使商品具有实质性价值的形状，注册商标专用权人无权禁止他人正当使用。不过，这种正当使用类似于商标描述性正当使用，仅仅是一种表面上的商标权限制，因为根据《商标法》第 12 条的规定，这种类型的商标根本不可能取得商标权，当然也就谈不上商标权的限制。

四、知识产权限制制度的体系化

在对各知识产权法规定的权利限制制度进行详细摸底之后，运用提取公因式方法来提炼或者归纳体系化的知识产权限制制度就具有了较好的基础。我国有学者从作为知识产权客体的知识的产生、流通、消费（使用）的不同过程来区分权利人对其知识的控制（主要从禁止权角度）所应受到的限制，按照这一标准将知识产权的限制归纳为下列类型：（1）基于知识使用的限制，具体分为合理使用、法定许可、强制许可等；（2）基于知识流通的限制，即指知识产权用尽；（3）基于权利冲突的限制，主要指知识产权的行使要受到相关在先权利的制约；（4）基于公共领域保留的限制，如权利确立过程需对公有素材予以排除等，此项为知识产权法上权利限制的"兜底"性原则。② 这种体系化思路非常值得借鉴，不过也存在一些缺陷，比如根据本书后文对公共领域内容的讲解，基于知识使用的限制中的合理使用可能与公共领域保留存在交叉重叠，缺乏知识产生的权利限制等。本书认为，真正的知识产权限制均是涉及公共利益的，因此，知识产权限制可以根据所涉及的不同公共利益加以体系化。

（一）基于自由的知识产权限制

这里的自由包括个人自由、新闻自由、言论自由等。著作权法中的个人学习、研究、欣赏合理使用就属于基于个人自由的知识产权限制，如果推而广之，商标法中的商业使用

---

① 当然，鉴于商标不同于发明、作品的动态性特征，不同于专利权用尽、著作权用尽的是，商标权用尽有例外情形。

② 袁秀挺，郭芬．知识产权的法律限制体系．电子知识产权，2003（10）：14. 其中"公共领域保留"原为"公共秩序保留"，而从该用语后的公有素材的解释看，似乎"公共领域保留"更为准确。

或商标使用条件、专利法中的营利性条件均可以看成是基于个人自由的知识产权限制，这些制度将知识产权效力限于商业或经营性领域，对于私人生活领域谨慎而克制，尽量不干涉，这不仅从经济上而言是合理的，因为针对一个个私人生活领域实施知识产权成本是很高的，还有助于保护和促进个人自由。著作权法中的时事新闻、时事性文章合理使用就是基于新闻自由的知识产权限制，商标法中的某些非商业使用也可以归入这一类。新闻自由是公民的一项重要的民主政治权利，可以保障人们的知情权、言论权、思想自由，还可以监督政府、提升社会的透明度和公开性，因此，当著作权保护与新闻自由冲突时，自然应该对著作权进行适当限制。商标法中的正当使用就是基于言论自由的知识产权限制，其中描述性正当使用使公众可以使用描述性商标的第一含义实现自由言论，而指示性正当使用则使公众可以使用他人商标的商标意义实现自由言论，二者均是当商标权保护与言论自由冲突时对商标保护进行适当限制。

（二）基于促进创新的公共政策的知识产权限制

著作权法中的适当引用和专利法中的科学研究与实验使用例外的目的均是促进知识生产，均使公众可以在著作权和专利权的有效期内使用受著作权和专利权保护的知识，从而进行新作品和新发明的创造，属于基于促进创新的公共政策的知识产权限制。

（三）基于民族政策和弱势群体保护的知识产权限制

著作权法中将通用语言作品翻译为少数民族语言作品和将作品译为视觉障碍者可阅读作品均属于基于民族政策和弱势群体保护的知识产权限制。各民族平等、团结和共同繁荣是我国的基本民族政策，为了实现各民族之间的平等和共同繁荣，国家在各个方面向少数民族提供优惠政策。著作权法作为促进科学文化事业发展的主要制度，当然应该发挥一定作用，将通用语言作品翻译为少数民族语言作品的合理使用制度就是促进少数民族科学文化事业发展的重要制度措施。残障人士因某种组织、功能丧失或者不正常，全部或者部分丧失以正常方式从事某种活动的能力，从而导致其发展劣于健全人士，于是国家采取辅助方法和扶持措施，对残疾人给予特别扶助，以减轻或者消除残疾影响和外界障碍，保障残疾人权利的实现。著作权法规定将作品译为视觉障碍者可阅读作品的合理使用正是保障残疾人权利实现的重要措施。

（四）基于公共健康和公共利益的知识产权限制

专利法中的公共健康强制许可就是基于公共健康考虑的知识产权限制，2001 年，世界贸易组织第四届部长级会议通过《多哈宣言》，强调采取措施保护公共健康的重要性。2003 年，世贸总理事会通过的《执行决议》进一步明确发展中成员国和最不发达成员国在国内发生公共健康危机时，可以基于公共健康目的，在未经专利权人许可的情况下，实施强制许可制度，以生产、使用、销售有关治疗产生公共健康危机疾病的专利药品。因此，公共健康强制许可就是基于公共健康和公共利益的知识产权限制。

（五）基于文化传承的知识产权限制

文化是意义的生产、流通的社会过程和集合总体，文化不仅是社会生活的产物，更是社会生活何去何从的一个决定性因素。[①] 文化是国家、民族的灵魂，是一个民族的精神支

---

① 陆扬，王毅．文化研究导论．2 版．上海：复旦大学出版社，2015：14－15.

柱，是民族凝聚力和向心力的源泉，文化的发展与传承是民族、国家存在与发展的前提与保障。著作权法中的图书馆、档案馆、纪念馆、博物馆、美术馆、文化馆等为陈列或者保存版本的需要而复制本馆收藏的作品的例外就是基于文化传承的知识产权限制。

（六）基于经济效率考虑的知识产权限制

由于知识产权客体不同于有体物的特殊性，知识产权的实施成本远比物权的实施成本高，因此，知识产权法中建立了许多基于经济效率考虑的知识产权限制制度，如著作权法中的法定许可、私人使用的合理使用，专利法中的不实施、不充分实施强制许可和连带专利强制许可等均是基于经济效率考虑的知识产权限制制度，有利于提高知识产权制度运行的效率；再如，著作权法中的个人学习、研究或者欣赏的合理使用，这一制度固然有利于促进个人自由，但更重要的是，在这种情况下实施著作权的成本是很高的，尤其在模拟复制时代个人复制设备尚未普及时，对个人学习、研究或者欣赏使用作品进行限制在经济上无疑是不合理的，故著作权法将这一使用规定为合理使用。

（七）表面上的知识产权限制

有些类型的知识产权限制本质上或者是为了协调不同主体之间的利益关系或者更精确地实施知识产权法的激励机制而创设的，比如，专利法和商标法中的先用权主要是协调先使用人与在后专利权人、商标权人之间的关系而创设的，与公共利益关系不大，而专利法上的药品实验使用例外本质上不过是使药品专利权不会不适当地延长。这些制度本质上很难说是基于公共利益的知识产权限制，因此，本书认为它们属于表面上的知识产权限制。

第三节　知识产权法中的公共领域

一、知识产权法中的公共领域的概念、性质与客观基础①

就其含义来说，知识产权法中的公共领域可以定义为“不受知识产权（包括著作权、专利权、商标权等知识产权）保护的材料或者知识产权效力所不及的材料的某些方面”。公共领域总是和知识产权或者私人财产权相对而言的。

公共领域的英文用语是 public domain，亦有学者翻译为“公有领域”②。在现代汉语中，“公有”是指“全民或集体所有”，如公有制、公有财产，而“公共”则是指“属于社会的”“公有公用的”，如公共卫生、公共汽车。③ 本书认为，基于公共领域的上述含义，将 public domain 翻译为公共领域更为精确，因为该领域可以说是没有“所有权”的，如果说有所有权的话，那也是一种社会所有权。

需要注意的是，尽管同样为公共领域，且互相有一定关联，但知识产权法中的公共领域

---

① 王太平，杨峰．知识产权法中的公共领域．法学研究，2008（1）：17－20，24－26.

② 胡开忠．知识产权法中公有领域的保护．法学，2008（8）；曹阳．论公有领域：以知识产权与公有领域关系为视角．苏州大学学报（哲学社会科学版），2011（3）；曹新明．知识产权与公有领域之关系研究．法治研究，2013（2）；等等。

③ 中国社会科学院语言研究所词典编辑室．现代汉语词典．6 版．北京：商务印书馆，2012：450，452.

不同于政治哲学中的公共领域。在政治哲学中，公共领域的英文用语是 public sphere 而不是 public domain，"'公共领域'是市民社会特有的，从社会分化出来，由私人集合而成的公众的领域，在这一公开的场合，他们就一些共同关心的问题展开讨论，并将一些要求反映至国家公共权力部门"①。而知识产权法中的公共领域则大体上是一种知识的领域。

知识产权法中的公共领域有以下两种性质：一是公共领域是一种公众所有权。如前所述，与传统物质财产不同，知识财产只存在生产问题而不存在消费问题，只要已经被生产出来，对知识财产的利用控制越少就越有利于它被更多更好地利用。因此，本质上，知识财产并不需要有一个"监护人"，并不需要知识产权，知识产权只不过是解决知识财产的生产问题的手段，是权宜之计，这就是知识产权均有保护期限的根本原因。由于知识财产不存在消费问题，处于公共领域是知识财产的最佳选择，知识产权法中的公共领域可以说是没有所有权的，如果勉强说存在一个所有权的话，这个所有权人也只能是社会公众，因此，公共领域在性质上是一种公众所有权。二是公共领域是不可撤销的。在潘诺克案中，法院说："发明人可以放弃发明，而将其交给或奉献给公众。这种未充分发展的权利已经消失了，以后再也不能随心所欲地恢复了，因为礼物一旦以这种方式赠送给公众，它们就变成了绝对的。"② 在汤普森案中，主审法官说："他曾经拥有的权利已经丧失。它［发明］已成为公共财产。而且，我满怀信心地坚持一个广泛的原则，即国会无权授予一种已知的、常用的东西以垄断。因此，它是公众的权利，它的享受再也不能成为个人的专属权利。"③ 也就是说，"一项材料一旦进入公共领域，政府就不能通过将它从公共领域取消而让渡那个'财产'"④，公共领域是不可撤销的。

从社会属性来说，公共性是作为知识产权客体的知识的本质，知识天然地适合处于公共领域为人们所自由使用，因为人类和知识是互为前提的；从自然属性来说，作为知识产权客体的知识的共享性产生了外溢性的经济效果，使得知识保护具有更大的成本，而处于公共领域则会减少这种成本；从作为知识产权客体的知识的发展来看，任何新知识都是站在巨人肩上的，新知识的发展需要旧知识作为原材料，这也意味着知识处于公共领域是人类知识进步的必要条件。概言之，无论是从知识社会属性的公共性、自然属性的共享性还是从知识发展上的历史继承性来看，处于公共领域是知识的必然选择。

二、知识产权法中的公共领域的价值与功能⑤

公共领域与知识产权是对应的，是不受知识产权（包括著作权、专利权、商标权等知识产权）保护的材料或者知识产权效力所不及的材料的某些方面。显然，现行知识产权法中已经有大量分散的类似制度存在，如各具体知识产权法中的保护期制度、著作权法中的合理使用制度、专利法中的试验侵权例外、商标法中的正当使用等。既然如此，那为什么还要提出一个公共领域的概念和理论呢？美国惠蒂尔法学院知识产权中心的泰勒·T. 奥乔

---

① 周威锋．公共领域的概念：从阿伦特到哈贝马斯．浙江学刊，2002（3）：222.

② Pennock & Sellers v. Dialogue，27 U. S. 1，2（1829）.

③ Thompson v. Haight，23 F. Cas. 1040，1047（S. D. N. Y. 1826）.

④ Tyler T. Ochoa，Origins and Meanings of the Public Domain，28 Dayton L. Rev. 222.

⑤ 王太平，杨峰．知识产权法中的公共领域．法学研究，2008（1）：20－23.

亚和美国杜克大学法学院詹姆士·波义耳分别回答了这个问题，巧合的是他们都采用了一种类比的方法来对此作答。奥乔亚说："就像物理学家探求解释全部物理学的'统一领域学说'那样，这个难懂的问题仍然是，是否有一个公共领域的'统一领域学说'，能够帮助统一和解释包含在这一命题下的各种完全不同类型的主题。"① 而波义耳则用"公共领域"来统一现行知识产权法中已经存在的各种分离的知识产权限制制度，并类比为环保运动中用"环境""环境危害"来统一各种分离的环境和环境危害。② 参考波义耳的类比方法，公共领域之所以有必要存在是因为它有不同于现行知识产权法中已经存在的各种分离的知识产权限制制度的独特价值与功能。

（一）公共领域提供了反对知识产权不合理扩张的旗帜和理论武器

名不正则言不顺，话语和理论观念在知识产权制度论证中是非常重要的，比如，国际知识产权扩张就与美国知识产权私人部门的推动有关。美国知识产权私人部门在推动知识产权扩张时就曾采用"权利话语"和理论观念论证的手段，知识产权扩张支持者不仅鼓吹强知识产权保护促进经济发展的论点，还将美国长期以来视为"特权"（privilege）的专利权刻画为"权利"（right），这种话语和观念上的变化产生了非常大的道德力量。某事物为权利可以使它免于来自实践和思想领域的挑战，而超越这种权利的界限就是在"侵犯"权利，是严重犯错误。在将知识产权定义为权利的同时，美国知识产权私人部门将外国的所谓知识产权侵权行为指称为"海盗行为"，指责允许这种所谓知识产权侵权行为的国家为海盗的"避难所"。美国知识产权私人部门对知识产权与侵权的这种刻画的强大的道德力量使得没有人能够与知识产权这种权利发生正面冲突而支持所谓的知识产权侵权行为。因此，为对抗知识产权的扩张，"如果那些感到自己持续处于为限制保护而辩论的人需要一个战斗口号，或许它就是'公共领域'。这种术语的使用看来会对这种论点增加道德暗示，以抗衡一再为保护主义者所援用的道德含义丰富的原则"③。公共领域提供了反驳神圣的知识财产权话语的话语，解决了反对知识产权不合理扩张的旗帜问题。同时，抗拒知识产权的不合理扩张还需要有与各种为知识产权辩护的理论抗衡的理论武器，而公共领域就是这样的理论武器。尽管今天知识产权权利限制制度已得到高度重视和相当程度的理论论证，然而现行知识产权法中的各种知识产权限制制度是离散的，统一的理论依据和制度安排也较难形成，至少与统一的公共领域相比是如此。正是因为现行知识产权法中的各种知识产权限制制度是离散的，其功能往往也是不确定的，无法抵御知识产权的不合理扩张，以著作权法中的思想表现两分原理为例，该原理在产生之初是限制知识产权的，然而现在它已经转变成为扩张知识产权的工具。④

（二）公共领域可以解决分散的反对知识产权扩张的力量的集体行动难题

由于知识产权的私人价值和公共领域的私人价值之间的不对称，知识产权人容易被组

① Tyler T. Ochoa. Origins and Meanings of the Public Domain. 28 Dayton L. Rev. 215，222（2002）.

② James Boyle. The Second Enclosure Movement and the Construction of the Public Domain. 66 Law & Contemp. Prob. 33，71－72（2003）.

③ James Boyle. The Second Enclosure Movement and the Construction of the Public Domain. 66 Law & Contemp. Prob. 33，70（2003）.

④ 王太平．著作权法中的思想表现两分理论//吴汉东．知识产权年刊：创刊号．北京：北京大学出版社，2005：224－225.

织起来，而公共领域的利用人即反对知识产权扩张的力量则不容易被组织起来。[①] 正是在容易组织且已被组织起来的知识产权利益集团的推动下，知识产权保护才日趋强化，因此，为了有效地遏制知识产权的不合理扩张就必须有某种与知识产权利益集团相抗衡的力量，必须把反对知识产权扩张的力量组织起来。由于公共领域能提供反对知识产权不合理扩张的旗帜和理论武器，它可以作为反对知识产权扩张的利益集团团体认同的主要工具。公共领域优于现行知识产权法中的各种分离的知识产权限制制度，因为运用公共领域可以解决分散的主张限制知识产权的人的集体行动难题，可以有效地遏制知识产权的不合理扩张。"一种新生的公共领域概念能够将当前普遍无大背景感从事个别斗争的群体利益配合在一起。而这种观念又允许人们用很多不同途径来解决集体行动问题，包括其技术专长和游说拉票能使广大公众的分散利益能更好地联结在一起的专门组织的创造。"[②]

（三）公共领域是创造的基本前提，是知识产权制度正常运转的工具

公共领域是创造的基本前提。美国网络法律专家、公共领域的主要倡导者之一的劳伦斯·莱斯格（Lawrence Lessig）反复强调公共领域对创造的重要意义。他说，"无论何时何地，自由资源对于创新和创作来说都是至关重要的，缺少它们，创作就会被削弱"。美国第九巡回上诉法院法官亚历克斯·科津斯基（Alex Kozinski）在范纳·怀特（Vanna White）案反对意见中也指出："文化，与科学技术一样，是在积累中发展的，任何作者都是在前人作品的基础上进行创作的。""没有丰富的公共领域，创作是不可能的。"[③] 公共领域"是使创作成为可能的原材料的主要法律保障……在有力的公共领域缺乏的情况下，大多数创作将是非法的"[④]。没有公共领域，创造将不再可能，"公共领域不应该被理解为不值得保护的材料的范围，而应理解为通过使作者能有效利用这些创作原材料而允许这个制度的其余部分运转的工具"[⑤]。尽管公共领域和现行知识产权制度中各种分离的知识产权限制制度具有类似的功能，这些制度既可以促进创造，也能在一定程度上避免知识产权绝对保护的缺陷，然而公共领域优于这些分离的知识产权限制制度，公共领域明确划出了一块知识公地，这块知识公地不仅不受任何人任何类型的知识产权的控制，可以为广大公众自由利用，还刚性地限制着易受各种利益集团左右的政府的行为，政府无权通过授予专利或著作权而将它私人化。

延伸阅读材料

公共领域的客观基础

公共领域不仅具有现实价值，更有其客观基础，那就是知识产权客体的性质。知识产

---

① [美] 威廉·M. 兰德斯，理查德·A. 波斯纳．知识产权法的经济结构．金海军，译．北京：北京大学出版社，2005：515.

② James Boyle. The Second Enclosure Movement and the Construction of the Public Domain. 66 Law & Contemp. Prob. 33，73（2003）.

③ 劳伦斯·莱斯格．思想的未来．李旭，译．北京：中信出版社，2004：15，211.

④ Jessica Litman. The Public Domain. 39 *Emory L. J.*. 965，967（1990）.

⑤ Jessica Litman. The Public Domain. 39 *Emory L. J.*. 965，968（1990）.

权客体——知识的性质是公共领域的客观基础，知识的社会属性的公共性、自然属性的共享性及其经济结果即经济属性上的外溢性以及演进上的历史继承性共同构成了公共领域坚实的客观基础。

（一）知识的公共性

知识的公共性的根本体现是作为知识前提的知识主体的公共性，只有社会的或公共的人才有可能成为知识的主体。知识前提的知识主体的公共性不仅是知识的前提，同时也是知识的结果。因为没有公共性的知识主体就不可能有知识。反过来，公共性的知识主体的核心——准先验综合陈述——的形成显然也必须以公共性的知识为基础，没有公共性的知识作为“原材料”，知识主体就无法形成。在一定意义上人类只有仰赖公共性的知识才能存在，没有公共性的知识就没有人类，而反过来，没有了人类，知识也就既没有了可能，也没有了必要。知识的公共性除了体现在知识主体方面还体现在知识的形式上，即知识必须具有某种公共性形式。知识形式的公共性使得知识具有了可传达性，而知识之所以具有可传达性是因为知识具有某种公共性形式。知识的公共性是知识的社会属性，它意味着知识在本质上是社会的，而不是个人的。

（二）知识自然属性的共享性及其经济后果——经济属性上的外溢性

所谓知识的共享性是指某一知识在同一时间内可以由两个或者两个以上的人以同样的方式使用，一个人的使用并不影响另一个人以同样的方式在同样的时空中使用，如我在学习波斯纳的《法律的经济分析》并不影响你或者其他人同样地学习波斯纳的《法律的经济分析》。知识之所以具有共享性是由于它本质上是一种信息。而“信息的特殊本质在于它是一种可以表征物质客体的成分、结构、状态、行为、功能、属性、演化趋势的东西，一种能表征一切物质属性的物质属性”。尤其独特的是这种“表征物质客体属性的信息可以同该客体分离开来，固定在叫作载体的其他物质客体上”。信息与它所表征的物质客体的这种可分离性使得信息进而知识具有共享性。这是知识最重要的自然属性。

知识的共享性具有重要的经济意义。因为在经济学上，如果资源是竞争性的，那就需要一种控制体系，以确保资源不至于被耗尽——这意味着控制体系必须确保资源既可被生产出来，又不被过度使用；而如果资源是非竞争性的，那么控制体系的唯一任务就是确保资源的生产。因为一旦资源被生产出来，就不必担心会被耗尽。知识的共享性使得知识这种资源是非竞争性的，知识的消费具有正的外部性。知识的这一特点使得知识与物质财产极为不同。知识产品具有的公共产品特征，就使得在没有特别法律保护的情况下，难以阻止他人的不法使用，难以排除搭便车的行为。与之相关的一点是，它在发现未经许可的使用方面难度更大。因此，知识产权趋向于比物质财产的权利有更大的成本。这使得：第一，在其受到一种有关经济效率的观念引导的程度上，我们可以期望知识产权法努力地减少这些权利的成本。第二，我们可以期望法律这样做的方法之一，就是对知识产权施加限制，而这些限制是在物质财产领域中所没有的。

知识的共享性及其经济后果表明知识处于公共领域是更为经济的，因为它避免了保护知识的较高的成本。用知识产权保护知识也只不过是一种临时性的权宜之计，用知识产权保护知识并不是知识产权立法的最终目的，促进公共领域的丰富才是知识产权立法的最终目的。

（三）知识的历史继承性

从发展来看，知识具有历史继承性的特点。任何知识既是最终产品，又可能是中间投入品。在知识创新过程中，研究人员在其研究中一方面以前人的成果知识作为投入品或者原材料，向前人和他人学习以积累和夯实自己的知识基础，以前人传下来的相关知识作为进一步提高认知水平的前进基石。另一方面新学到的相关知识还可能激发研究人员去改变思路、思维方式和方法，创造出新的知识成果。知识产权法中的很多制度显然就是基于知识的历史继承性而设置的，如著作权法中的合理使用制度、专利法中的试验研究使用例外等，这些制度的目的是减少知识产权保护的成本。

知识的性质表明：从社会属性来看，公共性是知识的本质，它天然地适合处于公共领域为人所自由使用，因为人类和知识是互为前提的；从自然属性来看，知识的共享性产生了外溢性的经济效果，使得知识保护具有更大的成本，而处于公共领域则会减少这种成本。因此知识的自然属性的共享性以及其经济后果也表明知识适于处于公共领域；从知识发展来看，任何新知识都是站在巨人肩上的，新知识的发展需要旧知识作为“原材料”，这也意味着知识处于公共领域是人类知识进步的必要条件。①

问题：知识产权中的公共领域的上述客观基础是否充分？

本章思考题

1. 为什么要进行知识产权限制？

2. 各知识产权法中的知识产权限制规则有什么共性？能否“提炼”出一般性的知识产权限制制度？

3. 在知识产权法律中已经明确规定了各种具体知识产权限制制度的情况下，还有没有必要建立一种公共领域制度？

经典参考文献

1. 王春燕．贸易中知识产权与物权冲突之解决原则：权利穷竭的含义、理论基础及效力范围．中国人民大学学报，2003（1）.

2. 王太平，杨峰．知识产权法中的公共领域．法学研究，2008（1）.

3. 吴汉东．著作权合理使用制度研究．3版．北京：中国人民大学出版社，2013.

4. 彭礼堂．公共利益论域中的知识产权限制．北京：知识产权出版社，2008.

5. Pierre N. Leval，Toward a Fair Use Standard，Harvard Law Review 103，no. 5（March 1990）.

6. Jessica Litman，The Public Domain，Emory Law Journal，Vol. 39，Issue 4（Fall 1990）.

7. Wendy J. Gordon. Fair Use as Market Failure：A Structural and Economic Analysis of the Betamax Case and Its Predecessors. Columbia Law Review 82，no. 8（December1982）.

---

① 王太平，杨峰．知识产权法中的公共领域．法学研究，2008（1）：24-26.

第十章 知识产权的权利冲突与重叠保护

本章导言

权利冲突是两项或两项以上同样具有法律依据的权利之间的不和谐和矛盾状态。由于权利客体的共享性特征，归属于不同主体的两项或两项以上知识产权权利冲突现象较为普遍和严重，而当两项或两项以上知识产权归于同一主体时又存在重叠保护问题。知识产权权利冲突导致不同权利人之间的利益不平衡，而知识产权重叠保护则有可能导致知识产权法的对价平衡机制失衡，破坏知识产权法的整体运行机制。对此知识产权法律均需恰当处理。

第一节　知识产权权利冲突概述

一、知识产权权利冲突的概念与构成要件

关于知识产权权利冲突问题存在两个方面的争论：其一是知识产权权利冲突是否真的存在的争论。正如本书第九章所述，如果采用内在限制论，则权利本身即内含限制，权利依法仅享有一个确定、唯一的内容，由于“任何权利都有自己的特定边界（范围），只要人们找到边界，不越雷池一步，根本就不会发生所谓的权利冲突”①。而在外在限制论下，权利限制意味着存在两个事物，即权利和限制，未受限制的权利难免互相冲突，权利冲突就是一个真命题，是存在的。基于本书坚持外在限制论，本书赞成权利冲突肯定论，认为权利冲突是真命题而不是伪命题，知识产权权利冲突是真实存在的。其二是关于知识产权权利冲突的概念。从认为既包括知识产权具体权利之间的相互冲突也包括知识产权与其他民事权利之间的相互冲突，认为既包括有瑕疵的权利冲突也包括无瑕疵的权利冲突的最广义的知识产权权利冲突，到认为仅包括无瑕疵的知识产权冲突的最狭义的知识产权权利冲突

① 郝铁川．权利冲突：一个不成为问题的问题．法学，2004（9）：3.

共三种观点，其分歧主要在于两个方面：一是相互冲突的权利是否包含其他民事权利，二是相互冲突的权利是否包括存在瑕疵的权利。[①] 本书认为，最广义的知识产权权利冲突概念才是恰当的知识产权权利冲突概念，这主要是考虑到处理相关问题的需要，只有最广义的知识产权权利冲突概念才能全面处理相关问题，知识产权权利的取得不仅要考虑到与其他知识产权冲突问题，还需要考虑与其他民事权利冲突问题。只有这样，才能确保运用权利冲突规则处理过的知识产权没有瑕疵。同时，存在瑕疵的知识产权未必就是侵权的知识产权，比如一幅享有著作权的作品被用作商标申请注册，只要并未进行实际的使用行为，对著作权的侵犯就是轻微的，只有申请商标注册时复制著作权作品才构成侵权。在有些情况下，申请商标注册行为并不会构成侵权，比如申请注册与在先商号、商标相冲突的商标而并未实际使用并不构成对在先商号或商标的侵权，因为与在先商号或商标相冲突的商标只有在实际使用时才可能构成侵权。当然，鉴于知识产权冲突问题是知识产权领域的问题，知识产权权利冲突中必定有一种权利是知识产权具体权利，且通常是被评判的对象。基于以上理由，本书认为，知识产权权利冲突是基于实质上或形式上同一的客体并依照法律分属于不同主体的两项或两项以上的权利相互矛盾或抵触的现象。

基于以上概念，知识产权权利冲突的构成要件包括以下方面：

（1）相互冲突的权利基于同一或形式上同一或互有牵连的客体产生。大部分学者认为相互冲突的知识产权权利基于同一客体产生[②]，但事实上，学者所认为的大部分同一知识产权客体并非同一客体，准确地说应该是权利客体同一或形式上同一或互有牵连。比如“武松打虎图”案中包含有“武松打虎图”的美术作品与商标并非同一客体，运用符号学知识来解释，作为美术作品的“武松打虎图”，其能指是由点、线、色彩等组成的“武松打虎图”，而其所指则是武松的英勇；作为商标的“武松打虎图”，其能指是武松打虎美术作品，而其所指则是“武松打虎图”所指向的武松打虎酒。因此，同样包含有“武松打虎图”的美术作品与商标并非同一客体，而是不同的客体。当然，同样包含有“武松打虎图”的美术作品与商标是有关的，即均含有“武松打虎图”，可以说是形式上同一。另外，权利客体的牵连不仅包括无体客体，也包括美术作品与其载体的关系，比如美术作品著作权和美术作品原件所有权之间的牵连关系。[③]

（2）基于同一或形式上同一或互相有牵连的客体产生的权利均具有一定的法律依据。相互冲突的权利产生于同一或形式上同一或互相有牵连的客体，这些权利的取得均具有一定的法律依据，至少在形式上是合法的，比如侵犯在先权利的注册商标或商标注册申请，除在先权利为注册商标之外，在在先权利人提起异议或无效宣告之前，商标注册机关并不主动依职权干预。申请注册的商标最终可能会获得注册，甚至在注册之后可以形成合法的

① 梁志文．论知识产权规范竞合及其解决路径：兼评最高人民法院的一则解释．法商研究，2006（2）：117.

② 曹新明．论知识产权冲突协调原则．法学研究，1999（3）：73；冯晓青，杨利华．知识产权权利冲突及其解决原则．法学论坛，2001（3）：51；任寰．论知识产权权利冲突及其法律调整．北京：北京大学，2003：4；周详．知识产权权利冲突若干问题研究．电子知识产权，2004（7）：18；等等。少数学者对知识产权权利冲突的权利客体同一提出质疑，认识到了各种相互冲突的知识产权客体并非同一。熊文聪．知识产权权利冲突：命题的反思与检讨．法制与社会发展，2013（3）：61－63.

③ 少数学者认识到了知识产权权利冲突还包括权利客体互相牵连的情形。谭华霖．知识产权权利冲突的内在机理及化解机制．知识产权，2011（2）：26.

商标权，只要在先权利人不主张在先权利或者迟于法律规定时间主张权利即可。本书认为，这些权利既包括知识产权，也包括其他民事权利，当然，其中必然有一种权利为知识产权，纯粹其他民事权利之间的冲突不属于知识产权权利冲突。

（3）基于同一或形式上同一或互相有牵连的客体产生的两种或两种以上的权利互相存在抵触。冲突意味着对立、互不相容，因此，知识产权权利冲突必定意味着各种权利之间在效力上存在对立或互不相容，即存在抵触。

（4）基于同一或形式上同一或互相有牵连的客体产生的两种或两种以上的权利分属于不同的主体。如果两种或两种以上的权利属于同一主体，那么存在的只是权利的竞合或重叠保护问题，而不是权利冲突问题。

二、知识产权权利冲突的具体表现

根据不同的标准，知识产权权利冲突可以分为不同的类型。

（一）同一类别知识产权具体权利之间的权利冲突

同一类别的知识产权权利冲突，是指就同一或近似知识产权客体多个主体享有同类知识产权的现象，如专利权与专利权、商标权与商标权、著作权与著作权之间的冲突等。由于专利权具有比较强的排他性，不可能存在两个同样有效的专利权，但在专利权授予之前是可能同时存在两个专利申请权的，专利法通常采用先申请原则处理专利申请权之间的冲突。商标注册申请时同样可能存在类似情况，不仅如此，鉴于商标权边界更强的弹性和模糊性以及商标审查的漏洞，近似冲突商标的存在更是不可避免，从而导致相同或近似商标上存在两个商标权的冲突。鉴于著作权较弱的排他性，各自独立创作的相同或近似作品是可以各自享有著作权的，此时，同一或近似作品上的著作权互相之间虽有冲突，但可以共存。

（二）不同类别知识产权具体权利之间的权利冲突

不同类别的知识产权权利冲突是最常见的知识产权权利冲突，其原因主要是一类知识产权的客体可以作为另一类知识产权的客体或者在另一类知识产权的客体中利用，如果其中一类知识产权人未经另一类知识产权人的授权而使用其知识产权的客体作为另一类知识产权的客体申请授权或者实际使用，就会造成这样的知识产权权利冲突，比较典型的有：

（1）地理标志权与商标权之间的冲突。比较典型的事例是“金华火腿”地理标志权与商标权之间的冲突。金华火腿是浙江金华地区的特产，1979 年 10 月，浙江省浦江县食品公司在第 33 类商品（火腿）上申请注册了第 130131 号“金华火腿”商标，之后商品使用类别由第 33 类转为商品国际分类第 29 类。1983 年 3 月 14 日，“金华火腿”商标经核准转让给浙江省食品有限公司。2001 年 12 月 31 日，国家质量监督检验检疫总局通过了对金华火腿原产地域产品保护申请的审查，自 2001 年 12 月 30 日起对金华火腿实施原产地域保护。“金华火腿”商标与“金华火腿”地理标志之间发生了许多纠纷，在“浙江省食品有限公司诉上海市泰康食品有限公司、浙江永康四路火腿一厂商标侵权纠纷案”① 中，法院认为，当商标与地理标志发生冲突时，如果地理标志获得了国家主管部门的授权和批准，且使用目的是表明地理标志产品，则其行为属于正当使用，生产者在其产品上正当使用地理标志产

① 上海市第二中级人民法院（2003）沪二中民五（知）初字第 239 号民事判决书。

品名称和专用标志的，不构成对注册商标专用权的侵害。

（2）商标权与著作权之间的冲突。商标权与著作权之间的冲突主要是商标注册申请人将他人享有著作权的作品作为商标标志申请商标注册并在商品上使用而与他人的著作权之间产生的冲突。典型案例是“武松打虎图”案[①]，该案系因山东景阳冈酒厂将画家刘某的美术作品“武松打虎图”作为白酒商标申请注册并实际使用而引起纠纷，最终山东景阳冈酒厂被判侵犯著作权，注册商标被撤销。

（3）外观设计权与著作权之间的冲突。外观设计权与著作权之间的冲突主要是外观设计专利权人申请专利的外观设计使用了他人享有著作权的作品，从而形成与他人著作权的冲突。

（三）知识产权与其他民事权利之间的权利冲突

知识产权除了会与其他知识产权产生冲突，还有可能与其他民事权利，如姓名权、肖像权、隐私权、所有权产生冲突。将他人姓名、肖像作为商标申请注册并使用可能侵犯他人姓名权和肖像权，为他人拍照者固然享有照片的著作权，但因照片含有他人肖像，使用著作权作品时就会与他人肖像权产生冲突，如果未经肖像权人同意即使用就会构成侵权。如果以他人裸体为模特作画或者拍照，就可能出现著作权与他人隐私权之间的冲突。由于有些作品需要有载体，那么就可能出现著作权与物权之间的冲突，比如美术作品的著作权与购买美术作品原件的买受人的所有权之间的冲突、建筑作品著作权与建筑所有权人的所有权之间的冲突。

三、知识产权权利冲突的原因

知识产权权利冲突的原因有很多，既有权利客体本身的原因，也有法律制度的原因，还有利益驱动的社会原因。

（一）权利客体本身的原因

知识产权客体本质上为一定的知识，而知识本质上是具有公共性的形式的信息。在一定意义上，知识可以用符号学知识来说明，在符号学看来，符号包含两个方面：符号的形式（能指）与符号的内容（所指）。符号是符号的形式（能指）与符号的内容（所指）的统一体、混合物。符号的内容（所指）与符号的形式（能指）之间可能存在一对一的关系，也可能存在一对多的关系，比如“青岛”这个符号形式可以指向青岛啤酒，也可以指向青岛这个城市，“武松打虎图”可以指向武松的英勇，也可以指向一种白酒。知识产权控制的是每一对符号内容与符号形式的关系，而当存在一对多的关系时，这些知识产权客体基础上的知识产权就会发生效力上的冲突，因此，知识产权及相关权利的客体在符号内容与符号形式上的同一或互有牵连是知识产权权利冲突的最主要的原因。

（二）法律制度的原因

除了权利客体本身，法律制度的不统一、不协调和非体系化也是知识产权权利冲突的重要原因。

（1）同为识别性工商业标记权的商标权与商号权之间的冲突在一定程度上就可归因于法律制度不同规定。商标和商号均出现于商品之上或服务提供过程中，可能发挥着类似的识

① 北京市海淀区人民法院（1996）海知初字第29号民事判决书。

别功能，而商标注册制度与企业名称登记制度的分离难以避免商标权与商号权之间的冲突。

（2）同为识别性工商业标记权的地理标志权和商标权之间的冲突在一定程度上也可归因于法律制度。尽管识别对象不同，但地理标志和商标均具有识别功能，在对地理标志采用集体商标或者证明商标加以保护的情况下，统一的商标注册制度在很大程度上可以消除地理标志权与商标权之间的冲突，而当地理标志受到专门制度（在我国即《地理标志产品保护办法》《农产品地理标志保护规定》）保护时，对地理标志与商标就会采用分离的注册体制，在后一种情况下，就不存在一种统一的消除地理标志权与商标权之冲突的机制，于是地理标志权与商标权之间的冲突几乎是不可避免的。

（3）注册登记机关不可避免的疏漏。不管是什么样的登记注册机构，其审查注册不可能百分之百准确，于是不管是同种权利之间还是不同种权利之间，冲突几乎是不可避免的。同时，商业标记是动态的，随着使用范围的扩大，商业标记的影响不断变化，原本不冲突的识别性工商业标记权之间可能会产生冲突。

（三）利益驱动的社会原因

市场竞争的激烈，以及部分市场主体追求短期行为，总是想通过占别人便宜的方式来获利，故意侵犯他人在先权利申请商标注册、申请外观设计专利，导致前述权利客体本身的原因和法律制度的原因导致的知识产权权利冲突加剧。

典型案例

石家庄葫芦娃食品有限公司与上海美术电影制片厂有限公司著作权权属、侵权及不正当竞争纠纷案①

原告上海美术电影制片厂有限公司（以下简称“美影厂”）向一审法院提起诉讼，请求判令石家庄葫芦娃食品有限公司（以下简称“葫芦娃公司”）停止侵犯“葫芦娃”美术作品著作权的行为、赔偿美影厂经济损失。

一审法院查明，美影厂持有《葫芦兄弟》系列动画片著作权。案外人柳河县儿童营养保健品公司注册了第631343号图文商标“葫芦娃”，核定使用商品为第32类无酒精饮料，现仍有效。2013年10月20日，该注册商标经核准转让给葫芦娃公司法定代表人贾某娟并授权葫芦娃公司使用。葫芦娃公司在饮料类产品中的葫芦娃复合蛋白饮料等产品上使用了第631343号注册商标。

一审法院认为，本案涉案作品“葫芦娃”属卡通形象的美术作品，其以线条、色彩等构成了具有审美意义的造型，属于著作权法上的美术作品，应受我国著作权法的保护。涉案“葫芦娃”美术作品创作完成并发表于20世纪80年代，具有极高知名度，葫芦娃公司有接触可能性。将被诉侵权的图案与涉案作品比对，尽管手部姿势及服装配饰元素尺寸略有不同，但已包含了涉案作品的全部主要特征，加之文字部分即标注为“葫芦娃”，其指向性更为明显，实难谓巧合，故一审法院认定两者构成实质性相似，被诉行为侵犯了原告美

① 上海知识产权法院（2021）沪73民终62号民事判决书，本案略去了虚假宣传的不正当竞争行为。

影厂的著作权。

一审法院认为，即便在授权使用合法注册商标的情况下，葫芦娃公司实施的涉案行为仍构成侵害美影厂享有的“葫芦娃”美术作品的著作权。因为著作权与注册商标专用权作为各自独立的民事权利，具有各自的权利边界，权利人在行使自己合法权利的同时，亦不应侵犯他人的合法权利。商标专用权性质为排他权，用于控制他人在特定范围内使用注册商标的权利，即他人未经商标权人许可不得在特定范围内使用注册商标，而非指商标权人有在核定使用的商品或服务上使用注册商标的绝对自由。即使商标已经获得注册，仍有可能因其使用侵犯了他人的在先权利，而被禁止使用。本案中，涉案作品“葫芦娃”的创作完成及发表时间，早于第631343号注册商标申请日，且知名度极高，可认定构成在先权利，故葫芦娃公司在使用商标时擅自使用了在先著作权人专有控制的作品的行为，仍构成著作权侵权。于是，一审法院判决葫芦娃公司立即停止侵害美影厂享有的“葫芦娃”美术作品著作权的行为并赔偿美影厂经济损失。葫芦娃公司上诉后，二审法院判决驳回上诉，维持原判。

问题：本案中作为作品的“葫芦娃”与作为商标的“葫芦娃”是否是同一权利客体？本案中作为作品的“葫芦娃”的价值究竟来源于“葫芦娃”的美还是知名度？假如“葫芦娃”商标已经非常出名且已经无法被无效宣告，法院判决被告停止使用“葫芦娃”商标是否合理？如何处理更为合理？

第二节　知识产权权利冲突处理原则

一、保护在先权利原则

时间上的优先是包括知识产权在内的财产权取得的最基本原则，而在处理知识产权权利冲突时，保护在先权利是第一原则，其同样贯彻一种时间上的优先。在先权利是相对于在后权利而言的，在同一或互有牵连的客体之上先产生的权利较之于后产生的权利即为在先权利。知识产权法的许多制度均体现了保护在先权利原则。在专利法中，无论是采用先申请原则还是先发明原则，在先的申请或发明优先于在后的申请或发明最终取得专利。我国《专利法》第23条第3款规定，授予专利权的外观设计不得与他人在申请日以前已经取得的合法权利相冲突。其同样采用保护在先权利原则处理权利冲突问题。在商标法中，无论是使用取得体制还是注册取得体制，在先使用或在先申请的人优先于在后使用或在后申请的人取得权利。我国《商标法》第9条规定，申请注册的商标不得与他人在先取得的合法权利相冲突。《商标法》第32条规定，申请商标注册不得损害他人现有的在先权利。著作权法虽然没有明确的先申请原则，但著作权法中的许多规定同样暗含着在先权利是优先的要求，演绎作品的使用规则、著作权侵权判断等均暗含着在先权利优先或者受保护。

尽管保护在先权利原则是处理知识产权权利冲突的最重要的原则，但这一原则有一些例外。其一，知识产权与物权的冲突。有些知识产权法规则体现出物权优先于知识产权的权利冲突处理原则，最为典型的是知识产权权利用尽原则，知识产权权利用尽原则正是处理物权与知识产权关系的原则，知识产权法通常将知识产权限制于含有知识产权的物的首次销售，首次销售之后的再次销售不再受知识产权控制，这显然意味着在首次销售之后，物权优先于知识产权。除此之外，物权优先于知识产权原则在著作权法中还有不少体现，比如美术、摄影作品原件的展览权由原件所有人享有，再如对建筑作品的限制，《意大利著作权法》第 20 条第 2 款规定，作者不得阻止在施工中对建筑作品进行必要的修改。作者亦不得阻止对已完成的作品进行必要的修改。如果国家主管机关确认该作品具有重要的艺术性，上述修改应当委托作者本人进行研究和实施。其二，知识产权与相关权利的相互限制。在有些情况下，知识产权与其他民事权利是相互限制的，比如，就裸体进行拍摄摄影作品或者创作美术作品，会涉及隐私权与著作权之间的相互限制，就肖像拍摄摄影作品或者创作美术作品，会涉及肖像权与著作权之间的相互限制。

二、公平合理、利益兼顾原则

保护在先权利原则是处理知识产权权利冲突的第一原则，但采用绝对保护在先权利原则可能会带来不公平、不合理的结果，因为有些知识产权尤其是商标权是动态的，具有一种产生、演变、消灭的过程，可能随着时间的经过发生了变化，也就是说，尽管有些权利产生在后，是在后权利，但具有正当性或者已经拥有能够受到法律保护的利益，此时保护在先权利原则就不再能够公平合理地解决相关权利冲突，因此，在特定情况下，法律应当本着公平合理的精神，兼顾各方利益，在考虑整体利益最大化的情况下，以更灵活的方式处理权利冲突，适度保护在后权利，协调在先权利与在后权利之间的关系。比如，《商标法》第 45 条第 1 款规定，已经注册的商标，违反《商标法》第 13 条第 2 款和第 3 款、第 15 条、第 16 条第 1 款、第 30 条、第 31 条、第 32 条规定的，自商标注册之日起 5 年内，在先权利人或者利害关系人可以请求商标评审委员会宣告该注册商标无效。对恶意注册的，驰名商标所有人不受 5 年的时间限制。这就意味着，除恶意侵犯在先驰名商标之外，经过 5 年期限之后，侵犯在先权利的注册商标不能再被宣告无效，而应该受到商标法的保护。其根本原因是，虽然注册商标侵犯在先权利，但注册商标和在先权利客体之间本无必然联系，形成的是不同于在先权利的独立的利益。比如“武松打虎图”案中，尽管武松打虎商标侵犯在先武松打虎图著作权，但经过长期实际使用之后，所形成的武松打虎酒和“武松打虎图”美术作品是完全不同的东西，形成了独立的利益，值得保护，而按照现行《商标法》的规定的确也应该受到保护。①

三、诚实信用原则

诚实信用原则被称为民法的“帝王条款”，它要求民事活动的当事人在行使权利和履行义务时，应当遵循诚实信用的标准。知识产权属于民事权利，知识产权法是民法的一部分，诚实信用原则当然是解决知识产权权利冲突的基本原则。诚实信用原则不仅是当事人的行为准则，也是法律实施者在解释法律、处理相关纠纷时应遵循的原则，处理知识产权权利冲突当然也不例外。

在我国，不但知识产权法规定了诚实信用原则，而且法院在处理相关纠纷时也会考虑

---

① 当然，由于“武松打虎图”案发生时我国《商标法》尚未规定撤销或无效侵犯在先权利的注册商标的 5 年期限限制，武松打虎商标最终被撤销。

当事人是否遵循了诚实信用原则，并运用诚实信用原则处理相关纠纷。《商标法》第7条第1款、《专利法》第20条均规定了诚实信用原则。《商标法》第19条还要求商标代理机构遵循诚实信用原则。《驰名商标认定和保护规定》第8条要求当事人请求驰名商标保护应当遵循诚实信用原则。《最高人民法院关于审理专利授权确权行政案件适用法律若干问题的规定（一）》第5条对专利申请人、专利权人提出了遵循诚实信用原则的要求，《最高人民法院关于审理涉电子商务平台知识产权民事案件的指导意见》第1条规定要积极引导当事人遵循诚实信用原则，依法正当行使权利。《国家工商行政管理局关于解决商标与企业名称中若干问题的意见》（工商标字〔1999〕第81号）第2条要求商标专用权和企业名称权的取得，应当遵循《民法通则》和《反不正当竞争法》中的诚实信用原则，不得利用他人商标或者企业名称的信誉进行不正当竞争。我国著作权法没有明确规定诚实信用原则，但诚实信用原则同样浸透于我国著作权法之中，早在1996年，上海市高级人民法院即在一起著作权侵权案中运用诚实信用原则，判决刊登于《最高人民法院公报》，表明最高人民法院对判决的认可。① 总的来说，诚实信用原则已经成为我国知识产权法的基本原则，知识产权权利冲突的处理自不例外。

四、公平竞争原则

市场竞争行为内含了模仿和创新两个冲突的要素，知识产权法具有界定模仿边界、保护创新成果的作用，因而是调整竞争行为的法律规范。知识产权法通过对创新成果赋权来保护创新行为，进而保护正当的竞争行为，因此，知识产权法应被纳入竞争法体系中加以理解和应用。② 在处理知识产权权利冲突问题上，应坚持促进公平竞争的原则。公平竞争原则鼓励公平竞争，防止不正当竞争，尤其是防止以不正当方式取得知识产权，这显然有助于减少知识产权之间的冲突。在处理知识产权冲突时，知识产权法律也应该本着促进公平竞争的原则来安排相关冲突的权利之间的优先次序。

第三节　知识产权重叠保护

一、知识产权重叠保护概述

知识产权重叠保护是指同一知识产权所有者依据不同部门知识产权法、针对同一或形式上同一的客体同时获得多种知识产权的保护的状态。例如，一幅画构成作品受到著作权法的保护，同时将该画用于某产品申请外观设计专利获得专利法保护；又如，一幅画构成作品受到著作权法的保护，同时将该画使用于某类商品并申请商标注册而受到商标法保护，或者将该画使用于某类商品取得一定影响而受到反不正当竞争法保护；再如，计算机软件享有著作权，而在有些国家计算机软件还可以构成发明而获得专利法的保护；等等。

有学者根据相互重叠的不同知识产权类型将知识产权重叠保护分为著作权与商标权的

① “钱某书、人民文学出版社诉胥某芬、四川文艺出版社著作权纠纷案”. 最高人民法院公报，1997 (1).

② 高富平. 竞争法视野下创新和竞争行为调整的体系化思考. 法商研究，2015 (3)：73-76.

重叠保护，著作权与专利权的重叠保护，商标权与外观设计专利权的重叠保护，商标、商号与域名的重叠保护以及与反不正当竞争有关的重叠保护等五种。① 本书认为，可以根据重叠保护的程度将知识产权重叠保护分为三种：（1）完全实质重叠的保护。计算机软件同时受到著作权保护与专利权保护就是一种完全实质重叠的保护。在这种情况下，无论是受到著作权法保护还是受到专利法保护，所受保护的计算机软件在著作权法中和在专利法中完全是同一的，完全同一的客体受到了两种完全不同的知识产权的保护。在有些国家，植物新品种既有权获得专利保护，也有权获得植物新品种权保护，这也是一种知识产权完全实质重叠的保护。（2）部分实质重叠的保护。著作权与外观设计专利权之间的重叠就是一种部分实质重叠的保护。著作权的客体为作品，具有视觉上的美感的作品可以被用于产品外观，且不限于特定类型的产品，只要可能，就能用于全部产品类别。外观设计专利权的客体是外观设计，外观设计是特定产品的外观设计，其权利范围限于特定产品。当享有著作权的作品被用于外观设计时，在作品被作为外观设计申请专利的产品类别上，著作权与专利权之间就是完全重叠的，而在其他作品并未被作为外观设计申请专利的产品类别上就不存在外观设计专利权，在这些产品类别上就不存在著作权与外观设计专利权的重叠保护，因此，这种类型的重叠保护是一种部分实质重叠的保护。（3）形式重叠的保护。一幅享有著作权的美术作品被申请注册或使用为商标，这种情况事实上并不是权利客体同一，而只是权利客体形式上的同一。因为从符号学角度来看，尽管能指基本相同，即均为美术作品，但其所指是完全不同的，作为一幅美术作品指向的是思想情感或美感，而作为商标标志指向的则是某种商标商品。两种权利客体仅仅是形式上同一，两种权利分别属于智力成果权和识别性标记权，两种权利保护的利益是完全不同的，两种权利客体为权利人带来的竞争优势是完全不同的。作为一幅美术作品，它可能因本身传递的思想情感或美感为权利人带来竞争优势，而作为商标标志，它却只能因商标商品的商誉为权利人带来竞争优势，两种权利客体涉及的利益是完全不同的，两种完全不同的利益当然应该享有两种完全不同的知识产权保护。易言之，这两种知识产权实质上并不构成重叠，最多是一种形式上的重叠。

知识产权重叠保护问题与知识产权权利冲突问题具有紧密的联系，知识产权重叠保护问题与知识产权权利冲突问题的根源是类似的，主要是权利客体的同一或形式上同一。二者的区别在于：当同一或形式上同一的客体上的不同权利归属于不同主体时可能产生权利冲突，而当这些权利归属于同一主体时则可能产生重叠保护问题。知识产权权利冲突问题处理的是不同权利人的权利之间的协调问题，而知识产权重叠保护在很大程度上则会涉及知识产权保护畸强的问题以及不同知识产权法律的分工协调问题。知识产权重叠保护可能会导致某些权利客体受到过强的保护，并可能导致不同知识产权法律的功能失调。知识产权权利冲突不仅包括知识产权之间的权利冲突，还包括知识产权与其他民事权利之间的冲突，而知识产权重叠保护则仅仅包括知识产权之间的重叠，而不包括知识产权与其他民事权利的重叠。

二、知识产权重叠保护的构成

根据以上概念，构成知识产权重叠保护需满足以下条件。

---

① 刘平．知识产权的重叠保护与侵权责任．政法论坛，2010（3）：129－131．

(一) 实质上或形式上同一的客体

权利客体的同一或形式上的同一是知识产权重叠保护的客体基础，权利客体对于权利的构造是非常重要的，“权利客体是主体利益的具体化”[①] 和 “权利界定的必要工具”[②]，在很大程度上决定了权利的作用范围和边界。知识产权是一种支配权，知识产权重叠保护意味着不同知识产权的支配范围发生了重叠。在完全实质重叠的情况下，因不同知识产权的客体完全相同、不同知识产权的支配范围完全相同而完全重叠。在部分实质重叠的情况下，不同知识产权的客体部分相同，在支配范围较小的权利的支配范围内，不同知识产权的支配范围完全相同而实质重叠，而在此范围之外，则不存在重叠保护。在形式重叠的情况下，不同知识产权的客体仅仅是能指重叠，而所指并不重叠，不同知识产权之间的支配范围出现了交叉，但因利益关系完全不同，这种重叠仅仅是形式性的。

(二) 实质上或形式上同一的客体上存在不同的知识产权

根据一客体一知识产权原则，同一知识产权客体原则上是不会存在两个或两个以上相同的知识产权的。在知识产权重叠保护下，权利客体必须是同一或形式上同一的，而权利客体上的知识产权必须是不同种类的，不同种类的知识产权指向了同一或形式上同一的权利客体。

(三) 不同的知识产权属于同一主体

如果不同的知识产权属于不同的主体，那么就只会存在知识产权冲突而不是重叠保护。不同的主体对同一或形式上同一的客体享有的各自的权利只会相互冲突而不是重叠，只有同一主体对同一或形式上同一的客体同时享有不同的知识产权，这些知识产权才是相互重叠的。

(四) 属于同一主体的不同知识产权在同一时期有效

如果不同知识产权是先后存在的，比如某主体在某产品上先是享有外观设计专利权，而由于长期的使用，在外观设计专利权到期之后，外观设计具有了识别性，该主体对该外观设计享有未注册商标权，此时就不存在外观设计专利权与未注册商标权之间的重叠保护。只有在外观设计专利有效期内外观设计具有了识别性，才存在外观设计专利权与未注册商标权之间的重叠保护。也就是说，同一主体对同一或形式上同一的不同知识产权只有在同一时期的重叠才能构成知识产权重叠保护。

三、知识产权重叠保护的处理

对于知识产权重叠保护，究竟应该是允许，还是不允许呢？具体又应该如何处理呢？对此，我国有学者认为，知识产权重叠保护现象背离了知识产权的平衡政策目标，是知识产权全面扩张的副产品，直接导致了正外部性内在化、知识产权激励机制的破坏、知识产权垄断成本的增加，因此原则上应该禁止知识产权的重叠保护。[③] 但另有学者认为，知识产权重叠保护有利有弊，在我国现行的制度框架内，法律原则上不禁止知识产权的重叠保护。[④]

---

① 方新军．权利客体的概念及层次．法学研究，2010（2）：40.

② 梅夏英．民法权利客体制度的体系价值及当代反思．法学家，2016（6）：32.

③ 何炼红．知识产权的重叠保护问题．法学研究，2007（3）：61－67.

④ 刘平．知识产权的重叠保护与侵权责任．政法论坛，2010（3）：132－134.

本书认为，应该区分不同类型的知识产权重叠保护而采用不同的处理方案：对于实质重叠的知识产权重叠保护，原则上应予禁止；而对于形式重叠的知识产权重叠保护，原则上应予允许。

（一）实质重叠的知识产权重叠

不管是完全实质重叠还是部分实质重叠，知识产权重叠保护原则上均应禁止。在实质重叠情况下，权利客体是完全同一的，权利客体涉及的利益是同一的，允许重叠保护意味着允许权利人获得两个或两个以上知识产权提供的利益，这必然导致对知识产权人的过度保护，破坏知识产权法原先设定的精巧的平衡。在一项计算机软件同时受到专利法和著作权法保护时就出现这种过度保护并导致专利法、著作权法的失衡。知识产权法是一种精巧的平衡机制，知识产权人与社会之间存在一种对价关系："发明创造者将自己的智力成果公布出来，使公众看到、了解到其中的专门知识，而社会则承认其在一定时期有独占使用其知识产品的专门权利。"① 知识产权法的这种精巧的对价平衡关系是在一部知识产权法律中进行的，如果一项智力成果既受到专利法的保护，又受到著作权法的保护，这就必然意味着权利人受到了更强的保护：或者是额外的更长的保护期，比如受到专利法保护的计算机软件同时受到著作权法保护，在专利权到期之后继续享受著作权的保护；或者是额外的更强的排他性，比如受到著作权法保护的计算机软件同时受到专利法的保护，在专利权期限内智力成果的排他性增强了。无论是哪种情况，必定意味着智力成果权人获得了多于根据单一知识产权法律保护所获得的利益，必定导致计算机软件受到更强的保护，破坏知识产权法原有的对价平衡机制。

对于部分实质重叠的著作权与外观设计专利权来说，重叠部分仅仅限于作品被使用的产品上，基于实质重叠情况下原则上禁止重叠保护的上述理由，在该产品上权利人不能同时享有著作权和外观设计专利权。鉴于外观设计专利权效力强于著作权，权利人当然会选择外观设计专利权作为保护自己利益的权利。问题是，著作权有效期限通常长于外观设计专利权，那么，在外观设计专利权有效期限届满后，权利人还能否在该产品上主张著作权而禁止他人使用该作品呢？外观设计专利权因未缴纳年费或权利人抛弃而提前终止之后权利人能否禁止他人使用该作品呢？本书认为，不管是因外观设计专利权有效期限届满还是因其他原因提前终止，在外观设计专利权失效之后，基于禁止重叠保护原则，外观设计专利权所覆盖的产品上的著作权不应继续有效，否则就是重叠保护。权利人在外观设计专利权有效期之内已经享有了排他性强于著作权的保护，在外观设计专利权有效期限届满之后允许权利人继续行使著作权，显然会导致与前述完全实质重叠保护同样的缺陷。而在该产品种类之外，权利人并不享有外观设计专利权，仅仅享有著作权，并不存在重叠保护问题，著作权保护也不应受外观设计专利权有效期限的影响。

（二）形式重叠的知识产权重叠

与实质重叠的知识产权重叠保护不同的是，形式重叠的知识产权重叠事实上并非知识产权重叠。以外观设计专利权与商标权之间的重叠为例，尽管外观设计与商标标志是同一的，但外观设计的功能是美化产品，外观设计因美化产品而给产品增加价值，而商标标志

① 吴汉东．知识产权总论．4版．北京：中国人民大学出版社，2020：208.

的功能则不是美化产品，而是识别商品来源，商标因商誉而给产品增加价值。也就是说，尽管形式上客体同一，但实质上客体是不同的，外观设计与商标形成了两种完全不同的利益。在这种情况下，权利人同时享有外观设计专利权与商标权才是公平合理的，应该允许重叠保护。当然，鉴于外观设计与商标在形式上客体同一，商标权与外观设计权是有联系的，需要防止利用理论上无期限商标权变相延长外观设计专利权的期限。也就是说，尽管在这种情况下原则上应允许外观设计专利权与商标权的重叠存在，但需要通过附加区别标志、考虑商标的非功能性原则等问题对商标权进行适当限制，以促进公平竞争，防止外观设计专利权的变相无期限延长。

典型案例

常州淘米装饰材料有限公司与北京特普丽装饰装帧材料有限公司侵害著作权纠纷案[①]

2004 年，北京特普丽装饰装帧材料有限公司（以下简称特普丽公司）设计人员设计了“莫奈”系列壁纸，特普丽公司随后投入生产。2007 年 3 月 30 日，特普丽公司将前述壁纸申请外观设计专利，并获得外观设计专利权。后因未及时缴纳专利年费，该专利权于 2010 年 3 月 30 日终止。特普丽公司发现常州淘米装饰材料有限公司（以下简称淘米公司）生产销售的一款壁纸所使用的图案与特普丽公司享有著作权的“莫奈”系列壁纸图案相同，并且淘米公司在天猫商城米素旗舰店销售该产品。特普丽公司认为其专利权虽然终止，但前述壁纸属于美术作品，应当受著作权法保护，淘米公司的上述行为侵犯了特普丽公司关于涉案作品的著作权，故诉至法院，请求判令淘米公司停止侵权、赔偿损失。淘米公司认为涉案外观设计专利权已经终止，公众有足够的理由相信该外观设计进入公有领域，成为社会公共财富，故其不构成侵权。

法院认为淘米公司的主张缺乏法律依据，理由为：

第一，法律并不禁止权利人在同一客体上享有多种民事权利。作品形成之后，作者对其就享有著作权。鼓励创作和作品的传播、促进精神文明和物质文明的发展，是著作权法的根本宗旨，也符合社会公众的根本利益。随着经济社会的高度发展，经营者在注重提高产品（服务）质量的同时，也非常关注满足消费者越来越高的审美要求。在这一背景下，作品特别是美术作品被大量使用到工商业领域，如产品的外观设计、商业标识、产品的包装装潢、广告宣传等。因此某一作品在受到著作权法保护的同时，由于其在工商业领域的使用而同时获得专利法、商标法、反不正当竞争法的保护，既符合民法的宗旨和基本原则，也早已为社会公众所认同。

第二，如果在同一客体上存在多种民事权利，每一种民事权利及其相应的义务应当由相应的法律分别进行规制和调整。以涉案图案为例，不论涉案外观设计专利权是否在法定保护期内，如果未经特普丽公司许可将该图案用作某产品（服务）的广告宣传，该行为显

---

① 江苏省高级人民法院（2015）苏知民终字第 00037 号民事判决书。

然侵害了特普丽公司的著作权，特普丽公司可以依据著作权法主张侵权者承担相应的民事责任。如果因为该图案已被授予外观设计专利权而对其著作权不予保护，则意味着这两种民事权利相互排斥、不能并存，这既无法律依据，也必然阻碍作品这种智力成果的使用及传播，与著作权法的根本宗旨相悖，也不符合社会公众的根本利益。就本案而言，在涉案专利权失效之前，特普丽公司基于涉案图案取得的著作权和外观设计专利权分别受到我国著作权法和专利法的保护，他人如果实施侵权行为，特普丽公司有权依照著作权法或者专利法追究其民事责任。

第三，专利权失效后，其权利客体进入公有领域，这一规则不能简单适用于在作品基础上获得的外观设计专利。专利权终止的主要情形是已过保护期、未及时缴纳年费或专利权人书面声明放弃专利权，其法律后果均是不再受到专利法的保护。专利权终止后，权利客体进入公有领域，公众可以自由使用，这一规则应该主要适用于我国专利法规定的发明专利和实用新型专利，因为这两种专利权的客体都是供工业应用的技术方案，一般不属于文学、艺术或科学作品，不会获得专利权之外的其他民事权利，故在其专利权终止后，成为公众可以自由使用的公共资源。而对于在作品基础上获得的外观设计专利，权利人同时拥有专利权和著作权，两种权利并行不悖，外观设计专利权保护期届满后，权利人丧失的仅仅是专利法保护的相关权利，而其享有的著作权依然存在。涉案专利权因特普丽公司未及时缴纳年费而提前终止，同样适用上述原则。

第四，民事权利依法律规定或合同约定而取得，同样亦依法律规定或合同约定而丧失。著作权的保护期应该适用著作权法的有关规定，而不受专利法规制。除了署名权、修改权、保护作品完整权之外，我国著作权法对著作权中其他权利都规定了具体的保护期限，且著作权的保护期远远长于外观设计专利权的保护期。本案中，涉案图案的著作权均在法定保护期内，如果因为外观设计专利权失效，该图案就进入公有领域，这一结论显然与著作权法相抵触，其实质是将著作权当作专利权的从属权利，这既无法律依据，也与基本法理相悖。淘米公司认为其涉案使用行为系出于对国家专利公告的信赖，属于一种信赖利益。法院认为，专利公告仅告知社会公众涉案专利权中止，而并未涉及该权利客体是否受到其他法律的保护，淘米公司认为其有权使用涉案图案，属于其自己对法律的理解，如果该理解错误，应由其自己承担不利的法律后果，其关于信赖利益的抗辩没有法律依据，不予支持。

综上所述，特普丽公司对涉案美术作品享有著作权，淘米公司销售该图案壁纸的行为侵害了特普丽公司的著作权。

问题： 外观设计专利权失效后继续享受著作权的保护是否构成知识产权的重叠保护？法院的判决对专利法和著作权法的运行机制产生了什么影响？

本章思考题

1. 知识产权权利冲突是什么？广义的概念与狭义的概念何者更为合理？
2. 知识产权权利冲突有哪些类型？应该如何处理知识产权权利冲突？

3. 什么是知识产权重叠保护？知识产权法是否应该允许知识产权重叠保护？

经典参考文献

1. 曹新明．论知识产权冲突协调原则．法学研究，1999（3）．

2. 何炼红．知识产权的重叠保护问题．法学研究，2007（3）．

3. 谭华霖．知识产权权利冲突论纲．北京：中国政法大学，2007．

4. 谢湘辉．知识产权权利冲突解决论．武汉：武汉大学，2013．

5. Neil Wilkof，Shamnad Basheer eds.．Overlapping Intellectual Property Rights. Oxford：Oxford University Press，2012.

6. Robert Tomkowicz eds.．Intellectual Property Overlaps：Theory，strategies and solutions. Routledge，2012.

第十一章 知识产权的保护

本章导言

无保护则无权利。没有切实保护，权利就不是真正的权利。知识产权是一种重要的民事权利，权利人在法律允许的范围内和条件下可以进行私力救济，也可以请求公权力机关进行公力救济。我国知识产权的保护分为民事保护、行政保护和刑事保护。民事保护是最重要的知识产权保护形式，因为知识产权归根结底是一种私权。行政保护是我国独有的知识产权保护形式，被认为是我国知识产权制度的重要特色。刑事保护是最严厉的知识产权保护形式，因为只有社会危害性足够大的行为才可能被追究刑事责任。

第一节　知识产权保护概述

一、知识产权保护的意义

知识产权的保护是指在知识产权受到侵害时，依照法律规定的方式恢复知识产权的圆满状态。根据不同的角度，可以对法律规定的方式进行不同的分类。根据知识产权人在保护中的作用或地位，知识产权的保护可以分为私力救济与公力救济。[①] 根据保护的直接法律依据，知识产权的保护可以分为私法保护与公法保护。不管是哪种保护方式，知识产权的保护基本上是对侵权人克以法律责任、施以合法伤害，而其最终目的则是确保权利的实现。无救济则无权利。只有存在切实的保护，知识产权才是真正的权利。鉴于作为知识产权客体的知识不同于作为物权客体的有体物的特征，知识产权的保护在私力救济与公力救济、私法保护与公法保护上均具有一些特殊性，比如，鉴于知识的共享性特征，对知识产权比较难以进行私力救济。再如，鉴于知识产权的地域性，知识产权受到特有的海关保护，又

---

① 诉讼法学通常采用三分法，即私力救济、社会救济和公力救济。徐昕．论私力救济．桂林：广西师范大学出版社，2015：97.

如，我国知识产权法具有特有的知识产权行政保护。

二、知识产权侵权的私力救济

私力救济，也可以称为自力救济，是指“当事人认定权利遭受侵害，在没有第三者以中立名义介入纠纷解决的情形下，不通过国家机关和法定程序，而依靠自身或私人力量，实现权利，解决纠纷”①。在现代社会，“希望实现其权利的人，原则上必须利用国家的帮助。权利的保护被法律制度分配给国家法院……通过权利所有人自力的权利实现（自卫权），出于法律和平的利益在很大程度上被否定”②。“然而在特殊的情况，公权力的救济可能缓不济急，法律乃在一定的要件之下例外地容许权利人的自力救济，而规定‘自卫行为’及‘自助行为’。”③ 最典型的私力救济形式包括正当防卫、紧急避险和自助行为。

由于作为知识产权客体的知识是无体的形式，具有共享性，无法被物理地占有，因此，知识产权通常无法进行私力救济，传统民法最典型的正当防卫、紧急避险和自助行为等私力救济方式无法适用于知识产权的保护。然而，网络技术的发展催生了著作权的私力救济形式即技术保护措施。技术保护措施，是指用于防止、限制未经权利人许可浏览、复制、下载、欣赏或者通过信息网络向公众提供作品、表演、录音录像制品的有效技术、装置或者部件。技术保护措施本质上是著作权的一种私力救济手段。法律虽然允许，但应受限制，比如，“正当防卫系权利的自力救济、虽属以‘正对不正’，惟仍应受合理限制而有比例原则的适用，不得逾越必要程度，有多种防御方法时，应选择反击较轻而相当的方法为之，否则仍应负赔偿之责”④。《民法典》第 181 条第 2 款规定，“正当防卫超过必要的限度，造成不应有的损害的，正当防卫人应当承担适当的民事责任”。第 182 条第 3 款规定：“紧急避险采取措施不当或者超过必要的限度，造成不应有的损害的，紧急避险人应当承担适当的民事责任。”私力救济本质上是防卫性的，而非攻击性的。技术保护措施亦当遵循此理。因此，对于微软“黑屏”事件⑤，学者认为，“微软公司利用正版增值计划通知程序等技术识别盗版软件，并限制使用者对部分功能的利用，或者进行具有干扰性的提醒，属于利用技术手段来保护其权利的自力救济措施，并没有造成过分的损害后果。然而，微软公司在确保使用者的知情同意方面仍有欠缺”⑥。

延伸阅读材料

KV300 逻辑锁事件

1997 年 6 月 24 日，北京江民公司发布了 KV300L＋＋版，内含逻辑炸弹。凡是在

---

① 徐昕．论私力救济．桂林：广西师范大学出版社，2015：103.

② ［德］本德·吕特斯，阿斯特丽德·施塔德勒．德国民法总论：第 18 版．于馨淼，张姝，译．北京：法律出版社，2017：69.

③ 王泽鉴．民法总则．北京：中国政法大学出版社，2001：562.

④ 王泽鉴．民法总则．北京：中国政法大学出版社，2001：563.

⑤ 自 2008 年 10 月 20 日起，微软在中国推出两个重要更新——Windows 正版增值计划通知和 Office 正版增值计划通知。盗版 XP 专业版用户的桌面背景每隔 1 小时将被变成纯黑色，盗版 Office 用户软件上将被永久添加视觉标记。

⑥ 梁志文．版权人的自力救济及其限度：从微软“黑屏”事件谈起．法学，2008（12）：122.

MK300V4 制作的仿真盘（盗版盘）上执行 KV300L＋＋的用户硬盘数据均被破坏，同时硬盘被锁，软硬盘皆不能启动。

由于国内外均存在计算机软件严重盗版的情况，因此在计算机软件开发过程中，技术人员为了防止他人非法使用自己设计的软件，往往在自己设计的软件中采取一些技术保护措施——设计一段程序对整个软件进行“加密”，使得盗版的软件无法在计算机上使用，达到对自己设计的软件加以保护的目的。由于技术人员在软件中加入的这一段程序不会对他人计算机造成破坏，所以它不属于计算机病毒，因而被称为“被动逻辑锁”，这种做法不仅合法，也是合理的。

由于 KV300L＋＋版中的“主动逻辑锁”不能自我复制，所以从法律概念上讲，它不属于计算机病毒；同样，由于被“主动逻辑锁”锁住的计算机硬盘可以用“钥匙”打开修复，因而它也不同于“逻辑炸弹”。但是，由于“主动逻辑锁”触发后能造成计算机数据丢失，计算机不能从软盘或硬盘引导，有物理损坏的假象，其结果与某些计算机病毒的破坏作用相似，因此，“主动逻辑锁”属于一种破坏性程序。

但是，KV300L＋＋版中设置“主动逻辑锁”行为有强烈的社会危害性。因为“主动逻辑锁”会破坏计算机功能，不仅限于计算机信息系统，也危及广大未联网的微型计算机用户，在广大计算机用户中造成恐慌心理。目前，一般计算机用户谈及“主动逻辑锁”就心存悸惧，连 KV300L＋＋正版软件也不敢购买，怕对计算机功能造成损害。其情况仅亚于 1992 年我国发生计算机病毒流行时的谈“毒”色变。

1997 年 9 月 8 日，公安部门认定 KV300L＋＋事件违反《计算机信息系统安全保护条例》第 23 条，属于故意输入有害数据，危害计算机信息系统安全的行为，对其作出罚款 3 000 元的决定。[①]

问题：在民法上，KV300L＋＋的“主动逻辑锁”的法律性质是什么？从私力救济的概念和原理上来看，应该如何评价 KV300L＋＋的“主动逻辑锁”？

三、知识产权侵权的公力救济

公力救济是指国家机关依权利人请求，运用公权力对被侵害的知识产权实施救济。知识产权侵权的公力救济包括行政救济和司法救济，主要有民事保护、行政保护、刑事保护三种形式。其中，民事保护与刑事保护又被统称为司法救济。我国形成了司法和行政执法两条途径协调运作的知识产权保护机制，即权利人既可以向法院起诉保护自己的权利，也可以请求知识产权行政主管机关对知识产权侵权行为进行处理，行政主管机关也可以对法律有明确规定的侵权行为或违法行为依职权主动进行查处。

知识产权的司法保护是指对知识产权通过司法途径进行保护，即由享有知识产权的权利人或国家公诉人向法院对侵权人提起刑事诉讼、民事诉讼，以追究侵权人的刑事责任、民事责任。知识产权民事审判在知识产权司法保护中发挥着主渠道作用。人民法院受理的知识产权案件主要有三类：第一类是民事纠纷案件，包括各种知识产权合同纠纷案件和各

① 百度百科“江民炸弹”条，https：//baike.baidu.com/item/江民炸弹/1008352？fr＝aladdin.

种侵犯知识产权的侵权纠纷案件等。第二类是行政诉讼案件，主要指当事人对知识产权行政管理部门所作的行政处罚不服，向人民法院提起诉讼的案件。第三类是侵犯知识产权构成犯罪而由人民法院审理的刑事案件。

知识产权的行政保护是指对知识产权通过行政途径进行保护，即对知识产权侵权行为，由享有知识产权的权利人向知识产权行政机关投诉或者知识产权行政机关依职权查处知识产权侵权行为，追究侵权人的行政责任。鉴于TRIPS协定的规定，世界各国或地区的知识产权法一般均具有海关知识产权执法机构与措施，我国不同于世界各国或地区的知识产权法，除了具有海关知识产权执法机构与措施外，还具有查处普通知识产权侵权行为的知识产权行政执法制度，具有一套自中央至地方的知识产权行政执法机构，可以应权利人请求查处知识产权侵权行为，也可以依职权查处知识产权侵权行为，对知识产权进行保护。

四、知识产权侵权纠纷的调解与仲裁

仲裁、调解是当事人合意选择的没有公权力参与或公权力对争议解决过程影响不大的不同于司法诉讼和行政执法的纠纷解决方式。我国《著作权法》第60条规定，著作权纠纷可以调解，也可以根据当事人达成的书面仲裁协议或者著作权合同中的仲裁条款，向仲裁机构申请仲裁，从而肯定了调解、仲裁的适用性。《专利法》《商标法》没有明确规定仲裁，但规定了专利侵权损害赔偿、商标侵权损害赔偿的行政调解。

仲裁一般是指当事人根据订立的仲裁协议，自愿将其争议提交由非官方身份的仲裁员组成的仲裁庭进行裁判，并受该裁判约束的一种制度。仲裁和法院的审判一样，关乎当事人的实体权益，是解决民事争议的方式之一。知识产权合同、权属等方面发生的纠纷具有可仲裁性，几乎没有争议，而对于知识产权效力、知识产权侵权等方面发生的纠纷则存在不小的争议。本书主要涉及知识产权侵权纠纷是否可以仲裁，从世界各国或地区的法律来看，在大部分国家或地区，知识产权侵权纠纷是可以仲裁的。① 本书认为，知识产权属于私权，具有可处分性，知识产权侵权双方当事人可以和解，这就意味着知识产权侵权纠纷通过仲裁解决并不存在理论上的障碍，而通过仲裁解决纠纷则可以充分利用仲裁处理纠纷的优势。

调解是指双方或多方当事人就争议的实体权利、义务，在人民法院、人民调解委员会及有关组织的主持下，自愿进行协商，通过教育疏导，促成各方达成协议、解决纠纷的办法。知识产权属于私权，具有可处分性，知识产权侵权双方当事人可以和解，当然也可以通过调解解决侵权纠纷。

典型案例

“解百纳”商标行政纠纷案

2001年5月8日，张裕公司提出第1748888号“解百纳”商标（简称争议商标）注册

① 李宗辉．论知识产权案件的替代性纠纷解决机制．暨南学报（哲学社会科学版），2015（2）：87-89.

申请，并于2002年4月14日被核准注册，核定使用商品为第33类的酒（饮料）、果酒（含酒精）、烧酒、蒸馏酒精饮料、鸡尾酒、葡萄酒、白兰地、威士忌，专用期限至2012年4月13日。

争议商标被核准注册后，中粮酒业公司、王朝公司、长城公司和山东威龙集团公司（简称威龙公司）分别向商标评审委员会提出撤销争议商标注册的申请。2008年5月26日，商标评审委员会作出商评字〔2008〕第5115号"关于第1748888号'解百纳'商标争议裁定书"（简称第5115号裁定），对争议商标予以维持。

中粮酒业公司、王朝公司和长城公司不服第5115号裁定，向北京市第一中级人民法院提起诉讼。北京市第一中级人民法院认为，鉴于原告在诉讼中提交了大量有可能影响商标评审委员会实体裁决结果的新证据，第5115号裁定应予撤销，商标评审委员会应当在考虑当事人提交的新证据的基础上，重新作出裁定。

中粮酒业公司、王朝公司和长城公司不服原审判决，向北京市高级人民法院提起上诉。北京市高级人民法院认为，法院不宜直接对本案争议焦点作出实体认定，也不宜判令商标评审委员会限期作出评审裁定，遂判决驳回上诉，维持原判。①

2010年12月及2011年1月，争议各方在国家工商行政管理总局商标评审委员会调解下，分别达成调解协议，张裕集团拥有"解百纳"商标，张裕集团许可长城公司、王朝公司、威龙公司三家使用"解百纳"商标，其他葡萄酒企业（包括洋葡萄酒）使用"解百纳"商标均属侵权。

问题：在商标行政纠纷案中，在案件中争议商标被主张构成通用名称、描述性商标的情况下，商标行政机关是否应该允许争议各方当事人通过调解解决争议？

第二节　知识产权的民事保护

知识产权民事保护的完整内容共包括三个方面：权利人主张初步成立的知识产权侵权行为的构成、被控侵权人对抗权利人主张的知识产权侵权抗辩事由以及最终对侵权人克以民事责任而对权利人进行救济。

一、知识产权侵权行为的构成

（一）知识产权侵权行为的构成要件

无论是使用侵权行为的构成要件的用语还是使用侵权责任的构成要件的用语，侵权的构成要件均是侵害行为、损害、因果关系和过错②，不同的不过是或者把免责事由作为广义的侵权行为的构成要件③，或者是将免责事由或者责任抗辩作为与侵权责任的构成要件对立

---

① 北京市高级人民法院（2010）高行终字第310号民事行政判决书。

② 程啸．侵权责任法教程．4版．北京：中国人民大学出版社，2020：97－128；张新宝．侵权责任法．5版．北京：中国人民大学出版社，2020：23－38.

③ 程啸．侵权责任法教程．4版．北京：中国人民大学出版社，2020：128－144.

的制度。[①] 鉴于诉讼的对抗性，将免责事由作为与侵权构成要件对立的制度更为合理，更能平衡权利人与侵权人之间的利益。

我国知识产权法律一般并未明确规定知识产权侵权的构成要件，通常仅仅列举具体的知识产权侵权行为，如《专利法》第 65 条规定了侵犯专利权的行为，《著作权法》第 52 条、第 53 条规定了各种侵犯著作权的行为，《商标法》第 57 条规定了各种侵犯商标权的行为。相关知识产权法著述通常也不讲述类似民法侵权构成的内容，而仅讲述类似于民法侵权构成内容中的侵害权利行为的内容。[②]

本书认为，知识产权法作为民法的一部分，当然适用民法的一般规则，适用《民法典》侵权责任编自不例外。当然，知识产权法律的规定和相关知识产权法著述的讲述也并无问题，因为侵害知识产权的行为不但是类似于传统民法的侵权构成要件中最重要的侵害行为，而且是不同于传统民法的侵害行为的知识产权法所特有的内容。只是需要明确的是，知识产权法律规定和相关知识产权法著述讲述的事实上是侵害知识产权的行为或其构成要件，而不是传统民法中侵权责任法上规定或讲述的知识产权侵权行为的构成要件。[③] 也许正因如此，知识产权侵权的英文表述通常是 infringement 而不是 torts。

在知识产权侵权构成中，知识产权法学界曾经对知识产权侵权究竟是采用过错归责原则还是无过错归责原则发生过一场争议，有的学者笼统地认为，知识产权侵权责任应该同时适用无过错责任原则和过错责任原则[④]，有的学者则更为细致，认为归责原则的研究必须针对具体的侵权行为类型和民事责任种类，不管是一般侵权行为还是特殊侵权行为，停止侵害、返还原物、排除妨害、恢复原状等物权保护方法均应适用无过错责任，而作为债权保护方法的损害赔偿责任，究竟应适用过错责任还是无过错责任，则应区分不同的侵权行为类型，进行审慎的利益衡量和政策选择。其认为，过错责任原则是侵害知识产权损害赔偿责任的基本归责原则，并对无过错说提出了批评。[⑤] 有学者认为，归责原则是侵权损害赔偿之归责原则，我国的知识产权领域不宜引入无过错责任原则，而可采用过错推定的方法确定责任。[⑥] 有的学者主张知识产权侵权应该单纯采用过错责任原则。[⑦] 本书赞成张玉敏和吴汉东两位先生的观点，即停止侵权等物权性的请求权不属于传统大陆法系"归责"范畴，"归责"仅适用于侵权损害赔偿责任，知识产权侵权损害赔偿责任的归责原则应该是过错推定责任，因为"过错推定责任原则能够纠正过错责任原则对权利人举证要求过苛而对侵权

---

① 张新宝．侵权责任法．5 版．北京：中国人民大学出版社，2020：59－78.

② 比如"马克思主义理论研究和建设工程"《知识产权法学》(《知识产权法学》编写组．知识产权法学．北京：高等教育出版社，2019：91－92，151－153，201－205)；吴汉东教授的《知识产权法》、王迁教授的《知识产权法》(王迁．知识产权法教程．7 版．北京：中国人民大学出版社，2021：14－16，608－634，有意思的是，王迁教授的《知识产权法教程》在著作权法部分没有单独讲解著作权直接侵权，内容是融于著作权内容的，专利法部分则直接援引总论部分知识产权侵权行为部分内容)。

③ 有学者专门区分了侵害行为（infringement）与侵权行为（torts)。姚欢庆．知识产权侵权行为归责原则研究．浙江社会科学，2001（4)：88－89.

④ 郑成思．侵害知识产权的无过错责任．中国法学，1998（1)：81－84.

⑤ 张玉敏．侵害知识产权民事责任归责原则研究．法学论坛，2003（4)：20－28.

⑥ 吴汉东．试论知识产权的"物上请求权"与侵权赔偿请求权：兼论《知识产权协议》第 45 条规定之实质精神．法商研究（中南政法学院学报)，2001（5)：3－10.

⑦ 姚欢庆．知识产权侵权行为归责原则研究．浙江社会科学，2001（4)：90.

人失之过宽与无过错责任原则对权利人保护比较充分而对知识产品使用人失之过严这两者的偏差”①。

延伸阅读材料

知识产权侵权构成中过错的地位

区别物权保护方法和债权保护方法对归责原则的讨论具有十分重要的意义。属于物权保护方法的各种责任形式，不管侵权行为类型是一般的还是特殊的，均不考虑行为人的过错，即应适用无过错责任原则。这可以说是一个公理。物权保护方法适用无过错责任原则的基本理由可以概括为两点：一是权利的不可侵性。既为权利，即不可侵犯，一经侵犯，即应该停止侵权，否则，权利将不成其为权利。二是物权保护方法以恢复权利的圆满状态为原则，不对侵权人施以惩罚。例如，无合法根据占有他人财产者应当将所占有的财产返还给权利人，这种返还只是让占有者交出本不属于自己的财产，并未给其增加另外的负担；未经许可使用他人的专利技术者应当停止使用，这种责任也仅仅使其停止对他人技术的无根据的使用，并未使其失去更多的利益。只有这样，才能维护法律的尊严，才符合公平正义的要求。各国民法在规定物权保护方法时，均不以加害人的过错为条件，足见各国立法者在这个问题上的认识是一致的。而债权保护方法（赔偿损失）要以加害人的财产填补受害人的损失，其情况要复杂得多。按照各国立法，一般侵权行为适用过错责任原则，特殊侵权行为则要分不同情况，在进行审慎的利益衡量和价值判断的基础上确定归责原则。

综上所述，归责原则与侵权行为类型和责任形式的关系可图示如下：

- 物权保护方法 —— 返还原物、恢复原状、停止侵害、排除妨害、消除危险 —— 无过错责任
- 债权保护方法 —— 赔偿损失
  - 一般侵权行为 —— 过错责任原则
  - 特殊侵权行为 —— 过错责任原则或严格责任原则

有人认为，请求停止侵害等物上请求权或知识产权请求权是基于物权或知识产权的效力本身产生的请求权，不属于民事责任，甚至认为《民法通则》将停止侵害等规定为民事责任是在没有规定物上请求权的背景下的权宜之计，这是站不住脚的。其一，除法律特别规定的情况（如违反善良风俗损害他人利益）外，任何民事责任，从权利人的角度看，都是在其权利受到侵害时，基于其原权利而产生的一种救济权，如基于物权产生的返还原物请求权，基于知识产权产生的停止侵害请求权，而与此相对应的，则是加害人的返还原物和停止侵害的责任。其二，责任是对义务的担保，是法律令违反义务者所承担的一种不利的法律后果。任何人都有不侵害他人权利的义务，侵害他人之物权、知识产权等权利，即是对义务的违反，依法产生法律责任。因此，停止侵害等物权保护方法符合民事责任的本质特征，应属于民事责任。我国《民法通则》将这些救济措施规定为民事责任并无原则错误。

---

① 吴汉东．试论知识产权的“物上请求权”与侵权赔偿请求权：兼论《知识产权协议》第45条规定之实质精神．法商研究（中南政法学院学报），2001（5）：8.

综上所述，民事责任（包括侵害知识产权的民事责任）归责原则的讨论，必须针对具体的侵权行为类型和责任形式。换言之，只有针对某种侵权行为类型和责任形式的归责原则，没有适用于一切民事责任的抽象的归责原则。如前所述，不管是一般侵权行为还是特殊侵权行为，停止侵害、返还原物、排除妨害、恢复原状等物权保护方法均应适用无过错责任，而作为债权保护方法的损害赔偿责任，究竟应适用过错责任还是无过错责任，则应区分不同的侵权行为类型，进行审慎的利益衡量和政策选择。①

问题：停止侵害与损害赔偿是否均为民事责任？是否均为"归责"一词的内涵？是否应该区分物权保护方法与债权保护方法？

（二）知识产权侵权判断标准：同一性判断

诚如上述，侵害知识产权行为是知识产权侵权构成的关键，各知识产权法也主要规定了具体的侵害知识产权的行为，及判断标准。然而，鉴于各种知识产权客体的不同，知识产权法规定的侵害知识产权行为各不相同，各种知识产权侵权判断标准也不相同。那么，各种知识产权侵权判断标准有什么共性吗？可以"提取公因式"吗？有学者给出了答案，即尽管各种知识产权客体并不相同，但知识产权侵权判断标准是有共性的，即"同一性的判断和确认是知识产权侵权争议的核心问题"，"在知识产权侵权诉讼中作出同一性判断的基础"的是抽象物，即"无论法官是否必须裁决版权、专利、外观设计或商标问题，基本过程都包括对两个实物或过程进行比较，并决定其中一个是否不允许模仿另一个……为了做出裁决，法官必须参与一个抽象的过程，在这个过程中，他们创造了形成其同一性判断基础的抽象物"。"知识产权的无体抽象物不能以实物的方式标明界限。结果是，一个抽象物可以用于对非常不同的有体物进行分组。"而"根据知识产权法律，各种不同的有体物可以被看成是出自同一本源，因为它们都是模仿同一个抽象物"②。这一答案基本上反映了各种知识产权侵权判断的过程，无论是对哪种知识产权进行侵权判断，均是将被控侵权物所包含的知识与知识产权保护的知识进行同一性比较，若构成知识产权法规定的同一，则构成侵权，反之则不构成侵权。

当然，各知识产权法规定的同一性标准各有不同。专利法采用的是字面侵权与等同侵权的判断标准。在专利法中，认定被诉侵权技术方案是否落入专利权的保护范围时，应当审查权利人主张的权利要求所记载的全部技术特征，并以权利要求中记载的全部技术特征与被诉侵权技术方案所对应的全部技术特征逐一进行比较。在被诉侵权技术方案包含与权利要求记载的全部技术特征相同或者等同的技术特征时，即具有同一性，应当认定其落入专利权保护范围。在被诉侵权技术方案的技术特征与权利要求记载的全部技术特征相比，缺少权利要求记载的一个或多个技术特征，或者有一个或一个以上技术特征不相同也不等同时，即不具有同一性，应当认定其没有落入专利权保护范围。

---

① 张玉敏．侵害知识产权民事责任归责原则研究．法学论坛．2003（4）：22－23.

② Peter Drahos. A Philosophy of Intellectual Property. Aldershot：Dartmouth Publishing Group，1996：182－184. 周林教授将其中的"intellectual property"翻译为"知识财产"。［澳］彼得·德霍斯．知识财产法哲学．周林，译．北京：商务印书馆，2008：166. 我国学者用"实质性相似＋接触"概括知识产权侵权行为认定的规则，不过没有涉及商标侵权的判断标准。吴汉东．试论"实质性相似＋接触"的侵权认定规则．法学，2015（8）.

我国《著作权法》规定著作权侵权行为的条款的用语多体现出一种同一性，诸如“发表其作品”“在他人作品上署名”“剽窃他人作品”“使用作品”“出租其作品或者录音录像制品的原件或者复制件”“使用其出版的图书、期刊的版式设计”“现场直播或者公开传送其现场表演”“录制其表演”“复制、发行、表演、放映、广播、汇编、通过信息网络向公众传播其作品”“出版他人享有专有出版权的图书”“复制、发行录有其表演的录音录像制品”“通过信息网络向公众传播其表演”“复制、发行、通过信息网络向公众传播其制作的录音录像制品”“播放、复制或者通过信息网络向公众传播广播、电视”显然均意味着被控侵权作品的各种利用与著作权作品是同一的。当然，《著作权法》还规定了破坏同一性的侵权行为，比如“歪曲、篡改他人作品”。《著作权法》规定的著作权侵权的同一性显然不是完全同一，不限于完全相同的“字面侵权”，可以扩展到实质同一，即“实质性相似”①。

我国《商标法》规定的商标侵权判断标准体现在第 57 条第 1、2 项。商标包括商标标志和商品或服务两个方面，《商标法》第 57 条第 1 项规定的商标侵权判断标准是双相同标准，即“商标相同＋商品或服务相同”，这是完全的同一性；《商标法》第 57 条第 2 项规定的是混淆侵权，侵权判断标准可以总结为“相似性＋混淆可能性”，其中相似性是我国商标侵权判断标准的基础和前提，混淆可能性是商标侵权的限定条件和外部边界②，归根结底仍然是一种同一性判断，只不过这种同一性的弹性更大而已。值得特别说明的是，驰名商标跨类反淡化保护，我国《商标法》第 13 条第 3 款是驰名商标跨类反淡化保护的规定，根据该条规定，与混淆侵权限于相同或类似商品不同，驰名商标跨类反淡化保护的条件之一恰恰是不同的商品或服务，那么，这是否意味着驰名商标跨类反淡化保护的侵权判断标准不是同一性判断了呢？本书认为，答案是否定的。驰名商标之所以可以进行跨类反淡化保护是因为消费社会发展带来的商标中无形意义的地位和重要性的提升导致的商标或品牌可以随商品或服务而转移，驰名商标的影响跨越了其原先注册或使用的商品或服务范围，商标具有了跨类能力。③ 于是，尽管驰名商标注册或实际使用的商品或服务类别与被控侵权商标所使用的商品或服务类别不同，但就驰名商标的实际影响力来看，驰名商标的影响力已经覆盖了被控侵权商标所使用的商品或服务类别，于是，尽管表面上的侵权比对是在不同的商品或服务类别上进行的，但仍然可以说具有一定的同一性，因为不仅认定寻求跨类反淡化保护的驰名商标的公众范围标准是一般公众④，在侵权判断时还必须“足以使相关公众认为被诉商标与驰名商标具有相当程度的联系”。

---

① 有学者认为：“作品‘实质性相似＋接触’规则产生于美国的判例法并为我国法院所借鉴，该规则是判定著作权侵权行为所适用的规则。”许戈．作品“实质性相似＋接触”规则研究．武汉：中南财经政法大学，2019：16. 英国著作权法采用的著作权侵权判断标准是“实质性采用”（Substantial taking）。W. Cornish，D. Llewelyn，T. Aplin. Intellectual Property：Patents，Copyright，Trade Marks and Allied Rights. Sweet & Maxwell，2013. §12.06.

② 王太平．商标侵权的判断标准：相似性与混淆可能性之关系．法学研究，2014（6）：175－178.

③ 王太平．论我国未注册驰名商标的反淡化保护．法学，2021（5）：134－137.

④ 王太平．论我国未注册驰名商标的反淡化保护．法学，2021（5）：139－140.《关于驰名商标保护规定的联合建议》（1999）第 4 条第 1 款第 3 项规定：“尽管有第 2 条第（3）款（a）项第（iii）目的规定，为适用本条第（1）款（b）项第（ii）目和（iii）目的目的，成员国可要求驰名商标必须为全体公众所熟知。”

（三）知识产权间接侵权

按照加害行为与损害后果的关系进行区分，侵权行为可以分为间接侵权与直接侵权。直接侵权是指未经权利人许可，也缺乏法定免责事由，他人实施受知识产权专有权控制的行为。前文所述知识产权侵权行为的构成和侵权判断标准均是针对知识产权直接侵权行为。间接侵权与直接侵权相对，是指侵权行为本身没有直接造成他人合法权益的损害，而是以引诱、帮助他人实施侵权行为方式侵害他人合法的人身、财产及其他合法权益，依法应当承担民事责任的行为。知识产权间接侵权的构成要件如下。

第一，有间接侵权行为实际发生，如有引诱、帮助、教唆侵权等行为。间接侵权仍然是一种侵权行为，只不过间接侵权行为人并没有直接侵害知识产权，而是为侵害知识产权提供了帮助或者便利条件，因此，构成间接侵权需要有实际的间接侵权行为，一般表现为引诱、帮助或教唆。

第二，原则上要有直接侵权行为发生，且间接侵权行为与直接侵权行为之间有因果关系。间接侵权之所以是间接侵权是因为它需要通过直接侵权才会侵害知识产权，间接侵权行为本身并不直接侵害知识产权。当然，如果间接侵权行为非常明显，即使不存在直接侵权，也可能成立间接侵权行为。比如在“西电捷通诉索尼专利侵权纠纷案”中，法院认为：“一般而言，间接侵权行为应以直接侵权行为的存在为前提。但是，这并不意味着专利权人应该证明有另一主体实际实施了直接侵权行为，而仅需证明被控侵权产品的用户按照产品的预设方式使用产品将全面覆盖专利权的技术特征即可，至于该用户是否要承担侵权责任，与间接侵权行为的成立无关。”① 另外，间接侵权行为与直接侵权行为之间要有因果关系，间接侵权行为必定会导致直接侵权行为的发生，知识产权法上通常以帮助、引诱、教唆来确定间接侵权人与直接侵权人之间的关系。以帮助为例，帮助可以是明示的，也可以是默示的，比如在专利法中，明知有关产品系专门用于实施专利的材料、设备、零部件、中间物等，未经专利权人许可，为生产经营目的将该产品提供给他人实施了侵犯专利权的行为，构成帮助侵权。专门性确定了间接侵权与直接侵权之间的因果关系。

第三，间接侵权行为人主观上有故意的心态。知识产权间接侵权毕竟不同于直接侵权，法律对间接侵权人和直接侵权人的注意义务要求是不同的，直接侵权人的注意义务更高，因此间接侵权主观上要求比直接侵权更严格，只有主观上具有故意才能构成间接侵权。

二、知识产权侵权抗辩事由

广义上说，只要能够对抗原告侵权主张的理由均属于知识产权侵权抗辩事由，比如：原告据以主张的知识产权有瑕疵，原告便失去了请求被告承担侵权责任的权利基础；原告未能主张上述被告的行为具备知识产权侵权行为的构成要件，其主张自然不能成立；原告的主张超过了法律规定的诉讼时效，被告当然有权进行抗辩。这些是不言而喻的，因此，本书不再讲解这些内容，而是重点讲解知识产权法特别规定的法定抗辩事由，主要包括法定不侵权抗辩事由和损害赔偿责任抗辩两种。

---

① 北京知识产权法院（2015）京知民初字第 1194 号民事判决书。

（一）法定不侵权抗辩事由

法定不侵权抗辩事由是各知识产权法均规定了的不构成侵权或者构成法定免责事由的侵权抗辩事由。著作权法规定有合理使用，专利法规定有“不视为侵犯专利权的行为”，商标法规定有商标的正当使用等抗辩。另外，尽管各知识产权法律没有明确规定，司法实践均承认知识产权用尽，这些均属于法定的不侵权抗辩事由。这些事由大多原本构成对各种知识产权的侵犯，但知识产权法律基于特定理由或政策目标而将其规定为不侵权抗辩事由。这些不侵权抗辩事由类似于传统民法中侵权行为或侵权责任的免责事由，可以对抗侵权行为或侵权责任的构成，免除行为人的侵权责任。有些法定不侵权抗辩事由也属于知识产权权利限制制度的内容，不过，知识产权权利限制制度要宽泛得多，不仅包括法定不侵权抗辩事由，还包括其他对知识产权的限制，如强制许可、法定许可等。鉴于本书知识产权限制部分已经讲解过这些法定不侵权抗辩事由，此处不赘。

（二）损害赔偿责任抗辩

损害赔偿责任抗辩仅仅是针对损害赔偿责任的抗辩，与法定不侵权抗辩不同的是，法定不侵权抗辩可以对抗全部侵权责任，而损害赔偿责任抗辩并不能对抗全部侵权责任，而仅仅能够免除侵权人的损害赔偿责任。善意销售就是各知识产权法均规定的损害赔偿责任抗辩。《专利法》第 77 条规定，为生产经营目的使用、许诺销售或者销售不知道是未经专利权人许可而制造并售出的专利侵权产品，能证明该产品合法来源的，不承担赔偿责任。《商标法》第 64 条第 2 款规定，销售不知道是侵犯注册商标专用权的商品，能证明该商品是自己合法取得并说明提供者的，不承担赔偿责任。《著作权法》第 59 条第 1 款规定，复制品的出版者、制作者不能证明其出版、制作有合法授权的，复制品的发行者或者视听作品、计算机软件、录音录像制品的复制品的出租者不能证明其发行、出租的复制品有合法来源的，应当承担法律责任。与《专利法》《商标法》不同的是，《著作权法》规定的是笼统的法律责任，而不是损害赔偿责任；对于证明合法来源，《专利法》《商标法》规定的是许诺销售者、销售者、使用者能够证明不知道是侵权品即可免除损害赔偿责任，而《著作权法》规定的是不能证明复制品有合法来源即应当承担法律责任，似乎采用的是过错推定责任原则①；《专利法》《商标法》明确规定了销售者的“善意”要件，而《著作权法》则没有规定销售者的“善意”要件。有学者认为，对《著作权法》第 59 条第 1 款规定的“法律责任”应进行限缩解释，应限缩为“损害赔偿责任”②，或者应该修改《著作权法》明确将“法律责任”修改为“损害赔偿责任”③。另外，为了促进商标的使用，《商标法》规定了被控侵权行为前三年未实际使用注册商标的损害赔偿责任抗辩，即注册商标专用权人请求赔偿，被控侵权人以注册商标专用权人未使用注册商标提出抗辩的，人民法院可以要求注册商标专用权人提供此前三年内实际使用该注册商标的证据。注册商标专用权人不能证明此前三年内实际使用过该注册商标，也不能证明因侵权行为受到其他损失的，被控侵权人不承担赔偿责任。

---

① 李青文.《著作权法》中合法来源抗辩制度的适用困境与完善路径.出版发行研究，2022（10）：44.

② 闫文军，李金潇.著作权法中合法来源抗辩规则的适用.科技与法律（中英文），2021（4）：63.

③ 李青文.《著作权法》中合法来源抗辩制度的适用困境与完善路径.出版发行研究，2022（10）：44－45.

三、知识产权侵权的民事责任

知识产权侵权的民事责任，是侵犯知识产权行为要承担的最主要的法律责任类型，世界各国或地区知识产权法均规定有知识产权侵权的民事责任。知识产权侵权的民事责任主要有以下类型。

（一）停止侵权

停止侵权是指责令侵犯知识产权的行为人立即停止正在实施的侵权行为，其目的在于防止侵权人继续进行侵权活动，避免给权利人造成更大的损失。按照效力划分，我国知识产权法规定的停止侵害包括两种：暂时停止知识产权侵权行为和永久停止知识产权侵权行为。

1. 暂时停止知识产权侵权行为

暂时停止知识产权侵权行为是知识产权人的有力武器，但对竞争者则是一种巨大的威胁。暂时停止知识产权侵权行为适用不当会产生遏制竞争的不良后果，因此，世界各国对其适用均规定有严格的条件限制。暂时停止知识产权侵权行为在美国称为临时禁令。美国联邦最高法院曾说过："初步禁令是一种非常严厉的救济，除非通过清楚的证明，使申请禁令的当事人承担说服的责任，否则不应予以批准。"授予初步禁令被定性为"例外，而不是规则"。初步禁令代表了一种"最好谨慎行事"的司法权。[①]《专利法》第72条、《著作权法》第56条、《商标法》第65条均规定有暂时停止侵害知识产权行为。

在我国，适用暂时停止知识产权侵权行为的条件包括：

（1）知识产权人或者利害关系人提出申请。提出申请的利害关系人，包括知识产权使用许可合同的被许可人、知识产权的合法继承人。知识产权使用许可合同被许可人中，独占使用许可合同的被许可人可以单独向人民法院提出申请，排他使用许可合同的被许可人在知识产权人不申请的情况下，可以提出申请。

（2）有证据证明他人正在实施或者即将实施侵犯其知识产权的行为。申请人必须有确实的证据证明他人正在实施或者即将实施侵犯其知识产权的行为，其具有胜诉的高度可能性，尽管不是胜诉的必然性。需要注意的是，这里暂时停止知识产权侵权行为的适用对象不仅是正在实施的侵犯知识产权的行为，还包括即将实施的侵犯知识产权的行为。

（3）不及时制止将会使知识产权人或者利害关系人的合法权益受到难以弥补的损害。难以弥补的损害是对暂时停止知识产权侵权行为最为严格的限定条件，该项限制条件意味着即便知识产权人或者利害关系人能够证明其胜诉的高度可能性，如果不责令暂时停止知识产权侵权行为不会导致难以弥补的损害，则法院仍然不会责令暂时停止知识产权侵权行为。该项条件也是暂时停止知识产权侵权行为与永久停止知识产权侵权行为在颁发条件上的不同之处。暂时停止知识产权侵权行为的目的是及时制止侵权行为，以免带来不可避免的损害。因此，不管是诉前暂时停止知识产权侵权行为还是诉中暂时停止知识产权侵权行

---

① J. Thomas McCarthy，McCarthy on Trademarks and Unfair Competition，Fifth Edition | March 2024 Update，§30：30.

为，暂时停止知识产权侵权行为申请应该及时，而申请人的延误“削弱了通常伴随初步救济动议的紧迫感，并表明实际上不存在不可弥补的损害”①。

（4）申请人提供担保。

2. 永久停止知识产权侵权行为

通常，只要判决侵权行为成立，永久禁令的颁发总是必要的，除非涉及重大的公共利益。也就是说，例外的情况下，知识产权侵权案件也可能不会判决停止侵权，比如在“权利人长期放任侵权、怠于维权，在其请求停止侵权时，倘若责令停止侵权会在当事人之间造成较大的利益不平衡，可以审慎地考虑不再责令停止行为，但不影响依法给予合理的赔偿”。

延伸阅读材料

暂时停止侵害知识产权行为

在我国，诉前停止侵权行为最先规定于修正的知识产权法之中，这种立法体例使人很容易对这一制度的性质产生误解，即简单地把诉前停止侵权行为视为受害人的一项实体请求权，而忽视其程序法的特性。在德国学理上，也曾经有学者坚持这种见解。笔者认为，在实体法与程序法两分的背景下，诉前停止侵权行为是一项诉讼程序制度，是由实体法表达的程序制度。

民事程序法与民事实体法自近代分离以后，二者之间并未丧失理论和价值目标的一致性。在调整社会关系时，实体法制度与程序法制度尽管设计、安排不同，但由于法律的性质、历史传统、立法政策和便宜实用等因素的影响而往往出现两法交叉调整或相互渗透的现象。民事程序法与民事实体法分别从不同角度规制社会生活，实体法分配实体性权利和义务，程序法分配诉讼权利和义务，以保护民事权益，追究民事责任。有学者指出：“民事责任同民事权益的保护是一个问题的两个方面。没有民事责任，民事权益就不可能有保障。但仅仅有民事责任却不合理，民事权益就只能有形式的保障，而不可能有真正和现实的保障。换句话说，在不同类型的民事责任法律关系下，适用何种归责原则、免责事由以及举证责任分配等，直接关系到当事人实现其民事权益的难易和现实性，甚至关系到既定民事权益的归属。可见，责任关系的合理设计与否决定着民法条文及其旨意精神的能否实现。没有好的民事责任制度，再好的民法也保护不了当事人的合法民事权益。而诉讼是追究民事责任的主战场，要建立好的民事责任制度，民法学必须充分研究和考虑民法条文在诉讼运作时所可能遇到的种种有利、不利情况并保证充分实现，从而保障当事人客观上既定的民事权益。”

民事程序法与民事实体法的交错对于民事立法技术提出了更高的要求，民事实体法的制定必须兼顾其程序功能，民事程序法的制定也要兼顾其实体效果。正如崔建远教授所说的，在立法技术上，“万不可因民法及其合同法与民事诉讼法分别为独立的法律部门而切断它们之间固有的内在联系，改变在民法及其合同法中不得规定民事诉讼程序的内容，在民

---

① Le Sportsac，Inc. v. Dockside Research，Inc.，478 F. Supp. 602，609，(S. D. N. Y. 1979).

事诉讼中看不到实体权利的规范的现状，而应采取适当渗透的立法技术”。在实体法中就诉权、诉讼当事人、证据形式以及举证责任分配等作出一定的规范，在程序法中对实体权利进行某种修正、补充甚至创设，已是现代社会立法的基本技巧了。因此，立法时有必要拆除阻隔在民法与民事程序法之间的高墙，不再使实体与程序在任何情况下都泾渭分明。

在这样的理论背景下考察诉前停止侵权行为措施的出台，无疑为我们理解诉前停止侵权行为提供了更广阔的理论视角。诉前停止侵权行为尽管规定于知识产权法中，将来还有可能在反不正当竞争法、公司法等法律中有所反映，但是这种现象恰恰说明，实体法与程序法的分离并不意味着绝对的对立，也不意味着二者之间存在巨大的鸿沟；相反，实体法与程序法的交错和融合在许多情况下是不可抗拒的、难以避免的。实体法中的规范未必都是实体法性质的规范，正如程序法上的规范未必就是诉讼程序的规范一样。因此，知识产权法上的规定，如诉前停止侵权行为的规定、证据保全的规定在性质上仍然是程序法规范，是由知识产权法所表达出来的诉讼程序规范，或者说是由知识产权法所确立的一项诉讼救济措施。其意义不仅体现在赋予专利权（商标权、著作权）人或者利害关系人一项新的制止侵权行为的权利或救济手段上，更重要的是它大大发展了现行知识产权诉讼制度，具有制度创新的示范效应，对于完善我国的财产保全和先予执行制度将产生积极的、深远的影响。①

问题：诉前停止侵犯知识产权行为究竟是民事责任还是一种程序性措施？

（二）损害赔偿

损害赔偿是知识产权受到侵害时所能运用的一种重要救济手段，是指侵权人以相应价值的财产弥补被侵权人损失的民事救济方式，也是知识产权侵权行为人承担民事责任的一种主要方式。

1. 损害赔偿责任的类型和构成要件

损害赔偿可以分为普通的损害赔偿和惩罚性损害赔偿。普通的损害赔偿是一种弥补性的损害赔偿，其主要目的是填补受害人的损害。惩罚性损害赔偿，也称示范性的赔偿或报复性的赔偿，是指由法庭所作出的赔偿数额超出实际的损害数额的赔偿，它具有补偿受害人遭受的损失、惩罚和遏制不法行为等多重功能。惩罚性赔偿的主要目的是惩罚和制裁严重过错行为，当加害人主观过错较为严重，尤其是动机恶劣、具有反社会性和道德上的可归责性时，法官和陪审团可以适用此种赔偿。惩罚性赔偿注重惩罚，同时通过惩罚达到遏制不法行为的效果。②

在知识产权法中，大多数国家并不承认惩罚性损害赔偿，承认惩罚性损害赔偿的主要是美国等少数国家。我国知识产权法在 2013 年《商标法》修正之前没有规定惩罚性损害赔偿。2013 年《商标法》引入了惩罚性赔偿制度，其后 2020 年《著作权法》《专利法》修正时也引入了惩罚性赔偿制度。

诸如违法行为、损害、违法行为与损害事实之间的因果关系、过错等普通损害赔偿责

① 肖建国．论诉前停止侵权行为的法律性质：以诉前停止侵犯知识产权行为为中心的研究．法商研究，2002 (4)：6－7.

② 王利明．惩罚性赔偿研究．中国社会科学，2000 (4).

任的构成要件与传统、侵权责任法中规定的侵权损害赔偿责任的构成要件并无二致，本书不再赘述。对于惩罚性赔偿的适用，我国知识产权法规定了两个特殊要件，即恶意（故意）和情节严重。由于恶意是相对于善意而言的，侵权责任法理论认为，只有那些主观过错较为严重的行为才能适用惩罚性赔偿，因此应以故意和重大过失作为适用惩罚性赔偿的主观要件。①

2. 损害赔偿额的范围和计算

损害赔偿额的范围和计算是适用损害赔偿责任中最重要的实际问题，它不仅关涉受害人损害的弥补，更是知识产权侵权责任的重要调控机制，损害赔偿额的范围和确定方法会极大地影响知识产权侵权行为所涉及的相关当事人的行为选择。我国三大知识产权法规定的损害赔偿额计算方法基本是类似的，均包括权利人因被侵权所受到的实际损失、侵权人因侵权所获得的利益、许可使用费的倍数、惩罚性赔偿和法定赔偿。略有不同的是，《商标法》规定的权利人因被侵权所受到的实际损失、侵权人因侵权所获得的利益有先后顺序，而《专利法》《著作权法》则没有规定先后顺序。

（1）权利人因被侵权所受到的实际损失。大多数情况下，知识产权侵权行为会导致受害人的损失，比如导致权利人销售量减少，用减少的销售量乘以单位利润即可计算出损失数额。

（2）侵权人因侵权所获得的利益。有些知识产权侵权行为并不会导致知识产权人实际销量的下降，尤其是当知识产权人所在市场属于卖方市场时，知识产权侵权行为并不一定会导致知识产权人实际销量的下降，但侵权人可能因侵权而获利，因此，知识产权人可以选择侵权人的获益，其计算方法类似于实际损失。

（3）知识产权许可使用费的合理倍数。在权利人的损失和侵权人因侵权所获收益无法确定时，可以采用知识产权许可使用费的合理倍数确定损害赔偿额。知识产权许可使用费是知识产权许可合同中被许可人向许可人支付的使用许可人知识产权的代价。除了未经许可之外，权利人与侵权人之间的关系非常类似于知识产权许可合同中许可人与被许可人之间的关系。因此，在权利人所受实际损失或者侵权人所获收益无法确定的情况下，知识产权法就拟制权利人和侵权人之间存在一种知识产权许可使用关系，根据知识产权许可使用费的合理倍数确定损害赔偿额。

（4）惩罚性赔偿额。根据我国知识产权法的规定，知识产权侵权的惩罚性损害赔偿是指对情节严重的故意侵犯知识产权行为，可以在按照上述三种方法确定的数额的 1 倍以上 5 倍以下确定赔偿数额。惩罚性赔偿的本质特征是惩罚性，即赔偿数额高于通常的赔偿标准，体现出对侵权行为人的惩罚性。

（5）法定标准以内的酌定赔偿额。法定标准以内的酌定赔偿额是没有办法确定收益、损失或者许可费时的一种变通计算方法，在这种损害赔偿额的计算方法中，法律通常确定一个最高赔偿限额，由法院根据侵权行为的情节确定一个赔偿额。

为了减轻知识产权人主张权利的难度，现行《专利法》第 71 条第 3 款、《著作权法》第 54 条第 4 款、《商标法》第 63 条第 2 款均规定：人民法院为确定赔偿数额，在权利人已

① 张新宝，李倩．惩罚性赔偿的立法选择．清华法学，2009（4）．

经尽力举证，而与侵权行为相关的账簿、资料主要由侵权人掌握的情况下，可以责令侵权人提供与侵权行为相关的账簿、资料；侵权人不提供或者提供虚假的账簿、资料的，人民法院可以参考权利人的主张和提供的证据判定赔偿数额。这在一定程度上将损害赔偿额计算的举证责任转移到了侵权人。

（三）消除影响

消除影响是《民法典》规定的民事责任方式之一，《著作权法》第 52 条明确规定了消除影响的民事责任，《商标法》没有明确规定消除影响的民事责任，但《最高人民法院关于审理商标民事纠纷案件适用法律若干问题的解释》（2020 修正）规定在侵犯商标权纠纷中法院可以判决消除影响的民事责任，《专利法》没有规定消除影响的民事责任，1992 年《专利法实施细则》第 78 条曾规定专利管理机关可以对冒充专利行为责令消除影响，而后续版本的《专利法实施细则》中这种消除影响规定被删除。相关知识产权法对消除影响的规定有以上差异是由消除影响的功能和制度目标决定的，“消除影响的目标是消除他人行为对权利人所造成的不良影响，使其恢复到权利被侵害前的状态，具有恢复原状的功能”[①]，因此，只有可能对其造成不良影响的权利才能适用。著作权包括著作人身权，著作权人可能受到侵权行为的不利影响。商标本质上是一种“信息‘块’”，代表着记忆中的核心节点，其他“相关”信息围绕这些节点连接和组织[②]，商标法常常以“一定影响”“知名度”来衡量商标强弱，因此，商标取决于消费者的认知，它是动态的，可能受到侵权行为的不利影响。专利则不然，基本上不涉及人身权，也和消费者认知无关，侵权行为不会影响专利本身，完全可以用赔偿损失方式来弥补专利权人的损失，因此，专利法无适用消除影响的余地。

（四）赔礼道歉

赔礼道歉同样是《民法典》规定的民事责任方式之一，其“功能是弥补精神损害”[③]，因此，只有精神性的权利才能适用赔礼道歉。著作权具有人身权利的内容，侵权行为适用赔礼道歉自无疑问，而专利权、商标权不涉及精神权利，无适用赔礼道歉的余地。《北京市高级人民法院关于审理商标民事纠纷案件若干问题的解答》认为，注册商标专用权是一种具有财产价值的权利，因此在商标侵权案件中，不应判令侵权人承担赔礼道歉的民事责任。

（五）销毁侵权物品和工具

TRIPS 协定在第 44 条“禁令”、第 45 条“损害赔偿”之后的第 46 条规定了“其他救济”，该条规定，为了对侵权活动造成有效威慑，司法当局应有权在不进行任何补偿的情况下，将已经发现的正处于侵权状态的商品排除出商业渠道，排除程度以避免对权利持有人造成任何损害为限，或者，只要不违背现行宪法的要求，应有权责令销毁该商品。司法当局还应有权在不进行任何补偿的情况下，责令将主要用于制作侵权商品的原料与工具排除出商业渠道，排除程度以尽可能减少进一步侵权的危险为限。同时，该条也对销毁侵权物品、侵权工具作了限制，即在考虑这类请求时，应顾及第三方利益，并顾及侵权的严重程

---

① 温世扬，刘昶．消除影响请求权的体系整合与制度构造．财经法学，2023（4）：68.

② Jacob Jacoby. The Psychological Foundations of Trademark Law：Secondary Meaning，enericism，Fame，Confusion and Dilution. 91 Trademark Rep. 1013，1024（2001）.

③ 葛云松．民法上的赔礼道歉责任及其强制执行．法学研究，2011（2）：118.

度和所下令使用的救济之间相协调的需要。相当多国家的知识产权法规定了销毁侵权物品、侵权工具[①]，我国《民法典》没有规定销毁侵权物品和工具，《专利法》没有规定销毁侵权物品和工具，《著作权法》和《商标法》均规定了销毁侵权物品和工具，不过和国外知识产权法规定由权利人请求不同的是，我国知识产权法规定的销毁侵权物品和工具均是知识产权行政机关查处知识产权侵权行为时的行政处理。尽管如此，司法实践却比较广泛地适用销毁侵权物品与工具，不但在有明确规定的著作权法和商标法领域适用，而且在《专利法》没有明确规定的专利法领域适用。[②] 当然，适用销毁侵权物品与工具应遵循比例原则，以制止或预防进一步侵权为原则，合理平衡各方当事人利益。

第三节 知识产权的行政保护与刑事保护

如果说知识产权的民事保护是运用民事法律即私法保护知识产权的话，知识产权的行政保护与刑事保护则是运用公法保护知识产权。尽管私法保护同样属于公力救济，但私法自治是私法保护的基本原则，当事人尤其是知识产权人在知识产权保护中处于主导地位，而行政保护和刑事保护则不仅属于公力救济，还强调国家机关的职权行为，当事人在其中处于从属地位。

一、知识产权的行政保护

在广义上，知识产权行政保护是行政机关对知识产权的全面保护，是指行政机关根据法定职权和程序，依据权利人申请或其他法定方式，履行职责，授予或确认权利人特有权利，管理知识产权使用、变更、撤销等事项，纠正侵权违法行为，保护各方合法权益，维护知识产权秩序的活动。狭义上，知识产权的行政保护是为了保证知识产权权利人依法享有的各项权利，法律赋予各行政管理机构一定的行政管理权，其有权对侵犯知识产权的行为作出一定的处罚，从而保证知识产权法律在实际生活中得到贯彻和执行，使知识产权得到保护。

发达国家的知识产权保护主要采取司法途径，它们的行政保护主要是指海关的边境知识产权执法措施，一般不存在类似我国行政机关通过对知识产权侵权行为的罚款、责令停止侵权、查封等行政权力的行政保护。与西方发达国家知识产权保护相比，知识产权行政保护是我国知识产权法的一大特色，其优势在于：第一，案件受理门槛低，即便投诉人提交的材料不齐全、信息不完整也会立案受理。第二，投诉维权成本小，行政主管机关承担了部分甚至大部分的工作，包括但不限于对被投诉的侵权行为进行调查，再依据法律和法规的规定对该行为是否构成侵权进行判断，进而作出处罚或不处罚的决定。第三，投诉人举证责任轻。第四，行政保护程序便捷高效。知识产权行政保护具有保护方式的主动性，

---

① 宁立志，李国庆．知识产权侵权物品“销毁”制度反思．江汉论坛，2014（5）：127-129.

② 叶挺舟．论知识产权“销毁”侵权责任的法律适用：以浙江省知识产权审判实践为例．电子知识产权，2017（9）：93-94.

保护程序的效率性，保护主体的多元性、分散性和多层次性，保护的全面性等特点。

延伸阅读材料

知识产权行政保护与司法保护

关于知识产权保护模式，目前各国主要有两种类型：一是司法保护的“单轨制”模式，即法院通过对知识产权侵权案件的审理，判令侵权人承担停止侵害、赔偿损失等法律责任的保护模式；二是行政保护和司法保护并行运作的“双轨制”运作模式，即知识产权侵权纠纷发生后，权利人既可请求有关知识产权行政主管机关处理，由行政主管机关责令侵权人停止侵权行为，对违法者给予行政处罚，也可直接向有管辖权的人民法院起诉，通过司法途径保护自己的合法权益。同时，对于有些法律明确规定的违法行为，行政管理机关可以依职权主动进行查处，并作出处罚决定。

在知识产权保护实践中，“单轨制”模式为世界各国所普遍采用，特别是在发达国家，知识产权的保护主要通过司法途径来实现。“双轨制”模式以中国为代表，形成了行政保护和司法保护“两条途径、并行运作”的知识产权保护体制。而与世界其他国家的“双轨制”模式相比，中国“双轨制”模式中的行政保护体制具有自身的特色：一是行政执法权力的普遍性，行政机关既拥有对于知识产权侵权行为的行政处罚权，又具有对于知识产权权属纠纷的行政裁决权和行政调解权，行政执法权力被赋予准司法的法律地位；二是行政执法方式的广泛性，既包括了海关依法禁止侵犯知识产权的货物进出口的边境措施，也包括了工商局、版权局等行政机关对侵犯知识产权轻微犯罪进行行政处罚的“轻罪制度”，行政执法方式多样；三是行政执法主体的独立性，行政执法机关在知识产权确权认定、打击侵权、裁决纠纷等方面可以独立行使行政权力，这种权力甚至存在与知识产权司法权力并行运行的情形，具有很强的独立性。这种具有中国特色的“双轨制”模式与中国知识产权制度建立之初的国情是息息相关的，“一方面是因为当时人民法院的审判力量比较薄弱，缺乏审理专业性知识产权案件的经验，另一方面是由于我国的传统就是行政执法占主导地位，行政机关的行政执法方式相对成熟，能够充分发挥行政保护的优势，有效打击侵犯知识产权的违法行为”。

随着加入世界贸易组织并签署《与贸易有关的知识产权协议》，我国的知识产权法律制度不断发展和完善，知识产权司法体系不断健全和强化，行政保护与司法保护相互作用、相互协调过程中出现的问题不断增多，进而导致这一体制本身所存在的弊端也日益凸显。这种弊端至少体现在以下三个方面：一是保护标准多样化，缺乏统一性。“双轨制”保护模式相对于“单轨制”的独特之处在于知识产权行政保护方式的出现。我国知识产权行政保护的自身特点导致实践中司法保护和行政保护的标准不一：其一，行政执法权力的普遍性导致认定是否构成知识产权民事侵权的标准不统一。我国知识产权行政管理机关普遍享有对侵权行为的行政处罚权、对侵权纠纷的行政裁决权和行政调解权。因此，一旦知识产权受到侵害，当事人就可以同时启动行政保护的行政救济程序和民事侵权的司法救济程序。基于在认定侵权是否成立的标准上，行政机关和司法机关都有法定职权，所以在实践中就有可能导致知识产权保护“双轨制”的直接冲突，即人民法院和行政管理机关对同一知识产权案件可能作出完全相反的裁决。其二，行政执法方式的广泛性导致认定是否构成知识产权犯罪的标准不统一。我国的行政执法中既包含了发达国家中的海关措施，还包括类似于西方国家刑法中的轻罪制度。因此，在认定知识产权侵权行为是否构成刑事犯罪的问题上，行政执法与司法保护二者在适用上存在冲突。随着国家知识产权战略的推进实施，我国知识产权保护中行政管理和行政执法日益加强，行政执法中存在相当多的“以罚代刑”的情况，致使侵犯知识产权犯罪行为逃脱应有的惩处。知识产权行政执法甚至成为知识产权犯罪的避风港，这既不利于打击社会危害性严重的知识产权侵权犯罪行为，也在一定程度上有损知识产权司法保护的权威性与威慑力。

二是保护机构重叠化，缺乏效率性。在“双轨制”保护模式中，行政机关和司法机关都具有裁决知识产权纠纷的权力，这在一定程度上增加了纠纷解决成本。

三是保护程序独立化，缺乏衔接性。我国现行的“双轨制”模式虽然对知识产权实行行政和司法的双重保护，但是行政执法主体具有很强的独立性，在知识产权确权认定、侵权打击、纠纷解决方面具有专有权力，从而造成“知识产权的行政保护和司法保护的协作性却并不高”。具体表现在：其一，在知识产权确权方面，缺乏衔接。国家知识产权局专利局负责专利申请的审查和授权，专利复审委员会负责专利申请人或者专利权人对专利局作出的审查决定不服而提出的复审请求以及对专利权无效宣告请求。由于专利局和专利复审委员会同属于国家知识产权局，所以当事人往往对专利复审结果持怀疑态度，由此引发的行政诉讼案件屡屡发生。而在专利权的司法确权过程中，被告主张专利无效的，须由专利复审委员会对被告提出的专利无效宣告请求作出相应的决定后，诉讼才能继续进行。当事人不服裁决可以向法院提起诉讼。这样就造成一个专利纠纷可能经过一道复审程序和两道审判程序。其二，在知识产权刑事犯罪司法移送方面，缺乏衔接。由于行政机关未与司法机关建立起良好的沟通机制，而且一些行政机关对于移送知识产权刑事案件的标准存在不同认识，“导致该移送的没移送，未达到犯罪标准的却移送，同时一些行政执法人员对刑事证据方面的法律规定不熟悉，未能及时采取合法有效方式固定收集证据”，进而影响知识产权刑事犯罪案件的打击力度。①

问题：建立于改革开放初期的我国知识产权行政保护的条件是否已经发生变化？是否应该继续保留知识产权行政保护？

二、知识产权的刑事保护

知识产权刑事保护，是指通过对知识产权犯罪的刑事处罚，保护知识产权人的合法利益的知识产权保护方式。侵犯知识产权犯罪，是指违反知识产权法规定，侵犯他人知识产权，破坏知识产权管理制度和秩序，情节严重，依照刑法规定应受刑罚处罚的行为。知识产权的刑事保护主要由两部分构成：一是将侵犯知识产权且具有严重社会危害性的行为规定为犯罪行为，二是对侵犯知识产权的犯罪行为给予刑事处罚。我国《刑法》将侵犯知识

① 吴汉东，锁福涛．中国知识产权司法保护的理念与政策．当代法学，2013（6）：42－45．

产权罪规定于破坏社会主义市场经济秩序罪中，而不是规定于侵犯财产罪中，这表明立法者更加强调从市场经济管理秩序层面而不是知识产权权益保护角度认识知识产权的刑法保护。

犯罪构成是知识产权刑事保护的核心，它是指依照我国刑法规定，决定某一具体行为的社会危害性及其程度，为该行为构成犯罪所必需的一切客观和主观要件的有机统一，是使行为人承担刑事责任的根据。任何一种犯罪的成立都必须具备四个方面的构成要件，即犯罪主体、犯罪主观方面、犯罪客体和犯罪客观方面。知识产权的犯罪同样满足上述四个方面的构成要件。

知识产权犯罪属于类罪，作为一个上位概念，其下位包括侵犯注册商标罪，销售假冒注册商标的商品罪，伪造、擅自制造他人注册商标标识罪，销售伪造、擅自制造的注册商标标识罪，假冒专利罪，侵犯著作权罪，销售侵权复制品罪，侵犯商业秘密罪等罪。知识产权犯罪的犯罪客体是复杂客体，既侵犯了知识产权权利人的知识产权，同时又危害了社会主义市场经济秩序。知识产权犯罪的客观方面表现为未经权利人同意，侵犯他人知识产权，违法所得数额较大或者情节严重的行为。知识产权犯罪的主观要件为故意，通常为直接故意，即行为人对其侵犯他人的知识产权或者假冒知识产权的行为及其后果抱有积极追求的主观态度。知识产权犯罪的主体包括自然人和单位，其中自然人犯罪主体是一般主体，即达到刑事责任年龄、具有刑事责任能力的自然人，我国刑法规定的各种知识产权犯罪的主体均包括单位。

本章思考题

1. 对知识产权是否可以进行私力救济？知识产权私力救济应该符合什么条件？
2. 知识产权侵权行为的构成是怎样的？它和传统民法上的侵权责任的构成有何异同点？
3. 如何看待知识产权行政保护？目前，我国是否应该继续保留知识产权行政保护？

经典参考文献

1. 吴汉东．知识产权保护论．法学研究，2000（1）.
2. 张玉敏．侵害知识产权民事责任归责原则研究．法学论坛，2003（3）.
3. 杨明．知识产权请求权研究．北京：北京大学出版社，2005.
4. 唐义虎．知识产权侵权责任研究．北京：北京大学出版社，2015.
5. L. T. C. Harms. A Casebook on the Enforcement of Intellectual Property Rights. World Intellectual Property Organization，2018.

《　　　　　　　》※任课教师调查问卷

为了能更好地为您提供优秀的教材及良好的服务，也为了进一步提高我社法学教材出版的质量，希望您能协助我们完成本次小问卷，完成后您可以在我社网站中选择与您教学相关的1本教材作为今后的备选教材，我们会及时为您邮寄送达！如果您不方便邮寄，也可以申请加入我社的**法学教师QQ群：436438859（申请时请注明法学教师）**，然后下载本问卷填写，并发往我们指定的邮箱（cruplaw@163.com）。

邮寄地址：北京市海淀区中关村大街甲59号中国人民大学出版社文化大厦1202收

邮　　编：100080

再次感谢您在百忙中抽出时间为我们填写这份调查问卷，您的举手之劳，将使我们获益匪浅！

基本信息及联系方式：※

姓名：________ 性别：________ 课程：________

任教学校：________________ 院系（所）：________

邮寄地址：________________ 邮编：________

电话（办公）：________ 手机：________ 电子邮件：________

调查问卷：※

1. 您认为图书的哪类特性对您使用教材最有影响力？（　　）（可多选，按重要性排序）
   A. 各级规划教材、获奖教材　　B. 知名作者教材
   C. 完善的配套资源　　D. 自编教材
   E. 行政命令
2. 在教材配套资源中，您最需要哪些？（　　）（可多选，按重要性排序）
   A. 电子教案　　B. 教学案例
   D. 教学视频　　C. 配套习题、模拟试卷
3. 您对于本书的评价如何？（　　）
   A. 该书目前仍符合教学要求，表现不错将继续采用
   B. 该书的配套资源需要改进，才会继续使用
   C. 该书需要在内容或实例更新再版后才能满足我的教学，才会继续使用
   D. 该书与同类教材差距很大，不准备继续采用了
4. 从您的教学出发，谈谈对本书的改进建议：________________

____

____

选题征集：如果您有好的选题或出版需求，欢迎您联系我们：

联系人：黄　强　联系电话：010-62515955

索取样书：书名：________________

书号：________________

备注：※为必填项。